Bewertungen
im professionellen Optionsgeschäft

Bewertungen
im professionellen Optionsgeschäft

von
Professor Dr. Hans Peter Steinbrenner

Deutscher Sparkassenverlag Stuttgart

Die Deutsche Bibliothek – CIP-Einheitsaufnahme

Steinbrenner, Hans Peter:
Bewertungen im professionellen Optionsgeschäft / von Hans
Peter Steinbrenner. - Stuttgart : Dt. Sparkassenverl., 1996
    (Praxiswissen Finanzwirtschaft)
    ISBN 3-09-305881-3

© 1996 Deutscher Sparkassenverlag GmbH, Stuttgart
Alle Rechte vorbehalten
DAX® und REX® sind eingetragene Markenzeichen der Deutschen Börse AG
Druck und Binden: Röck, Weinsberg
Papier: hergestellt aus chlorfrei gebleichtem Zellstoff
Printed in Germany
I-10/1996 ▪ 301 602 000
ISBN 3-09-305881-3

Inhalt

	Seite
Vorwort	11
Abkürzungen	21
1 Basiswissen über Optionsscheine	23
1.1 Die Option - Element des Optionsscheins	24
1.1.1 Definitionen	24
1.1.2 Juristische Einordnung	25
1.1.3 Ausstattungsmerkmale	26
1.1.3.1 Basisobjekte	26
1.1.3.2 Optionsverhältnis und Homogenisierung von Optionen	27
1.1.3.3 Zeitlich begrenztes Recht des Optionserwerbers	27
1.1.3.4 Ausübungszeitrahmen	28
1.1.3.5 Der Kauf von Optionen (Long-Position) bringt Rechte	28
1.1.3.6 Der Verkauf von Optionen (Short-Position) bringt Pflichten	31
1.1.3.7 Käufer entlohnt Verkäufer	32
1.1.3.8 Effektive Lieferung oder Barausgleich	33
1.1.3.9 Einteilung der Optionrechte nach ihrer Werthaltigkeit	33
1.1.4 Termingeschäfte mit Sicherheitsnetz	36
1.1.4.1 Liquiditätsaspekt des Termingeschäfts	37
1.1.4.2 Sicherheitsnetz des Optionsrechts	38
1.1.4.3 Fazit: Wesen der Option	43
1.2 Methoden zur effizienten Handelbarkeit von Optionen	44
1.2.1 Telefonhandel am OTC-Markt	45
1.2.2 Standardisierung der Optionen	45
1.2.2.1 Deutsche Terminbörse	46
1.2.2.2 Frankfurter Präsenzbörse	48
1.2.2.3 Handel zwischen Kreditinstituten und Kunden	48
1.2.3 Verbriefung von Optionen	48
1.2.3.1 Flexibilität	51
1.2.3.2 Kontinuität	54
1.3 Optionsscheine als Anlageobjekte	58
1.3.1 Einteilung der Optionsscheine	58
1.3.2 Vertrautes Handling	61
1.3.2.1 Wo werden Optionsscheine gehandelt?	61
1.3.2.2 Informationsbeschaffung	64
1.3.2.3 Auftragserteilung	67
1.3.2.4 Börsen- oder Emittentenausführung	69
1.3.2.5 Transaktionskosten	73
1.3.3 Möglichkeit zur Feinabstimmung des Chance-Risiko-Profils	75
1.3.3.1 Gewinn- und Verlust-Profil	75
1.3.3.2 Wahrscheinlichkeits-Profil	76
1.3.3.3 Kampf gegen die Zeit	78
1.3.3.4 Fazit	79

1.3.4 Laufende Überprüfung des Optionschein-Engagements	79
1.3.5 Achtung: Ausübung nicht vergessen!	80
1.3.6 Pflichten der Kreditinstitute bei der Optionsscheinberatung	83
1.3.6.1 Verhaltenspflichten der Kreditinstitute	83
1.3.6.2 Herstellung der Börsentermingeschäftsfähigkeit	89

2 Optionsschein-Positionen und -Strategien   95

2.1 Überblick	95
2.2 Erwerb von Optionsrechten (Long-Positionen)	96
2.2.1 Call-Optionsschein	98
2.2.1.1 Strategien der Performance-Maximierung	98
2.2.1.2 Sicherheitsstrategien	106
2.2.2 Put-Optionsschein	109
2.2.2.1 Strategien der Performance-Maximierung	109
2.2.2.2 Absicherungsstrategien	111
2.2.3 Kritische Würdigung der Optionsschein-Strategien	114
2.3 Stillhalter von Optionsrechten (Short-Positionen)	116
2.3.1 Optionsscheinemittent	116
2.3.2 Wertpapierkäufer	117
2.3.2.1 Anleihen mit Stillhalter-Position des Gläubigers	118
2.3.2.2 Reverse- oder Short-Optionsscheine	118

3 Klassische Bewertung von Optionsrechten   125

3.1 Analyse der Kosten	125
3.1.1 Parität	126
3.1.2 Absolutes Aufgeld	126
3.1.3 Berücksichtigung der Moneyness	128
3.1.4 Break-Even-Punkt	128
3.1.5 Berücksichtigung des Basisobjektpreises: Prämie	129
3.1.6 Berücksichtigung der Restlaufzeit	131
3.1.6.1 Jährliche Prämie	131
3.1.6.2 Jährliche Performance-Prämie	132
3.2 Optionsinvestition schlägt Direktinvestition	133
3.2.1 Ertragsgleichheit	133
3.2.2 Berücksichtigung der Restlaufzeit	135
3.2.2.1 Jährliche Ertragsgleichheit	135
3.2.2.2 Jährliche Performance-Ertragsgleichheit	136
3.3 Bewertung der Leistung des Optionsrechts	136
3.3.1 Aktueller Hebel	137
3.3.2 Gearing-Factor	140
3.3.3 Effektiver Hebel	141
3.3.4 Realisierter Hebel	142
3.4 Auswertung und kritische Würdigung der Kennzahlen	143
3.4.1 Zusammenstellung der Kennzahlen	143
3.4.2 Wirkung der Transaktionskosten	143
3.4.3 Transparenz der Kennzahlen	144
3.4.4 Auswertung der Kennzahlenübersicht	148
3.4.5 Vorsicht: Druckfehlerteufel!	150

4 Grundlagen der modernen Optionspreistheorie 153

4.1 Von der klassischen zur modernen Bewertung verzinslicher Anlagen 153
    4.1.1 Klassische Bewertung durch den Effektivzins 153
    4.1.2 Barwertkonzept als Grundlage des modernen Arbitrageverfahrens 154
    4.1.3 Impliziter Zinssatz als alternatives Ergebnis zum Barwert 158
4.2 Bestimmungsfaktoren des Optionspreises 160
    4.2.1 Basisobjektpreis und Ausübungspreis des Optionsrechts 160
    4.2.2 Zinssatz für risikolose Kapitalanlagen 160
    4.2.3 Laufende Erträge aus dem Underlying 161
    4.2.4 Ausmaß der Schwankungen des Basisobjektkurses 162
    4.2.5 Zeitliche Gestaltung des Ausübungsrechts 162
    4.2.6 Liquidität des Optionsrechts 163
    4.2.7 Spezifische Wertkomponenten von covered warrants 163
    4.2.8 Restlaufzeit des Optionsrechts 164
    4.2.9 Sonstige Bestimmungsfaktoren 164
4.3 Die Idee zur Bewertung von Optionen im Arbitrageverfahren 165
    4.3.1 Duplikationsprinzip 165
    4.3.2 Analogie zur Bewertung verzinslicher Anlagen 167
        4.3.2.1 Fair Value als modifizierter Barwert 167
        4.3.2.2 Implizite Volatilität als alternatives Ergebnis zum Fair Value 168
    4.3.3 Prämissen der präferenzfreien Gleichgewichtmodelle 169

5 Das Binomialmodell 171

5.1 Der Einstieg 171
    5.1.1 Der Binomialschritt erfaßt die spezifische Leistung von Optionsrechten 171
    5.1.2 Präferenzfreie Bewertung von Optionsrechten im Einperiodenmodell 173
    5.1.3 Vom Binomialschritt zum multiplikativen Binomialprozeß 175
5.2 Verfahren zur Berechnung des Optionswerts 177
    5.2.1 Hedgestrategie 177
        5.2.1.1 Interpretation des Optionswerts 177
        5.2.1.2 Einjahres-Binomialschritt im Einperiodenmodell 178
        5.2.1.3 Einjahres-Binomialschritte im Mehrperiodenmodell 181
    5.2.2 Summe des Barwerts aller Ausübungsszenarien 185
        5.2.2.1 Interpretation 185
        5.2.2.2 Einjahres-Binomialschritt im Einperiodenmodell 186
        5.2.2.3 Einjahres-Binomialschritte im Mehrperiodenmodell 190
        5.2.2.4 Schematische Darstellung des Optionswerts 195
    5.2.3 Entgelt für Sicherheit und Liquiditätsvorteil 196
5.3 Put-Call-Parität 197
5.4 Vom Binomialmodell zum Black-Scholes-Modell 199
    5.4.1 Basisobjektkursverlauf als Binomial-Random-Walk 199
    5.4.2 Verstetigung der Parameter 200
        5.4.2.1 Vom Jahreszins zur stetigen Verzinsung 201
        5.4.2.2 Von der binären Schwankung zur Volatilität 204
    5.4.3 Binomialwert bei ansteigender Zahl von Binomialschritten 204

6 Das Black-Scholes-Modell — 211

6.1 Die Idee: Stetige Lognormalverteilung der Basisobjektkurse — 211
6.2 Lognormalverteilungsprämisse — 211
    6.2.1 Normalverteilung — 211
    6.2.2 Stetigkeit — 213
    6.2.3 Logarithmierte Verteilung — 216
6.3 Black-Scholes-Formel zur Bewertung von Optionsrechten — 217
    6.3.1 Berechnung und Interpretation des Fairen Werts — 217
        6.3.1.1 Call-Optionsrechte — 217
        6.3.1.2 Put-Optionsrechte — 220
    6.3.2 Berechnung und Interpretation der Totalausfallwahrscheinlichkeit — 221
        6.3.2.1 Der Einfluß der Moneyness — 222
        6.3.2.2 Der Einfluß der Volatilität — 222
        6.3.2.3 Der Einfluß des Zinssatzes für risikolose Kapitalanlagen — 225
        6.3.2.4 Restlaufzeit des Optionsscheins — 226
6.4 Die Festlegung der in die Formel einzugebenden Parameter — 226
    6.4.1 Zinssatz für risikolose Kapitalanlagen — 227
    6.4.2 Volatilität des Basisobjektkurses — 227
        6.4.2.1 Die Konzeption — 227
        6.4.2.2 Zeitaktualität contra statistisch fundierter Entwicklung — 232
        6.4.2.3 Börsentage contra Kalendertag — 233
        6.4.2.4 Das Problem der Zukunftsbezogenheit — 234
6.5 Abgrenzung zum Binomialmodell — 235
6.6 Kritische Würdigung — 239

7 Modifikation des Black-Scholes-Modells — 245

7.1 Das Dividendenproblem — 245
    7.1.1 Bewertung „dividendengeschützter Optionsrechte" — 245
    7.1.2 Bewertung nicht dividendengeschützter Optionsrechte — 248
        7.1.2.1 Dividendenzahlungen werden vom Aktienkurs abgezogen — 248
        7.1.2.2 Berücksichtigung der stetigen Dividendenrendite — 250
    7.1.3 Kritische Würdigung — 254
7.2 Das Problem der vorzeitigen Ausübung — 257
    7.2.1 Die Relevanz des Problems — 257
        7.2.1.1 Call-Optionsrechte amerikanischen Typs — 257
        7.2.1.2 Put-Optionsrechte amerikanischen Typs — 258
    7.2.2 Rechenverfahren — 259
        7.2.2.1 Binomialmodell — 259
        7.2.2.2 Black-Scholes-Formel mit Zusatzterm — 262
        7.2.2.3 Pseudo-amerikanische Bewertung — 263
    7.2.3 Relativierung des Problems — 264
7.3 Devisenoptionsrechte — 266
7.4 Indexoptionsrechte — 267
7.5 Zinsoptionsrechte — 268
    7.5.1 Optionsrechte auf Straight-Bonds — 268
    7.5.2 Optionsrechte auf Nullkupon-Anleihen — 271
    7.5.3 Kritische Würdigung — 272

8 Auswertung der Ergebnisse — 275

8.1 Die Fair Value Deviation — 275
    8.1.1 Maßstab für die Preiswürdigkeit einzelner Optionsscheine? — 275
    8.1.2 Analyse des Marktes für Optionsscheine auf Aktien — 280
8.2 Die Implizite Volatilität — 286
    8.2.1 Maßstab für die Preiswürdigkeit einzelner Optionsscheine? — 286
    8.2.2 Das Problem des Volatilitäten-Smile — 290
    8.2.3 Kriterium für eine Marktanalyse — 292
8.3 Totalausfallwahrscheinlichkeit — 294
    8.3.1 Aussagefähigkeit — 294
    8.3.2 Marktanalyse — 296

9 Sensitivitätsanalyse — 297

9.1 Aufgabe — 297
9.2 Die Abhängigkeit des Fairen Werts von einem Einflußfaktor — 298
    9.2.1 Basisobjektkurs — 298
        9.2.1.1 Innerer Wert — 298
        9.2.1.2 Zeitwert — 298
        9.2.1.3 Delta — 300
        9.2.1.4 Gamma — 308
    9.2.2 Zinssatz für risikolose Kapitalanlagen — 309
    9.2.3 Volatilität — 310
    9.2.4 Restlaufzeit des Optionsrechts — 313
9.3 Die Abhängigkeit des Fairen Werts von zwei Einflußfaktoren — 316
    9.3.1 Basisobjektkurs und Volatilität — 316
    9.3.2 Basisobjektkurs und Restlaufzeit — 317
9.4 Simultane Änderung aller Einflußfaktoren — 318

10 Der Weg zur geeigneten Optionsscheininvestition — 323

10.1 Der Anleger und sein Investitionsziel — 323
10.2 Das Umfeld muß stimmen — 325
10.3 Das „richtige" Basisobjekt — 328
10.4 Übersicht der angebotenen Optionsscheine — 330
10.5 Auswahl der für eine Investition in Frage kommenden Optionsscheine — 331
    10.5.1 Der „richtige" Ausübungspreis — 332
    10.5.2 Die „richtige" Restlaufzeit — 334
    10.5.3 Auffallende Kennzahlen der Vergangenheit — 334
    10.5.4 Zusammenstellung der ausgewählten Optionsscheine — 335
10.6 Kriterien zur Bewertung der ausgewählten Optionsscheine — 336
    10.6.1 Die Preiswürdigkeit — 336
    10.6.2 Das Totalausfallrisiko — 340
    10.6.3 Kosten und traditioneller Hebel — 341
    10.6.4 Kosten und Leverage — 342
    10.6.5 Break-Even-Kennzahlen mit Transaktionskosten- und Zeitwertmove — 344
    10.6.6 Zukunftsszenarien — 349
    10.6.7 Handelbarkeit — 353
    10.6.8 Optionsbedingungen: Der Teufel steckt im Detail — 355

10.7 Auftragserteilung	357
10.8 Überwachung des Engagements	357
10.9 Soll-Ist-Vergleich	358

Anhang 361

Literaturverzeichnis 363

Stichwortverzeichnis 375

Vorwort

Die Entwicklung derivater Instrumente ...

„*Das Jahrzehnt der Derivate*" titelte das *Handelsblatt* am 21.9.1995 seine Beilage „*Finanzinnovationen*". Diese Überschrift und viele in die gleiche Richtung zielende Schlagzeilen in der Wirtschaftspresse resultierten aus dem rasanten Wachstum der statistisch erfaßten börslichen und der geschätzten außerbörslichen Umsätze derivativer Produkte. In der Kategorie der derivativen Finanztitel werden Instrumente erfaßt, deren Marktpreis von Vermögenswerten oder Verbindlichkeiten abgeleitet werden und die der Spekulation oder Arbitrage in den zugrundeliegenden Werten dienen; ein weiterer, immer wichtiger werdender Zweck ist die Absicherung von Basiswertbeständen. Optionsscheine und unverbriefte Optionen sind die wohl interessantesten Derivate.

... übertrifft alle Erwartungen.

Obwohl niemand an der dynamischen Entwicklung dieser Instrumente zweifelte, überraschten die Ergebnisse der im Frühjahr 1995 von Zentralbanken und Währungsbehörden aus 26 Ländern durchgeführten und im Juni 1996 veröffentlichten Erhebung zum Geschäft an Derivativmärkten: Sie dokumentieren, daß der Umfang dieses Geschäfts „*erheblich über den bisher von anderen Gremien vorgelegten Schätzungen liegt*".[1]

Die Verluste der Kunden bringen Konsolidierung ...

Die in den Jahren 1994/95 von Endverwendern erlittenen Verluste brachten für derivative Instrumente nicht den vielfach erwarteten Rückschlag und schon gar nicht das gelegentlich prophezeite „*Aus*".

... durch ausgefeiltes Risikomanagement.

Vielmehr gaben die negativen Erfahrungen ihrer Kunden „*den Finanzinstituten den Anreiz, mehr Gewicht auf Beratungsleistungen zu legen; mit dieser Strategie sollen langfristige Kundenbeziehungen gestärkt werden. Der Markt war weiterhin deutlich von Innovation geprägt, deren Schwerpunkt sich aber verschob.*"[2] Erstens fand eine gewisse Abkehr von spekulativen Transaktionen mit Hebelwirkung zugunsten kapitalsichernder Strukturen statt. Zweitens boten die Finanzinstitute den Anlegern und

---

[1] **Bank für Internationalen Zahlungsausgleich (1996)**, S. 176.
[2] **Bank für Internationalen Zahlungsausgleich (1996)**, S. 174.

Kreditnehmern dank vielfältiger exotischer Strukturen „kostengünstigere Absicherungsmöglichkeiten an, deren Schutzwirkung allerdings geringer war."[3]

Die Dynamik der Derivativmärkte spiegelt sich im Optionsscheinmarkt wider.

Die von der Bank für Internationalen Zahlungsausgleich aufgezeigte Entwicklung derivativer Märkte spiegelt sich im deutschen Optionsscheinmarkt wider.

Ende 1987 wurden an den deutschen Börsen 185 Optionsscheine notiert, neun Jahre später - Ende 1995 - sind es 4320.[4] So beachtlich das explosionsartige Wachstum der Zahl an Optionsscheinen auch sein mag, seine Faszination gewinnt dieser Markt durch die Vielfalt der Produkte. Vor der Novellierung des Börsengesetzes im Jahre 1989 gab es fast nur Aktienoptionsscheine, die zur günstigen Beschaffung von Kapital zusammen mit Anleihen begeben wurden. Inzwischen können zusätzlich Optionsscheine auf Aktien- und Rentenindices, auf Währungen, Rohstoffe und Geldmarktzinssätze erworben werden. Diese neuartigen, teilweise raffiniert konstruierten Produkte werden von Banken auf den Markt gebracht, die sich darauf spezialisiert haben, Optionsscheine auf nationale und internationale Finanzinstrumente zu emittieren.

Aber die Kreditinstitute haben Vorbehalte: Sollen doch die anderen...

Trotz dieser phänomenalen Entwicklung sehen viele Anlageberater das Optionsscheingeschäft skeptisch. Sie assoziieren Optionsscheine mit Schadensersatzansprüchen ihrer Kunden und halten sich deshalb beim Vertrieb von Optionsscheinen zurück. So ist in Banken und Sparkassen das Gefühl verbreitet, Optionsscheine würden oft bereits mit dem Ziel erworben, die erhofften Gewinne einzustreichen, wenn sie eintreffen, Verluste aber mit der Begründung, falsch beraten worden zu sein, auf die Hausbank abzuwälzen. Die konkreten Handlungsanweisungen dazu können im Fernsehen gelernt und in Magazinen unter Überschriften wie „*Geld zurück von der Optionsschein-Bank*"[5] nachgelesen werden.

... Optionsscheine verkaufen ...

Nach verlorenen Prozessen und eingegangenen Vergleichen ist deshalb die Reaktion des einen oder anderen Kreditinstituts verständlich, von Geschäften mit Optionsscheinen abzuraten. Optionsscheine gelten aus dieser Sicht als „*Zockerpapiere*", die in der Kundenberatung tabu sind. Abschreckend hohe Mindestgebühren oder gar Mindestauftragsvolumina speziell für Optionsscheine unterstreichen die Vorbehalte.

---

[3] **Bank für Internationalen Zahlungsausgleich (1996)**, S. 174.

[4] Vgl. **Grohmann, Herbert (1995)**, S. 8, sowie: Jahresschlußausgabe der *Börsen-Zeitung* vom 30.12.1995.

[5] **Kietzmann, Matthias (1995)**, S. 54 - 56. Vgl. auch **o. V. (1994 d)**, S. 5, 20, 27.

... an „Zocker", ...

Die ablehnende Haltung der Kreditinstitute ist erst recht nach einer Analyse des Optionsscheingeschäfts nachvollziehbar. Vielfach wird dieses Geschäft dominiert durch Kleinaufträge von Kunden, die von Zeit zu Zeit über den Kauf von Call-Optionsscheinen einen Coup zu landen versuchen und dafür bereit sind, ihr ganzes Geld aufs Spiel zu setzen. Nein, solche Geschäfte sind aus Kreditinstituten zu verbannen!

... deren Miniaufträge nur Kosten produzieren.

Seinen geschäftspolitischen Charme gewinnt der Rückzug aus dem Optionsscheingeschäft dadurch, daß das Kreditinstitut von jedem Kleinauftrag, der *nicht* erteilt wird, profitiert.

Unsere Zielgruppe sind seriöse Anleger, die immun sind ...

... gegen Aktien, ...

Selbst der Einwand, es könnten andere, für das Institut interessante Geschäfte unter der Verhinderungsstrategie leiden, ist mit Hinweis auf die in Deutschland zurückgebliebene Aktienkultur schnell entkräftet. Solange sich der von Kreditinstituten umworbene vermögende Privatkunde noch nicht einmal für Aktien interessiert, ist Spekulation mit den „*heißen Hebelpapieren*"[6] für ihn ohnehin kein Thema.

... gegen den Grauen Kapitalmarkt ...

Die These, der deutsche Anleger sei von Natur aus risikoscheu, vermag jedoch solange nicht zu überzeugen, wie am „*Grauen Kapitalmarkt*" Jahr für Jahr Milliarden verloren gehen, weil die Anleger auf vage formulierte Versprechungen hoher Renditen vertrauen[7]. Vielmehr liegt die Vermutung nahe, daß deutsche Kreditinstitute primär als Verkäufer sicherer Bankprodukte, nicht jedoch als Experten im Umgang mit dem spezifischen Produkt „*Risiko*" akzeptiert werden.

Trifft diese Hypothese zu, besteht dringender Handlungsbedarf, denn in Zukunft werden immer mehr Anleger auf einen gewissen Pfiff in ihren Kapitalanlagen nicht verzichten wollen. Erklärt wird dieser Trend mit dem immer größer werdenden Teil des ererbten im Vergleich zum selbstverdienten Vermögen. Wer - vielleicht schon in jungen Jahren - bei ausreichendem, häufig sogar hohem Arbeitseinkommen größeres Vermögen erbt, wird besser rentierliche Anlagen suchen und bereit sein, dafür höhere Risiken einzugehen.

---

[6] **Mägerlein, Christina (1995)**, S. 21.
[7] Vgl. o. V. (1994 a), o. S., sowie: **Rieder, Uwe (1994)**, S. 5 und o. V. (1996 d), S. 10.

... und gegen ausländische Investmentzertifikate.

Es gibt genügend Finanzdienstleister, die nur darauf warten, die Bedürfnisse der deutschen Anleger an den Geschäftsbanken vorbei zu erfüllen.[8] Faktum ist, daß beispielsweise Investmentzertifikate zunehmend über Strukturvertriebe, Investmentboutiquen und Wirtschaftsberater verkauft werden und daß für den direkten Optionsscheinhandel ein ausgebautes elektronisches Handelssystem genügt.

Aber wie war das im Unternehmensgeschäft ...

Die Beraterqualität der neuen Wettbewerber darf nicht unterschätzt werden, vielmehr sollten die Erfahrungen aus dem Finanzdienstleistungsgeschäft mit Unternehmenskunden und der öffentlichen Hand Lehre genug sein. In diesem Bereich haben weltweit agierende Finanzdienstleister die Restliberalisierung auf dem deutschen Kapitalmarkt in den achtziger Jahren genutzt, um in den angeblich bereits verteilten Markt einzudringen. Mit großem Erfolg haben sie durch Deregulierung möglich gewordene Produkte in kreative, auf die speziellen Bedürfnisse der Unternehmen zugeschnittene Financial-Engineering-Konzeptionen eingearbeitet.

... und im „Optionsscheinemissionsgeschäft"?

Noch eindringlicher ist die Lehre, die das Optionsscheingeschäft selbst bietet. Als sich nach Verabschiedung der Börsengesetznovelle die vor potentiellen Optionsscheininvestoren heruntergelassene Schranke „*Börsentermingeschäftsfähigkeit*" kraft Information öffnen ließ, wurden die Optionsscheinemittenten der ersten Stunde von deutschen Banken müde belächelt.[9]

Und jetzt wollen die großen „deutschen" Institute mitmischen, ...

Die gleichen Banken sind es, die heute vehement versuchen, in diesem Wachstumsmarkt Fuß zu fassen, um nicht endgültig den Anschluß zu verlieren.[10] Wenige - so sagt ein Vertreter des Marktführers voraus - werden Erfolg haben auf dieser vor kurzem noch vermeintlich uninteressanten „*Spielwiese*", die man zunächst gönnerhaft ausländischen Instituten überließ. Warum auch - so fragt er ketzerisch weiter - „*sollte ein zufriedener Kunde nicht länger die Optionsscheine eines renommierten und seit langem etablierten Anbieters kaufen, nur weil die XYZ-Bank meint, jetzt auch Optionsscheine anbieten zu müssen? Auch im Optionsscheingeschäft beweist sich somit: 'Wer zu spät kommt, den bestraft das Leben'.*"[11]

---

[8] Vgl. **Mathes, Manfred (1995)**, S. B 7.
[9] Vgl. **Lieven, Andreas T. (1995)**, S. 16.
[10] Vgl. **o. V. (1994 b)**, S. 26 - 30.
[11] **Lieven, Andreas T. (1995)**, S. 16.

... aber, wer zu spät kommt ...

Wie schwer es den „zu-spät-Kommenden" fallen wird, im Optionsscheingeschäft mitzumischen, mag ein Blick auf den Börsenumsatz von Optionsscheinen auf bereits umlaufende und synthetische Basisobjekte verdeutlichen: Mehr als 70 % dieses Umsatzes entfallen auf Optionsscheine, die von zwei Auslandsbanken der *„ersten Stunde"* emittiert wurden, weitere 11 % kommen von einem deutschen Institut, das gleichfalls von Beginn des Optionsscheinmarkts an engagiert war und an dem eine ausländische Bank mehrheitlich beteiligt ist.[12] Obwohl sich inzwischen 39 Institute als Emittenten am Optionsscheinmarkt tummeln, konnte sich nicht ein einziger der innerhalb der letzten 24 Monate auf den Markt gekommenen Anbieter aus dem Ghetto der totalen Bedeutungslosigkeit befreien.[13]

Der souveräne Umgang mit Derivaten signalisiert Kompetenz.

Diese Marktstruktur muß vor dem Hintergrund gesehen werden, daß Optionsscheine zu den Derivaten zählen, deren Markt in Deutschland in den letzten Jahren um durchschnittlich mehr als 50 % jährlich wuchs, während im Vergleich dazu das Geschäftsvolumen der Kreditinstitute insgesamt nur um 8 % zunahm.[14] Von stark expandierenden Märkten geht erfahrungsgemäß eine Anziehungskraft auf in diesem Bereich bereits aktive, aber auch auf potentielle Marktteilnehmer aus. Das ist auch gegenwärtig im Markt für Finanzderivate zu beobachten.[15]

Die Deutsche Bundesbank führt die magische Wirkung dieses innovativen Marktes nicht nur auf die hohen Gewinne zurück, die offenbar von einigen Marktakteuren erzielt werden, sondern vor allem darauf, daß die Leistungsfähigkeit im Derivategeschäft immer stärker als Indiz für die Kompetenz in anderen anspruchsvollen Finanzdienstleistungen gewertet wird. Die Bedeutung der vom Geschäft mit Derivaten ausgehenden Signalwirkung für die Positionierung eines Kreditinstituts im Markt wird dadurch potenziert, daß die Erträge aus dem Handelsbereich für deutsche Banken ein immer größeres Gewicht gewinnen im Vergleich zum zinsabhängigen Geschäft.[16]

---

[12] Vgl. **Citibank AG (1995 c)**, S. 12 - 13, sowie: **Trinkaus & Burkhardt (1994)**, S. 45.

[13] Vgl. **Lieven, Andreas T. (1996)**, S. 27.

[14] Vgl. **Deutsche Bundesbank (1994 b)**, S. 43 - 44, sowie: **Lange, Gabriele / Quast, Wolfgang (1995)**, S. 17 - 31.

[15] Vgl. **Landeszentralbank in Hessen (1994)**, S. 9.

[16] Vgl. **Landeszentralbank in Hessen (1994)**, S. 9.

Die Optionsscheininvestition ...

In diesem Umfeld wird ein Kreditinstitut die Zukunft nur meistern können, wenn es die im Derivategeschäft liegenden Herausforderungen und Chancen wahrnimmt. Für das Geschäft mit Privatkunden heißt das, Optionsscheine in die Angebotspalette aufzunehmen. Dies gilt um so mehr als in Zukunft ein kräftiges Wachstum des derivaten Geschäfts, aber zugleich eine Verlagerung hin zu komplexen, individuell zugeschnittenen Produkten, die an Optionsscheinmärkten - mangels Standardisierung aber nicht an Optionsbörsen wie der DTB - handelbar sind, erwartet wird.[17]

... bringt als Element einer ganzheitlichen Anlagestrategie ...

Mit dem Verkauf eines Finanzprodukts wird es künftig allerdings nicht getan sein. Die vermögenden, von Finanzdienstleistern der ganzen Welt umworbenen Kunden erwarten vielmehr die Lösung ihrer Finanzprobleme in Form maßgeschneiderter Konzeptionen zur individuellen Gestaltung und Betreuung ihrer Vermögen und Schulden mit dem Ziel, Chancen und Risiken zu optimieren. Der Verzicht auf Optionsscheine wäre Verzicht auf interessante Gestaltungsmöglichkeiten.

... Ertragspotential und Sicherheit...

Damit wird deutlich, daß der Optionsschein mehr ist als ein Finanzinstrument, mit dem à la Hausse und vielleicht auch einmal à la Baisse spekuliert werden kann. Bei einer beratungskompetenten Bank wird das Optionsscheingeschäft nicht von Spielern und deren Call-Optionsscheinaufträgen dominiert, sondern von anspruchsvollen vermögenden Privatkunden, die ihrem Depot Optionsscheine zur Ausschöpfung der Ertragspotentiale, aber auch zur Absicherung der Bestände beimischen.

... und ist der Schlüssel zu Investitionen auf allen Märkten der Welt.

Über Optionsscheine erhält der Privatkunde auf einfache Weise Zugang zu internationalen Aktien-, Zins-, Währungs- und Rohstoffmärkten. Er kann sich auf Märkten engagieren, die für ihn sonst faktisch nur über Investmentfonds erreichbar wären. Dabei liegt die besondere Attraktivität von Optionsscheinen darin, sie als gehebelte oder als risikominimierende Alternative zu Investmentzertifikaten einsetzen zu können. Nicht zuletzt sind Optionsscheine dazu prädestiniert, das Anlageziel eines Kunden kurzfristig und kostengünstig neu auszurichten. So ist auch der Satz zu verstehen, ein Spekulant sei, wer Optionsscheine nicht nutzt.

---

[17] Vgl. o. V. 1996 (f), S. 14.

Fundierte Optionsscheinberatung ist ...

Angesichts der Produktvielfalt ist am Optionsscheinmarkt mit Produktwissen allein wenig anzufangen. In diesem Marktsegment kann vielmehr nur bestehen, wer die Bewertung von Vermögensobjekten theoretisch fundiert beherrscht und souverän auf die jeweils zur Diskussion stehenden Produktvarianten zu übertragen vermag.

... eine Strategie zur Förderung des provisions- und zinsabhängigen Geschäfts, ...

Was für den Anleger gilt, muß erst recht vom Finanzdienstleister erwartet werden, der seinen Kunden individuelle, maßgeschneiderte Konzeptionen zur Lösung ihrer Finanzprobleme verspricht. Ohne Optionsscheine kann er in vielen Situationen seinem Anspruch nicht gerecht werden. Wer sich aber speziell in derivativen Produkten bewährt, signalisiert Kompetenz im Wertpapiergeschäft, so daß die Förderung des Optionsscheingeschäfts Teil einer umfassenden Vorwärtsstrategie zur Intensivierung des qualifizierten Finanzdienstleistungsgeschäfts ist, denn im Geschäft mit anspruchsvollen Kunden ist das Wertpapiergeschäft nicht Konkurrenz, sondern Zubringer für andere Bankgeschäfte.[18]

... der standardisierte Vertrieb von Investmentzertifikaten ...

Gerade in jüngster Zeit meinen viele Kreditinstitute, qualifizierte Anlageberatung durch Fokussierung des Geschäfts auf den zielgruppenorientierten Verkauf von Investmentzertifikaten einsparen zu können. Diese Strategie setzt angesichts der Produktvielfalt unter den mehr als 2000 zum öffentlichen Vertrieb zugelassenen Fonds voraus, daß nur eine eng begrenzte Auswahl an Investmentzertifikaten in die Angebotspalette des Kreditinstituts aufgenommen wird.

... stärkt die Konkurrenz.

Unter dieser Standardisierung der Anlageberatung leidet sowohl die fachliche Reputation des Bankmitarbeiters als auch die persönliche Bindung des Kunden zum Kreditinstitut, insbesondere wenn die Gespräche mit dem Kunden straff abschlußorientiert geführt werden. Dadurch setzen sich die Institute der Gefahr aus, das Vertrauenskapital zu verspielen, das sie im Vergleich zu Konkurrenten, die ihre Produkte mit minimalen Kosten oder aggressiv vertreiben, genießen. In das gefährdete Terrain werden Wirtschaftsberater, die sich als „Hausärzte in Vermögensangelegenheiten" verstehen und auf Honorarbasis arbeiten, eindringen. Diese ihre Unabhängigkeit betonenden Finanzdienstleister haben ihre Qualifikation vielfach als Mitarbeiter eines Kreditinstituts erworben. Der standardisierte Vertrieb von Investmentzertifikaten wird demnach die Probleme der Sparkassen und Banken genauso wenig lösen, wie die Schwierigkeiten des Schneiderhandwerks mit dem Konzept der Maßkonfektion zu bewältigen waren.

---

[18] Vgl. **Rodewald, Bernd (1995)**, S. 7.

Was erwartet Sie in diesem Buch?

Das Buch ist so aufgebaut, daß es jedem Leser möglich ist, dort einzusteigen, wo die Wissenslücke gerade am dringlichsten geschlossen werden muß.

Kapitel 1 bietet *Basiswissen* über Optionsscheine. Zum leichteren Verständnis werden die zu vermittelnden Grundlagen mit Wertpapierwissen verknüpft, das den meisten Lesern schon bekannt ist. Die Ausführungen sind aber auch ohne diese Kenntnisse zu verstehen. Bewußt werden die *Pflichten*, die vom Anlageberater *beim Verkaufen von Optionsscheinen* zu beachten sind, bereits im ersten Kapitel mitbehandelt. Sie sollen dem noch nicht ausreichend qualifizierten Bankmitarbeiter signalisieren, das anspruchsvolle Optionsscheingeschäft lieber vorerst dem versierten Anlageberater zu überlassen. Ausgespart wird Basiswissen über DTB-Produkte, da dieser Themenbereich durch eine Vielzahl von Veröffentlichungen abgedeckt ist.[19]

Kapitel 2 beschäftigt sich mit einfachen, aber interessanten *Optionsscheinstrategien*. Dort kann nachgelesen werden, wie jeder nach seiner Façon spekulieren, aber auch, wie er Vermögenswerte gegen Preisänderungsrisiken effizient absichern kann.

Kapitel 3 stellt Nutzen und Kosten von Optionsscheininvestitionen gegenüber. Der Inhalt entspricht der vielfach als *traditionell* bezeichneten *Bewertung von Optionsrechten*.

Sinn und Zweck von Optionsrechten sowie die Aussagekraft von Hebel und Prämie sind schnell einsichtig. Unsicher fühlen sich jedoch viele im Umgang mit den modernen Gleichgewichtsmodellen, obwohl der eine oder andere vielleicht bereits Vorträge zu diesem Thema besucht oder an Seminaren teilgenommen hat. In dieser Situation bringen *Kapitel 4 bis 7* Hilfe, weil *Black-Scholes- und Binomialwert* in kleinen Schritten, die auch für mathematisch weniger Interessierte nachvollziehbar sind, hergeleitet werden. Zusätzlich werden die dem Fairen Wert zugrundeliegenden Formeln eingehend verbal interpretiert sowie an praxisnahen Fallstudien vertieft. Die schematisierte Berechnung des Fairen Wertes macht Nutzen, Prämissen, Fehlbewertungsmöglichkeiten und subjektive Elemente der Bewertung besonders transparent. Wer diese Kapitel durchgearbeitet hat, weiß, was die Modelle leisten und was sie nicht können. Er wird die Objektivität, die der Begriff „*Fair Value*" suggeriert, zu relativieren wissen.

Der sachverständige und souveräne Umgang mit der Optionspreistheorie läßt sich nicht nur für Optionsschein- und DTB-Geschäfte, sondern auch *für andere Kapitalanlagen* sowie *für das Kredit-* und *das Auslandsgeschäft* nutzen. Insbesondere im *Firmenkundengeschäft* führen die immer größer werdenden Volatilitäten an den

---

[19] Vgl. z. B. **Beer, Artur / Goj, Wolfram (1995)**.

Zins- und Devisenmärkten zu steigenden Anforderungen an die Steuerung der daraus resultierenden Risiken. Dabei drängen die flexibleren Optionen die klassischen Sicherungsinstrumente in den Hintergrund, denn anders als Futures bieten Optionen ihrem Inhaber nicht nur wirksamen Schutz gegen unerwünschte Kursentwicklung, sondern lassen ihn außerdem an der positiven Kursentwicklung eines Vermögensgegenstands partizipieren. Nicht zuletzt spielen Optionen und deren Bewertung auch im Rahmen eines gesamtbankbezogenen *Risikomanagements* eine immer größere Bedeutung.[20]

In den *Kapiteln 8 und 9* wird erarbeitet, wie die optionspreistheoretisch fundierten *Bewertungsergebnisse verwendet* werden können. Im *Kapitel 10* werden - den Bewertungsteil abschließend - die Entscheidungsprozesse und Hindernisse aufgearbeitet, die auf dem *Weg zum „richtigen" Optionsschein* auftauchen.

Ein Buch für Finanzberater vermögender Privatkunden, ...

Das vorliegende Buch wurde geschrieben für den Anlageberater, der sich angesichts des zunehmenden Wettbewerbs der Finanzdienstleister um den anspruchsvollen, gut informierten Kunden und angesichts rückläufiger Gewinne aus dem Zinsgeschäft für die immer wichtiger werdende individuelle Beratung qualifizieren möchte.[21] Es liefert das „*Handwerkszeug*", das es ihm ermöglicht, selbständig den Markt der Optionsrechte zu analysieren, Anlage- und Finanzierungsstrategien zu entwickeln und die dazu geeigneten Optionen aus dem vielfältigen Angebot herauszufiltern.

... für Firmenkundenberater und Back-Office-Mitarbeiter ...

Immer häufiger werden Firmenkundenberater Optionsrechte in ihre Problemlösungen einbauen müssen. Unter diesen Voraussetzungen werden sich auch immer mehr Back-Office-Mitarbeiter mit der Optionspreistheorie auseinanderzusetzen haben.

... für Anleger und Studenten.

Darüber hinaus wendet sich das Buch an den versierten Anleger, der die Performance seines Portefeuilles durch theoretisch fundierte Anlageentscheidungen verbessern will. Nicht zuletzt können sich Studenten der Bankbetriebslehre angesprochen fühlen, denen ein umfassendes Werk über Optionsscheine und die Bewertung von Optionsrechten geboten wird.

---

[20] Vgl. **Wächtershäuser, Manfred (1996)**, S. 29.
[21] Vgl. **Gerlach, Rolf / Gondring, Hanspeter (1994)**, S. 38.

Die Demonstrationsdiskette erleichtert das Verständnis der Fallstudien ...

Mit Hilfe der dem Buch beigefügten, von Joachim Heinz konzipierten und im Anhang erläuterten Diskette lassen sich die in den Fallstudien enthaltenen Bewertungen von Optionsrechten auf dem PC in *Microsoft EXCEL Version 5.0* nachvollziehen. Auch andere Optionsrechte auf Aktien können damit bewertet werden.

... es geht aber auch mit Taschenrechner und Standardnormalverteilungswerten.

Wer Black-Scholes- und Binomialwerte mit Hilfe eines einfachen *Taschenrechners* und der in Tabelle 6.1 enthaltenen Standardnormalverteilungswerte nachrechnet, muß sich mit Ungenauigkeiten abfinden. Aus diesem Grund können seine Werte von den in den Fallstudien ausgewiesenen Zahlen abweichen. Im Buch werden die auf dem PC berechneten Werte im Hinblick auf die benötigte Genauigkeit einerseits und die Übersichtlichkeit andererseits mit unterschiedlich vielen Nachkommastellen angegeben. Der Einfachheit halber wird in den Fallstudien übereinstimmend mit der banküblichen Berechnungsmethode ein Jahr mit 360 Tagen angesetzt, nur in Kapitel 10 wird mit 1 Jahr = 365 bzw. 366 Tage geteilt durch 365 Tage gerechnet.

Weitere Aspekte des Optionsgeschäfts finden Sie im nachfolgenden Band.

Die Ausführungen des vorliegenden Buches vermitteln ein grundlegendes Verständnis für die Bewertung und den sinnvollen Einsatz von Standard-Optionsrechten. Obwohl damit quantitativ der größte Teil des Marktes für verbriefte und unverbriefte Optionen abgedeckt ist, muß noch auf die vielfältigen Gestaltungsmöglichkeiten von Optionsrechten eingegangen werden, denn erst dadurch gewinnen diese Produkte ihren besonderen Reiz. Eine weitere demnächst erscheinende Veröffentlichung wird sich damit beschäftigen. Sie beinhaltet auch Besteuerung und Bilanzierung von Optionsrechten und Methoden einer effizienten Informationsbeschaffung und -auswertung.

Affalterbach, Juli 1996

Abkürzungen

AU	Aufgeld
AV	Absicherungsprämie (absicherungsindizierte Komponente des Optionspreises)
B	Ausübungspreis
BE	Break-Even-Punkt
B-G-S	Brief-Geld-Spanne
C_0	Fairer Wert des Call-Optionsrechts (Ergebnis eines Rechenprozesses)
C_{0h}	Fairer Wert des homogenisierten Call-Optionsrechts
C_{0A}	Fairer Wert eines Call-Optionsrechts auf einen Straight-Bond
C_{0a}	Fairer Wert eines Devisen-Call-Optionsrechts
C_{0DA}	Fairer Wert eines Call-Optionsrechts auf Aktien nach Abzug des Barwerts der erwarteten Dividende vom Basisobjektkurs
C_{0DsW}	Fairer Wert eines Call-Optionsrechts auf Aktien unter Berücksichtigung der Dividendenrendite nach dem Welcker-Ansatz
C_d	Fairer Wert des Optionsrechts nach einem downstep des Basisobjekts
C_M	Preis des Call-Optionsrechts (Ergebnis eines Marktprozesses)
C_{MB}	Brief-(Kauf-)Kurs des Call-Optionsrechts
C_{MG}	Geld-(Verkaufs-)Kurs des Call-Optionsrechts
C_{Mh}	Preis des homogenisierten Call-Optionsrechts
CIW	Innerer Wert des Call-Optionsrechts
CMN	Moneyness des Call-Optionsrechts
C_u	Fairer Wert des Optionsrechts nach einem upstep des Basisobjekts
CZW	Zeitwert des Call-Optionsrechts
CZW_0	- ermittelt aufgrund des fairen Call-Optionswerts
CZW_M	- ermittelt aufgrund des Marktpreises
D	Dividende
d	downstep
e	Eulersche Zahl
EG	Ertragsgleichheit von Underlying und Optionsrecht
$EG_{p.a.}$	Jährliche Ertragsgleichheit
EZ	Effektivzins
FVD	Fair Value Deviation
HBE	Hold Break-Even
HR	Hedge-Ratio
Kup	Kuponzahlung (Nominalzins einer Anleihe pro Jahr in DM)
LV	Liquiditätsvorteil (liquiditätsorientierte Komponente des Optionspreises)
m	Anzahl der Perioden pro Jahr
$\max(S_0-B;0)$	Von den beiden Zahlen, die in der Klammer vor und nach dem Strichpunkt stehen, ist die größere zu wählen.
MN	Moneyness
$N(d); N(x)$	Fläche unter der Verteilungsdichtefunktion der Standard-Normalverteilung

OV	Optionsverhältnis
P_0	Fairer Wert des Put-Optionsrechts (Ergebnis eines Rechenprozesses)
P_{0A}	Fairer Wert eines Put-Optionsrechts auf einen Straight-Bond
P_{0a}	Fairer Wert eines Devisen-Put-Optionsrechts
P_{0DA}	Fairer Wert eines Put-Optionsrechts auf Aktien nach Abzug des Barwerts der erwarteten Dividende vom Basisobjektkurs
P_{0DsW}	Fairer Wert eines Put-Optionsrechts auf Aktien unter Berücksichtigung der Dividendenrendite nach dem Welcker-Ansatz
P_{0h}	Fairer Wert des homogenisierten Put-Optionsrechts
PAR	Parität eines Optionsrechts
P_M	Preis des Put-Optionsrechts (Ergebnis eines Marktprozesses)
P_{Mh}	Preis des homogenisierten Put-Optionsrechts
$PEG_{p.a.}$	Jährliche Performance-Ertragsgleichheit
PIW	Innerer Wert des Put-Optionsrechts
PMN	Moneyness des Put-Optionsrechts
$PPR_{p.a.}$	Jährliche Performance-Prämie
PR	Prämie
$PR_{p.a.}$	Jährliche Prämie
PZW	Zeitwert des Put-Optionsrechts
PZW_0	- ermittelt aufgrund des fairen Put-Optionswerts
PZW_M	- ermittelt aufgrund des Marktpreises
r	Zinssatz für risikolose Kapitalanlagen bei einer Zinszahlung pro Jahr
r_s	stetiger Zinssatz für risikolose Kapitalanlagen
RZ	Rückzahlungskurs eines festverzinslichen Wertpapiers
S_0	Basisobjektpreis im Bewertungszeitpunkt t_0
S_d	Basisobjektkurs nach einem downstep
SM	Spreadmove
S_T	Terminkurs des Basisobjekts
S_u	Basisobjektkurs nach einem upstep
t	Restlaufzeit des Optionsscheins in Jahren
t_0	Bewertungszeitpunkt in der Gegenwart (= Bewertungstag)
TM	Transaktionskostenmove
Tth	Tagestheta
t_v	Fälligkeit des Optionsscheins
TAW	Totalausfallwahrscheinlichkeit
u	upstep
WKN	Wertpapier-Kenn-Nummer
Wth	Wochentheta (auf eine Woche hochgerechnetes Tagestheta)
ZWM	Zeitwertmove
σ	Volatilität (des Basisobjektkurses)

1 Basiswissen über Optionsscheine

Optionsscheine oder angelsächsisch „warrants" sind
- Wertpapiere, die
- Optionsrechte (Optionen)

verbriefen (Abbildung 1.1).

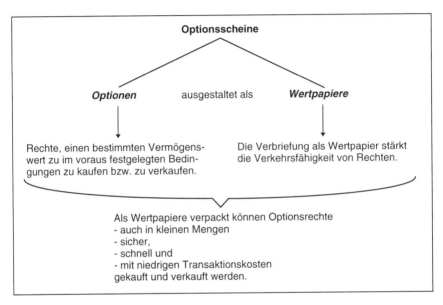

Abbildung 1.1   Optionsscheindefinition

Dieser Definition gemäß haben wir uns bei der Charakterisierung von Optionsscheinen mit *Optionen* und mit deren *Verkehrsfähigkeit* als Wertpapiere auseinanderzusetzen.

1.1 Die Option - Element des Optionsscheins

1.1.1 Definitionen

Der *Käufer einer Option* erwirbt gegen Zahlung des *Optionspreises*
- das *Recht*,
- eine bestimmte Menge (= *Optionsverhältnis*)
- eines bestimmten Vermögensgegenstands (*Basisobjekt*)
- zu einem bestimmten, in der Zukunft liegenden Zeitpunkt (*Ausübungstag*) bzw. während eines bestimmten künftigen Zeitraums (*Ausübungsfrist*)
- zu einem im voraus festgelegten Preis (*Ausübungspreis*)
- zu kaufen (*Call*) bzw.
- zu verkaufen (*Put*).

Der *Verkäufer der Option* ist *verpflichtet*, den Anspruch des Käufers bei Ausübung des Optionsrechts zu erfüllen.

Optionen sind demnach Rechte auf künftige Lieferung oder Abnahme bestimmter Aktiva, wie Wertpapiere oder Devisen, zu einem während der gesamten Optionslaufzeit festen Preis. Unter diesen Voraussetzungen wird sich der Preis für Optionen, auf den sich Käufer und Verkäufer einigen, an den Erwartungen der Marktteilnehmer über die künftige Entwicklung des Basisobjektpreises und der damit verbundenen Risiken orientieren. So ist es zu erklären, daß Optionen zu den derivativen (abgeleiteten) Finanzinstrumenten gezählt werden.

Da der Optionspreis Marktreflex der herrschenden Erwartung über die Preisentwicklung des Basisobjekts und der damit verbundenen Risikoeinschätzung ist, können Optionen zur Absicherung von Vermögenswertbeständen gegen Preis- und Kursrisiken (= Hedgepositionen) und zum Aufbau spekulativer Positionen eingesetzt werden.[1]

Im Options- und Optionsscheingeschäft werden für denselben Inhalt oft verschiedene Begriffe verwendet. So wird
- der *Käufer einer Option* auch als *Optionsberechtigter* oder *Optionsinhaber*
- das *Optionsverhältnis* auch als *Bezugsverhältnis* oder als *Andienungsverhältnis*,
- das *Basisobjekt* auch als *Basisinstrument*, als *Underlying*, als *Optionsgegenstand*, als *Bezugsobjekt*, als *Liefer-*, *Abnahme-* oder *Andienungsinstrument*,
- der *Ausübungspreis* auch als *Basispreis*, als *Bezugspreis* oder als *Strike-Preis*,

---

[1] Vgl. **Deutsche Bundesbank (1995)**, S. 17 - 19.

- der *Verkäufer einer Option* auch als *Optionsverpflichteter, Stillhalter* oder als *Schreiber* bezeichnet.

Verschiedene Inhalte hat der Begriff *Optionspreis*:
- Beim Erwerb einer *unverbrieften* Option ist der *Optionspreis* zu zahlen, beim Erwerb einer *verbrieften* Option der *Optionsscheinpreis*.
- In den Bedingungen von *Optionsscheinen auf neu zu begebende Aktien* wird der Begriff „*Optionspreis*" regelmäßig *im Sinne von Ausübungspreis* verwandt.

> Die Begriffe *Option* und *Optionsschein* können synonym gebraucht werden, solange nur das Optionsrecht, nicht aber die Verkörperung des Rechts angesprochen ist.

1.1.2 Juristische Einordnung

Ausgangspunkt der rechtlichen Charakterisierung der Option ist die gedankliche Trennung von
- Optionsvertrag,
- Option bzw. Optionsrecht,
- Hauptvertrag.

Diese zunächst nur begriffliche Sondierung sagt noch nichts darüber, ob es sich auch rechtlich um getrennte Geschäfte handelt oder ob ein einheitliches Rechtsgeschäft vorliegt.

Der *Optionsvertrag* ist ein komplexes Rechtsgeschäft. Als schuldrechtliches Grundgeschäft enthält er die Verpflichtung des Stillhalters gegenüber dem Erwerber der Option, diesem das Recht zuzuwenden. Regelmäßig ist diese Verpflichtung Bestandteil eines Kaufvertrags, da als Gegenleistung die Zahlung des Optionspreises vereinbart wird (Abbildung 1.2). Zwingend ist das nicht; das Optionsrecht könnte beispielsweise auch schenkungsweise zugewendet werden. Meistens wird gleichzeitig mit dem Abschluß des Kaufvertrags das Optionsrecht eingeräumt und der Kaufpreis bezahlt.

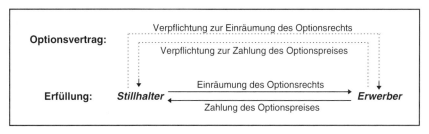

Abbildung 1.2 Rechtliche Konstruktion der Option

Die **Option** hat im BGB keine allgemeine Regelung gefunden. Die Einräumung des Optionsrechts ist die Abgabe eines auf den Hauptvertrag gerichteten Angebots des Stillhalters. Dieses Angebot legt Ausübungstag bzw. Ausübungsfrist, Ausübungspreis und Charakter des Optionsrechts als Call oder Put fest.[2]

Weithin vertreten wird die Charakterisierung der Option als
- Gestaltungsrecht, d. h. die Befugnis, durch einseitige Willenserklärung des Berechtigten einen inhaltlich bereits feststehenden Vertrag wirksam werden zu lassen oder zu verlängern. Daneben wird die Einordnung als
- bedingter Vertragsabschluß oder als
- Angebot zum Vertragsabschluß mit der Möglichkeit der Annahme bis zum Ablauf der Optionsfrist

vertreten.[3] Letztlich ist die Frage nach dem Zustandekommen des Hauptvertrags jedoch nur rechtstheoretischer Natur. Im Hinblick auf den wirtschaftlichen Gehalt des Geschäfts dürfen sich hieraus keine Unterschiede ergeben.

Je nach Einordnung der Option kommt der **Hauptvertrag** entweder
- mit Ausübung der Option,
- mit Bedingungseintritt oder
- mit Annahme des Vertragsangebots nach Ablauf der Optionsfrist

zustande. Im Zeitpunkt des Wirksamwerdens des Hauptvertrags steht sein Inhalt bereits fest, da dieser schon Bestandteil des im Rahmen des Optionsvertrags vom Stillhalter abgegebenen spezifischen Angebots war. Hauptvertrag ist ein schuldrechtlicher Vertrag, der durch entsprechende dingliche Rechtsgeschäfte (Übereignung des Optionsgegenstands und des Ausübungspreises) erfüllt wird.[4]

1.1.3 Ausstattungsmerkmale

1.1.3.1 Basisobjekte

Optionsrechte können sich prinzipiell auf alle Vermögenswerte bzw. Finanzinstrumente beziehen, seien es Immobilien, Waren oder Wertpapiere. Fremdwährungen sind Grundlage vieler Optionsvereinbarungen (Devisenoptionen). Das ist einerseits die Folge des hohen Absicherungsbedarfs von Handelsgeschäften, resultiert aber andererseits aus der hohen Liquidität von Devisenmärkten, die deshalb gute Hedgemöglichkeiten bieten. Beliebte Basisobjekte von Optionen sind Aktien (Aktienoptionen), Aktienindices (Index-Optionen) und festverzinsliche Wertpapiere (Zins-

---

[2] Vgl. **Wittig, Jan (1995)**, S. 7.
[3] Vgl. **Canaris, Claus-Wilhelm (1988)**, S. 7.
[4] Vgl. **Wittig, Jan (1995)**, S. 3.

optionen), aber auch derivative Instrumente wie Optionen (Optionen auf Optionen) und Futures (Future-Optionen).

Die *Liquidität eines Marktes* ist gleichzusetzen mit der Marktgängigkeit des gehandelten Produkts. Wenn in dem Produkt häufig Umsätze zustande kommen, kann es schnell liquidiert, also in Geld umgewandelt werden. Optionen, die nicht oder nur schwer veräußerbar sind, eignen sich weder zu Absicherungs- noch zu Spekulationszwecken.

1.1.3.2 Optionsverhältnis und Homogenisierung von Optionen

Das Optionsverhältnis gibt an, wieviel Basisobjekte bzw. welcher Anteil eines Basisobjekts pro Option bezogen bzw. angedient werden können.

Bei einer Call-Option auf Aktien bedeutet ein Optionsverhältnis von 1,0, daß aufgrund einer Option exakt eine Aktie bezogen werden kann. Bei einem Optionsverhältnis von 0,1 sind zum Bezug einer Aktie zehn Optionen notwendig. Ist das Optionsverhältnis 2,0, berechtigt eine Option zum Bezug von zwei Aktien.

Am transparentesten ist ein Optionsverhältnis von 1 : 1 = 1,0. Um die Bewertung zu vereinfachen, werden Optionen, deren Bezugsverhältnis von 1,0 abweicht, vor der Analyse üblicherweise homogenisiert, indem sie in Optionen transformiert werden, die zum Bezug bzw. zur Veräußerung eines Basisobjekts, z. B. einer Aktie, berechtigen. Dazu werden die Kennziffern der originären Option durch deren Optionsverhältnis geteilt.[5]

1.1.3.3 Zeitlich begrenztes Recht des Optionserwerbers

Der Käufer einer Option wird nicht Gläubiger einer Einlage, sondern Inhaber eines zeitlich begrenzten Rechts, dessen Werthaltigkeit von der Entwicklung der Kurse und Preise des Basisobjekts während der Optionslaufzeit abhängt.[6]

- Die *Erträge aus dem Underlying* fließen dem Eigentümer des Basisobjekts zu, nicht dem Inhaber des Optionsrechts.
- *Nebenrechte*, wie das Recht des Aktionärs, bei Kapitalerhöhungen junge Aktien zu beziehen, werden meistens vollständig oder teilweise an die Optionsscheininhaber weitergegeben (Verwässerungsschutz).
- Bereits am ersten Tag nach Laufzeitende ist die Option wertlos.

---

[5] Vgl. **Doll, Georg Friedrich / Neuroth, Hans Peter (1991)**, S. 109.
[6] Vgl. **Deutsche Bundesbank (1993)**, S. 55.

1.1.3.4 Ausübungszeitrahmen

Optionsrechte *amerikanischen Typs* können grundsätzlich jederzeit während ihrer gesamten Laufzeit, jene *europäischen Typs* grundsätzlich nur am Verfalltag der Option ausgeübt werden.

1.1.3.5 Der Kauf von Optionen (Long-Position) bringt Rechte

Der Inhaber einer Option kann sein Recht
- ausüben oder
- verfallen lassen.

Der Inhaber von *Call-Optionen (Long-Call)* wird das Basisobjekt abrufen (to call), wenn dessen Preis höher ist als der Ausübungspreis zuzüglich Transaktionskosten. Dann kann das Basisobjekt zum günstigeren Ausübungspreis bezogen und zur gleichen Zeit mit Gewinn am Kassamarkt verkauft werden.

Ist der Ausübungspreis dagegen gleich dem aktuellen Kurs des Basisobjekts oder höher als dieser, läßt der Optionsberechtigte sein Recht verfallen und vermeidet so den Verlust, der bei Ausübung des Optionsrechts im Vergleich zur Kassamarkttransaktion realisiert würde.

Der Käufer der Option wird stets die für ihn attraktivere Möglichkeit wählen. Nicht zufällig stammt der Begriff Option vom lateinischen „optio" ab, was „freie Wahl" oder „das Recht zu wünschen" bedeutet.

Der Käufer einer Call-Option verdient an steigenden Basisobjektkursen. Bei stagnierenden oder fallenden Kursen verliert die Option an Wert. Damit ist die Call-Option eine Alternative zum Direktengagement. Der Wert der Option kann aber nie negativ werden. Demzufolge ist der Verlust des Käufers einer Option auf den Preis der Option beschränkt.

Fallstudie 1.1   Parameter des Call-Optionsrechts

Basisobjekt: Lufthansa-Stammaktie
Ausübungspreis: B   = 200,00
Restlaufzeit: t   = 378 Tage
Optionsverhältnis: OV   =   0,25 ; d.h. 4 Optionen sind erforderlich, um 1 Basisobjekt zu erwerben.

Aktueller Basisobjektpreis: S_0 = 200,00
Marktpreis des (nicht homogenisierten
= originären) Call-Optionsrechts: C_M = 6,55
Marktpreis der *homogenisierten* Call-Option : $C_{Mh} = \frac{C_M}{OV} = \frac{6,55}{0,25} = 26,20$

Fallstudie 1.1 (a)   Das Call-Optionsrecht als Anlageobjekt

Der Erfolg des Käufers dieser Call-Option hängt während der Laufzeit der Option primär vom jeweiligen Basisobjektpreis ab. Am Ende der Optionslaufzeit ist der dann geltende Basisobjektpreis sogar der einzige optionswertbestimmende Faktor. Entsprechend visualisiert das Schaubild den Erfolg der Call-Investition, wenn die Option bis zum Ende ihrer Laufzeit gehalten wird. Die Transaktionskosten bleiben unberücksichtigt.

In Abbildung 1.3 wird auf der waagerechten Achse des Koordinatenkreuzes der am Ende der Optionslaufzeit geltende Basisobjektpreis, auf der senkrechten Achse der jeweils dazugehörende Gewinn bzw. Verlust aus der Option abgetragen.

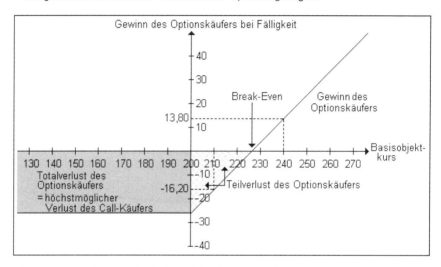

Abbildung 1.3   Anlageerfolg des Call-Käufers bei Fälligkeit der Option

Wenn der Basisobjektkurs am Ende der Laufzeit der Option beim oder unter dem Ausübungspreis von 200,00 DM liegt, wird der Call **nicht ausgeübt**, weil der Optionsinhaber die Aktie preisgünstiger direkt an der Börse als durch Ausübung seiner Option erwerben kann. Der für die Option bezahlte Preis in Höhe von 26,20 DM ist damit für den Käufer der Option verloren (Totalverlust), unabhängig davon, ob das Basisobjekt bei 160,00 DM oder 200,00 DM notiert.

Bei allen über dem Ausübungspreis liegenden Basisobjektkursen wird der Call-Investor sein Optionsrecht *ausüben*.

- Wenn das Basisobjekt bei Ausübung des Optionsrechts nur wenig über dem Ausübungspreis notiert, fließt wenigstens ein Teil des eingesetzten Kapitalbetrages zurück. So verkleinert sich der Verlust des Käufers pro homogenisierter Option von 26,20 DM auf 16,20 DM, wenn der Basisobjektkurs von 160,00 DM oder 200,00 DM auf 210,00 DM steigt.

- Sobald der Basisobjektkurs die Summe aus Ausübungspreis und homogenisiertem Optionspreis erreicht hat (Break-Even = 226,20 DM), kommt der Call in die Gewinn-

29

zone. Steigt der Basisobjektkurs beispielsweise auf 240,00 DM, so erzielt der Optionsberechtigte einen Gewinn von 13,80 DM.

- Der Gewinn aus dem Call ist um so größer, je höher das Basisobjekt bei Ausübung der Call-Option notiert. Eine Begrenzung nach oben existiert nicht.

Der Käufer einer **Put-Option** *(Long-Put)* wird sein Recht, gegen Lieferung (to put) des Basisobjekts den vereinbarten Preis zu erhalten, nur ausüben, wenn er dadurch höhere Einnahmen erzielt als durch den Verkauf des Basisobjekts am Kassamarkt.

Der Put-Käufer profitiert von fallenden Basisobjektkursen. Das ist durch ein Direktengagement nicht möglich.

Fallstudie 1.2   Parameter des Put-Optionsrechts

Basisobjekt: Lufthansa-Stammaktie
Ausübungspreis: B = 200,00
Restlaufzeit: t = 658 Tage
Optionsverhältnis: OV = 0,10
Aktueller Basisobjektpreis: S_0 = 200,00
Preis des (originären) Put-Optionsrechts: P_M = 2,30
Marktpreis der *homogenisierten* Put-Option: $P_{Mh} = \frac{P_M}{OV} = \frac{2,30}{0,1} = 23,00$

Fallstudie 1.2 (a)   Das Put-Optionsrecht als Anlageobjekt

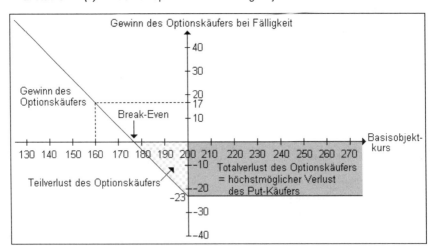

Abbildung 1.4   Anlageerfolg des Put-Käufers bei Fälligkeit der Option

Bei allen unter dem Ausübungspreis liegenden Basisobjektkursen wird das Put-Optionsrecht *ausgeübt* (Abbildung 1.4).

- Die Put-Option bringt ihrem Investor einen **Totalverlust** des eingesetzten Kapitals, wenn das Basisobjekt am Ende der Optionslaufzeit bei 200,00 DM oder darüber notiert.
- Einen **Teilverlust** realisiert er, wenn der Basisobjektkurs am Ende der Optionslaufzeit in der Spanne zwischen 200,00 DM und 177,00 DM notiert.
- Der Put-Käufer befindet sich in der **Gewinnzone**, wenn der Basisobjektkurs bei Ausübung des Optionsrechts niedriger ist als der Break-Even von 177,00 DM.
- Der Gewinn aus dem Put wird um so größer, je tiefer der Basisobjektkurs liegt, wenn das Optionsrecht ausgeübt wird.
- Der Basisobjektkurs hat bei Null sein absolutes Minimum erreicht. Damit ist der Gewinn aus dem Put-Kauf auf maximal Ausübungspreis minus Preis für die homogenisierte Put-Option = 200 − 23 = 177,00 DM begrenzt.

1.1.3.6 Der Verkauf von Optionen (Short-Position) bringt Pflichten

Optionen sind Wetten und damit Nullsummenspiele. Infolgedessen ist der Gewinn des Optionskäufers der Verlust des Stillhalters und umgekehrt. Der Verkäufer einer Option hat die Entscheidung des Optionsberechtigten zu akzeptieren und auf dessen Anforderung hin die Ansprüche aus der Option zu erfüllen. Er hat keinen Einfluß darauf, ob der Käufer die Option ausübt oder verfallen läßt. Aus diesem Grund wird der Verkäufer von Optionen als Stillhalter bezeichnet.

Wer **Call-Optionen** veräußert *(Short-Call)*, muß damit rechnen, daß ihm das Basisobjekt zu dem bei Abschluß des Optionsvertrags vereinbarten Preis abgerufen wird.

Während der Käufer einer Call-Option trotz begrenzten Kapitaleinsatzes und entsprechend begrenzten Verlustes auf beliebig hohe Gewinne hoffen kann, wenn nur der Basisobjektkurs steigt, darf der Verkäufer einer Call-Option lediglich mit begrenztem Gewinn rechnen, er muß aber unbegrenzte Verluste kalkulieren. Hält der Verkäufer der Call-Option das der Option zugrundeliegende Objekt im Bestand, verdient er sich in jedem Fall den Call-Optionspreis, er verkauft aber die Kurssteigerungen oberhalb des Ausübungspreises.

Fallstudie 1.1 (b)   Das Call-Optionsrecht als Verkaufsobjekt

Da der Gewinn des Optionsinhabers dem Verlust des Stillhalters entspricht und umgekehrt, bietet es sich an, auch das Gewinn- und Verlustprofil des Optionsverpflichteten von der in Fallstudie 1.1 dargestellten Call-Option abzuleiten.

Der **Verkäufer eines Call-Optionsrechts**
- ist in der **Gewinnzone** (Break-Even), wenn das Basisobjekt bei Optionsausübung unterhalb des Break-Even in Höhe von 226,20 DM notiert;
- erreicht seinen **maximal möglichen Gewinn**, wenn der Basisobjektpreis bei Verfall der Option bei 200,00 DM oder tiefer liegt;

- fährt einen Verlust ein, wenn der Basisobjektpreis bei Ausübung der Option höher ist als 226,20 DM;
- kann **unbegrenzten Verlust** erleiden.

Demnach entspricht in Abbildung 1.3 die als Total- und als Teilverlust des Call-Optionskäufers ausgewiesene Fläche der Gewinnzone des Stillhalters der Call-Option, während der Stillhalter dort Verlust einfährt, wo der Optionskäufer Gewinn verbucht.

Der Verkäufer von *Put-Optionen (Short-Put)* muß damit rechnen, daß ihm das Basisobjekt gegen Zahlung des festgelegten Basispreises angedient wird, weil er sich verpflichtet hat, mögliche Kursverluste zu übernehmen. Ist das Basisobjekt wertlos, kann sein Verlust bis auf den Ausübungspreis abzüglich des eingenommenen Optionspreises anwachsen.

Fallstudie 1.2 (b)   Das Put-Optionsrecht als Verkaufsobjekt

Das Gewinn- und Verlustprofil des Verkäufers einer Put-Option wird an der bereits in Fallstudie 1.2 (a) dargestellten Put-Option auf Lufthansa-Aktien demonstriert.

Der **Verkäufer eines Put-Optionsrechts**

- erzielt aus der Transaktion **Gewinn**, wenn das Basisobjekt bei Ausübung der Option bzw. bei deren Verfall höher als 177,00 DM notiert;
- erreicht seinen **maximal möglichen Gewinn**, wenn die Option bei einem Basisobjektkurs von 200,00 DM oder mehr wertlos ausläuft;
- fährt **Verluste** ein, wenn der Basisobjektkurs bei Ausübung der Option tiefer als 177,00 DM notiert;
- kann maximal 177,00 DM verlieren.

In Abbildung 1.4 findet sich der Gewinn des Stillhalters dort, wo der Teil- oder Totalverlust des Put-Optionskäufers abgetragen ist; der Verlust des Put-Stillhalters entspricht der Fläche, die als Gewinn des Optionskäufers gekennzeichnet ist.

1.1.3.7 Käufer entlohnt Verkäufer

Für die Einräumung des Rechts, die Option
- auszuüben oder
- verfallen zu lassen,

zahlt der Käufer dem Verkäufer bei Abschluß des Vertrages den Optionspreis. Dieses Entgelt motiviert den Verkäufer, „die Option zu schreiben" und das daraus resultierende Risiko zu tragen.

Nur aufgrund des ihm zufließenden Optionspreises ist er bereit, sich gegenüber dem Optionsinhaber in der Zukunft passiv zu verhalten und so stets die für ihn ungünstigere Position einzunehmen.

1.1.3.8 Effektive Lieferung oder Barausgleich

Gegen Bezahlung des Ausübungspreises wird das Basisgut effektiv geliefert (physical delivery = physical settlement). Vielfach beziehen sich Optionen auf Basiswerte, die nicht lieferbar sind, beispielsweise auf Indices. In diesen Fällen wird die Zahlung eines Geldbetrages in Höhe der Differenz zwischen Basisobjektpreis am Ausübungszeitpunkt und dem Ausübungspreis vereinbart (= cash settlement).

Bar- oder Differenzausgleich wird auch in Verträgen festgelegt, in denen die physische Lieferung des Basiswertes grundsätzlich möglich, aber sehr aufwendig oder nicht gewünscht ist. Gegenüber der physischen Lieferung werden bei Barausgleich die Transaktionskosten vermieden; darüber hinaus kann Barausgleich gegenüber der physischen Lieferung mit steuerlichen Vorteilen verbunden sein.

1.1.3.9 Einteilung der Optionsrechte nach ihrer Werthaltigkeit

Am Ende ihrer Laufzeit hat die *Call-Option* einen Wert aufgrund und in Höhe der Differenz zwischen dem dann geltenden Basisobjektpreis und dem Ausübungspreis, die *Put-Option* in Höhe der Differenz zwischen Ausübungspreis und dem dann geltenden Basisobjektpreis. Sofern das Optionsverhältnis von 1,0 abweicht, ist der Differenzbetrag mit dem Optionsverhältnis zu multiplizieren. Das Ergebnis wird sowohl bei der Call-Option als auch bei der Put-Option als *innerer Wert* bezeichnet. Da bei Optionen kein Ausübungszwang besteht, kann der innere Wert nicht negativ werden.

Die verbal aufwendig zu beschreibende Fixierung des *inneren Wertes* läßt sich mathematisch einfach ausdrücken (Formel 1.1).

Innerer Wert des Call-Optionsrechts:	$CIW(S_0, B) = \max(S_0 - B; 0) \cdot OV$
Innerer Wert des Put-Optionsrechts:	$PIW(S_0, B) = \max(B - S_0; 0) \cdot OV$
wobei: B	= Ausübungspreis
S_0	= aktueller Basisobjektpreis
OV	= Optionsverhältnis; es gibt an, wieviel Aktien aufgrund einer Option bezogen bzw. angedient werden können.
$CIW(S_0, B)$	= Der innere Wert der Call-Option ist vom aktuellen Basisobjektpreis und vom Ausübungspreis der Option abhängig.
$\max(S_0 - B; 0)$	= Von den beiden Zahlen, die in der Klammer vor und nach dem Strichpunkt stehen, ist die größere zu wählen.

Formel 1.1   Innerer Wert des Optionsrechts

Während der Laufzeit der Option ist der Käufer der Option bereit, mehr zu zahlen als nur den inneren Wert. Die als **Zeitwert** bezeichnete Differenz zwischen dem Preis der Option und ihrem inneren Wert ist der Gegenwert für die Vorzüge, die der Optionsinhaber im Vergleich zum Direktinvestor genießt.

Trotz der Existenz des Zeitwerts werden Optionen ohne Berücksichtigung des Zeitwerts nach ihrer **Moneyness** eingeteilt. Diese die Werthaltigkeit einer Option quantifizierende Kennzahl bestimmt sich danach, wie der aktuelle Basisobjektpreis zum Ausübungspreis steht (Formel 1.2; Abbildungen 1.5 und 1.6).

Moneyness einer Call-Option: $CMN = \frac{S_0}{B}$

Moneyness einer Put-Option: $PMN = \frac{B}{S_0}$

wobei: B = Ausübungspreis

S_0 = aktueller Basisobjektkurs

Formel 1.2   Moneyness des Call- und des Put-Optionsrechts

Die Moneyness einer **Call-Option** ist größer als eins, wenn der aktuelle Marktpreis des Basisobjekts über dem Ausübungspreis liegt. In diesem Fall sagt man, die Option befinde sich „*im Geld*" oder „*in the money*". Die Option beinhaltet einen „Substanzwert" am Basisobjekt in Höhe ihres inneren Wertes.

Beispiel:
Ausübungspreis: B = 200,00
Basisobjektkurs: S_0 = 240,00
Optionsverhältnis: OV = 0,25
Moneyness: $CMN = \frac{240}{200} = 1{,}20$
Innerer Wert: $CIW = \max(240 - 200\,;\,0) \cdot 0{,}25 = 10{,}00$

Die Moneyness einer **Call-Option** ist kleiner als eins, wenn das Basisobjekt unter dem Ausübungspreis notiert. Die Call-Option liegt dann im „*out of the money*"-Bereich, sie ist „*aus dem Geld*".

Beispiel:
Ausübungspreis: B = 200,00
Basisobjektkurs: S_0 = 160,00
Optionsverhältnis: OV = 0,25
Moneyness: $CMN = \frac{160}{200} = 0{,}80$
Innerer Wert: $CIW = \max(160 - 200\,;\,0) \cdot 0{,}25 = 0$

Eine **Put-Option** steht „aus dem Geld" oder „out of the money", wenn der Basisobjektpreis höher ist als der Ausübungspreis. Die Moneyness ist dann kleiner als eins, der innere Wert der Option gleich Null.

Beispiel:
Ausübungspreis: $B = 200{,}00$
Basisobjektkurs: $S_0 = 240{,}00$
Optionsverhältnis: $OV = 0{,}10$
Moneyness: $PMN = \frac{200}{240} = 0{,}83$
Innerer Wert: $PIW = \max(200 - 240\,;\,0) \cdot 0{,}10 = 0$

„Im Geld" oder „in the money" steht eine **Put-Option**, wenn der Ausübungspreis höher ist als der Kurs des Underlying. In diesem Fall ist die Moneyness größer als eins, der innere Wert ist positiv.

Beispiel:
Ausübungspreis: $B = 200{,}00$
Basisobjektkurs: $S_0 = 160{,}00$
Optionsverhältnis: $OV = 0{,}10$
Moneyness: $PMV = \frac{200}{160} = 1{,}25$
Innerer Wert: $PIW = \max(200 - 160\,;\,0) \cdot 0{,}10 = 4{,}00$

Die Moneyness ist sowohl bei **Call-Option** als auch bei **Put-Option** gleich eins, wenn der Preis des Underlying mit dem Ausübungspreis übereinstimmt. Es handelt sich dann um eine „am Geld" oder „at the money" stehende Option. Diese Optionen haben einen inneren Wert von Null (Tabelle 1.1).

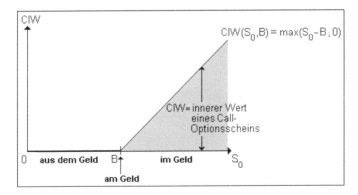

Abbildung 1.5 Innerer Wert eines Call-Optionsrechts in Abhängigkeit vom Basisobjektpreis

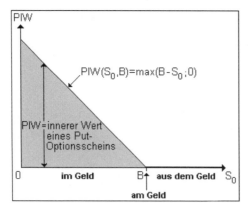

Abbildung 1.6   Innerer Wert eines Put-Optionsrechts in Abhängigkeit vom Basisobjektpreis

	Kassakurs > Ausübungspreis	Kassakurs = Ausübungspreis	Kassakurs < Ausübungspreis
Call	im Geld	am Geld	aus dem Geld
Put	aus dem Geld	am Geld	im Geld

Tabelle 1.1   Moneyness von Optionen

1.1.4 Termingeschäfte mit Sicherheitsnetz

Der Käufer einer Option kann sein Recht in der Zukunft ausüben. Infolgedessen zählen Optionsgeschäfte zu den *Termingeschäften*, die dadurch zu charakterisieren sind, daß zwischen Abschluß des Terminvertrags einerseits und Lieferung sowie Bezahlung des Basisobjekts andererseits eine längere als die zur technischen Abwicklung erforderliche Zeit liegt. Dafür sind bei Kassageschäften an deutschen Börsen zwei Börsentage vorgesehen.

Anders als das Optionsgeschäft ist das *feste Termingeschäft*
- eine *beide* Vertragspartner *bindende* Vereinbarung,
- eine bestimmte Menge
- des Basisobjekts
- zu einem bestimmten, in der Zukunft liegenden Zeitpunkt (Liefertag)
- zu einem im voraus festgelegten Preis (Terminpreis)
- zu kaufen (Terminkauf) bzw. zu verkaufen (Terminverkauf).

1.1.4.1 Liquiditätsaspekt des Termingeschäfts

Der *Terminkäufer* - und dazu zählt auch der Erwerber von Call-Optionsrechten - braucht den Termin- oder Ausübungspreis erst am Liefertag oder am Verfalltag der Option zu bezahlen. In der Zwischenzeit kann er die im Vergleich zum sofortigen Basisobjektkauf (Kassakauf) nicht benötigte Liquidität verzinslich anlegen.

Wer dagegen das *Basisobjekt am Kassamarkt erwirbt*, muß sein Kapital sofort einsetzen und kann es deshalb nicht verzinslich anlegen, ihm fließen aber statt dessen die laufenden Erträge zu, die das Basisobjekt abwirft.

Gleichgewicht besteht, wenn sich bei Fälligkeit des Termingeschäfts beide Investoren gleich stellen. Demnach läßt sich ein Terminkurs exakt berechnen und ist nicht das Ergebnis subjektiver Meinungen irgendwelcher Marktteilnehmer.

Fallstudie 1.3   Berechnung des US-$-Terminkurses in DM auf 1 Jahr

Kassakurs DM/US-$: $S_0 = 1{,}40$ DM
Zinssatz für 1-Jahresgeld in DM: $r = 4{,}00$ % p.a.
Zinssatz für 1-Jahresgeld in US-$: $r_{US-\$} = 5{,}75$ % p.a.

Der *Terminkäufer* kann $S_0 = 1{,}40$ DM verzinslich anlegen.
Kapitalendbetrag nach t = 1 Jahr: $S_0 (1+r)^t = 1{,}40 (1+0{,}04)^1 = 1{,}456$ DM

Der *Kassakäufer* kann 1 US-$ verzinslich anlegen.
Kapitalendbetrag nach t = 1 Jahr: 1 US-$ $(1+r_{US-\$})^t = 1 (1+0{,}0575)^1 = 1{,}0575$ US-$

Terminkäufer und Kassakäufer stellen sich gleich, wenn der Terminkurs S_T für US-$/DM folgende Bedingung erfüllt:

$$S_T = \frac{1{,}456}{1{,}0575} = 1{,}3768 \text{ DM}$$

In diesem Beispiel liegt der Terminkurs unter dem Kassakurs, weil der Kassakäufer einen höheren laufenden Ertrag aus dem Basisobjekt zieht als der Terminkäufer aus seinem Liquiditätsvorteil. Der Terminkurs liegt über dem Kassakurs, wenn der Liquiditätsvorteil einen höheren Ertrag bringt als das Basisobjekt.

Wer einen Vermögensgegenstand *per Termin verkauft* - und dazu zählen die *Käufer von Put-Optionsrechten* -, erhält den Verkaufspreis erst, wenn das Termingeschäft erfüllt wird. Solange hat der Terminverkäufer im Vergleich zum Verkäufer am Kassamarkt einen Liquiditätsnachteil. Den Kosten zur Finanzierung des Terminobjekts stehen allerdings die laufenden Erträge gegenüber, die dem Terminverkäufer aus dem Vermögensgegenstand während der Laufzeit des Termingeschäfts zufließen.

> Die Differenz zwischen Kassakurs und Terminkurs wird bestimmt durch das Verhältnis des Ertrags aus dem Liquiditätsvorteil, den der Terminkäufer (= Käufer einer Call-Option) erzielt, und des laufenden Ertrags aus dem Basisobjekt, auf den der Terminkäufer verzichten muß.

1.1.4.2 Sicherheitsnetz des Optionsrechts

Wer sofort oder auf Termin einen Vermögensgegenstand zu einem festen Preis „ohne wenn und aber" erwirbt, hat die Chance auf Kurssteigerung. Trifft seine Erwartung ein, dann hat er - nachträglich geurteilt - billig gekauft. Sein Kassa- oder Terminkauf war dagegen ein schlechtes Geschäft, wenn die Kurse fallen.

Der Verkäufer eines Aktivums setzt demgegenüber auf einen fallenden Preis. Wenn der Preis wie erwartet fällt, kann er den Vermögensgegenstand zu einem niedrigeren Preis erwerben. Der Unterschied zwischen Verkaufspreis per Termin und späterem Kaufpreis ist sein Gewinn. Geht seine Spekulation nicht auf, muß er den Gegenstand später teurer zurückkaufen.

Beim festen Termingeschäft stehen sich Gewinnchancen und Verlustrisiken beider Vertragspartner symmetrisch gegenüber (Abbildungen 1.7 und 1.10).

Im Unterschied zum beide Vertragspartner bindenden (= festen oder unbedingten) Termingeschäft ist bei einer Option nach Zahlung des Optionspreises nur der Verkäufer verpflichtet. Nach Wahl des Optionskäufers muß er das Basisobjekt liefern bzw. abnehmen oder er wird davon freigestellt. Der Käufer der Option wird sich stets für die für ihn günstigere Möglichkeit entscheiden, die für ihn nachteilige Möglichkeit wählt er ab. Damit erfüllt die Option für ihn eine Art Absicherungsfunktion.

Für den Verkäufer bedeutet dies, daß er im Vergleich zum festen Termingeschäft ein zusätzliches Risiko eingeht, das er sich bezahlen lassen wird. Infolgedessen beinhaltet der Optionspreis im Vergleich zum Terminpreis eines unbedingten Termingeschäfts eine Art „Versicherungsprämie".

Die Option hat ein asymmetrisches Gewinn- und Verlustprofil zugunsten des Käufers der Option (Abbildungen 1.3 und 1.4).

Fallstudie 1.4   Vom festen zum bedingten Termingeschäft

Um den Versicherungscharakter der Option deutlich hervortreten zu lassen, bleiben die Kosten der Finanzierung des Kassakaufs, die laufenden, dem Inhaber zufließenden Erträge aus dem Basisobjekt, sowie die Transaktionskosten unberücksichtigt. Unter diesen Prämissen entspricht der Terminkurs eines Vermögensgegenstandes dessen Kassakurs, so daß wirtschaftlich kein Unterschied zwischen Kassageschäft und festem Termingeschäft besteht.

Vom Terminkauf zur Call-Option

Transaktion 1: Kauf einer SAP-Stammaktie auf Termin

Kassakurs: $S_0 = 200{,}00$ DM
Terminkurs per 1 Jahr: $S_T = 200{,}00$ DM

Bei Fälligkeit des Kontrakts in einem Jahr muß der Erwerber der Aktie 200,00 DM bezahlen, wenngleich er die Aktie dann vielleicht an der Börse zu 140,00 DM erwerben könnte, was für ihn einen fiktiven Verlust in Höhe von 60,00 DM bedeuten würde.

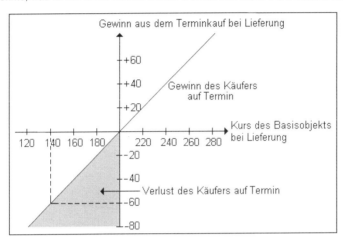

Abbildung 1.7   Gewinn bzw. Verlust aus einem Aktienkauf per Termin

Gegen das Risiko fallender Kurse kann sich der Terminkäufer durch den zusätzlichen Erwerb einer Put-Option auf denselben Vermögenswert mit gleicher Laufzeit wie der Terminkontrakt absichern (Abbildung 1.8).

Transaktion 2: Erwerb einer Put-Option auf SAP-Stammaktien

Ausübungspreis: $B = 200{,}00$ DM
Kurs der Put-Option: $P_M = 20{,}00$ DM
Optionsverhältnis: $OV = 1{,}00$
Restlaufzeit: $t = 1$ Jahr

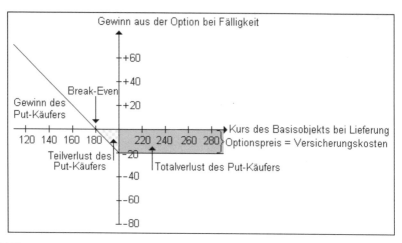

Abbildung 1.8   Gewinn bzw. Verlust aus dem Erwerb einer Put-Option

Nach Addition der Einnahmen aus den beiden Finanzinstrumenten (Abbildung 1.7 und 1.8) kompensieren die Gewinne aus Kauf und Ausübung der Put-Option die möglichen Verluste aus dem Terminkauf, so daß die Kombination von Terminkauf zuzüglich Kauf einer Put-Option im Ergebnis eine Call-Option ist. Nicht kompensiert und damit ungedeckt bleiben die Versicherungskosten in Höhe des Optionspreises (Abbildung 1.9).

Ergebnis von Transaktion 1 + 2 = synthetische Call-Option auf SAP-Stammaktien

Laufzeit: t = 1 Jahr
Ausübungspreis: B = 200,00 DM
Preis des Call: C_M = 20,00 DM

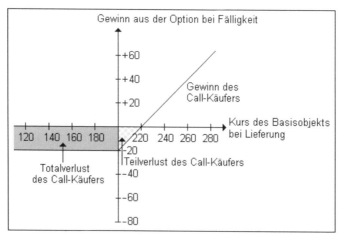

Abbildung 1.9   Gewinn bzw. Verlust aus dem Erwerb einer Call-Option

Kurs des Basis-objekts am Ende der Laufzeit der Option	Terminkauf $S_T = 200$	Kauf einer Put-Option $B = 200$ zu $P_M = 20$		Kauf einer Call-Option $B = 200$ zu $C_M = 20$	
	Gewinn/Verlust bei Erfüllung	Wert der Option bei Laufzeitende	Gewinn/Verlust aus dem Put	Gewinn/Verlust aus dem Call [1]	Gewinn/Verlust in % [2]
(1)	(2)	(3)	(4) [3]	(5)	(6)
120	− 80	+ 80	+ 60	− 20	− 100
140	− 60	+ 60	+ 40	− 20	− 100
160	− 40	+ 40	+ 20	− 20	− 100
180	− 20	+ 20	± 0	− 20	− 100
200	± 0	± 0	− 20	− 20	− 100
220	+ 20	± 0	− 20	± 0	± 0
240	+ 40	± 0	− 20	+ 20	+ 100
260	+ 60	± 0	− 20	+ 40	+ 200
280	+ 80	± 0	− 20	+ 60	+ 300

Anmerkung: [1] Der Wert der Call-Option entspricht dem Gesamtergebnis aus Terminkauf (Spalte 2) und Put-Kauf (Spalte 4) nach Erfüllung des Geschäfts.

[2] Gewinn/Verlust in % des Kapitaleinsatzes (ohne Berücksichtigung der margin).

[3] Spalte 4 ergibt sich aus der Differenz von Ausübungspreis minus Basisobjektpreis bei Fälligkeit der Put-Option abzüglich des Preises für die Put-Option.

Tabelle 1.2 Gewinn bzw. Verlust des Terminkäufers und des Put- bzw. Call-Optionskäufers

Anders als der Terminkäufer ist der Käufer einer Call-Option gegen das Risiko einer für ihn ungünstigen Entwicklung des Basisobjekts abgesichert.

Vom Terminverkauf zur Put-Option

Der Verkäufer eines Basisobjekts auf Termin muß befürchten, daß der Kurs des Basisobjekts steigt und er sich deshalb am vereinbarten Liefertermin zu einem höheren Kurs als dem Basispreis eindecken muß (Abbildung 1.10).

Transaktion 3: Verkauf von SAP-Stammaktien auf Termin

Kassakurs: $S_0 = 200{,}00$ DM
Terminkurs per 1 Jahr: $S_T = 200{,}00$ DM

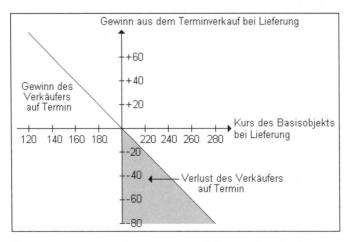

Abbildung 1.10 Gewinn bzw. Verlust aus einem Aktienverkauf per Termin

Der Terminverkäufer muß befürchten, daß der Kurs des Terminvertragsobjekts steigt und er sich deshalb am vereinbarten Liefertermin zu einem über dem Terminkurs liegenden Kassakurs eindecken muß. Gegen dieses Risiko wird eine Call-Option auf den Terminvertragsgegenstand mit einer dem Termingeschäft entsprechenden Laufzeit erworben (Abbildung 1.11).

Transaktion 4: Kauf einer Call-Option auf SAP-Stammaktien

Ausübungspreis: $B = 200,00$ DM
Kurs der Call-Option: $C_M = 20,00$ DM
Optionsverhältnis: $OV = 1,00$
Restlaufzeit: $t = 1$ Jahr

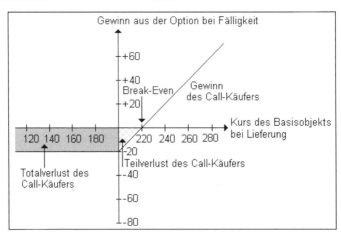

Abbildung 1.11 Gewinn bzw. Verlust aus dem Erwerb einer Call-Option

Ergebnis aus Transaktion 3 + 4 = Synthetische Put-Option auf SAP-Stammaktien

Laufzeit : t = 1 Jahr
Ausübungspreis : B = 200,00 DM
Preis des Put : P_M = 20,00 DM

Die Addition der Einnahmen aus Terminverkauf (Abbildung 1.10) und aus der Ausübung der Call-Option (Abbildung 1.11) bringt dasselbe Ergebnis wie der Kauf einer Put-Option (Abbildung 1.12).

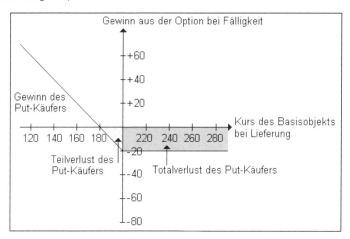

Abbildung 1.12   Gewinn bzw. Verlust aus dem Erwerb einer Put-Option

Synthetische Call-Option = Terminkauf + Put-Optionsrecht
Synthetische Put-Option = Terminverkauf + Call-Optionsrecht

1.1.4.3 Fazit: Wesen der Option

Das Wesen der Option zeigt sich demnach im Vergleich sowohl zum Kassageschäft als auch zum festen Termingeschäft (Abbildung 1.13).

Der Unterschied des bedingten *Termingeschäfts zum Kassageschäft* wird bestimmt durch den Liquiditätsvorteil des Termingeschäfts einerseits und den laufenden Erträgen aus dem Vertragsobjekt während der Laufzeit des Termingeschäfts andererseits.

Der Unterschied des *bedingten* Termingeschäfts zum *festen* Termin- oder Kassageschäft besteht in der Absicherungsfunktion der Option. Infolgedessen läßt sich ein Vermögensgegenstand billiger - weil ohne Absicherungskosten - über einen festen Terminkauf oder am Kassamarkt beschaffen als über eine Call-Option. Analog dazu läßt sich ein Aktivum preisgünstiger über einen festen Terminpreis oder am Kassamarkt absetzen als über eine Put-Option.

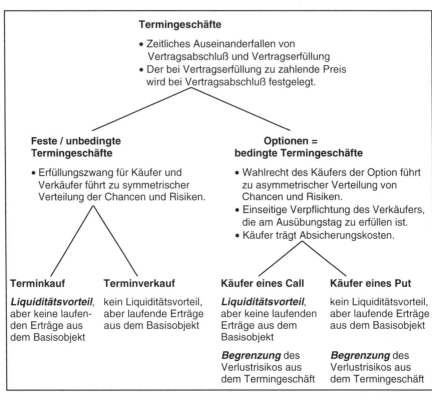

Abbildung 1.13   Feste und bedingte Termingeschäfte im Vergleich

1.2 Methoden zur effizienten Handelbarkeit von Optionen

Über Optionen kann mit Sicherheitsnetz und geringem Kapitaleinsatz auf einen bestimmten Kurs des Underlying am Verfalltag der Option gesetzt werden. Noch attraktiver wäre die Option, wenn sie während ihrer Laufzeit veräußert bzw. erworben werden könnte. Dann wäre es nämlich möglich, kurzfristige Schwankungen eines Basisobjektkurses über den Kauf bzw. Verkauf von Optionen mit Hebelwirkung zu nutzen. Voraussetzung dafür ist, daß rasch und kostengünstig Vertragspartner zu finden sind, die bereit sind, Optionen zu einem fairen Preis zu kaufen oder zu verkaufen. Darüber hinaus muß eine schnelle, sichere und kostengünstige Abwicklung der abgeschlossenen Geschäfte gewährleistet sein.

Der Handel von individuell vereinbarten Optionskontrakten verursacht hohe Transaktionskosten, denn für den potentiellen Erwerber oder Stillhalter ist es schwierig, unter der Vielzahl der jeweils anders ausgestalteten Optionsverträge jenen Kontrakt zu finden, der exakt seinen Anlagebedürfnissen entspricht. Darüber hinaus wird der potentielle Erwerber einer Option darauf bestehen, die Bonität und Vertragstreue des ihm unbekannten Stillhalters zu prüfen. Die Abwicklung der Transaktion erfordert einen zusätzlichen Zeit- und Kostenaufwand, der jeden unorganisierten Handel, beispielsweise über Zeitungsannoncen und postalische Abwicklung, erschwert.

1.2.1 Telefonhandel am OTC-Markt

Trotz dieser Schwierigkeiten existiert unter Banken, Versicherungen und anderen institutionellen Anlegern ein Handel in individuell auf die Bedürfnisse von Optionskäufer und Stillhalter zugeschnittenen Optionen. So können Optionen auf Aktien der Kleinwanzlebener Saatzucht AG, Optionen mit Laufzeiten von 2, 3 oder 5 Jahren, aber auch exotische Look-back-, Kick-in- oder Ladder-Konstruktionen am OTC-Markt (Over-the-Counter-Markt) über Telefon oder Telefax gehandelt und deshalb auch vereinbart werden. Selbst Details, die für den Vertragspartner von nicht zu unterschätzender Bedeutung sein können, wie Modalitäten des Settlements, ein spezifischer Ausübungspreis oder Form und Terminierung ertragsorientierter Auszahlungen können bedarfsorientiert vereinbart werden.

Aus dem Vorteil der flexiblen, maßgeschneiderten OTC-Option resultiert ihr Nachteil: Je komplexer der Vertrag ausgestaltet ist, um so höher sind die mit dem Kontrakt verbundenen Kosten, um so weniger fungibel sind die Rechte und Pflichten aus der Option. Eine geringe Fungibilität führt aber zu sehr hohen Transaktionskosten pro Kontrakt, wenn sich ein Vertragspartner aus dem Optionsvertrag lösen will. Demzufolge rechnet sich eine OTC-Option erst bei einem für Privatanleger kaum mehr relevanten Kontraktvolumen. Der Mindestbetrag eines Optionskontraktes bezieht sich auf einen Basiswert in Höhe von etwa 5 Mio. DM.

Der Stillhalter einer Option kann zahlungsunfähig werden. Um dieses Risiko sowie die Kosten einer Bonitätsprüfung zu minimieren, beschränkt sich der OTC-Markt im wesentlichen auf einen geschlossenen Kreis untereinander bekannter, bonitätsmäßig einwandfreier Adressen aus dem Bereich der institutionellen Anleger.

1.2.2 Standardisierung der Optionen

Breitere Anlegerkreise können am Optionsgeschäft beteiligt werden, wenn die Teilnehmer bei der Gestaltung des Optionsvertrags sowie bei der Übertragung der daraus resultierenden Rechte und Pflichten auf jede individuelle Vereinbarung verzichten, sondern sich exakt an die bis ins Detail fixierten Kontraktspezifikationen sowie

Handelsmodalitäten und Sicherheitsleistungen halten. Falls dann zusätzlich über jeden Zweifel stehende Institutionen Bestand und rechtmäßige Verfügung der Optionen garantieren, werden die Optionsrechte und Optionsverpflichtungen jeweils untereinander austauschbar, so daß genügend Transaktionen in gleichartigen Rechten und Pflichten anfallen, die eine börsenmäßige Organisation lohnen.

1.2.2.1 Deutsche Terminbörse

Das ist an der Deutschen Terminbörse (DTB) der Fall. Die dort handelbaren Optionen (traded options) sind konkret festgelegt im Hinblick auf
- mögliche Basisobjekte,
- Laufzeit, Verfalltag und Bezugsfrist,
- die Art der Leistungserbringung bei Ausübung,
- Eröffnung und Abwicklung des Kontrakts (clearing),
- die Sicherheitsleistung des Stillhalters (margin).

Die Marktteilnehmer haben sich nur noch über den Optionspreis zu einigen.

Die funktionsfähige Standardisierung der Optionskontrakte ist sehr aufwendig. Das soll exemplarisch an einem einzigen Bestandteil des Optionsvertrages, nämlich der Bestimmung zur Festlegung der zulässigen Basispreise, verdeutlicht werden.

(1) Aktien-Optionsserien können folgende Basispreise haben:
1,00 DM oder ein Vielfaches davon bis einschließlich 20,00 DM,
22,00 DM oder ein höherer durch 2 teilbarer Betrag bis einschließlich 50,00 DM,
55,00 DM oder ein höherer durch 5 teilbarer Betrag bis einschließlich 100,00 DM,
110,00 DM oder ein höherer durch 10 teilbarer Betrag bis einschließlich 200,00 DM,
220,00 DM oder ein höherer durch 20 teilbarer Betrag bis einschließlich 500,00 DM,
550,00 DM oder ein höherer durch 50 teilbarer Betrag bis einschließlich 1000,00 DM,
1100,00 DM oder ein höherer durch 100 teilbarer Betrag.

(2) Bei Einführung der Kontrakte stehen für jeden Call und Put für jede Fälligkeit drei Basispreise für den Handel zur Verfügung.[7]

Eine weitere Ziffer (3) regelt die Einführung zusätzlicher Basispreise. Allein dafür ist doppelt soviel Text notwendig wie für Ziffer (1) und (2) zusammen.

Die bis ins Detail notwendige Vertragsfixierung erfordert nicht nur einen beachtlichen Festlegungsbedarf. Jeder an diesem Markt Beteiligte muß die Kontraktspezifikationen beherrschen. Die Banken verlangen von ihren DTB-Kunden nicht nur Know-how im DTB-Geschäft, sondern stellen im allgemeinen auch bestimmte Mindestanforderungen an die Depotgröße und an die Bonität, obwohl nur bei Stillhaltergeschäften Sicherheiten zu hinterlegen sind.

---

[7] Vgl. **DTB Deutsche Terminbörse (1995)**, Handelsbedingungen, Teilabschnitt 2.2.1.6 mit Änderungen, veröffentlicht in: *Börsen-Zeitung* Nr. 91 vom 12.5.1995.

Die DTB hat am 26.1.1990 als vollelektronische Börse mit dem Handel von Aktienoptionen begonnen. Mittlerweile werden Optionen auf
- 20 verschiedene Standardaktien,
- den Deutschen Aktienindex DAX®,
- den Bund-Future, den Bobl-Future und den DAX®-Future

mit einer Laufzeit von bis 9 Monaten mit 5 Fälligkeitsterminen gehandelt.[8] Im Rahmen einer Erweiterung der an der DTB angebotenen Produktpalette werden seit März 1996 Langfrist-Optionen auf den DAX® mit einer Laufzeit von bis zu 2 Jahren gehandelt.[9] Weiterhin ist an die Einführung von Langfrist-Optionen auf die 4 bis 5 umsatzstärksten Aktien sowie zum 20.1.1997 an die Etablierung von Optionen auf den US-Dollar gedacht.[10]

Die Marktteilnehmer geben ihre Aufträge mit den Angebots- oder Nachfragepreisen standortunabhängig in das System ein. Große Handelshäuser haben sich verpflichtet, als Market Maker durch Geschäfte auf eigene Rechnung jederzeit für einen funktionsfähigen und liquiden Markt zu sorgen. Eine zentrale Clearingstelle garantiert als Kontraktpartner für alle an der DTB gehandelten Kontrakte die Erfüllung der eingegangenen Verpflichtungen. Diese Garantie gibt die Clearingstelle aufgrund der Sicherheitsverpflichtungen ihrer Kontraktpartner, die im Hinblick auf die jeweiligen Engagements täglich neu bewertet werden. Bei Abschluß eines Optionsvertrages erhalten die Marktteilnehmer eine Ausführungsanzeige, eine Verbriefung des erworbenen Optionsrechts gibt es nicht.

Anders als beim Optionshandel an der Präsenzbörse können Käufer und Stillhalter von DTB-Optionen jederzeit ihre Position durch ein Gegengeschäft (Closing-Transaktion) schließen und somit ihre Rechte aufgeben bzw. sich aus ihrer Verpflichtung lösen.[11] Dadurch kann der Optionskäufer seine aus Optionsgeschäften resultierenden Verluste als Spekulationsverluste geltend machen, was bei wertlosem Verfall der Option nicht möglich ist.

---

[8] Vgl. **Deutsche Börse AG (1996 a)**, S. 5. Der Handel in Optionen auf den DAX®-Future dürfte wegen Umsatzmangels demnächst eingestellt werden.

[9] Vgl. **Glocker, Harald (1996)**, S. 2 - 3.

[10] Vgl. **Rettberg, Udo (1996)**, S. 40, sowie: **o. V. (1996 b)**, S. 23.

[11] Vgl. **DTB Deutsche Terminbörse (1995)**, Handelsbedingungen, Teilabschnitt 1.4.3 Abs. 4.

1.2.2.2 Frankfurter Präsenzbörse

Bereits im Jahre 1970 wurde an den deutschen Präsenzbörsen ein organisierter Handel in standardisierten Optionen zugelassen. Seit es die DTB gibt, existiert dieses Marktsegment nur noch am Frankfurter Platz und beschränkt sich auf nicht an der DTB gehandelte Optionen.

So werden gegenwärtig Optionen auf Aktien von
- 28 deutschen Gesellschaften der „zweiten Reihe", davon 2 mit Stamm- und Vorzugsaktien sowie
- sehr großen ausländischen Unternehmen, wie IBM und General Motors, gehandelt.

Im April 1997 soll dieses Marktsegment auslaufen. Für 11 der bisher an der Präsenzbörse gehandelten Optionen auf deutsche Aktien und für weitere 8 Optionen auf deutsche Aktien soll am 23.9.1996 der Handel an der DTB aufgenommen werden.[12] Zu hoffen ist, daß im neuen Martksegment der DTB häufiger Bezahltkurse ausgewiesen werden als das an der Präsenzbörse der Fall war.

1.2.2.3 Handel zwischen Kreditinstituten und Kunden

Ein der DTB nachgebildeter Handel standardisierter Optionen wird von dem einen oder anderen Kreditinstitut unterhalten. Der Umsatz in diesen Optionen dürfte aber unbedeutend sein.

So bietet die Commerzbank vermögenden Privatanlegern, aber auch Unternehmen „standardisierte OTC-Devisenoptionen" für US-$, für englische £ und für Yen an.[13] Mindestkontraktgröße der US-$/DM-Option sind beispielsweise 50 000 US-$. Kontrahent aller Geschäfte in diesen Optionen ist die Commerzbank.

1.2.3 Verbriefung von Optionen

Rechte sind sinnlich nicht wahrnehmbar. Aus diesem Grund muß, wer beispielsweise eine Forderung erwerben will, sorgfältig prüfen, ob dieses Recht überhaupt entstanden ist und wenn ja, ob es dem potentiellen Vertragspartner noch zusteht, er könnte es bereits abgetreten haben. Diese Prüfung ist zeit- und kostenaufwendig.

Pragmatische Ansätze zur Lösung des Problems haben wir kennengelernt:
- Am OTC-Markt wird auf die Prüfung dieser Rechtsverhältnisse aus Kostengründen verzichtet, die daraus resultierenden Risiken werden durch eine Beschränkung des Teilnehmerkreises minimiert.

---

[12] Vgl. o. V. (**1996 a**), S. 6, sowie: **o. V. (1996 h)**, S. 16.
[13] Vgl. **Commerzbank AG (1993)**.

- An der DTB sorgt die Clearingstelle für Bestand und vertragsgemäße Erfüllung der gehandelten Optionsrechte. Der Gesetzgeber wählt für die risiko- und kostenminimierende Übertragung von Rechten eine andere Lösung, nämlich die Verbriefung der Rechte als Inhaberpapiere, wodurch sich an der juristischen Einordnung des Optionsrechts nichts ändert. Dabei gelten die folgenden Vorschriften:

- Der Aussteller der als Wertpapier bezeichneten Urkunde gewährleistet die Existenz des Rechts (§§ 793, 796 BGB).

- Die als Wertpapier bezeichnete Urkunde muß vorgelegt werden, wenn das Recht geltend gemacht wird (§ 797 BGB).

- Der Emittent kann seine Verpflichtung aus dem ihm vorgelegten Optionsschein nach § 793 BGB nur verweigern, wenn er die Nichtberechtigung des Optionsscheininhabers nachweist.

Damit gilt die Vermutung, daß bei Vorlage eines Wertpapiers
- das im Wertpapier verkörperte Recht besteht und
- der Inhaber der Urkunde grundsätzlich Optionsscheinberechtigter ist.

Der Gesetzgeber schafft also die Verkehrsfähigkeit von Optionsscheinen, indem er das Eigentum an der Urkunde grundsätzlich zum Berechtigungskriterium erklärt und so die Möglichkeit eröffnet, den Optionsschein nach sachenrechtlichen Vorschriften zu übertragen. Wegen des daraus resultierenden Gutglaubensschutzes des Erwerbers werden Optionsscheine zu den Wertpapieren öffentlichen Glaubens gezählt, für die der Grundsatz gilt: Das Recht aus dem Papier folgt dem Recht am Papier.

Daraus leiten sich folgende Vorschriften zur Übertragung des Optionsrechts ab.[14]

- Das Optionsrecht geht mit der Übertragung der Optionsscheinurkunde als einer Sache nach §§ 929 bis 935 BGB, § 366 HGB über.

- Der Optionsscheinberechtigte eines gestohlenen oder verlorengegangenen Optionsscheins kann vom Emittenten die Ausstellung einer neuen Urkunde nach § 800 BGB verlangen, wenn die abhanden gekommene Urkunde zuvor nach § 799 BGB und §§ 1003 ff. ZPO für kraftlos erklärt wurde.

- Durch Veröffentlichung im Bundesanzeiger kann gemäß § 367 HGB verhindert werden, daß ein Kreditinstitut die abhanden gekommenen Wertpapiere gutgläubig erwirbt.

- Kreditinstitute sind gemäß ihrer Allgemeinen Geschäftsbedingungen sogar bereits nicht mehr gutgläubig, wenn der Verlust des Optionsscheins in der von den „Wertpapier-Mitteilungen" herausgegebenen Oppositionsliste veröffentlicht ist.

---

[14] Vgl. **Harter, Winfried u. a. (1993)**, S. 30 - 33.

Von der Wirklichkeit ist der hier vorgestellte noch immer gebräuchliche Wertpapierbegriff insoweit überholt, als bei Optionsscheinen auf bereits im Umlauf befindliche Vermögenswerte häufig die gesamte Optionsscheintranche in einer einzigen Sammelurkunde verbrieft wird, Teilurkunden dann also nicht ausgehändigt werden können. Dennoch hat sich bis heute kein der Wirklichkeit angepaßter Wertpapierbegriff und -inhalt durchgesetzt.

Optionsscheine sind Wertpapiere, die innerhalb ihrer Emission untereinander austauschbar sind. Damit sind sie börsenfähig, denn Börsen zeichnen sich vor allem durch Vertretbarkeit der gehandelten Produkte und Standardisierung der Geschäftsabwicklung aus. Diese und weitere, einen organisierten Markt kennzeichnenden Faktoren, senken die Transaktionskosten und erhöhen die Wahrscheinlichkeit eines schnellen, sicheren und fairen Geschäftsabschlusses. Eine Senkung der Transaktionskosten heißt mehr Performance, die zeitliche und örtliche Konzentration des Handels unter Einschluß möglichst vieler Teilnehmer steigert die Liquidität des Marktes, was zu einer größeren Attraktivität des börsenfähigen Anlageobjekts führt (Abbildung 1.14).

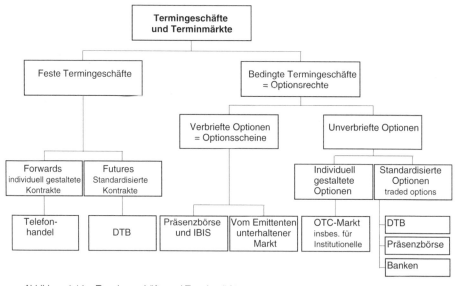

Abbildung 1.14   Termingeschäfte und Terminmärkte

1.2.3.1 Flexibilität

Optionsbörsen, wie die DTB, sind durch den Zwang zur Standardisierung ihrer Produkte zu einer begrenzten und kurzfristig zu einer starren Angebotspalette verurteilt. Demgegenüber können Optionsscheine in ihren Ausstattungsmerkmalen von Fall zu Fall den individuellen Bedürfnissen der Anleger angepaßt werden.

Ihren Vorteil nutzen die Emittenten von Optionsscheinen, indem sie eine den OTC-Produkten vergleichbare Flexibilität hinsichtlich Underlying, Laufzeit und Optionsstruktur bieten.

So kann der private Investor über Optionsscheine mit verhältnismäßig geringem Kapitaleinsatz von der Entwicklung international gehandelter Währungen, von der Aktienkursentwicklung in welchem Land auch immer, von der Zinsentwicklung verschiedener Länder, aber auch von der Entwicklung der Rohstoff- und Goldpreise profitieren.

Über Optionsscheine sind auch Produkte ausländischer Optionsbörsen für jeden Anleger mit bescheidenem Kapitaleinsatz bei niedrigen Transaktionskosten und keinem spezifischen, die jeweilige Optionsbörse betreffenden Know-how erreichbar. Damit sind Optionsscheine für viele Privatanleger der Schlüssel zu Märkten, die ihnen sonst nicht oder bestenfalls über Investmentfonds zugänglich wären.

Optionsscheine auf Anlagen in hochspekulativen Märkten - genannt seien Emerging Markets - können sogar die risikolosere Alternative zu Investmentfonds sein. Voraussetzung ist dafür allerdings, daß sich der Investor dazu zwingt, den im Vergleich zur Investmentanlage geringeren Kapitaleinsatz im Rahmen der Money-Back-Strategie in eine sichere Kapitalanlage einzubringen (Abbildung 1.15).

Auch für mittelständische Unternehmen bietet sich der Erwerb von Optionsscheinen an, wenn sie auf eine bestimmte Entwicklung einer Währung setzen oder sich dagegen absichern wollen. Genau wie Privatanleger können diese Unternehmen mit Optionsscheinen aber auch an fallenden oder steigenden Preisen anderer Vermögenswerte - seien es Aktien, Indices, Zinspapiere, Rohöl oder Silber - verdienen (Abbildung 1.16).

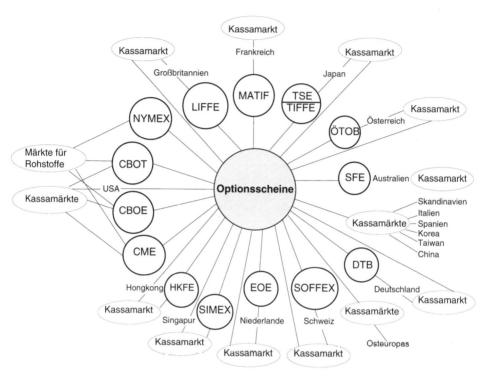

Quelle: o. V (1995 a), S. 18, vgl. auch Citibank AG (1995 b), S. 6.

Anmerkung: CBOE = Chicago Board Options Exchange
CBOT = Chicago Board of Trade
CME = Chicago Mercantile Exchange
DTB = Deutsche Terminbörse
EOE = European Option Exchange
HKFE = Hongkong Future Exchange
MATIF = Marché à Terme International de France
NYMEX = New York Mercantile Exchange
LIFFE = London International Financial Futures and Options Exchange
ÖTOB = Österreichische Termin- und Optionenbörse
SFE = Sydney Futures Exchange
SIMEX = Singapore International Monetary Exchange
SOFFEX = Swiss Options and Financial Futures Exchange
TIFFE = Tokyo International Financial Futures Exchange
TSE = Tokyo Stock Exchange

Abbildung 1.15 Optionsscheine bündeln das Angebot der Kassa- und Terminmärkte der Welt.

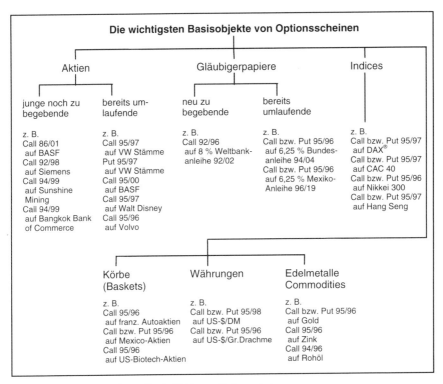

Abbildung 1.16 Die wichtigsten Basisobjekte von Optionsscheinen

Am Optionsscheinmarkt können Papiere mit kurzen und mit langen Restlaufzeiten erworben werden. Die meisten Optionsscheine sind bei der Emission mit Laufzeiten von 2 oder 3 Jahren ausgestattet, die traditionellen zusammen mit Anleihen emittierten Optionsscheine auf junge Aktien haben Laufzeiten im Bereich zwischen 4 und 15 Jahren. Demgegenüber ist die Laufzeit von DTB-Optionen auf 9 Monate bzw. 2 Jahre begrenzt.[15] Nur an ausländischen Optionsbörsen werden länger laufende Optionen gehandelt.[16]

Der Flexibilitätsvorteil des Optionsscheins läßt sich aber nicht nur im Hinblick auf Underlying und Laufzeit, sondern vor allem auch hinsichtlich der Optionsscheinkonstruktion nutzen. So können komplexe Optionskonstruktionen in einem Options-

---

[15] Vgl. Abschnitt 1.2.2.1.

[16] An ausländischen Optionsbörsen werden bereits heute länger laufende Optionen gehandelt. Vgl. **Baker, H. A. u. a. (1993)**, S. 2 - 6.

schein gebündelt und dem privaten Anleger zugänglich gemacht werden. Auch mit diesen Produkten, die unter den Namen Knock-out- oder Drop-in-Optionsschein, Look-back oder Chooser, verkauft werden, ist es dem Optionsscheinmarkt in Deutschland gelungen, eine Nische zwischen DTB und außerbörslichem OTC-Markt zu besetzen.[17]

1.2.3.2 Kontinuität

Der Optionsscheinmarkt floriert in Produkten, die von der DTB nicht abgedeckt werden. Das konnte erwartet werden. Überraschend ist aber der große Erfolg von Optionsscheinen auf Basisobjekte, auf die es auch DTB-Optionen gibt. Es scheint sogar, als habe die DTB den Optionsscheinmarkt speziell in DTB-Produkten beflügelt.

Neben den jeweils auf die aktuellen, schnell wechselnden Kundenwünsche zugeschnittenen Optionsscheinen bieten die im Optionsscheingeschäft führenden Häuser ein breites Spektrum stets gleichartiger Produkte. So ist es besonders beliebt und gebräuchlich, in bestimmten Zeitabständen - beispielsweise im Drei- oder Sechs-Monatsrhythmus - Serien von Call- und Put-Optionsscheinen auf den DAX® und auf DAX®-Werte der ersten Reihe mit verschiedenen Ausübungspreisen aufzulegen, die jeweils erneuert werden, wenn sie auslaufen. Mit dieser Emissionspolitik bringt das jeweilige Institut eine gewisse Basistransparenz in die eigene Angebotspalette, die dem Kunden ein Gefühl der Kontinuität gibt, das seinerseits Vertrauen in die Optionsscheine dieses Emittenten schaffen soll.

Aus Sicht der Emittenten ist die Begebung von Optionsscheinen auf Basisobjekte, auf die auch DTB-Produkte gehandelt werden, verständlich, denn solche Optionsscheine können sowohl über die DTB als auch über den OTC-Markt risikolos und preisgünstig abgesichert werden. Das Interesse der Emissionshäuser, DTB-Produkte zu verbriefen, ist demnach verständlich.

Überraschend ist es aber, daß sich solche Scheine auch absetzen lassen, denn die Optionsscheine auf den DAX® oder auf deutsche Top-Aktien sind meist teurer als die direkt vergleichbaren DTB-Produkte,[18] wenngleich die früher beachtlichen Preisunterschiede zwischen Optionsscheinmarkt und DTB deutlich zurückgegangen sind.[19] Darüber hinaus behauptet die DTB,[20] als größte vollcomputerisierte Termin-

---

[17] Vgl. **Bruker, Hans-Peter (1995)**, S. 1.

[18] Vgl. **Bruker, Hans-Peter (1995)**, S. 2.

[19] Vgl. **Ropeter, Adolf Michael (1994)**, S. 10.

[20] Vgl. **Deutsche Börse AG (1994 b)**, S. 4.

börse der Welt dank modernster Technik für einen überregionalen liquiden Markt mit hoher Transparenz und intensivem Preiswettbewerb zu sorgen.[21] Mit Stolz verkündet sie, gleiche Chancen für alle Beteiligten zu schaffen. Demgegenüber steht der Optionsscheinmarkt nicht im Ruf, der transparenteste und fairste Markt zu sein.

Die vielen Emissionen von Optionsscheinen auf Basisobjekte, auf die es auch DTB-Optionen gibt, überraschen um so mehr, als diese Produkte an bestimmten Schnittflächen auch zu traditionellen, von Optionsanleihen abgetrennten Optionsscheinen im Wettbewerb stehen. Über den Erwerb dieser von großen Gesellschaften emittierten Optionsscheine kann sich der Anleger einen festen Preis für künftig zu emittierende Aktien schon Jahre vor der Emission sichern.

Der Erfolg der mit DTB-Optionen und traditionellen Aktienoptionsscheinen konkurrierenden Optionsscheinen auf bereits umlaufende Basisobjekte ist damit zu erklären, daß DTB einerseits und Optionsscheinmärkte andererseits voneinander abgeschottet zu sein scheinen. Entweder engagiert sich ein Anleger für DTB-Optionen, dann sind Optionsscheine für ihn tabu, oder er erwirbt Optionsscheine, dann hat er meist kein Interesse an der DTB.

Dieses Phänomen kann wohl nur mit den jeweiligen Eigenarten der beiden Märkte erklärt werden.

- An der **DTB** kann nur mitmischen, wer mit den dort gehandelten Produkten und den geltenden Usancen vertraut ist. Das erfordert Einarbeitung sowie anschließend regelmäßiges Engagement, andernfalls werden die Regeln schnell vergessen, der Anleger fühlt sich dann unsicher. Darüber hinaus fordern Kreditinstitute von ihren Kunden für DTB-Geschäfte zusätzliche Sicherheiten, die nicht jeder Anleger erfüllen kann oder will.

- Auf *Optionsscheine* mit attraktiv erscheinenden Ausstattungsmerkmalen stößt der Anleger dagegen vielleicht zufällig durch Zeitungsanzeigen. Darüber hinaus erhält er unter Umständen regelmäßig die Gesamtübersicht der Ausstattungen der am Markt befindlichen Optionsscheine eines Emittenten, den er um Informationsmaterial gebeten hat. Auch die Beschaffung der aktuellen Börsenkurse für Optionsscheine, die Auftragserteilung und Auftragsabwicklung verlangt vom mit der Präsenzbörse vertrauten Anleger keine neuen Verhaltensweisen.

- Wenngleich der Markt für Optionsscheine auf bereits umlaufende Basisobjekte stärkere Verbindungen zum Markt für von Optionsanleihen getrennten Optionsscheinen hat als zur DTB, sind es doch verschiedene Anlegerkreise, die sich am einen oder am anderen Markt engagieren. So werden die *traditionellen Aktienoptionsscheine* eher als Alternative zur Direktanlage erworben als Optionsscheine auf bereits emittierte Aktien. Das resultiert einerseits aus den längeren Laufzeiten

---

[21] Vgl. **DTB Deutsche Terminbörse (1990)**, S. 5.

der traditionellen Aktienoptionsscheine, aber auch aus deren Vertriebsweg, der sich nicht von jenem für Aktien oder Anleihen unterscheidet. Durch Zeitungsanzeigen wird ein Anleger nur selten auf traditionelle Optionsscheine stoßen.

Der Umfang des Optionsscheinangebots wird erst beim Vergleich mit anderen Effektengattungen deutlich. So waren Ende Juni 1996 an der Frankfurter Börse 4.669 deutsche und 308 ausländische Optionsssscheine, aber nur 527 deutsche und 358 ausländische Aktien zugelassen.[22]

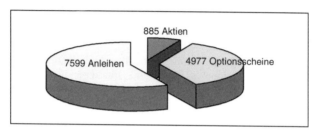

Quelle: *Frankfurter Allgemeine Zeitung* vom 1.8.1996.

Abbildung 1.17 Frankfurter Börse: Zahl der zugelassenen Optionsscheine im Vergleich zur Zahl der zugelassenen Aktien und Anleihen

Mit diesem reichhaltigen und differenzierten Angebot deckt der Optionsscheinmarkt jedes von der individuellen Markteinschätzung abgeleitete Anlagebedürfnis privater Bankkunden ab. Vom Angebot an Optionsscheinen profitieren aber auch institutionelle Anleger, denen der OTC-Markt aufgrund gesetzlicher oder selbst auferlegter Restriktionen nicht zugänglich ist.[23] Sie können, ebenso wie private Anleger, Optionsscheine zur Spekulation, aber auch zur Absicherung bestehender Positionen einsetzen.[24]

Die Kehrseite von Flexibilität und Vielfalt ist die mangelnde Transparenz des Optionsscheinangebots. So kommen zu den gegenwärtig umlaufenden knapp 5000 verschieden ausgestatteten Optionsscheinen täglich neue komplexe Varianten hinzu. Unter diesen Bedingungen ist es zeitaufwendig, das vielfältige Angebot an Optionsscheinen zu überblicken,[25] ein Preisvergleich ist nahezu unmöglich, die Auswahl des für das jeweilige Anlageziel günstigsten Optionsscheins wird zum Lotteriespiel (Abbildungen 1.18 und 1.19).

---

[22] Vgl. **o. V. 1996 (e)**, S. 17, sowie: **o. V. (1996 c)**, S. 50.

[23] Vgl. **Frohne, Arnd Christofer (1994)**, S. 21.

[24] Vgl. **Drathen, Frank (1995)**, S. 19.

[25] Vgl. **Breuers, Friedhelm (1996)**, S. 61.

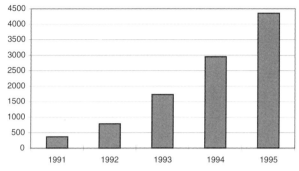

Quelle: *Börsen-Zeitung*, Jahresschlußausgaben 1991 bis 1995.

Abbildung 1.18   Gesamtzahl der Optionsscheine

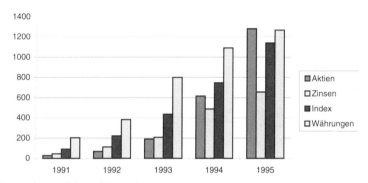

Quelle: *Börsen-Zeitung*, Jahresschlußausgaben 1991 bis 1995.

Abbildung 1.19   Anzahl der Optionsscheine nach Basisobjekten

Die Intransparenz am Optionsscheinmarkt resultiert einerseits aus der Politik der Emissionshäuser, die auf jeden noch so kleinen und kurzlebigen Modetrend reagieren, sie ist aber auch verursacht durch Emittenten, von denen jeder bestrebt ist, selbst Optionsscheine des Standardrepertoires durch kleine Abweichungen einzelner Ausstattungsmerkmale von Konkurrenzprodukten abzusetzen. Erst in jüngster Zeit ist das Bemühen einzelner Emittenten zu erkennen, ihre Standard-Optionsscheine von Marktsegment zu Marktsegment mit gleichen Laufzeiten, gleichen Bezugspreisintervallen und gleichen Bezugsverhältnissen auszustatten. *"Der Bereich der Devisen-Optionsscheine nimmt hier eine Vorreiterrolle ein, denn schon jetzt hat sich das Emissionsprocedere einiger führender Emittenten in Teilbereichen auf einheitliche Produktstandards eingespielt."*[26]

---

[26] **Lehmann, Gerold (1995)**, S. 15.

1.3 Optionsscheine als Anlageobjekte

1.3.1 Einteilung der Optionsscheine

Durch die Vielfalt an Optionsscheinen ist es unmöglich geworden, diesen Markt in seiner Gesamtheit zu überblicken.[27] Neueinsteiger werden in diesem Markt zusätzlich dadurch verunsichert, daß bald jeder Autor meint, ein eigenes Begriffssystem einführen zu müssen.

Bis weit in die 80er Jahre hinein war es noch einfach. Man kannte nur die heute als *„klassisch", „herkömmlich"* oder *„traditionell"* bezeichneten im Optionsanleihe-Paket emittierten *Aktienoptionsscheine*. Dieses früher und heute bescheidene Marktsegment umfaßte beispielsweise 1983 gerade 20 Papiere,[28] die alle einheitlich das Recht verbrieften, künftig zu begebende junge Aktien des Emittenten zu beziehen. Die Optionsscheinemission ist dieser, der Beschaffung von Eigenkapital dienenden Ausgabe von Aktien vorgeschaltet, um sie zu optimieren.

Die zur Finanzierung begebenen Optionsscheine werden mit Blick auf deren traditionell im Paket mit Gläubigerpapieren erfolgten Emission gewöhnlich als (von einer Optionsanleihe) *abgetrennte Optionsscheine* (= issue linked warrants) bezeichnet.[29] Bei dieser Begriffswahl bleibt allerdings unberücksichtigt, daß in den letzten Jahren auch Solo-Optionsscheine zur Kapitalbeschaffung emittiert wurden. Aus diesem Grund ist der Begriff *durch bedingte Kapitalerhöhung unterlegte Aktienoptionsscheine* vorzuziehen, gelegentlich liest man *equity warrants, Originär-Optionsscheine* oder *Altaktienoptionsscheine*.[30]

Nur etwa jeder hundertste Optionsschein ist ein klassischer Aktienoptionsschein, und die Zahl der zum Bezug neuer, vom Optionsscheinemittenten zu begebenden Anleihen kann an einer Hand abgezählt werden. Alle anderen Optionsscheine beziehen sich auf *bereits umlaufende Basisobjekte*, genannt seien Aktien, Anleihen, Währungen, Waren oder Körbe dieser Vermögenswerte,[31] oder auf *synthetische, nicht lieferbare Underlyings*, wie Indices.

---

[27] Vgl. **Lehmann, Gerold (1995)**, S. 15.

[28] Vgl. **Zwirner, Thomas (1993)**, S. 26.

[29] Vgl. **Klein, Hans-Dieter (1990)**, S. 283, sowie: **Schulz, Thomas (1993)**, S. 477.

[30] Vgl. **Schmidt, Hartmut / Elsner, Dirk (1994)**, S. 265.

[31] Deshalb gewähren diese Optionsscheine kein Bezugsrecht, sondern eher ein „Kaufrecht". Vgl. **Bessey, Jochen (1995)**, S. 5.

In Abgrenzung zu den der Finanzierung dienenden Optionsscheinen werden die allein unter ertragswirtschaftlichen Gründen emittierten Optionsscheine auf bereits umlaufende Basisobjekte üblicherweise unter den Begriffen „naked warrants"[32] oder „covered warrants"[33] zusammengefaßt. Beide Begriffe sind jedoch ungenau:

Der Begriff „*nackter Optionsschein*" oder „*selbständiger Optionsschein*" paßt auch auf alle zu Finanzierungszwecken emittierten Solo-Optionsscheine, wie die ohne Trägerpapier emittierten, durch bedingte Kapitalerhöhung unterlegten Optionsscheine von Trinkaus & Burkhardt oder die selbständig emittierten Optionsscheine auf vom Emittenten zu begebende Gläubigerpapiere.

Der Begriff „*gedeckter Optionsschein*" ist mißverständlich, soweit das Attribut „gedeckt" impliziert,[34] der Emittent habe zur Sicherung der Optionsrechte einen genau spezifizierten Deckungsbestand zu unterhalten. Tatsächlich genießen die gedeckten Optionsscheine nämlich keinen gesetzlich oder vertraglich fixierten Schutz gegen das Ausfallrisiko des Emittenten:

- In Deutschland besteht für gedeckte Optionsscheine keine gesetzliche „Deckungspflicht", wie das beispielsweise bei „gedeckten" Bankschuldverschreibungen der Fall ist, die dem Hypothekenbankgesetz oder dem Gesetz über Pfandbriefe und verwandte Schuldverschreibungen öffentlich-rechtlicher Kreditanstalten unterliegen.[35]

- In den meisten Optionsscheinbedingungen wird zum Deckungsbestand nichts ausgeführt. Aber auch wenn die Bedingungen für ausstehende Optionsscheine einen vom Emittenten zu unterhaltenden Deckungsbestand für ausstehende Optionsscheine vorsehen, kann daraus kein gemindertes Ausfallrisiko der betreffenden Optionsscheine abgeleitet werden, da Emittenten von Optionsscheinen, die sich zu einem Deckungsbestand verpflichten, in einer Zusatzvorschrift zugleich Inhalt und Umfang des Deckungsbestandes in ihr freies Ermessen stellen. Darüber hinaus schließen sie Rechte und Ansprüche der Optionsscheininhaber am oder in Bezug auf den Deckungsbestand in den Optionsscheinbedingungen ausdrücklich aus.[36]

- Der Deckungsbestand dient nicht der Besicherung bestimmter Optionsscheine, sondern er schützt den Emittenten vor aus der Stillhalterposition resultierenden Kursrisiken.[37] Manche Optionsscheinemittenten nutzen den Deckungsbestand sogar insofern als Wettbewerbsargument, als sie behaupten, sich sofort, nämlich binnen 10 Sekunden nach jedem Geschäft, abzusichern. Aus dieser Risikopolitik leiten die betreffenden Emissionshäuser die Folgerung ab, sie bezögen keine Gegenposition

---

[32] Vgl. **Schulz, Thomas (1993)**, S. 479, sowie: **Limbach, Rolf (1993)**, S. 63 - 66.

[33] Vgl. **Klein, Hans-Dieter (1990)**, S. 283.

[34] Vgl. **Schmidt, Hartmut / Elsner, Dirk (1994)**, S. 260.

[35] Vgl. **Harter, Winfried u. a. (1993)**, S. 234 - 239.

[36] Vgl. **Schweizerischer Bankverein (1995 a)**, S. 16, § 1 Abs. 4.

[37] Vgl. **Schmidt, Hartmut / Elsner, Dirk (1994)**, S. 260 - 261.

zu den Erwerbern ihrer Optionsscheine und spielten demzufolge niemals gegen die eigenen Kunden.[38] Auf diese Weise versuchen sie, verbreitete Vorbehalte gegen Optionsscheininvestitionen zu zerstreuen, denn viele Anleger befürchten, die Optionsscheinemittenten hätten ein Interesse am wertlosen Verfall der ausstehenden Optionsscheine.

Demnach läßt sich der Begriff „gedeckte Optionsscheine" oder covered warrants als Oberbegriff für die zur Gewinnerzielung emittierten Optionsscheine auf bereits umlaufende Basisobjekte oder nicht lieferbare Finanzinstrumente verwenden, wenn unter „gedeckt" die Aufforderung an den Emittenten verstanden wird, zur eigenen Sicherheit und zur Sicherheit der Käufer seiner Optionsscheine stets für „gedeckte" Stillhalterpositionen zu sorgen.

Im täglichen Sprachgebrauch werden Optionsscheine meist nach ihrem Underlying benannt. So zählen Indexoptionsscheine, Währungsoptionsscheine, Warenoptionsscheine und Basketoptionsscheine stets zu den *„gedeckten Optionsscheinen im weiteren Sinne"*.

Nur bei Optionsscheinen auf bereits umlaufende Aktien (= Altaktien) hat sich mit dem im engeren Sinne verstandenen Begriff *„covered warrants"* ein eigenständiger Begriff in Abgrenzung zu den durch bedingte Kapitalerhöhung unterlegten „Aktienoptionsscheinen" auf neu zu begebende Aktien oder *„equity warrants"*[39] durchgesetzt.

Für *Optionsscheine auf neu zu begebende Gläubigerpapiere* hat sich kein anderer Begriff herausgebildet, was wohl damit zu erklären ist, daß die Zahl dieser Papiere im Vergleich zu den Optionsscheinen auf bereits umlaufende Gläubigerpapiere zu vernachlässigen ist. Beide Optionsscheinarten tragen den Namen *Zinsoptionsscheine* (Abbildung 1.20).

---

[38] Vgl. **Société Générale (1995 c)**, S. 4.
[39] Vgl. Derivate, September 1995, S. 12.

Abbildung 1.20   Einteilung der Optionsscheine

1.3.2 Vertrautes Handling

1.3.2.1 Wo werden Optionsscheine gehandelt?

Optionsscheine bekannter Emittenten sind fast immer zum Handel an der Börse zugelassen.

Optionsscheine auf neu zu begebende Aktien werden regelmäßig im gleichen Marktsegment gehandelt wie die Aktien des Emittenten und das ist bei den größeren Gesellschaften meist der
- amtliche Markt, manchmal auch der geregelte Markt.

Demgegenüber werden *Optionsscheine auf bereits umlaufende Basisobjekte* vorwiegend im
- Freiverkehr[40] oder im
- geregelten Markt[41]

eingeführt. Der Grund dafür liegt in den niedrigeren Kosten und dem schnelleren Procedere einer Einbeziehung der Optionsscheine in die weniger regulierten Märkte. Immer schon gab es allerdings Emittenten, die einen Teil ihrer Optionsscheine in den
- amtlichen Markt eingeführt haben.[42]

Formaljuristisch ist die Einbeziehung von Wertpapieren in den *Freiverkehr* nicht mit der Zulassung zum Handel an einer Börse gleichzusetzen. Der Freiverkehr ist vielmehr lediglich ein privatrechtlicher Zusatzmarkt, der von § 78 des Börsengesetzes gedeckt ist, solange ein ordnungsgemäßer Handel gewährleistet ist.

Aus diesem Grund muß der Emittent in seinem Antrag auf Einbeziehung seiner Optionsscheine in den Freiverkehr die ordnungsmäßige Durchführung des Handels zusichern; dazu braucht er einen skontroführenden Freimakler, der die Freiverkehrspreise von Optionsscheinen auf der Grundlage von BOSS-CUBE[43] prinzipiell nicht anders ermittelt, wie die im amtlichen Markt festgestellten Preise. Unterstrichen wird diese Feststellung durch die Handhabung an der Stuttgarter Börse, wo der amtliche Makler für Optionsscheine zugleich die Funktion eines Freimaklers für Optionsscheine erfüllt. Juristisch besteht allerdings insoweit ein Unterschied, als der Auftraggeber einen Anspruch auf Ausführung zu einem bestimmten Börsenpreis nur erheben kann, wenn der Auftrag in einem zum amtlichen oder zum geregelten Markt zugelassenen Wertpapier vom Kursmakler vermittelt wurde.[44]

> In jüngster Zeit ist ein Trend zu beobachten, für Optionsscheine auf bereits umlaufende Basisobjekte häufiger den Handel mit amtlicher Notiz zu beantragen. Zwei Entwicklungen sind es, die diesen Trend in der Zukunft verstärken dürften.
>
> - Einerseits sind führende Emissionshäuser bestrebt, den von ihnen emittierten Optionsscheinen das Gütesiegel „amtlich notiertes Wertpapier" zu verschaffen. Dieses Gütesiegel garantiert, daß der Kurs des Papiers von einem nach § 30 Börsengesetz öffentlich bestellten Makler festgestellt wird, dessen Tätigkeit nach §§ 1 a und 1 b Börsengesetz von öffentlichen Stellen überwacht wird.

---

[40] Vgl. **WestLB (1995)**, S. 8.

[41] Vgl. **Landesbank Hessen-Thüringen (1995)**, S. 5.

[42] Vgl. **Citibank AG (1994)**, S. 21 - 23.

[43] Im BOSS (= Börsen-Order-Service-System)-Teil werden die Effektenaufträge elektronisch in den Börsensaal übermittelt. Im CUBE (= Computerunterstützten Börsenhandels- und Entscheidungssystem)-Teil werden sie in das vom Makler geführte elektronische Orderbuch eingestellt. Vgl. **Deutsche Börse AG (1994 a)**, S. 61.

[44] Vgl. § 31 Börsengesetz.

- Andererseits zeigen um das Optionsscheingeschäft besonders bemühte Regionalbörsen, wie Düsseldorf und Stuttgart,[45] in ihrem Überlebenskampf in jüngster Zeit beachtliche Flexibilität. So ist es jetzt möglich, sowohl die Kosten für die Einbeziehung von Optionsscheinen in den amtlichen Handel zu senken als auch die Zeit von der Antragstellung bis zur Zulassung zum amtlichen Handel zu verkürzen.[46]

Ebenso wie umsatzstarke Aktien und Anleihen werden auch Optionsscheine mit hoher Marktkapitalisierung unter Banken und Maklern im
• Integrierten Börsenhandels- und Informations-System (IBIS)
gehandelt.[47] Die dazu erforderliche Marktkapitalisierung haben bisher nur Optionsscheine auf noch zu begebende junge Aktien erreicht.

So werden die Optionsscheine von 1993/98 - WKN 840 410 - auf junge Allianz-Aktien ebenso in IBIS gehandelt wie die Optionsscheine 1992/97 - WKN 804 032 - auf junge Aktien der Deutschen Bank. Die Optionsscheine der Allianz hatten Mitte Dezember 1995 eine Marktkapitalisierung von 508,06 Mio. DM, die Optionsscheine der Deutschen Bank in Höhe von 328,50 Mio. DM.[48] Optionsscheine auf bereits umlaufende Basisobjekte bleiben mit einer Marktkapitalisierung in meist ein- oder zweistelligen Millionenbeträgen[49] weit dahinter zurück.[50]

Wie alle anderen Wertpapiere werden auch Optionsscheine außerhalb der Börse im *Telefonverkehr* gehandelt. Dazu zählt der Handel über die Makler an der Börse, die auch außerhalb der Börsenzeiten den Banken ihre Dienste anbieten. Die Bank des Optionsscheininvestors kann die Preise aber auch bei einem potentiellen Geschäftspartner, der fast immer die Emissionsbank sein wird, per Telefon oder per Computer-Offertensystem abfragen. Zu den dann genannten Kursen kann sofort abgeschlossen werden. Die meisten Emittenten versuchen, nur größere Orders, die jedoch häufig bereits in der Nähe von 10 000,00 DM beginnen, direkt abzuwickeln und kleinere Aufträge an die Börse zu verweisen. Es gibt aber auch Emissionshäuser, die für jeden Kundenauftrag den direkten Handel zwischen der Bank des Kunden und dem Optionsscheinemittenten propagieren[51] oder ihn zumindest ermöglichen.[52]

---

[45] Vgl. **Mägerlein, Christina (1995)**, S. 21.

[46] Vgl. **Elberskirch, Dirk (1995)**, S. 15.

[47] Vgl. **Harter, Winfried u. a. (1993)**, S. 153 - 157.

[48] Derivate, Januar 1996, S. 12 - 13.

[49] Bei diesen Marktkapitalisierungsbeträgen wird sogar unterstellt, daß das vorgesehene Emissionsvolumen vollständig abgesetzt wurde. Vgl. Derivate, Januar 1996, S. 14 - 39.

[50] Seltene Ausnahme sind einige auf bereits umlaufende SAP-Aktien begebene Optionsscheine. So brachte es der von der Citibank emittierte Optionsschein 1995/96 - WKN 815 389 - am 15.12.1995 auf eine Marktkapitalisierung von 630 Mio. DM. Vgl. Derivate, Januar 1996, S. 30.

[51] Vgl. **Citibank AG (1995 a)**.

[52] Vgl. **Schweizerischer Bankverein AG (1995 b)**, S. 5.

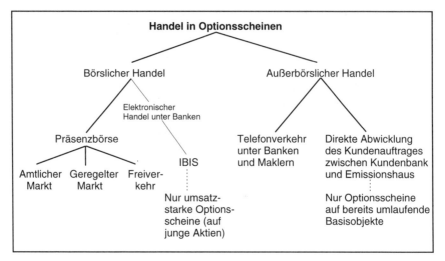

Abbildung 1.21   Handel in Optionsscheinen

1.3.2.2 Informationsbeschaffung

Die Börsenkurse von Optionsscheinen werden, wie die Börsenkurse anderer Wertpapiere auch, börsentäglich in der Wirtschaftspresse veröffentlicht. Nahezu vollständig zu finden sind dort jedoch nur die Kurse von **Optionsscheinen auf neu zu begebende Aktien.**[53] Soweit die Optionsscheine in IBIS gehandelt werden, können auch die dort gestellten Preise nachgeschlagen werden.[54]

Optionsscheine auf neu zu begebende (junge) Aktien werden meist im Paket zusammen mit Anleihen emittiert. Nach der Emission kann das Paket aufgeschnürt und in seine Elemente aufgeteilt werden.[55] Deshalb werden an der Börse drei verschiedene Wertpapiergestaltungen mit jeweils eigenen Wertpapier-Kenn-Nummern eingeführt:

- Optionsanleihe cum Optionsschein, das ist die Optionsanleihe als Paket mit Gläubigerpapier und Optionsschein so, wie sie emittiert wurde.
- Optionsanleihe ex Optionsschein, als reines Gläubigerpapier ohne Optionsschein.
- Optionsschein, der das Optionsrecht verbrieft.

---

[53]   Vgl. *Frankfurter Allgemeine Zeitung* vom 20.2.1996, sowie: *Handelsblatt* vom 20.2.1996.
[54]   Vgl. *Handelsblatt, Börsen-Zeitung*.
[55]   Vgl. **Heidelberger Zement Finance B.V. (1995)**, S. 58, § 1 Ziffer 3.

Entsprechend ihrer Komponenten kann der vom Emittenten für die Optionsanleihe zu erzielende Preis aufgeteilt werden in
- ein Entgelt für den Optionsschein und
- ein Entgelt für das Gläubigerpapier.

Fallstudie 1.5   Kursnotiz von Optionsanleihen

Anhand der 7 ½ % DM-Optionsanleihe der Conti-Gummi Finance[56] 1993/2000 soll erläutert werden, wie die Kurse der drei Papiere ins Gleichgewicht kommen:

Die Conti-Gummi-Optionsanleihe wurde am 7.7.1993 in den Börsenhandel eingeführt und wie folgt notiert:[57]

Optionsanleihe mit (cum) Optionsschein - WKN 410 850:   125,00 %
Optionsanleihe ohne Optionsschein - WKN 410 851:   101,45 %
Optionsschein - WKN 543 913 - pro Stück: 49,90 DM

Erläuterung: An jeder nom. 5000,00 DM Optionsanleihe hängen 24 Optionsscheine:

nom. 5000,00 DM Optionsanleihe ohne Optionsschein zu 101,45 %   →   5072,50 DM
+ 24 Optionsscheine à 49,90 DM   →   <u>1197,60 DM</u>
nom. 5000,00 DM Optionsanleihe cum zu 125,40 %   ←   <u>6270,10 DM</u>

Am 7.7.1993 war demnach die Optionsanleihe cum leicht unterbewertet.

Die Optionsanleihe mit und ohne Optionsschein wird in Prozent, der Optionsschein in Stück notiert.

Die Kurse der meisten *Optionsscheine auf bereits umlaufende Basisobjekte* können in den täglich erscheinenden Wirtschaftszeitungen nicht nachgeschlagen werden. Angesichts der Flut von Optionsscheinen nehmen diese nur noch eine kleine Auswahl der an der Börse festgestellten Optionsscheinkurse in ihre Kursteile auf.[58] Die Preise der anderen Optionsscheine sind in der Börsen-Zeitung zu finden, oder sie können von der Bank über Reuters abgerufen werden. Darüber hinaus veröffentlichen die führenden Emissionshäuser über auch für Privatanleger zugängliche Informationssysteme, sei es über Telefon-Kursansagedienste, über Fernseh-Teletext (Videotext) oder über T-Online (ehemals Bildschirmtext Btx),[59] meist unverbindliche An- und Verkaufspreise der von ihnen emittierten Optionsscheine. Die effiziente Bedienung dieser Informationsdienste setzt allerdings eine gewisse Routine im Umgang mit dem betreffenden Medium voraus.

---

[56]   Vgl. **Conti-Gummi Finance B.V. (1993)**.

[57]   Vgl. *Frankfurter Allgemeine Zeitung* vom 8.7.1993, S. 21.

[58]   Das ist am Markt für Pfandbriefe und öffentliche Pfandbriefe, der ähnlich stark aufgesplittert ist, nicht anders.

[59]   Vgl. **Société Générale (1995 a)**, S. 1.

Bei den Telefon-Kursansagediensten ist es inzwischen dank stimmgesteuerter Systeme möglich, im Sprachdialog schnell zu dem persönlich interessierenden Kurs vorzudringen. Mit Hilfe des Touch-Tone-Verfahrens kann sogar der Dialog mit dem Ansagesystem übersprungen und das gewünschte Menü über ein Tastentelefon direkt angewählt werden.[60] Infolgedessen ist es nicht mehr notwendig, sich die nicht endenwollenden „zusammengeschnittenen" Zahlenreihen vorlesen lassen zu müssen, um die gewünschte Information zu erhalten. Vielleicht ist das der Grund dafür, weshalb andere Informationsquellen bevorzugt genutzt werden.

Häufig wird auf den bequemen Fernseh-Teletext oder Videotext zugegriffen. Dieses Informationssystem bietet die Optionsscheinpreise übersichtlich und mit einer bei manchen Emittenten unter 10 Minuten liegenden Aktualisierungsfrequenz und dazu - von den Fernsehgebühren abgesehen - kostenlos an.

Für den Anbieter billiger ist es, die Preise seiner Optionsscheine über das für den Kunden nicht ganz so komfortable T-Online(Btx) zu offerieren. Allerdings bietet dieses Informationssystem dem Kunden den Vorteil, die Zahlenreihen im eigenen PC-Rechner weiterzubearbeiten.[61]

Verschiedene Datenbanken bieten inzwischen umfassende Optionsschein-Daten zur Übertragung per DFÜ (= Daten-Fernübertragung) oder Btx an. Auch diese Daten können in den PC des Anlegers eingelesen und beispielsweise über Chartprogramme direkt analysiert werden.

Den Direktzugang zum „Netz der Netze", dem Internet, hat der private Anleger über verschiedene Onlinedienste, wie Compuserve, America Online und T-Online(Btx). An seinem per Modem ans Telefonnetz angeschlossenen PC kann sich der private Anleger im Internet den Financial Service der Dienstleister aus der Finanzbranche - zum Teil noch kostenfrei - verfügbar machen.[62]

Nicht zuletzt gibt es periodisch erscheinende Zeitschriften wie „Das Wertpapier" mit Hinweisen auf erfolgversprechende Optionsscheine,[63] aber auch Zeitschriften speziell für Optionsscheininvestoren, die umfangreiche Listen mit Ausstattungsmerkmalen und Beurteilungskennzahlen von Optionsscheinen enthalten (Stand: Februar 1996).
- *Optionsschein-Magazin*, monatlich (5574 Optionsscheine*)
  wöchentlich aktualisiert durch *Optionsschein weekly*
- *Finanzen Optionsscheine*, wöchentlich (4504 Optionsscheine*)
- *Derivate*, monatlich (1146 Aktien- und DAX®-Optionsscheine)
- *Börse Online*, wöchentlich (964 Optionsscheine*).

* Deutsche und internationale Optionsscheine

---

[60] Vgl. **Deutsche Bank AG (1995 b)**, o. S.
[61] Vgl. **Lieven, Andreas T. (1995)**, S. 16.
[62] Vgl. **Birkelbach, Jörg (1995)**, 67 - 69.
[63] Vgl. beispielsweise **Riedl, Anton (1996 a)**, S. 44 - 51.

Die Vortagskurse ausgewählter Optionsscheine findet der Kapitalanleger im Börsenteil der Tageszeitungen.

Der Kursteil für Optionsscheine ist an den eng bedruckten Zeilen mit vielen Angaben zum konkreten Wertpapier zu erkennen. Am Beispiel des Optionsscheinkursteils einer Wirtschaftszeitung soll demonstriert werden, wie die Angaben zu lesen sind:[64]

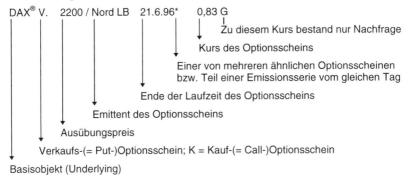

1.3.2.3 Auftragserteilung

Der Kauf und Verkauf von Optionsscheinen ist denkbar einfach. Der Optionsscheininvestor erteilt den Auftrag seiner Bank, wie bei anderen Wertpapieren. Dabei sollten möglichst die Wertpapier-Kenn-Nummer (WKN) sowie zur Kontrolle einige weitere Daten des Optionsscheins angegeben werden. Die Wertpapier-Kenn-Nummer findet sich meist in Empfehlungen für konkrete Optionsscheine, sie wird aber auch in den Informationssystemen der Emittenten, in den Kurslisten der Optionsschein-Zeitschriften sowie in der Börsen-Zeitung angegeben.

Entsprechend könnte der Auftrag des Kunden an sein Kreditinstitut wie folgt aussehen:

Kauf von 10 000 Lire/DM-Put-Optionsscheinen der WestLB - WKN 813 913 -
fällig: 19.2.1997
Limit: 9,50 DM
Laufzeit des Auftrags: Ultimo
Ausführungsort: Börse Düsseldorf.

Bei der Auftragserteilung ist auf die kleinste handelbare und übertragbare Menge zu achten, die vom Emittenten festgelegt wird. Während es Optionsscheine gibt, bei denen bereits ein einzelner Optionsschein gehandelt werden kann,[65] können andere

---

[64] Vgl. *Handelsblatt* vom 18./19.8.1995, S. 35.
[65] Vgl. **Trinkaus & Burkhardt (1995)**, S. 1.

erst ab einer Mindestzahl von 100 Optionsscheinen und darüber hinaus nur in einem ganzzahligen Vielfachen von 100 Stück gehandelt und übertragen werden.[66]

Zu beachten ist auch, daß nur Aufträge über 100, 500 oder 1000 Stück oder einem Vielfachen davon variabel gehandelt werden können. Kleinere Aufträge werden nur einmal am Tag ausgeführt, wodurch die Flexibilität des Investors beeinträchtigt wird. Außerdem spricht auch die von den meisten Kreditinstituten berechnete Mindestprovision pro Auftrag gegen „Miniorders".

Der Käufer von Optionsscheinen muß den Briefkurs bezahlen, beim Verkauf erhält er den um den Spread niedrigeren Geldkurs.

Drei Viertel der an der Börse eingeführten Optionsscheine auf bereits umlaufende Basisobjekte haben keine oder nur höchst selten Umsätze.[67] In diesen umsatzschwachen Papieren hängt es von der Marktpflege des Emittenten ab, ob dem Investor faire Preise gestellt werden. Obwohl die meisten Emittenten von Optionsscheinen auf bereits umlaufende Basisobjekte behaupten, die Kurse der von ihnen emittierten Optionsscheine zu pflegen,[68] sprechen doch die Kursbewegungen vieler Optionsscheine dafür, daß deren Preise häufig vom zufälligen Angebot oder der zufälligen Nachfrage dominiert sind. So werden an den deutschen Wertpapierbörsen 90 % der täglichen Plus- bzw. Minusankündigungen, die beträchtliche Abweichungen des festgestellten Kurses vom zuletzt notierten Kurs anzeigen, durch Warrantkurse ausgelöst.[69]

Dieser Sachverhalt bietet dem erfahrenen, seiner Optionsscheinanalyse sicheren Anleger die Chance, den einen oder anderen Optionsschein durch konsequentes Limitieren der Optionsscheinaufträge besonders günstig zu erwerben. In diese Anlagestrategie ist aber einzukalkulieren, daß die unzulängliche Marktpflege das Aussteigen aus dem Optionsschein erschweren kann.

Aber auch wer nicht auf „Schnäppchenjagd" ist, sollte seine Aufträge limitieren, um sich vor unvorteilhaften marktfernen Kursen zu schützen. Da sich die Bewegung des Basisobjekts verstärkt auf den Optionsschein auswirkt, *„sollte ein Auftrag nicht zu eng am aktuellen Optionsscheinkurs limitiert werden, um zu verhindern, daß die Chance einer Ausführung wesentlich verringert wird"*[70]. Um überraschende Ände-

---

[66] Vgl. **Landesbank Hessen-Thüringen (1995)**, S. 5.
[67] Vgl. **Landgraf, Robert (1995)**, S. 40.
[68] Vgl. beispielsweise **Société Générale (1995 c)**, S. 3 - 4.
[69] Vgl. **Lehmann, Gerold (1995)**, S. 16, sowie: **Kümpel, Siegfried / Ott, Claus (1995)**, Nr. 450, § 8 der Bedingungen für Geschäfte an den deutschen Wertpapierbörsen, S. 7 - 8.
[70] **Voigt, Hans-Werner / Jankowsky, Fabian (1994)**, S. 16.

rungen des Optionsscheinkurses zwischen Auftragserteilung und Auftragsausführung zu minimieren, sollte jede Optionsscheinorder möglichst schnell an die ausführende Stelle weitergeleitet werden.[71]

> Grundsätzlich sind Aufträge zum Kauf oder Verkauf von Optionsscheinen zu limitieren und von der Bank sofort weiterzuleiten.

§ 34 Wertpapierhandelsgesetz verlangt nicht nur *Aufzeichnungen über die Ausführung eines Auftrags* zum Kauf oder Verkauf eines Optionsscheins, sondern auch *über die Auftragserteilung*. So muß der Name des Auftraggebers, Betrag und Bezeichnung des Wertpapiers, die Erteilung eines Limits oder sonstiger Weisungen, Tag und Uhrzeit der Auftragserteilung sowie der Name des Bankmitarbeiters, der den Auftrag des Kunden angenommen hat, festgehalten werden und sechs Jahre lang „reproduzierbar" sein.[72]

1.3.2.4 Börsen- oder Emittentenausführung

Kundenaufträge zum Kauf oder Verkauf von *Optionsscheinen auf neue Aktien* werden wie Aufträge für andere Wertpapiere regelmäßig an die Börse weitergeleitet.

Optionsscheine auf bereits umlaufende Basisobjekte können gleichfalls über die Börse erworben und veräußert werden, da die Emissionshäuser für die von ihnen emittierten Optionsscheine fast immer die Einführung an der Börse beantragen, um dem Handel in ihren Produkten den Gütestempel der Öffentlichkeit und der staatlichen Aufsicht zu geben. Zugleich versuchen Emittenten von Optionsscheinen auf bereits umlaufende Basisobjekte den Handel in den von ihnen begebenen Optionsscheinen nicht aus der Hand zu geben. Deshalb propagieren sie zumindest für größere Kundenaufträge die Emittentenausführung, die es dem Kunden ermöglicht, von seiner Hausbank aus in die vom Emittenten gestellten Kurse einzutreten und sofort die Bestätigung über Volumen und Kurs des ausgeführten Auftrags zu erhalten.[73] Dem Ziel dieser Emissionshäuser, die von ihnen emittierten Optionsscheine und deren Preisfixierung im eigenen Einflußbereich zu halten, dient auch das Bestreben, den Optionsscheinhandel zu konzentrieren und elektronisch abzuwickeln, um so die Börsenmakler auszuschalten.[74] Solange jedoch Optionsscheine an Präsenzbörsen gehandelt werden, ist bei Aufträgen zum Kauf oder zum Verkauf von

---

[71] Vgl. Assmann, Heinz-Dieter / Schneider, Uwe H. (1995), S. 418 zu § 31 Rdn. 12.
[72] Vgl. Assmann, Heinz-Dieter / Schneider, Uwe H. (1995), S. 500 zu § 34 Rdn. 2.
[73] Vgl. Citibank AG (1995 a), S. 3, sowie: Voigt, Hans-Werner / Jankowsky, Fabian (1994), S. 16, Lieven, Andreas T. (1995), S. 16.
[74] Vgl. o. V. (1995 f), S. 30.

Optionsscheinen auf bereits umlaufende Basisobjekte die Frage zu klären, ob der Kundenauftrag zur Börse gegeben oder direkt über den Emittenten ausgeführt werden soll.

- **Courtage** bei Börsenausführung

  Der Kunde, der darauf verzichtet, seinen Auftrag zur Börse zu legen, spart die Maklergebühr in Höhe von 0,08 % des ausmachenden Betrages, mindestens aber 1,50 DM pro Auftrag.

- Zeitpunkt der *Auftragsausführung*

  Die als Vorteil der Emittentenausführung propagierte Möglichkeit, den Auftrag sofort ausgeführt zu bekommen, wird inzwischen auch von Börsenmaklern, die die Herausforderung des Marktes angenommen haben, geboten. So kann die Bank des Optionsscheininvestors von morgens bis zum Nachmittag Optionsscheinkurse beim Börsenmakler anfragen und sofort in die gestellten Kurse eintreten.[75] Diese Dienstleistung wird sogar schon für Aufträge geboten, die nur 100 Optionsscheine oder ein Mehrfaches davon umfassen. Voraussetzung dafür ist allerdings, daß das Institut des Kunden direkt mit der Börse verbunden ist. Kleinere Aufträge werden einmal täglich um die Mittagszeit zum Einheits- oder Kassakurs ausgeführt.

- Vermittler- und *Schutzfunktion* der Börse

  Der private Optionsscheininvestor, der seine Aufträge zur Börse leitet, profitiert von den Leistungen jenes Maklers, der seine Funktion „als ‚unabhängiger Intermediär' zwischen dem schutzbedürftigen Kunden auf der einen und dem Monopolanbieter in Form des Optionsscheinemittenten auf der anderen Seite"[76] ernst nimmt. Schlechtere Kurse sind bei fairen Börsenmaklern nicht zu befürchten, weil der Emittent während der Handelszeit an der Börse mit dem Makler in Verbindung steht und ihm die gleichen Geld- und Briefkurse bietet, die er auch über die Informationssysteme verbreitet. Wer seine Aufträge über die Börse leitet, hat sogar die Chance, Kontrahenten zu finden, die bessere Preise zahlen als der Emittent.

  Demgegenüber beklagt der Leiter der Handelsüberwachungsstelle an der Frankfurter Börse, Makler hätten in der Vergangenheit sehr oft für Kunden einen schlechteren Kurs abgerechnet als er ihnen vom Emissionshaus gewährt wurde. Er setzt deshalb auf die zum Dezember 1996 vorgesehene Realisierung einer von der Deutschen Börse AG geplanten Computerbörse für Optionsscheine, da dann die Emissionshäuser die Geld- und Briefkurse der von ihnen emittierten Options-

---

[75] An der Baden-Württembergischen Börse können Optionsscheine von Uhr 9.30 bis Uhr 15.55 börslich, davor und danach im Telefonverkehr gehandelt werden. Vgl. **Bruker, Hans-Peter (1995)**, S. 7, sowie: o. V. **(1995 d)**, S. 44; **Frank, Bernd / Palm, Regine (1995)**, S. 37.

[76] **Bruker, Hans-Peter (1995)**, S. 4.

scheine direkt in das elektronische Handelssystem für Optionsscheine (OHS) einstellen können.[77]

Dennoch ergibt sich im Hinblick auf das von der Deutsche Börse AG und den großen Optionsscheinemittenten[78] präferierten elektronischen Optionsscheinhandelssystem ein Unbehagen, da der private Investor dort dem Emittenten seiner Optionsscheine hilflos ausgeliefert ist. *„Man stelle sich einmal vor, man wäre beim Verkauf seines Autos auf die Kaufbereitschaft eines einzigen Interessenten angewiesen, der noch dazu der ehemalige Verkäufer ist. Sicherlich hätte man es lieber, auf einen gut funktionierenden Gebrauchtwagenmarkt zurückgreifen zu können. ... Das ist im Optionsscheinmarkt nicht anders."*[79] In diesem Sinne müßte, um einen fairen Handel mit Optionsscheinen zu gewährleisten, ein neutraler Dritter die Funktion des Gebrauchtwagenmarktes übernehmen.

Die Makler an den verschiedenen Börsen bieten den Anlegern aber nicht nur die Möglichkeit, Optionsscheine zu kaufen oder zu verkaufen, sondern sie beschneiden dem Emittenten auch die Transparenz über die Orderlage in den von ihm emittierten Optionsscheinen, die er andernfalls als „Insider" für seine Interessen nutzen könnte. Insgesamt wird durch die Einschaltung des Maklers als weiterem Beteiligten die Gefahr reduziert, daß der Emittent die Orders der Optionsscheininvestoren zu seinen Gunsten mißbraucht. Darüber hinaus gibt es heute schon Makler, die als emittentenunabhängige Kenner des Gesamtmarktes den Anlageberatern von Banken anbieten, beim Aufspüren des für den Kunden optimalen Produkts behilflich zu sein.[80]

Sorge getragen werden muß allerdings, daß die Makler ihre herausgehobene Vertrauensstellung nicht mißbrauchen. Einen erfolgversprechenden Schritt in diese Richtung geht die Baden-Württembergische Börse zu Stuttgart, die sich dazu verpflichtet hat, Wertpapieraufträge nach dem *„Best-Price-Prinzip"* auszuführen. Für Optionsscheine auf bereits umlaufende Basisobjekte bedeutet dies, daß der Kunde Anspruch auf einen Ausführungspreis hat, der nicht schlechter ist als der, den das Emissionshaus zur gleichen Zeit stellt.[81] Effizient wird das Best-Price-Prinzip jedoch erst, wenn dessen lückenlose Einhaltung durch die Handelsüberwachungsstelle der Börse überprüft wird. Dafür die technischen Voraussetzungen zu schaffen, dürfte nicht allzu schwer fallen.

---

[77] Vgl. **Schäfer, August (1996)**, S. 222, sowie: **Deutsche Börse AG (1996 b)**, S. 3.

[78] Vgl. **Riedl, Anton (1996 b)**, S. 54.

[79] **Lieven, Andreas T. (1996)**, S. 27.

[80] Vgl. **Bruker, Hans Peter (1995)**, S. 4.

[81] Vgl. **o. V. (1995 d)**, S. 44.

- *„Notarfunktion"* der Börse

  Börsenpreise werden nach den Bestimmungen des Börsengesetzes von öffentlich bestellten und unter staatlicher Aufsicht stehenden Maklern festgestellt und dokumentiert. Die Bank des Optionsscheininvestors kann den dem Kunden abgerechneten Börsenpreis im Kursblatt der ausführenden Börse nachweisen.

  Dank seiner Marktübersicht wächst der seine Aufgabe ernst nehmende Optionsscheinmakler automatisch in die Rolle eines Kontrolleurs der vom Emittenten gestellten Preise hinein. Damit dient er zusätzlich dem Optionsscheininvestor, der sich eher auf die ihm abgerechneten Kurse verlassen kann, er minimiert aber auch die Haftungsrisiken der vermittelnden Bank.

- *Limitüberwachung* durch die Börse

  Im Gegensatz zum Direkthandel mit der Emissionsbank des Optionsscheins, wo der Anleger den aktuellen Preis akzeptiert oder nicht, kann an der Börse limitiert geordert werden. Dadurch kann der Einstiegs- bzw. Ausstiegspreis zeitunabhängig optimiert werden.

Mit den Vorschriften des Börsengesetzes sorgt der Gesetzgeber für einen fairen Handel unter chancengleichen Teilnehmern.[82] So ist es konsequent, wenn § 10 Abs. 1 Börsengesetz bestimmt, daß Aufträge für den Kauf und Verkauf börsennotierter Wertpapiere über die Börse auszuführen sind, „es sei denn, der Auftraggeber erteilt für den Einzelfall oder für eine unbestimmte Zahl von Fällen ausdrücklich eine andere Weisung" (Abbildung 1.22).

Optionsscheinaufträge sollten insbesondere zum Schutz der Kunden, aber auch zur Minimierung der Risiken der die Aufträge weiterleitenden Bank, grundsätzlich zur Börse gegeben werden.

---

[82] Vgl. **Assmann, Heinz-Dieter / Schneider, Uwe H. (1995)**, S. 418 - 419 zu § 31 Rdn. 13.

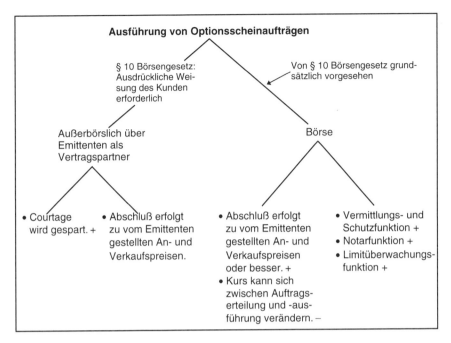

Anmerkung: + Für den Kunden positiv
− Für den Kunden negativ

Abbildung 1.22 Ausführung von Aufträgen in Optionsscheinen auf umlaufende Basisobjekte

1.3.2.5 Transaktionskosten

Kauf und Veräußerung von Optionsscheinen sind mit Kosten verbunden. Die Abrechnung der Bank enthält **Provision** und **Courtage**, wobei für Optionsscheine meist die gleichen Prozentsätze gerechnet werden wie für Aktien. Bei kleineren Auftragsvolumina wird für die Provision ein von Institut zu Institut variierender Mindestbetrag eingesetzt. In jüngster Zeit fällt auf, daß einige Institute für die Ausführung von Optionsscheinaufträgen eine höhere Mindestprovision als für die Ausführung von Aktienorders berechnen.

Zusätzlich zu Provision und Courtage fallen in Form des *Spread* Transaktionskosten an, die für den Anleger weniger transparent und auch weniger kalkulierbar sind als Provision und Courtage. Dennoch stellt der Spread beim Kauf oder bei der Veräußerung von Optionsscheinen mit niedrigerem Preis bei prozentualer Betrachtung häufig den höchsten Kostenblock dar.

Unter dem Begriff des Spread wird der Unterschiedsbetrag zwischen An- und Verkaufskurs, den ein Market Maker zu einem bestimmten Zeitpunkt stellt, verstanden. Der Spread soll die Kosten des Market Making und die durch Absichern der Optionsscheinposition entstehenden Transaktionskosten decken,[83] er hängt aber in erster Linie von der Kurserwartung des Market Maker und der Wettbewerbssituation ab. So hat die Spanne zwischen Geldkursen und höheren Briefkursen von DAX®-Optionsscheinen 1991 noch 10 Punkte und mehr betragen,[84] während sie inzwischen auf 2 bis 3 Punkte zurückgegangen ist. Die Brief-Geld-Spannen liegen damit insbesondere bei im Geld stehenden Optionsscheinen deutlich unter den von der DTB vorgesehenen Spannen für Market Maker.[85]

Der Spread ist vielfach Stein des Anstoßes beim Optionsscheininvestor, weil er in absoluten Zahlen häufig gleich bleibt, auch wenn der Optionsscheinpreis immer weiter fällt und so der Spread zu einem Kostenblock wird, der in keinem Verhältnis mehr zum Preis des Optionsscheins steht. Die Emittenten erklären dieses Phänomen mit der Funktion des Spread, die Transaktionskosten des Optionsscheinemittenten zu decken. Die Höhe dieser Kosten sei unabhängig von der Höhe des Optionsscheinpreises. Infolgedessen sei es gerechtfertigt, An- und Verkaufskurs eines Optionsscheins zu Beginn seiner Laufzeit mit 10,00 DM Geld zu 10,50 DM Brief, später aber vielleicht mit 1,00 DM zu 1,50 DM zu stellen, auch wenn sich dadurch der Spread, bezogen auf den Geldkurs des Optionsscheins, verzehnfacht hat.[86]

Die Attraktivität von Optionsscheinen im Vergleich zu DTB-Optionen kommt insbesondere bei kleinen Auftragsvolumina zum Ausdruck, da DTB-Aufträge zusätzlich zur Provision für Aktien- und Optionsscheinaufträge mit einer Grundgebühr pro Auftrag - gelegentlich auch pro Kontrakt - belastet sind, die gerade Kleinaufträge besonders belasten. Allgemeingültige Aussagen über die Höhe der Transaktionskosten sind nicht möglich, weil die Transaktionskosten von Institut zu Institut sehr stark schwanken.

---

[83] Vgl. **Lendle, Dieter (1994)**, S. 15.

[84] Bezogen auf einen DAX® entspricht 1 Punkt je nach Bezugsverhältnis 1 bzw. 10 Pfennigen.

[85] Vgl. **Ropeter, Adolf Michael (1994)**, S. 10.

[86] Vgl. **Lendle, Dieter (1994)**, S. 15.

Fallstudie 1.6 Abrechnung eines Kaufs von Optionsrechten

Eine repräsentative Abrechnung von Optionsrechten zum Bezug von 100 Aktien bei einem Bezugsverhältnis von 1 : 1 soll diesen Unterschied belegen:[87]

	DTB-Optionen	Optionsscheine
Kauf von 100 DTB-Optionen[88] bzw. 100 Optionsscheine zum Preis von 10,00 DM pro Stück	1 000,00 DM	1 000,00 DM
Grundgebühr	125,00 DM	
+ 0,5 % des Optionspreises	5,00 DM	
DTB-Ausführungspauschale pro Kontrakt 3,00 DM	6,00 DM	
1 % Provision mind. 40,00 DM		40,00 DM
0,08 % Courtage mind. 1,50 DM		1,50 DM
Clearing-Gebühren		5,00 DM
Lastschrift	1 136,00 DM	1 046,50 DM

Bei diesem Institut sind die Kosten der DTB-Transaktion auch bei größeren Auftragsvolumina höher als bei der Optionsscheintransaktion. Das zeigt die folgende Abrechnung:[89]

	DTB-Optionen	Optionsscheine
Kauf von 7500 DTB-Optionen bzw. 7500 Optionsscheine à 10,00 DM	75 000,00 DM	75 000,00 DM
Grundgebühr	125,00 DM	
+ 0,5 % des Optionspreises	375,00 DM	
DTB-Ausführungspauschale pro Kontrakt 3,00 DM	450,00 DM	
1 % Provision mind. 40,00 DM		750,00 DM
0,08 % Courtage mind. 1,50 DM		60,00 DM
Clearing-Gebühren		5,00 DM
Lastschrift	75 950,00 DM	75 815,00 DM

1.3.3 Möglichkeit zur Feinabstimmung des Chance-Risiko-Profils

1.3.1.1 Gewinn- und Verlust-Profil

Optionsscheine werden erworben, um Vermögensbestände abzusichern, oft aber auch, um kurzfristige Anlageerfolge bei überschaubarem Risiko zu erzielen. In beiden Fällen nutzt der Anleger das attraktive Gewinn- und Verlust-Profil einer Optionsscheininvestition, denn der Kauf eines Optionsscheins bringt die Aussicht

---

[87] Vgl. **Kreissparkasse Waiblingen (1995)**. Demgegenüber führt eine andere Sparkasse Optionsscheinaufträge nur mit einem Mindestvolumen von 7500,00 DM aus und verlangt dann
- 0,8 % Provision vom Kurswert bei einer Auftragsgröße bis 30 TDM,
- 0,7 % Provision bei einer Auftragsgröße von 30 - 50 TDM und
- 0,6 % Provision bei einer Auftragsgröße ab 50 TDM
jeweils zuzüglich 20,00 DM Grundgebühr.

[88] 50 DTB-Optionen = 1 Kontrakt

[89] Bei Kunden mit regelmäßigen Auftragsvolumina in dieser Höhe dürften für den Kunden günstigere Konditionen abgerechnet werden.

auf nahezu *unbegrenzten Gewinn*,[90] während im ungünstigsten Fall ein im Vergleich zur Höhe des erzielbaren Gewinns nur äußerst *bescheidener Kapitaleinsatz* verloren gehen kann. Die graphische Darstellung des Gewinn- und Verlust-Profils eines Optionsrechts (Abbildungen 1.3 und 1.4) unterstreicht die Attraktivität der Long-Position.

Noch günstiger erscheint die Gewinn-Verlust-Relation nur beim Lottoschein: Dort können Millionen gewonnen werden - bei einem auf den Lottoscheinpreis begrenzten Verlust. Wie der Lottoschein verbrieft auch die Option ein Recht, dessen Werthaltigkeit vom Eintreten einer bestimmten Bedingung abhängt. Beim Lottoschein muß eine bestimmte Ziffernfolge ausgelost, bei der Option das Kursziel während der Laufzeit des Optionsrechts erreicht werden, andernfalls geht die Rechnung des Käufers von Lottoschein bzw. Option nicht auf.

Es ist allerdings keine Besonderheit von Lottoschein und Optionsschein, daß die Werthaltigkeit eines Investments vom Eintreten einer bestimmten Bedingung abhängt, vielmehr geht beispielsweise auch der Erwerber von Bundesanleihen insofern vom Eintreten einer bestimmten Bedingung aus, als er vom Emittenten der Bundesanleihe erwartet, daß dieser seinen Verpflichtungen auf Verzinsung und Rückzahlung den Anleihebedingungen entsprechend nachkommt.

1.3.3.2 Wahrscheinlichkeits-Profil

Die Qualität der Position eines Lottoscheinkäufers, eines Optionsscheinkäufers und eines Bundesanleihekäufers kann daher nur beurteilt werden, wenn die *Eintrittswahrscheinlichkeiten* des jeweils erhofften Ereignisses in das Urteil einbezogen werden.

Für die Qualität der Position des Lottoscheininhabers ist entscheidend, daß zum Hauptgewinn 6 Zahlen aus 49 mit den gezogenen Zahlen übereinstimmen müssen und nicht nur eine Zahl. Müßte nur eine Zahl übereinstimmen, wäre die Wahrscheinlichkeit für einen Gewinn 1 : 49, bei 6 aus 49 ist die Wahrscheinlichkeit 1 : 13 983 816. Dennoch kann der einzelne Lottospieler den Jackpot knacken, der Anleihekäufer aber leer ausgehen, obwohl die Wahrscheinlichkeit für die Rückzahlung einer Bundesanleihe „fast" 100 : 0 beträgt.

Das Eintreten beider künftiger Ereignisse ist nicht vorhersehbar. Die Stochastik versucht, die Zufälligkeiten wenigstens zu quantifizieren, was jedoch exakt nur möglich ist, wenn bestimmte allgemein anerkannte Prämissen gegeben sind. Beim Lottospiel

---

[90] Bei Put-Optionsscheinen ist der maximal mögliche Gewinn begrenzt.

ist das der Fall, nicht jedoch, wenn es darum geht, die Wahrscheinlichkeit zu bestimmen, mit der Bundesanleihen zurückgezahlt werden.

Die von der Stochastik verlangten Prämissen sind auch nicht erfüllt, wenn die Wahrscheinlichkeit errechnet werden soll, mit der am Ende der Laufzeit des Optionsrechts ein bestimmter Basisobjektkurs erreicht wird. Bis heute ist nämlich nicht bekannt, nach welcher „Gesetzmäßigkeit" sich die Kurse bzw. Preise von Aktien, Anleihen, Währungen und anderen Basisobjekten von Optionsscheinen verändern. Von der Wahrscheinlichkeit, mit der die möglichen Basisobjektkurse am Ende der Laufzeit des Optionsrechts eintreten, hängt aber entscheidend der Wert des Optionsscheins ab.

Die *Random-Walk-These* ist die heute dominierende Theorie zur Beschreibung des Verlaufs von Basisobjektkursen, insbesondere von Aktienkursen. Sie unterstellt, daß sich die Kurse von einer Notiz zur anderen so verändern, als seien sie das Ergebnis eines Zufallsmechanismus. Aufgrund des für solche Zufallsbewegungen empirisch nachgewiesenen „Unabhängigkeitssatzes" kann von der letzten Kursänderung nicht auf die nächste oder übernächste geschlossen werden. Das ist genau so, wie wenn eine Münze mehrfach geworfen wird: Auf Wappen kann Zahl wie Wappen folgen.

Wenn die These, der Basisobjektkurs folge einem Zufallspfad, akzeptiert wird, kann stark vereinfacht und schematisch angenommen werden, daß beispielsweise eine Aktie nach einem Jahr mit einer Wahrscheinlichkeit von jeweils 20 % in den folgenden Bereichen notiert:[91]
- Der Kurs liegt mehr als 12 % unter dem Ausgangskurs.
- Der Kurs liegt zwischen 4 und 12 % unter dem Ausgangskurs.
- Der Kurs ist in einem Bereich ± 4 % vom Ausgangskurs.
- Der Kurs liegt zwischen 4 und 12 % über dem Ausgangskurs.
- Der Kurs liegt mehr als 12 % über dem Ausgangskurs.

Wer diese Annahme auf einen noch ein Jahr laufenden, am Geld liegenden Optionsschein projiziert, dessen Preis etwa 12 % des aktuellen Basisobjektpreises beträgt, kommt zum Ergebnis, daß der Inhaber des Optionsscheins
- mit einer Wahrscheinlichkeit von 20 % in der Gewinnzone endet,
- zu vier Fünftel aber Verluste realisiert,
- zu etwa 50 % muß er sogar mit einem Totalverlust des eingesetzten Kapitals rechnen, weil sein Optionsschein wertlos verfällt.

Der Investor sieht häufig nur das attraktive Gewinn- und Verlust-Profil eines Optionsscheins, vernachlässigt aber die Wahrscheinlichkeitsverteilung des Basisobjektkurses am Ende der Optionsscheinlaufzeit.

---

[91] Die mathematische Herleitung der Wahrscheinlichkeitsverteilung erfolgt in Kapitel 6.

1.3.3.3 Kampf gegen die Zeit

Trotz der die Wirklichkeit stark vereinfachenden Prämissen wird dieses Ergebnis - übertragen auf Optionsscheine - von der Praxis unterstrichen: 70 % der Optionsscheine mit einer Laufzeit von einem bis zu zwei Jahren - und so lange laufen die meisten Emissionen - gehen für die Käufer der Scheine daneben.[92] Dabei lehrt die Erfahrung, daß die Optionsscheinkäufer sich meist nicht in der Spekulationsrichtung, sondern mit der Zeit vertun, in der sich ihre Kurserwartungen erfüllen sollen.

Der ausdrückliche Hinweis auf die *Laufzeit* ist deshalb wichtig, weil die Restlaufzeit eines Optionsscheins bei dessen Erwerb subjektiv häufig überschätzt wird: Wenn sich der Kurs des Basisobjekts - aus welchen Gründen auch immer - nicht oder nicht gleich wie erwartet bewegt, läuft die noch verfügbare Zeit des Optionsscheins erfahrungsgemäß schnell weg. Demgegenüber können Aktienanlagen ausgesessen werden. Während die Zeit gegen den Käufer eines Optionsscheins läuft, gilt für den Stillhalter das Gegenteil: „Time is his friend".[93]

Aus dieser Erkenntnis kann aber nicht abgeleitet werden, nur Optionsscheine mit möglichst langen Restlaufzeiten zu erwerben, denn jeder Tag Restlaufzeit eines Optionsscheins muß in dessen Preis bezahlt werden.

Mit steigender Restlaufzeit eines Optionsscheins steigt das Sicherheitspotential des Investors. Eine lange Restlaufzeit des Optionsscheins vermindert die Performance.

Der Kampf gegen die Zeit kann nur dann sinnvoll aufgenommen werden, wenn vor Erwerb des Optionsscheins das persönliche Szenario des Anlegers für die Bewegung des Basisobjektkurses - und zwar in Ausmaß und Zeithorizont - definiert wird. Die Laufzeit des Optionsscheins sollte dann höchstens einige Monate (nicht Jahre) länger gewählt werden, als es das persönliche Szenario vorsieht.

Die Restlaufzeit des zu erwerbenden Optionsscheins hat sich am persönlichen Szenario des Investors zu orientieren.

---

[92] Vgl. **Riedl, Anton (1994)**, S. 14.
[93] **Knöß, Robert (1994)**, S. 65.

1.3.3.4 Fazit

Im Gegensatz zum Direktinvestor hat der potentielle Erwerber von Optionsscheinen die Möglichkeit, das seiner persönlichen Zielsetzung entsprechende Chance-Risiko-Profil zu realisieren. Ein wichtiges Instrument dazu ist der *Ausübungspreis*:

- Mit weit aus dem Geld stehenden Optionsscheinen, die nur noch eine kurze Restlaufzeit haben, können spektakuläre Gewinne erzielt werden, wenn die Erwartung des Anlegers sowohl hinsichtlich Zeithorizont als auch im Hinblick auf die Stärke der Kursbewegung des Basisobjekts aufgeht. Der Vorteil dieser Optionsscheine ist ihr geringer Kapitaleinsatz, ihr Nachteil die hohe Totalverlustwahrscheinlichkeit.

- Ein Optionsschein wird um so kapitalintensiver und in der Performance jener seines Underlying um so ähnlicher, je weiter er ins Geld kommt. Der Anlageerfolg dieser Optionsscheine ist auch weniger vom exakten Timing der erwarteten Entwicklung abhängig wie der out-of-the-money-Optionsschein, der seinen Wert erst noch „just in time" verdienen muß, um nicht wertlos zu verfallen. Die im Geld stehenden Optionsscheine eignen sich vor allem als Ersatzanlage für das Underlying.

> Mit weit aus dem Geld stehenden Optionsscheinen kauft sich der Investor die Chance auf spektakuläre Gewinne, aber auch ein hohes Totalausfallrisiko. Pragmatisch ist es, Optionsrechte zu präferieren, die am Geld stehen, wenn die Anlagestrategie aufgeht.

1.3.4 Laufende Überprüfung des Optionsschein-Engagements

Nach dem Erwerb eines Optionsscheins ist täglich - bei weit aus dem Geld liegenden Optionsscheinen noch öfter - zu prüfen, ob der Verlauf des Optionsscheinkurses mit der vom Investor erwarteten Entwicklung übereinstimmt. Wenn das erwartete Szenario des Investors eintritt, ist der Optionsschein konsequent zu liquidieren. Keinesfalls sollte der Anleger der Versuchung erliegen, weitere Kurssteigerungen des Optionsscheins abzuwarten.

Erfüllen sich die optimistischen Erwartungen des Investors nicht, dann hängt seine Reaktion vom persönlichen Alternativszenario des Anlegers ab. Zur Eingrenzung des Verlustes kann er nach Erwerb des Optionsscheins an der Börse einen Stop-loss-Auftrag erteilen. Ein so erteilter Verkaufsauftrag wird zur Bestens-Order, sobald der im Stop-loss-Auftrag angegebene Optionsscheinpreis unterschritten wird. Auf diese Weise will sich der Investor vor einem bestimmten, sich anbahnenden Trend des Optionsscheinkurses schützen. Dieses Instrument greift allerdings nur bei liquiden Optionsscheinen, weil die Bestens-Order nur durch einen Bezahlt-Kurs ausgelöst wird.

Da Optionsscheine während ihrer Laufzeit meist einen höheren Preis erzielen als nur ihren inneren Wert, ist grundsätzlich zu empfehlen, Optionsscheine nicht auszuüben, sondern sie lieber während ihrer Laufzeit zu veräußern. Durch Veräußerung des Optionsscheins während der Laufzeit kann der Investor auch unter steuerlichen Aspekten nichts falsch machen, wenn der Optionsschein zu einem niedrigeren Kurs verkauft wird als er gekauft wurde. Wenn sich der Optionsschein dagegen in der Gewinnzone befindet, kann es im Hinblick auf die Besteuerung in bestimmten Konstellationen günstiger sein, den Optionsschein bis zum Ende seiner Laufzeit zu behalten bzw. bei cash settlement durch Ausübung zwar auf den während der Optionsscheinlaufzeit zu realisierenden Zeitwert zu verzichten, dafür aber den Gewinn steuerfrei zu vereinnahmen.

1.3.5 Achtung: Ausübung nicht vergessen!

Das Optionsrecht kann nur bis zum letzten des in den Optionsbedingungen vorgesehenen Zeitpunkts ausgeübt werden. Das ist die rechtliche Konsequenz aus der Festlegung einer Ausübungsfrist. Ist die Vorkaufsfrist abgelaufen, ist das Vorkaufsrecht nichts mehr wert.[94] Anders ist die Regelung nur bei Optionsscheinen, deren Bedingungen die automatische Ausübung vorsehen.

Während die Banken bei Bezugsrechten ihrer Kunden aus Kapitalerhöhungen gegen Bareinzahlung von sich aus tätig werden und am letzten Tag des Bezugsrechtshandels die nicht verfügten Bezugsrechte ihrer Kunden bestens verkaufen, verfällt der Optionsschein, wenn sein Inhaber nicht aktiv wird, außer die Bedingungen sehen automatische Ausübung vor.

Auf den Verfall des Optionsscheins wird, wie auf alle anderen den Optionsschein betreffenden Informationen, im Pflichtblatt der Wertpapierbörse, an der der Optionsschein notiert wird, hingewiesen.[95] Darüber hinaus informiert die den Optionsschein verwahrende Bank ihren Kunden vom bevorstehenden Ende der Optionsscheinlaufzeit. Dazu ist sie gemäß Nr. 15 Abs. 2 der Sonderbedingungen für Wertpapiergeschäfte verpflichtet, wenn der Verfall in den Wertpapier-Mitteilungen angekündigt worden ist.

In einem Schreiben, das etwa zwei Wochen vor Verfall des Optionsscheins versandt wird, klärt die Bank über die Möglichkeit auf, den Optionsschein zu verkaufen oder ihn auszuüben. Darüber hinaus enthält das Schreiben den Hinweis auf den voraussichtlich letzten Tag, an dem der zum Verfall anstehende Optionsschein an der Börse

---

[94] Vgl. o. V. (1994 c), S. 30.

[95] Vgl. z. B. **DG Bank (1995)**, S. 7 - 8, § 3, sowie: **DG Bank (1996)**, S. 11.

gehandelt wird. Grundsätzlich wird nämlich der Börsenhandel einige Tage, in Extremfällen sogar bis zu vier Wochen, vor seinem Verfall eingestellt.

Der Optionsschein kann aber trotzdem im Direktgeschäft mit dem Emissionshaus und meist auch über den an der Börse ansässigen Makler - allerdings nicht mehr in seiner Funktion als amtlicher Makler - veräußert werden. Nach Einstellung des Börsenhandels kann der Optionsschein von der den Auftrag weiterleitenden Bank allerdings nicht mehr über das Börsen-Order-Service-System (BOSS) eingegeben werden. Infolge der eingeschränkten Handelbarkeit des Optionsscheins muß mit einem tendenziell niedrigeren Verkaufskurs als zuvor gerechnet werden.[96]

Zusätzlich enthält das Schreiben Handlungsanweisungen an den Kunden, für den Fall, daß er sich für die Ausübung des Optionsscheins entscheidet. Dazu hat er dem Emittenten auf bei der Optionsstelle erhältlichen Vordrucken die unwiderrufliche Ausübung des Optionsscheins zu erklären. Das Schriftstück hat die in den Optionsbedingungen festgelegten Angaben zu enthalten, wie Name, Adresse und Konto des Ausübenden sowie die Erklärung, die betreffenden Optionsscheine auf das Konto beim Deutschen Kassenverein Aktiengesellschaft zu übertragen. Mit Abgabe der bindenden Ausübungserklärung reicht die verwahrende Bank die Optionsscheine ein.

Da eine Underlying-Einheit nicht aufgeteilt werden kann, müssen mindestens so viele Optionsscheine ausgeübt werden, daß zumindest eine handelbare Einheit des Basisobjekts bezogen oder geliefert werden kann. Darüber hinaus legen aber viele Emittenten einen Mindestausübungsbetrag fest, der mit der kleinsten handelbaren Einheit übereinstimmen kann, aber nicht übereinstimmen muß. So können die Anfang Februar 1995 von Trinkaus & Burkhardt emittierten Optionsscheine auf Lufthansa-Aktien in einer Stückzahl von 4 oder einem ganzzahligen Mehrfachen von 4 ausgeübt werden, während die im August 1995 von der Helaba emittierten US-$ Währungsoptionsscheine ab einer Mindestzahl von 100 oder einem Mehrfachen davon ausgeübt werden können.[97]

Bei physical settlement muß zusätzlich der Ausübungspreis bzw. das abzunehmende Underlying angeschafft werden. Dabei fallen Transaktionskosten in gleicher Höhe an wie beim direkten Kauf bzw. Verkauf des Basisobjekts. Aus diesem Grund stellt sich der Investor, der das bezogene Basisobjekt sofort wieder verkauft bzw. das zu liquidierende Basisobjekt eindeckt, bei cash settlement um die Transaktionskosten besser.

Die *Ausübungserklärung*, Optionsscheine und Ausübungsbetrag bzw. abzurechnendes Underlying müssen spätestens zu dem in den Optionsbedingungen bestimmten

---

[96] Vgl. **Demuth, Michael (1994)**, S. 37.

[97] Vgl. **Trinkaus & Burkhardt (1995)**, S.1, sowie: **Landesbank Hessen-Thüringen (1995)**, S. 4.

Zeitpunkt - meist 10.00 Uhr des Verfalltags - beim Emittenten oder dem die Ausübung abwickelnden Institut vorliegen. Vielfach verlangen Kreditinstitute von ihren Kunden, daß die Ausübungserklärung bereits einige Tage vor Verfall des Optionsscheins vorliegt, um die für die Ausübung erforderlichen Optionsscheinbedingungen risikolos erfüllen zu können. Für den Anleger ist es zu diesem Zeitpunkt nicht möglich, sich bei am Geld stehenden Optionsscheinen für Ausübung oder für Verfall des Optionsrechts zu entscheiden. Erst nachträglich, nach Ablauf der Optionsfrist, wird er aus der Presse erfahren, wie das Basisobjekt zum Zeitpunkt der letzten Ausübungsmöglichkeit notierte.

Um den aus dieser Ausübungspraxis vorprogrammierten Ärger zu vermeiden und auch, um die eigenen Optionsscheine im Wettbewerb um den Anleger attraktiver zu gestalten, sehen immer mehr Emissionshäuser für die von ihnen emittierten Optionsscheine auf bereits umlaufende Basisobjekte die *automatische Ausübung* vor.[98] Dann gelten Optionsscheine, die bis zum Ende der Optionsfrist nicht wirksam ausgeübt wurden, als ausgeübt, falls sie einen inneren Wert haben.

Die konkreten Voraussetzungen der jeweiligen automatischen Ausübung stehen in den Optionsbedingungen. So wird häufig die automatische Ausübung nur ausgelöst, wenn der innere Wert des Optionsrechts einen bestimmten Mindestbetrag, z. B. in Höhe von 0,50 DM oder 0,10 DM, übersteigt[99] oder wenn der Investor über eine Mindestanzahl von Optionsscheinen verfügt.[100]

Abbildung 1.23 zeigt die Möglichkeiten, die dem Optionsscheininhaber am Ende der Laufzeit des Optionsrechts zur Liquidation seiner Investition offenstehen.

---

[98] Vgl. o. V. (1994 c), S. 32.
[99] Vgl. **Salomon Brothers AG (1994)**, S. 4, § 6 Abs. 4, sowie: **WestLB (1994)**, S. 7, § 3 Abs. 7.
[100] Vgl. **DG Bank (1995)**, S. 7 - 8, § 3.

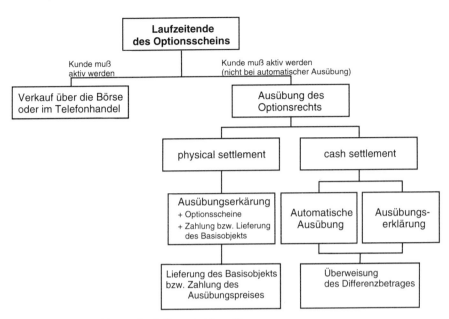

Abbildung 1.23 Liquidierung der Optionsscheininvestition

1.3.6 Pflichten der Kreditinstitute bei der Optionsscheinberatung

1.3.6.1 Verhaltenspflichten der Kreditinstitute

Beim Verkauf von Optionsscheinen sind zunächst - wie beim Verkauf aller anderen Kapitalanlagen auch - die in den §§ 31 bis 37 des Gesetzes über den Wertpapierhandel (Wertpapierhandelsgesetz/WpHG) niedergelegten Verhaltensregeln für Wertpapierdienstleistungsunternehmen zu beachten. Diese Vorschriften sind geprägt durch die Verpflichtung des Kreditinstituts,

- *„Wertpapierdienstleistungen mit der erforderlichen Sachkenntnis, Sorgfalt und Gewissenhaftigkeit im Interesse seiner Kunden zu erbringen."*[101] Da das Kundeninteresse im Mittelpunkt der Wertpapierberatung stehen muß, ist das Wertpapierdienstleistungsunternehmen *„verpflichtet,*

1. von seinen Kunden Angaben über ihre Erfahrungen oder Kenntnisse in Geschäften, die Gegenstand von Wertpapierdienstleistungen sein sollen, über ihre mit

---

[101] § 31 Abs. 1 Ziffer 1 WpHG.

den Geschäften verfolgten Ziele und über ihre finanziellen Verhältnisse zu verlangen,

2. seinen Kunden alle zweckdienlichen Informationen mitzuteilen, soweit dies zur Wahrung der Interessen der Kunden und im Hinblick auf Art und Umfang der beabsichtigten Geschäfte erforderlich ist."[102]

Diese in § 31 WpHG niedergelegten „Allgemeinen Verhaltensregeln" beruhen auf den von der ständigen Rechtsprechung entwickelten und vom Bundesgerichtshof im „Bond-Urteil"[103] zusammengefaßten *„Grundsätzen einer modernen Anlageberatung".*[104]

- **Anlegergerechte Beratung**

    Die Beratung muß auf die **Persönlichkeit** des Kunden, auf seine *speziellen Lebensverhältnisse* und *Anlageziele* zugeschnitten sein.[105]

    Schon mit der Sprache muß sich der Berater auf den Kunden einstellen, andernfalls sind Mißverständnisse vorprogrammiert. Der Sparkassenmitarbeiter kann weder darauf vertrauen, daß der Anleger den Bankwortschatz beherrscht, noch daß er bittet, einen ihm nicht geläufigen Begriff zu erläutern.[106] Ganz besonders zu berücksichtigen ist der Wissensstand des Kunden über die vorgesehenen Anlagegeschäfte und seine Risikobereitschaft.

    Die notwendigen Erkenntnisse über das einschlägige Fachwissen des Kunden, über sein Anlageziel und seine Risikobereitschaft kann das Kreditinstitut aus langjähriger Geschäftsbeziehung mit dem Kunden gewonnen haben. Ist das nicht der Fall, *„muß sie Informationsstand und Anlageziel des Kunden erfragen."*[107]

    > Der Optionsscheininvestor muß die Faktoren kennen, die den Kurs des dem Optionsschein zugrundeliegenden Basisobjekts beeinflussen. Darüber hinaus muß er wissen, daß sich der Optionsscheinkurs keineswegs immer parallel zum Basisobjektkurs entwickelt.

---

[102] § 31 Abs. 1 WpHG.

[103] Vgl. **BGH, Urteil vom 6.7.1993,** S. 1903 - 1905.

[104] Die Vorschriften der §§ 32 - 37 WpHG konkretisieren die allgemeinen Verhaltensregeln und bestimmen deren Überwachung. Vgl. **Fünfgeld, Gregor u. a. (1995),** S. 328 - 332, sowie: **Hoever, Carsten (1995),** S. 402 - 406.

[105] Wie sich das Kreditinstiut zu verhalten hat, wenn der Kunde signalisiert, daß er keine Information wünscht, ist zu finden in **Assmann, Heinz-Dieter / Schneider, Uwe H. (1995),** S. 468 - 472 zu § 31 Rdn. 130 - 137.

[106] Vgl. **Müller, Herbert / Guigas, Susanne (1994),** S. 49 - 50.

[107] **BGH, Urteil vom 6.7.1993,** S. 1903.

Die Beratung hat sich daran auszurichten, ob der beabsichtigte Optionsscheinerwerb der Absicherung eines Vermögensbestandes dienen soll oder spekulativen Charakter hat.[108]

- Der spekulativ eingestellte Erwerber von Optionsscheinen muß die Möglichkeit des Totalverlustes seines eingesetzten Kapitals als realitätsnahe Alternative zum erhofften Gewinn ins Kalkül einbeziehen. Dem Kunden muß vor dem Erwerb des Optionsscheins auch klar sein, daß eine am kurzfristigen Anlageerfolg orientierte Optionsscheininvestition mit einer buy-and-hold-Strategie nicht zu vereinbaren ist. Der als Trader bekannte Kunde wird vom Anlageberater anders aufgeklärt werden müssen als der Kunde, der bisher nur Bundesanleihen erworben und bis zur Endfälligkeit gehalten hat.

In extremen Fällen kann das Kreditinstitut verpflichtet sein, einen Kunden vor einer Optionsscheininvestition zu schützen. So sollte die Annahme eines Auftrags zum Erwerb von Optionsscheinen abgelehnt werden, wenn der Kunde über kein Vermögen verfügt und den Optionsscheinerwerb über Kredit zu finanzieren gedenkt.

Der Optionsscheininvestor muß den Totalverlust des eingesetzten Kapitals finanziell und mental verkraften können.

- Wenn Put-Optionsscheine als Absicherungsinstrument genutzt werden, muß der Anleger den Optionsscheinpreis als Absicherungsprämie auffassen, die aufgebracht ist, auch wenn die Absicherungsstrategie aufgeht. Das ist bei Versicherungen genauso.

Die zur Absicherung eines Wertpapierbestandes eingesetzten Put-Optionsscheine bringen dem Investor Sicherheit. Der Totalverlust des eingesetzten Kapitals entspricht dieser Prämie für die Absicherung.

- **Objektgerechte Beratung**

Das *Anlageobjekt* muß auf die speziellen Anlagebedürfnisse der Kunden zugeschnitten sein. Die Beratung hat sich auf diejenigen Eigenschaften zu beziehen, die für die Anlageentscheidung wesentliche Bedeutung haben oder haben können. *„Dabei ist zwischen den allgemeinen Risiken (Konjunkturlage, Entwicklung des Börsenmarktes) und den speziellen Risiken zu unterscheiden, die sich aus den individuellen Gegebenheiten des Anlageobjekts (Kurs-, Zins- und Währungsrisiko) ergeben."*[109] Die Optionsscheinberatung wird infolgedessen nicht nur die

---

[108] Vgl. **BGH, Urteil vom 6.7.1993**, S. 1903.

[109] **BGH, Urteil vom 6.7.1993**, S. 1904.

spezifischen Optionsscheinrisiken, sondern auch die im Basisobjekt und seinem Umfeld liegenden Risiken ausleuchten müssen.

Beispielsweise muß der Erwerber von Optionsscheinen auf japanische Aktien über die konjunkturelle Situation Japans, über den japanischen Aktienmarkt im allgemeinen und die wirtschaftliche Lage des Unternehmens, dessen Aktien über den Optionsschein indirekt erworben werden sollen, im besonderen aufgeklärt werden.

Den im Wesen des Optionsscheins liegenden Risiken muß der Schwerpunkt der Optionsscheinberatung gewidmet sein. So ist *„auf den Verfall dieser Papiere zum Fälligkeitszeitpunkt und auf die Möglichkeit, daß sie bei ungünstigem Kursverlauf durch den Hebeleffekt schon während der Optionsdauer jeden Wert verlieren können, hinzuweisen."*[110] Unerfahrenen Anlegern sind auch die Komponenten des Optionsscheinpreises zu erläutern, *„denn ein Anleger in Optionsscheinen sollte wissen, daß, je kürzer der Zeitraum bis zum Verfalltag ist, um so niedriger auch der Zeitwert der Option ausfällt, da mit abnehmender Restlaufzeit die Wahrscheinlichkeit einer Preisänderung beim Basiswert sinkt."*[111] Weiterhin sind *„auf dem Fachmann erkennbare besondere Risiken im Einzelfall, wie etwa auf außergewöhnliche Optionsausübungsbedingungen hinzuweisen, die das Risiko des Kunden noch vergrößern und deshalb seine Kaufentscheidung beeinflussen können."*[112]

In keiner Optionsscheinberatung sollten die Kosten einschließlich der Transaktionskosten, die der Umweg über den Optionsschein (statt der Direktanlage im Basisobjekt) verursacht, fehlen. Im Zentrum der Beratung sollte die aus der Optionspreistheorie stammende Kennzahl „Totalausfallwahrscheinlichkeit" stehen, die das im Optionsschein enthaltene **Risiko** - trotz aller darin enthaltenen Prämissen - dem in derivativen Produkten weniger versierten Anleger nahebringt.

Die Totalverlustwahrscheinlichkeit des einzelnen Optionsscheins wird vom Emittenten leider nur selten veröffentlicht. Sie ist in den Optionsscheinlisten von Spezialzeitschriften zu finden.[113] Wenn die Totalausfallwahrscheinlichkeit eines bestimmten Optionsscheins beispielsweise mit 60 % angegeben ist, bedeutet dies, daß der Optionsschein - wenn die Erkenntnisse der Stochastik auf den Verlauf des Optionsscheinkurses übertragbar sind - in 60 von 100 gleich gelagerten Fällen wertlos ausläuft. Die restlichen 40 Fälle teilen sich auf in Optionsscheininvestitionen,
- die ihrem Anleger Gewinn bringen, weil der Ausübungserlös höher ist als das eingesetzte Kapital einschließlich der Kosten und in solche,

---

[110] **OLG Frankfurt/M., Urteil vom 27.1.1994**, S. 368.

[111] **OLG Frankfurt/M., Urteil vom 27.1.1994**, S. 368; vgl. **BGH, Urteil vom 25.10.1994**, S. 66.

[112] **OLG Frankfurt/M., Urteil vom 27.1.1994**, S. 368; vgl. **BGH, Urteil vom 25.10.1994**, S. 66.

[113] Vgl. Derivate, *Optionsschein-Magazin*, *Optionsschein weekly*.

- bei denen er weniger erhält als er eingesetzt hat.

Damit der Kunde die wesentlichen Inhalte der Optionsscheinberatung später nachlesen kann, wird ihm die von den Verbänden des Kreditgewerbes für die Institute aller Bankengruppen entwickelte Broschüre „*Basisinformation über Vermögensanlagen in Wertpapieren*" ausgehändigt.

> Die Erstaufklärung muß sämtliche Chancen und Risiken einer Optionsscheininvestition beinhalten.[114] Den Gegenanzeigen und Nebenwirkungen von Medikamenten entspricht die Totalausfallwahrscheinlichkeit beim Verkauf von Optionsscheinen.

- **Kompetente Beratung**

Optionsscheine zählen zu den spekulativen Finanzprodukten. Viele Faktoren sind es, von denen der Kurs eines Optionsscheins abhängt. Ihr konkreter Einfluß auf den Optionsscheinkurs ist nur schwer verständlich. Deshalb erfordert die *Erstaufklärung* Wertpapierberater der *höchsten Qualifikationsstufe*. Nachfolgende Optionsscheinaufträge können eventuell von Mitarbeitern einer niedrigeren Beratungskompetenz entgegengenommen werden.[115]

> Künftig wird in Haftungsfällen vom Kreditinstitut der Nachweis erbracht werden müssen, daß der Bankmitarbeiter die für eine Optionsscheinberatung erforderliche Qualifikation besitzt.

Fehlen dem Institut Kenntnisse, die für eine fundierte Beratung notwendig sind, „*so hat es das dem Kunden mitzuteilen und offenzulegen, daß es zu einer Beratung z. B. über das konkrete Risiko eines Geschäfts mangels eigener Information nicht in der Lage ist.*"[116]

> „*Die Beratung der Bank muß richtig und sorgfältig, dabei für den Kunden verständlich und vollständig sein, die Bank muß zeitnah über alle Umstände unterrichten, die für das Anlagegeschäft von Bedeutung sind.*"[117]

Nach Abschluß der Anlageberatung besteht - von dem Hinweis auf den Verfall des Optionsscheins abgesehen - grundsätzlich *keine fortdauernde Beratungspflicht* des Kreditinstituts über aktuelle Gegebenheiten auf dem Kapitalmarkt, die für die

---

[114] Vgl. **Hoever, Carsten (1995)**, S. 404.
[115] Vgl. **Hoever, Carsten (1995)**, S. 404.
[116] **BGH, Urteil vom 6.7.1993**, S. 1904; vgl. auch **Arendts, Martin (1993)**, S. 234.
[117] **BGH, Urteil vom 6.7.1993**, S. 1904.

Kursentwicklung des Optionsscheins von Bedeutung sein könnten. *„Andernfalls übernähme die Bank erhebliche Risiken, denen keine entsprechende Gegenleistung gegenüberstünde."*[118] Umstritten ist diese Auffassung nur in den Fällen, in denen das Kreditinstitut den Kauf eines Optionsscheins aktiv empfohlen hat oder mit dem Kunden ohnehin laufend in Kontakt steht.[119] So ist den Kreditinstituten durchaus zuzumuten, Kunden über kursgefährdete Optionsscheine aufzuklären, wenn sie wegen eines anderen Effektengeschäfts Einblick in das Depot des Kunden nehmen.[120]

Bei kritischer Würdigung der Vorschriften des Wertpapierhandelsgesetzes über Anlageberatung im allgemeinen und Optionsscheinberatung im besonderen fällt auf, daß das Recht im wesentlichen das verlangt, was bisher schon als Grundsatz erfolgreicher Anlageberatung proklamiert wurde. So fordert die Rechtsprechung von der Optionsscheinberatung Einfühlungsvermögen in die Anlagebedürfnisse des Kunden und qualifiziertes, theoretisch fundiertes Wissen über Optionsscheine, über deren Leistungen und Kosten, über die Bewertung und Liquidität, über deren Chancen und Risiken. Bewußt stellt sie keine generellen Regeln über den Umfang der Beratungspflichten auf, sondern zielt auf die besonderen *Umstände des Einzelfalls*.[121]

Damit stellen Rechtsprechung und Wertpapierhandelsgesetz Anforderungen, die beratungskompetente Institute zumindest bei vermögenden Privatkunden erfüllen.[122] Bei diesen Instituten ist die Anlageberatung ein Kommunikationsprozeß, bei dem das Ergebnis nicht von vornherein feststeht, sondern bei dem der Anlageberater auf den Kunden und dessen Bedürfnisse eingeht, um das für diesen geeignete Anlageobjekt zu finden.[123] Nur positiv kann es für die Beratung sein, wenn künftig Besonderheiten, die im Gespräch mit dem Kunden aufgefallen sind, schriftlich festgehalten werden, denn der Berater kann mit diesen Informationen zielgerichteter als bisher auf den Kunden zugehen.[124] Außerdem lassen sich durch schriftliche Aufzeichnungen Haftungsrisiken minimieren, da der Bank im Prozeß die Beweisführung erleichtert wird.

Unklar ist, ob es genügt, dem Kunden die Basisinformationsbroschüre auszuhändigen und ihn *mündlich* zu beraten. Formulierungen in neueren BGH-Urteilen deuten nämlich auf die *Pflicht zur schriftlichen Aufklärung* hin, *„wenn mündliche Hinweise und Erklärungen für den aufklärungsbedürftigen Kunden nicht ausreichen,*

---

[118] **OLG Karlsruhe, Urteil vom 28.1.1992**, S. 577; vgl. **Heinsius, Theodor (1994)**, S. 50.

[119] Vgl. **OLG Frankfurt/M., Urteil vom 10.12.1992**, S. 686; sowie: **Hopt, Klaus J. (1975)**, S. 436.

[120] Vgl. **Hopt, Klaus J. (1975)**, S. 428.

[121] Vgl. **Heinsius, Theodor (1994)**, S. 50.

[122] Vgl. **Narat, Ingo (1995 b)**, S. 47.

[123] Vgl. **LG München I, Urteil vom 23.2.1995**, S. 1312.

[124] Vgl. **Narat, Ingo (1995 b)**, S. 47.

um von einem Geschäft ein zutreffendes Bild zu gewinnen und insoweit sachgerechte Entschlüsse zu fassen."[125] Jedoch wird nicht gefordert werden können, an den Kunden nach Abschluß des Beratungsgesprächs ein individuelles Schreiben mit den wesentlichen Inhalten zu versenden; es muß vielmehr genügen, dem Kunden am Ende des Gesprächs eine Kopie der während der Beratung gefertigten Aufzeichnungen auszuhändigen. Andernfalls ist die Leistung des Anlageberaters für den Kunden nicht mehr bezahlbar.

Nochmals sei betont, daß für die Optionsscheinberatung keine speziellen Vorschriften existieren, vielmehr gilt für alle Kapitalanlagen, was für Optionsscheine hergeleitet wurde: Sie dürfen erst nach anlegergerechter, objektgerechter und kompetenter Beratung verkauft werden. Optionsscheine zählen allerdings zu den anspruchsvollen Finanzprodukten, wie DTB-Optionen, Reverse Floater und Investmentzertifikate mit südostasiatischen Werten. Fehlberatung muß jedoch, wenn die Qualifikation der Bankmitarbeiter unzureichend ist, nicht nur in diesen komplexen Instrumenten befürchtet werden. So kann selbst der Verkauf von Rentenfondszertifikaten zu Schadenersatzansprüchen führen, wenn diese Papiere in einer Niedrigzinsphase mit Hinweis auf die hervorragende Rendite (im vergangenen Jahr) verkauft werden.[126]

> Verletzt ein Kreditinstitut die Beratungspflicht, kann es vom Kunden wegen etwaiger Verluste aus Wertpapieranlagen haftbar gemacht werden.

1.3.6.2 Herstellung der Börsentermingeschäftsfähigkeit

Zusätzlich zu diesen allgemeinen Aufklärungs- und Beratungspflichten ist *vor dem ersten Optionsscheingeschäft eines Kunden mit dem Kreditinstitut* grundsätzlich für dessen Termingeschäftsfähigkeit zu sorgen.[127] Die meisten Optionsscheingeschäfte sind nämlich - unabhängig von der Qualität der Beratung - nur dann verbindlich, wenn der Kunde eingetragener Kaufmann ist (§ 53 Abs. 1 Börsengesetz) oder aber vor Abschluß des ersten Optionsscheingeschäfts über die Verlustrisiken in einer dem § 53 Abs. 2 Börsengesetz entsprechenden Art und Weise informiert worden ist (Termingeschäftsfähigkeit kraft Information).[128]

---

[125] **BGH, Urteil vom 25.10.1994, S. 65.**
[126] Vgl. **Burgmaier, Stefanie (1996), S. 143.**
[127] Weiterführend vgl. **Heeb, Gunter (1994).**
[128] Vgl. **Buthmann, Friedhelm (1993), S. 58.**

Um für Nichtkaufleute die Termingeschäftsfähigkeit zu schaffen, hat die Kreditwirtschaft das Merkblatt „*Wichtige Informationen über Verlustrisiken bei Börsentermingeschäften*" entwickelt. Der Vorschrift des § 53 Abs. 2 Satz 3 Börsengesetz gemäß enthält es nur Informationen über die Börsentermingeschäfte und ihre Risiken und ist *vom Kunden zu unterschreiben*. „Der Zeitpunkt einer Unterrichtung darf nicht länger als drei Jahre zurückliegen; nach der ersten Unterrichtung ist sie jedoch vor dem Ablauf von zwölf Monaten, frühestens aber nach dem Ablauf von zehn Monaten zu wiederholen."[129]

Mit seinem Urteil vom 29.3.1994 hat der Bundesgerichtshof ausdrücklich bestätigt,[130] daß das vom Kunden unterschriebene Informationsblatt der Banken den Anforderungen des § 53 Abs. 2 Börsengesetz entspricht und damit die Börsentermingeschäftsfähigkeit eines Kunden begründet. Nur bei „besonders unerfahrenen" Kunden dürfte eine darüber hinausgehende individuelle Aufklärung des Kunden notwendig sein, um dessen Börsentermingeschäftsfähigkeit herzustellen.[131]

Wenn das erste Optionsgeschäft mit einem Kunden ohne oder mit *fehlerhafter Aufklärung über Börsentermingeschäfte* abgeschlossen wurde, kann dieses Versäumnis nicht unbedingt durch eine später ordnungsgemäße Aufklärung geheilt werden. Der Aufklärungsmangel vor Abschluß des ersten Optionsscheingeschäfts kann sogar Folgewirkungen für Geschäfte haben, die erst nach ordnungsgemäßer Aufklärung abgeschlossen worden sind.[132] Es ist nämlich möglich, daß eine nach einer erfolgreich angelaufenen Geschäftsbeziehung erfolgte Aufklärung über die Risiken von Börsentermingeschäften ihren Schutzzweck nicht mehr erreicht. Infolgedessen bleiben nicht nur das erste Geschäft, sondern auch die nach der Aufklärung getätigten Geschäfte unverbindlich.[133]

In einer solchen Situation bleibt nur die Möglichkeit, ein ausführliches Aufklärungsgespräch zu führen, in dem die Rechtslage dargelegt wird. „*Wenn dann der zeitliche Zusammenhang zwischen dem unverbindlichen Erstgeschäft und den nach der Unterzeichnung des Informationsblattes getätigten Folgegeschäfte nicht allzu eng ist*

---

[129] § 53 Abs. 2 Satz 4 Börsengesetz.

[130] Vgl. **BGH, Urteil vom 29.3.1994**, S. 835 sowie **BGH, Urteil vom 14.2.1995**, S. 658.

[131] Vgl. **BGH, Urteil vom 29.3.1994**, S. 835.

[132] Vgl. **OLG Zweibrücken, Urteil vom 15.5.1995**, S. 1272, das ein Urteil des BGH zu Warentermingeschäften (vgl. **BGH, Urteil vom 22.6.1993**, S. 1457) auf Börsentermingeschäfte übertragen hat. Gegen die Entscheidung des OLG Zweibrücken ist Revision beim BGH eingelegt worden. Anders jedoch **OLG Stuttgart, Urteil vom 15.2.1995**, S. 1270 - 1272.

[133] Vgl. **BGH, Urteil vom 22.6.1993**, S. 1458; **OLG Zweibrücken, Urteil vom 15.5.1995**, S. 1275.

und die früher erkannten Konten geschlossen werden, wird man guten Gewissens von der Verbindlichkeit der Geschäfte ausgehen können."[134]

Besonders zu beachten ist, daß die Termingeschäftsfähigkeit nur der Person hergestellt werden kann, die das Merkblatt zur Information bei Börsentermingeschäften liest und unterzeichnet. Die Termingeschäftsfähigkeit kann nicht in Stellvertretung erworben werden. Entsprechend müßte bei BGB-Gesellschaften, bei nicht rechtsfähigen Vereinen und Erbengemeinschaften jedes Mitglied der Vereinigung das Informationsblatt lesen und unterzeichnen. Da der Wechsel der Mitglieder nicht immer vom Kreditinstitut überwacht werden kann, sollten für solche Gemeinschaften keine Optionsscheingeschäfte ausgeführt werden.

Die Vorschriften des Börsengesetzes über die Verbindlichkeit von Börsentermingeschäften lassen sich plausibel mit dem Ziel begründen, wirtschaftlich unerfahrene, nicht informierte Anleger müßten davor bewahrt werden, sich in eine bei Vertragsschluß höhenmäßig nicht feststehende und meist nicht überschaubare künftige Verpflichtung zu verstricken. Diese Argumentation zieht jedoch nur für das *feste Termingeschäft*, bei dem jede Vertragspartei eine hohe potentielle Verpflichtung für die Zukunft in der Hoffnung eingeht, *„das damit verbundene Risiko werde sich wegen einer für ihn günstigen Kursentwicklung nicht realisieren."*[135]

Beim *Optionsgeschäft* muß nur ein Vertragspartner, der Stillhalter mit in der Zukunft unbegrenzt hohen Verlusten, die nur um den eingenommenen Optionspreis gemindert sind, rechnen. Demgegenüber verliert der *Erwerber* eines Optionsscheins im ungünstigsten Fall das für den Erwerb des Optionsscheins eingesetzte Kapital. In diesem Punkt unterscheidet er sich nicht vom Aktionär oder vom Inhaber eines Gläubigerpapiers. Im schlimmsten Fall können auch Aktie und Gläubigerpapier wertlos werden. Wie Aktionär und Inhaber eines Gläubigerpapiers ist aber auch der Inhaber eines Optionsscheins nach der Zahlung des Kaufpreises für das Wertpapier zu keiner weiteren Leistung verpflichtet. Aufgrund dieser Erkenntnis läßt es sich vertreten, Optionsscheinkäufe nicht bei Termingeschäften, sondern bei Kassageschäften einzuordnen.

Nicht anders sieht es der Bundesgerichtshof bei Aktienoptionsscheinen auf neu zu begebende Aktien, die er als (von der Optionsanleihe) *„abgetrennte Optionsscheine"* bezeichnet. Der Verkäufer solcher Optionsscheine habe *„einen fälligen Anspruch auf Bezahlung des vereinbarten, meist börsennotierten Preises, der Käufer einen solchen auf Übereignung der gekauften abgetrennten Optionsscheine ... Die gegenseitigen Ansprüche von Verkäufer und Käufer sind nach Kassagrundsätzen, nach denen sich der Handel mit abgetrennten Optionsscheinen seit jeher richtet,*

---

[134] **Buthmann, Friedhelm (1995),** S. 69.
[135] **Canaris, Claus-Wilhelm (1988),** S. 10.

innerhalb von zwei Börsentagen zu erfüllen."[136] Der Käufer eines Optionsscheins auf junge Aktien braucht deshalb nach derzeitiger Rechtsprechung nicht börsentermingeschäftsfähig zu sein. Dasselbe gilt für Käufer „abgetrennter Optionsscheine" aus einer Optionsanleihe einer japanischen Aktiengesellschaft, denn auch der Erwerb eines solchen Papiers gilt als Kassageschäft.[137]

Demgegenüber ordnet der Bundesgerichtshof Optionsscheine auf bereits umlaufende Basisobjekte - in seiner Terminologie sind das *„selbständige Optionsscheine"* - als Börsentermingeschäfte ein, obwohl *„die kaufvertraglichen Ansprüche der Käufer und Verkäufer solcher Papiere nach Kassagrundsätzen zu erfüllen (sind)."*[138] Die entscheidungserheblichen Unterschiede von „selbständigen Optionsscheinen" einerseits und „abgetrennten Optionsscheinen" andererseits resultieren aus der vom BGH behaupteten inhaltlichen Nähe der selbständigen Optionsscheine zu den unverbrieften, börsennotierten Optionen, die nach ständiger Rechtsprechung des Bundesgerichtshofs Börsentermingeschäfte sind. *„Wollte man Geschäfte mit selbständigen Optionsscheinen im Gegensatz zu solchen mit unverbrieften börsenmäßigen Optionen gleichwohl nicht dem Termineinwand unterwerfen, könnte der Schutzzweck des § 53 BörsG bei Optionsscheingeschäften leicht unterlaufen werden."*[139]

Den Bundesgerichtshof scheint das schwache Fundament der Grenze zwischen selbständigen und abgetrennten Optionsscheinen selbst zu stören, denn er schiebt seiner Begründung für diese Grenze weitere Argumente nach.

- Die selbständigen Optionsscheine dienten wirtschaftlich - so führt der Bundesgerichtshof aus - in der Regel vor allem der Kursspekulation sowie der Kurssicherung, während über abgetrennte Optionsscheine Fremdkapital beschafft würde, womit der Leser wohl die Überlassung von Fremdkapital als Anlagezweck von abgetrennten Optionsscheinen assoziieren soll.

- Im Gegensatz zum Stillhalter von selbständigen Optionsscheinen trage - so behauptet der Bundesgerichtshof weiter - die abtrennbare Optionsscheine emittierende Aktiengesellschaft kein Kursrisiko und erhalte auch keine Risikoprämie,[140] eine Aussage, die den Erkenntnissen der Optionspreistheorie widerspricht.

Die Frage, weshalb Optionskäufer trotz des auf den Preis der Option begrenzten Risikos überhaupt börsentermingeschäftsfähig sein müssen, hat der Bundesgerichtshof bereits in einem früheren Urteil mit dem Hinweis beantwortet, das Börsengesetz

---

[136] **BGH, Urteil vom 16.4.1991**, S. 1217.

[137] Vgl. **LG München I, Urteil vom 23.2.1995**, S. 1308.

[138] **BGH, Urteil vom 25.10.1994**, S. 65.

[139] **BGH, Urteil vom 25.10.1994**, S. 65.

[140] Vgl. **BGH, Urteil vom 25.10.1994**, S. 65.

unterscheide „*nicht zwischen Börsengeschäften mit unbegrenztem und solchen mit eingeschränktem Risiko*". Es gäbe „*auch keinen sachlich gerechtfertigten Grund, das Optionsgeschäft nur wegen der Begrenzung des Verlustes des Käufers auf den Optionspreis aus dem Schutzbereich des Börsengesetzes herauszunehmen. Auch diese Verluste können für den Einzelnen gefahrvoll und insgesamt volkswirtschaftlich unerwünscht sein.*"[141]

Wie stichhaltig die Argumente der Gerichte, Optionsscheine den Börsentermingeschäften zuzuordnen, auch sein mögen, die Kreditinstitute haben sich insofern auf die Rechtsprechung eingestellt, als sie vorsichtshalber generell alle Optionsscheingeschäfte zu Börsentermingeschäften erklären. Damit soll verhindert werden, daß ein in der Hektik der täglichen Praxis falsch zugeordneter Optionsschein zu Schadenersatzforderungen des Kunden führt.[142] Im übrigen dürfte die im Hinblick auf die formale Vorschrift des § 53 Börsengesetz wichtige Unterscheidung zwischen Termingeschäft einerseits und Kassageschäft andererseits im Blickwinkel der im Wertpapierhandelsgesetz verankerten Verhaltensregeln und haftungsrechtlichen Gesichtspunkten an Bedeutung verlieren.[143]

---

[141] BGH, Urteil vom 22.10.1984, S. 150.

[142] Vgl. **Koppers, Josef (1994)**, S. 66

[143] Vgl. BGH, Urteil vom 14.5.1996, sowie: BGH, Urteil vom 11.6.1996.

2 Optionsschein-Positionen und -Strategien

2.1 Überblick

Mit dem *Kauf* eines Optionsscheins werden *Optionsrechte erworben*, mit der *Emission* von Optionsscheinen *Optionsrechte verkauft*. Der Optionsscheininhaber nimmt damit die Position des Käufers einer Option (Long-Position), der Emittent der Scheine die Position des Optionsschreibers (Short-Position) ein (Abbildung 2.1).

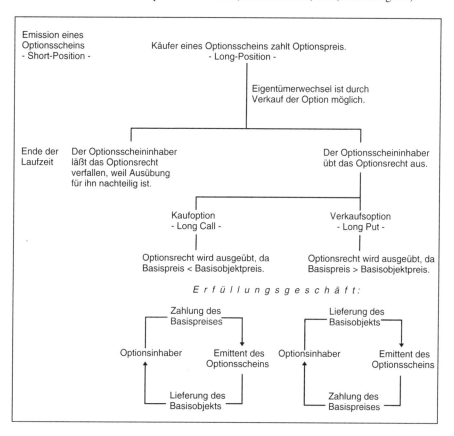

Abbildung 2.1   Rechte aus Long-Optionsschein-Positionen mit physical settlement

Ausnahmen von dieser Regel sind **Short-** oder **Reverse-Optionsscheine**, die ihrem Inhaber eine Stillhalter-Position verschaffen (Abbildung 2.2). Die Bezeichnung „Short-Optionsschein" wurde neu geschaffen, obwohl das Instrument unter dem Begriff „capped warrant" längst bekannt war. Konstruktion und Attraktivität dieser Papiere werden in Abschnitt 2.3 dieses Kapitels dargestellt und diskutiert.

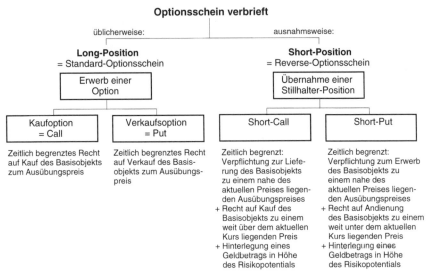

Abbildung 2.2   Übersicht verbriefter Optionspositionen

2.2   Erwerb von Optionsrechten (Long-Positionen)

Qualität läßt sich nicht absolut, sondern nur relativ bestimmen. Das ist bei Optionsscheinen nicht anders. Als Vergleichsobjekt zur Optionsschein-Position bietet sich das Basisobjekt an. Ein eindeutiger Vergleich ist aber nur möglich, wenn sich der Vergleich auf den Zeitpunkt des *Optionsscheinverfalls* bezieht.

> Die Qualität von Optionsscheinpositionen wird aufgrund von Investitionen bewertet, die bis zum Ende der Laufzeit des Optionsscheins gehalten werden. Das ist wirklichkeitsfremd, wenn der Erwerb eines noch länger laufenden Optionsrechts als kurzfristige Anlage gedacht ist.

Fallstudie 2   Erwerbsszenarien der Fallstudien in Kapitel 2 und 3

Der Investitionserfolg wird an at-the-money-Optionsscheinen auf Lufthansa-Stammaktien, die in t_0 am 20.2.1995 erworben und bis zum Ende der Laufzeit des jeweiligen Optionsscheins gehalten werden, demonstriert. Der Call-Optionsschein wurde von Trinkaus & Burkhardt, der Put-Optionsschein von der Citibank emittiert.

Optionsscheine:	*Call - WKN 813 126 -*		*Put - WKN 814 735 -*	
Bewertungstag:	t_0 =	20.2.1995	t_0 =	20.2.1995
Ausübungspreis:	B =	200,00	B =	200,00
Fälligkeit:	t_v =	8.3.1996	t_v =	18.12.1996
Optionsverhältnis:	OV =	0,25	OV =	0,10
Basisobjektpreis:	S_0 =	200,00	S_0 =	200,00
Optionsscheinpreis:	C_0 =	6,55	P_0 =	2,30

Das Ergebnis von Optionsscheininvestitionen hängt entscheidend von der Moneyness des Optionsscheins bei dessen Erwerb ab. Deshalb wird der Call-Optionsschein - um alle der grundsätzlich möglichen Performance-Ergebnisse auszuloten - in zwei zusätzlich angenommene Erwerbsszenarien versetzt, die sich von der am 20.2.1995 darstellenden Situation in der Höhe des Basisobjektkurses und des Optionsscheinkurses unterscheiden.

Die in-the-money-Konstellation wird repräsentiert durch einen Basisobjektkurs von S_0 = 240,00 und einen Optionsscheinkurs von C_M = 14,00 DM, die out-of-the-money-Konstellation durch einen Basisobjektkurs von S_0 = 160,00 und einen Optionsscheinkurs von C_M = 3,00 DM. In-the-money-Szenario und out-of-the-money-Szenario sind realitätsnah konstruiert.

Die sich aufgrund der Situation am 20.2.1995 und der Annahmen für die in-the-money- und die out-of-the-money-Konstellation ergebenden *Erwerbsszenarien* sind in Tabelle 2.1 zusammengefaßt.

Optionsschein:	Call am Geld	Call im Geld	Call aus dem Geld	Put am Geld
Ausübungspreis: B =	200,00	200,00	200,00	200,00
Restlaufzeit in Jahren:[1] t =	1,05	1,05	1,05	1,8278
Optionsverhältnis: OV =	0,25	0,25	0,25	0,10
Basisobjektkurs: S_0 =	200,00	240,00	160,00	200,00
Optionsscheinkurs:	C_M = 6,55	C_M = 14,00	C_M = 3,00	P_M = 2,30

Anmerkung: [1] t_C = 378 Tage : 360 Tage = 1,05 Jahre; t_P = 658 Tage : 360 Tage = 1,8278 Jahre

Prämissen: Transaktionskosten und Steuern bleiben unberücksichtigt. Die Kosten der Finanzierung des für den Aktienerwerb höheren Kapitaleinsatzes entsprechen exakt den Dividendeneinnahmen des Aktionärs.

Tabelle 2.1   Erwerbsszenarien der Fallstudien in Kapitel 2 und 3

2.2.1 Call-Optionsschein

Die Käufer von Call-Optionsscheinen versprechen sich bei steigenden Kursen des Underlying vom Umweg über den Optionsschein eine *höhere Performance* als von der Direktinvestition - und das bei *beschränktem Risiko*.

- Die prozentual im Vergleich zum Basisobjektkurs stärkere Veränderung des Optionsscheinkurses resultiert aus dem im Vergleich zum Basisobjektkurs niedrigeren Preis des Optionsscheins.

- Sofern die erwartete Basisobjektkurssteigerung nicht eintritt, kann der Optionsscheininvestor nur den im Vergleich zum Basisobjektkurs bescheidenen Kapitaleinsatz in Höhe des Optionsscheinpreises verlieren.

Wer die Attraktivität eines Optionsscheins in dessen Hebelwirkung sieht, wird sich für die Performance-Maximierungs-Strategie entscheiden, eine Absicherungsstrategie wird dagegen fahren, wer die Versicherungsfunktion des Optionsscheins nutzen will.

2.2.1.1 Strategien der Performance-Maximierung

Den Performancemaximierer interessiert, ob ihm eine Optionsscheininvestition mehr Performance bringt als die Direktinvestition. Deshalb vergleicht er den Anlageerfolg aus der Direktinvestition mit der Performance einer entsprechenden Optionsscheininvestition.

Fallstudie 2.1 (a) Performance-Vergleich Call-Optionsscheininvestition zu Direktinvestition

Der Anleger erwartet einen bestimmten Verlauf des Basisobjektkurses, ist sich aber nicht sicher, ob er eintrifft. Deshalb wird er die Performance der Direktinvestition und der in Tabelle 2.1 enthaltenen Erwerbsszenarien für jeweils drei verschiedene Verfallsszenarien durchspielen.

Realistisches Szenario

Im Realistischen Szenario wird der Anlageerfolg von Optionsschein und Aktie für Aktienkurse, die am Ende der Optionsscheinlaufzeit in einer Bandbreite von 60 Punkten nach beiden Seiten vom Erwerbskurs abweichen, ermittelt.

Tabelle 2.2 zeigt die Attraktivität der Optionsscheininvestition:

- Trifft die Erwartung auf Kurssteigerung um 60 Punkte zu, dann erzielt der Direktanleger auf seinen Kapitaleinsatz 30 %, der Optionsscheininvestor mit 129 % aber mehr als das Vierfache.

- Auch wenn der Aktienkurs wider Erwarten fällt, stellt sich der Optionsscheininvestor besser: Er verliert nur 26,20 DM gegenüber dem maximalen Verlust in Höhe von 60,00 DM bei der Direktanlage.

Ein derartiger Vergleich - so oft er auch angestellt werden mag - ist unredlich, denn es werden verschiedene Performance-Maßstäbe verwendet:

- Wer seinen Anlageerfolg *in Prozent* des eingesetzten Kapitals mißt, erzielt - wenn seine Erwartung eintrifft - als Optionsscheininvestor einen *Gewinn von 129* %; wenn er falsch liegt, fährt er einen *Verlust von 100* % ein. Der Aktionär erzielt dagegen bei gleicher Konstellation einen Gewinn bzw. einen Verlust von jeweils 30 %.

- Die im Optionsschein angelegte Absicherung kommt zum Zuge, wenn *in absoluten Beträgen* gemessen wird: Wer Optionsscheine zum Erwerb einer einzigen Aktie kauft, kann maximal den Preis des homogenisierten Optionsscheins in Höhe von *26,20 DM verlieren*, während der Aktionär beim unterstellten Szenario 60,00 DM Verlust pro Aktie einfahren kann. Wenn aber dieser Maßstab angelegt wird, kann der Optionsscheininhaber im günstigsten Fall *33,80 DM Gewinn* erzielen, der Aktionär aber 60,00 DM. Dabei investiert der Aktionär 200,00 DM, der Optionsscheininvestor nur 26,20 DM.

Fall 1: *Call-Optionsschein am Geld*

Kurs des Basisobjekts am Ende der Laufzeit des Optionsscheins	Gewinn bzw. Verlust einer Direktanlage im Basisobjekt		Gewinn bzw. Verlust einer Investition in vier Optionsscheinen		Anlageerfolg der Optionsschein-investition	
	absolut	in %	absolut	in %		
140,00	− **60,00**	− 30,00	− **26,20**	− 100,00		
150,00	− 50,00	− 25,00	− 26,20	− 100,00		
160,00	− 40,00	− 20,00	− 26,20	− 100,00		
170,00	− 30,00	− 15,00	− 26,20	− 100,00		
180,00	− 20,00	− 10,00	− 26,20	− 100,00		Verlustzone
190,00	− 10,00	− 5,00	− 26,20	− 100,00		
200,00	+ **0,00**	0,00	− **26,20**	− **100,00**		
210,00	+ 10,00	+ 5,00	− 16,20	− 61,83		
220,00	+ 20,00	+ 10,00	− 6,20	− 23,66		
230,00	+ 30,00	+ 15,00	+ 3,80	+ 14,50		Ausübung
240,00	+ 40,00	+ 20,00	+ 13,80	+ 52,67	Gewinn-	
250,00	+ 50,00	+ 25,00	+ 23,80	+ 90,84	zone	
260,00	+ 60,00	+ **30,00**	+ 33,80	+ 129,01		

Berechnungsbeispiel: Basisobjektkurs   230,00 DM
                     − Ausübungspreis   200,00 DM
                     Wert des Optionsscheins bei Verfall   30,00 DM
                     − Optionsscheinpreis   26,20 DM
                     Gewinn aus Optionsscheininvestition   3,80 DM

Der Gewinn wird auf den Kapitaleinsatz bezogen $\frac{3,80 \cdot 100}{26,20} = 14,50$ %

Tabelle 2.2 Anlageerfolg der Call Investition in Abhängigkeit vom Kurs des Basisobjekts

Abbildung 2.3 visualisiert den prozentualen Anlageerfolg sowohl des Optionsscheins als auch der Direktinvestition in Abhängigkeit vom Basisobjektkurs am Ende der Optionsscheinlaufzeit. In der Mitte der Abbildung ist der Anlageerfolg abgetragen, der sich ergibt, wenn sich der Basisobjektkurs während der Laufzeit des Optionsscheins nicht verändert oder wenn der Basisobjektkurs am Ende der Optionsscheinlaufzeit zum Ausgangspunkt bei Optionserwerb zurückgekehrt ist.

Der günstigste Fall des Realistischen Szenarios bringt dem Optionsscheininvestor etwas mehr als die vierfache Performance der Direktinvestition. Abbildung 2.3 zeigt aber auch, daß der am Geld stehende Optionsschein nur bei einer Basisobjektkurssteigerung von mehr als 13,1 % Gewinn einfährt. Das eingesetzte Kapital ist bereits verloren, wenn der Kurs des Basisobjekts auf der Stelle tritt.

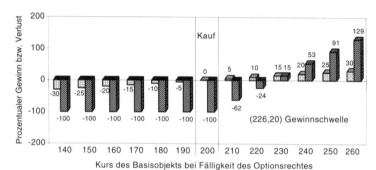

Abbildung 2.3 Prozentualer Anlageerfolg des *am Geld* stehenden Optionsscheins im Vergleich zur Direktanlage bei einer Veränderung des Aktienkurses von ± 60 Punkten

Fall 2: *Call-Optionsschein im Geld*

Abbildung 2.4 zeigt die Performance des im Geld stehenden Optionsscheins im Vergleich zur Direktanlage. Diese Abbildung ist wie Abbildung 2.3 aufgebaut.

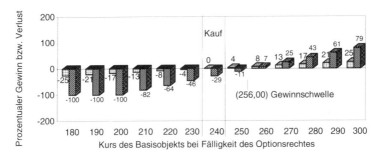

Abbildung 2.4 Prozentualer Anlageerfolg des *im Geld* stehenden Optionsscheins im Vergleich zur Direktanlage bei einer Veränderung des Aktienkurses von ± 60 Punkten

Bei der günstigsten Entwicklung des Basisobjektkurses im Realistischen Szenario fährt der Anleger mit dem im Geld stehenden Optionsschein eine drei mal höhere Performance ein als mit dem Basisobjekt. Dafür tritt der Totalverlust des in den Optionsschein investierten Kapitals erst ein, wenn der Aktienkurs um 16,7 % oder mehr gefallen ist.

Fall 3: *Call-Optionsschein aus dem Geld*

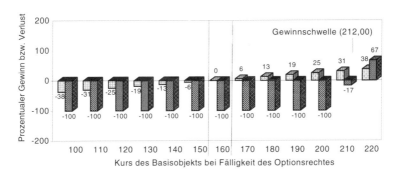

Abbildung 2.5 Prozentualer Anlageerfolg des *aus dem Geld* stehenden Optionsscheins im Vergleich zur Direktanlage bei einer Veränderung des Aktienkurses von ± 60 Punkten

Der Totalverlust des investierten Kapitals scheint beim aus dem Geld stehenden Optionsschein der Abbildung 2.5 fast vorprogrammiert zu sein. Allein im günstigsten Fall kann eine knapp doppelt so hohe Performance wie mit der Direktinvestition erzielt werden. Unter diesen Voraussetzungen scheidet die Investition in den aus dem Geld liegenden Optionsschein im Realistischen Szenario aus.

Fazit

Die Attraktivität einer Investition in Optionsscheinen verschiedener Moneyness wird erst transparent, wenn zusätzlich zum „Prozentualen Anlageerfolg" der Performance-Maßstab „Absoluter Anlageerfolg" verwendet wird. Im Hinblick auf die Extremwerte des Realistischen Szenarios ergibt sich Tabelle 2.3.

Optionsschein	Kurs des Basisobjekts am Ende der Laufzeit des Optionsscheins	Gewinn bzw. Verlust einer **Direktanlage** im Basisobjekt		Gewinn bzw. Verlust einer **Optionsscheininvestition**	
		absolut	in %	absolut	in %
am Geld	260,00	+ 60,00	+ 30,00	+ 33,80	+ 129,01
	140,00	– 60,00	– 30,00	– 26,20	– 100,00
im Geld	300,00	+ 60,00	+ 25,00	+ 44,00	78,57
	180,00	– 60,00	– 25,00	– 56,00	– 100,00
aus dem Geld	220,00	+ 60,00	+ 37,50	+ 8,00	66,67
	100,00	– 60,00	– 37,50	– 12,00	– 100,00

Tabelle 2.3   Anlageerfolg des Call-Optionsscheins im Realistischen Szenario

Damit enttäuscht die Performance aller drei Optionsscheinvarianten. Obwohl der prozentuale Anlageerfolg noch am ehesten zur Investition in den am Geld stehenden Optionsschein motivieren könnte, ist die Gefahr des Totalverlustes auch bei dieser Optionsscheininvestition nicht zu übersehen.

High-Flyer-Szenario

Im High-Flyer-Szenario verdoppelt sich der Basisobjektkurs.

Der Anlageerfolg, der sich jeweils ergibt, wenn der Basisobjektkurs am Ende der Optionsscheinlaufzeit exakt dem Kurs entspricht, den der Direktinvestor beim Erwerb der Lufthansa-Stammaktie zahlen mußte, ist in den Abbildungen 2.6, 2.7 und 2.8 links im Koordinatenkreuz eingezeichnet.

Fall 1: *Call-Optionsschein am Geld*

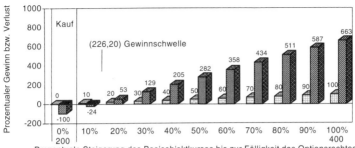

Abbildung 2.6 Prozentualer Anlageerfolg des *am Geld* stehenden Optionsscheins im Vergleich zur Direktanlage bei einer Verdopplung des Aktienkurses

Fall 2: *Call-Optionsschein im Geld*

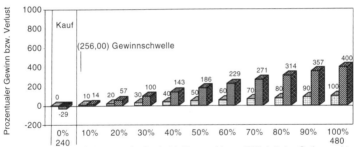

Abbildung 2.7 Prozentualer Anlageerfolg des *im Geld* stehenden Optionsscheins im Vergleich zur Direktanlage bei einer Verdopplung des Aktienkurses

Fall 3: *Call-Optionsschein aus dem Geld*

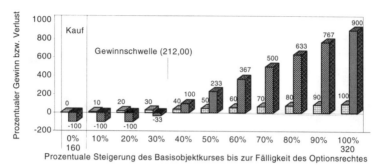

Prozentualer Gewinn aus der Anlage im Basisobjekt bezogen auf den Kapitaleinsatz

Prozentualer Gewinn bzw. Verlust aus der Optionsscheininvestition bezogen auf den Kapitaleinsatz

Abbildung 2.8 Prozentualer Anlageerfolg des *aus dem Geld* stehenden Optionsscheins im Vergleich zur Direktanlage bei einer Verdopplung des Aktienkurses

Fazit

In diesem Szenario schneidet der weit aus dem Geld liegende Optionsschein mit einem im Vergleich zum Underlying neun mal besseren prozentualen Anlageergebnis ab. Dieser Erfolg ist eine Folge des niedrigen Kapitaleinsatzes. In den beiden anderen Erwerbsszenarien schneidet der Optionsschein wegen des dort höheren Kapitaleinsatzes in der Performance schwächer, aber immer noch herausragend gut ab.

Der prozentuale Anlageerfolg relativiert sich bei Betrachtung der **absoluten Zahlen**:

Optionsschein	Kurs des Basisobjekts am Ende der Laufzeit des Optionsscheins	Gewinn bzw. Verlust einer **Direktanlage** im Basisobjekt		Gewinn bzw. Verlust einer **Optionsschein-investition**	
		absolut	in %	absolut	in %
am Geld	400,00	+ 200,00	+ 100,00	+ 173,80	+ 663,36
im Geld	480,00	+ 240,00	+ 100,00	+ 224,00	+ 400,00
aus dem Geld	320,00	+ 160,00	+ 100,00	+ 108,00	+ 900,00

Tabelle 2.4 Anlageerfolg der Call-Optionsscheine im High-Flyer-Szenario

Crash-Szenario

Im Crash-Szenario halbiert sich der Kurs der Lufthansa-Aktie in der Zeit vom Erwerb des Optionsscheins bis zum Ende seiner Laufzeit.

Die zeichnerische Darstellung des *prozentualen Anlageverlustes* des Optionsscheins in Abhängigkeit und im Vergleich zum Anlageverlust des Underlying bringt im Crash-Szenario keine neuen Erkenntnisse: Bei einer Halbierung des Underlyingkurses bringen alle drei Optionsscheine einen Totalverlust, wie das bereits im Rahmen des „Realistischen Szenarios" im Underlyingkursbereich von 200 und darunter der Fall ist.

Im Hinblick auf den Anlageverlust in *absoluten Zahlen* schneidet der weit aus dem Geld stehende Optionsschein dank seines geringen Kapitaleinsatzes in Tabelle 2.5 am günstigsten bzw. am wenigsten schlecht ab.

Optionsscheine	Kurs des Basisobjekts am Ende der Laufzeit des Optionsscheins	Gewinn bzw. Verlust einer **Direktanlage** im Basisobjekt		Gewinn bzw. Verlust einer **Optionsscheininvestition**	
		absolut	in %	absolut	in %
am Geld	100,00	**– 100,00**	– 50,00	**– 26,20**	– 100,00
im Geld	120,00	**– 120,00**	– 50,00	**– 56,00**	– 100,00
aus dem Geld	80,00	**– 80,00**	– 50,00	**– 12,00**	– 100,00

Tabelle 2.5 Anlageerfolg der Call-Optionsscheine im Crash-Szenario

Ergebnisse der Performance-Maximierungs-Strategien

Die Frage: *„Direktanlage oder Investition in Call-Optionsscheinen"* sowie die Anschlußfrage nach der *Auswahl des günstigsten Optionsscheins* ist nach Auswertung der Fallstudien differenziert zu beantworten:

- Bei *fallenden* und *stagnierenden Underlyingkursen* schneidet jede Investition in Call-Optionsscheine schlechter ab als die Direktinvestition. Bei am und aus dem Geld stehenden Optionsscheinen ist das eingesetzte Kapital vollständig verloren.

- Am schnellsten kommen *bei leicht steigenden Basisobjektkursen* weit *im Geld* stehende Optionsscheine in die Gewinnzone. Allerdings besteht bei im Geld stehenden Optionsscheinen die Gefahr, daß bei sinkendem Basisobjektkurs der bezahlte innere Wert verloren geht. Ihr Kursverlauf kommt der Kursentwicklung des Basisobjekts am nächsten. Das zeigt sich auch bei extremen Steigerungen des Basisobjektkurses, wo sie sich im Vergleich zu den explodierenden out-of-the-money-Optionsscheinen moderat entwickeln.

- Wer *extreme Steigerungen des Basisobjektkurses* erwartet, sich seiner Sache sicher ist und darüber hinaus das Risiko eines Totalverlustes nicht scheut, wird sich für den Erwerb eines weit *aus dem Geld* liegenden Optionsscheins entscheiden. Dank des niedrigen Kapitaleinsatzes kann er an der erwarteten Kursexplosion weit überproportional verdienen. Tritt die Kurserwartung aber nicht ein, ist der Totalverlust des eingesetzten Kapitals nicht zu vermeiden.

- *At-the-money*-Optionsscheine liegen bei extremeren Kursbewegungen in ihrem Kursverhalten etwa in der Mitte zwischen in- und aus dem Geld liegenden Optionsscheinen. Beim Realistischen Szenario zeigt der am Geld liegende Optionsschein das günstigste Chance-Risiko-Profil, weil der Investor gegen fallende Basisobjektkurse abgesichert ist, von steigenden Basisobjektkursen aber sofort profitiert.

2.2.1.2 Sicherheitsstrategien

Wer den Anlageerfolg der Optionsscheininvestition in Relation zum eingesetzten Kapital mißt, spürt nichts von einer im Optionsschein enthaltenen Absicherung. Von der im Optionsschein enthaltenen Absicherung profitiert demgegenüber der Anleger, der Optionsscheine als Substitut für die Direktanlage versteht.

Dieser Anleger könnte Call-Optionsscheine in einer Anzahl erwerben, die es ihm erlaubt, so viele Aktien zu beziehen, wie er für den gesamten ihm zur Disposition stehenden Anlagebetrag hätte kaufen können.[1] Den Rest des verfügbaren Kapitals wird er zu einem festen Zinssatz sicher anlegen. Das so entstandene *Cash-Extraction*-Portefeuille bringt ein anderes Gewinn- und Verlust-Profil als das Performance-Maximierungs- und das Basisobjektportefeuille.[2]

Fallstudie 2.1 (b) Gewinn- und Verlustprofil bei Cash-Extraction, Performance-Maximierungs- und Basisobjektportefeuille im Vergleich

Das unterschiedliche, aus den drei Strategien resultierende Gewinn- und Verlustprofil soll für einen im Erwerbszeitpunkt t_0 zur Verfügung stehenden Kapitalbetrag in Höhe von 26 200,00 DM aufgezeigt werden.

Angelegt wird in
- das Basisobjekt des Call-Optionsscheins aus Tabelle 2.1 (Direktanlage),
- den am Geld stehenden Call-Optionsschein aus Tabelle 2.1 (Performance-Maximierung),
- den am Geld stehenden Call-Optionsschein aus Tabelle 2.1, kombiniert mit einer risikolosen, verzinslichen Kapitalanlage (Cash-Extraction).

Alle drei Portefeuilles werden am Ende der Optionsscheinlaufzeit liquidiert. Während der Anlagedauer hat sich der Kurs des Basisobjekts im einen Szenario halbiert, im anderen verdoppelt.

---

[1] Vgl. **Jankowsky, Fabian (1995)**, S. 24.
[2] Vgl. **Kubli, Heinz R. (1996)**, S. 13.

A. Direktanlage

		Kurshalbierung	Kursverdopplung
t_0: Kauf von 131 Lufthansa-Aktien	à 200,00 DM	26 200,00 DM	26 200,00 DM
t_1: Liquidation nach 1,05 Jahren		13 100,00 DM	52 400,00 DM
Anlageergebnis		– 13 100,00 DM	+ 26 200,00 DM
Performance		– 50,00 %	+ 100,00 %

B. Performance-Maximierung

		Kurshalbierung	Kursverdopplung
t_0: Erwerb von 4000 Optionsscheinen à	6,55 DM	26 200,00 DM	26 200,00 DM
t_1: Liquidation nach 1,05 Jahren am Verfalltag		0,00 DM	200 000,00 DM
Anlageergebnis		0,00 DM	+ 173 800,00 DM
Performance		– 100,00 %	+ 663,36 %

C. Cash-Extraction

		Kurshalbierung	Kursverdopplung
t_0: Erwerb von 524 Optionsscheinen à	6,55 DM	3 432,20 DM	3 432,20 DM
+ Risikolose, zu 5,5 % verzinsliche			
Anlage von 26 200,00 – 3432,20 =		22 767,80 DM	22 767,80 DM
Kapitaleinsatz		26 200,00 DM	26 200,00 DM
t_1: Liquidation nach 1,05 Jahren			
524 Optionsscheine		0,00 DM	26 200,00 DM
Risikolose Anlage einschl. 5,5 % Zinsen		24 084,42 DM	24 084,42 DM
Restkapital		24 084,42 DM	50 284,42 DM
Anlageergebnis		– 2 115,58 DM	24 084,42 DM
Performance		– 8,07 %	+ 91,93 %

Tabelle 2.6 faßt die prozentualen Anlageergebnisse der beiden Szenarien, erweitert um die Ergebnisse eines Szenarios, in dem der Basisobjektkurs am Ende der Optionsscheinlaufzeit noch immer oder wieder bei 200 steht, zusammen.

Strategie	Kurshalbierung	Kursstagnation	Kursverdopplung
Direktanlage	– 50,00 %	± 0,00 %	+ 100,00 %
Performance-Maximierung	– 100,00 %	– 100,00 %	+ 663,00 %
Cash-Extraction	– 8,07 %	– 8,07 %	+ 92,00 %

Tabelle 2.6 Prozentualer Anlageerfolg der Cash-Extraction-Strategie im Vergleich zur Performance-Maximierungs- und der Direktanlagestrategie

Die ausgeglichensten Ergebnisse bringt die Sicherheitsstrategie, die extremsten die Strategie des Performance-Maximierers. Jeder Anleger muß die seinen individuellen Bedürfnissen entsprechende Strategie wählen. Der Performance-Vergleich zeigt deutlich, wie vielfältig Optionsscheine genutzt werden können.

Während 95 % der Privatanleger spekulieren, wenn sie Optionsscheine kaufen,[3] scheint es viel interessanter zu sein, Optionsscheine in Sicherheitsstrategien einzubauen. Dabei können Geld- und Kapitalmarktanlagen mit Optionsscheinen auf beliebige Basisobjekte kombiniert werden. So ist es eine beliebte Strategie, statt Fremdwährungsanleihen DM-Anleihen und Devisen-Optionsscheine zu erwerben, um so einerseits an der erwarteten Wechselkursentwicklung zu partizipieren, andererseits aber das Verlustrisiko in Währung zu limitieren.[4] Diese Strategie eignet sich vor allem in Konstellationen, die weiter steigende Kurse des Basisinstruments erwarten lassen, in denen ein Kurssturz aber nicht auszuschließen ist.

So bietet sich die Absicherungsstrategie für eine Aktie wie SAP an, deren Kurs sich in kaum mehr als zwei Jahren verzehnfachte. Eine derartige Vergangenheit birgt Rückschlagsgefahr. Dennoch wird in der Aktie weiteres Kurspotential gesehen,[5] an dem sich der Anleger - genau abgestimmt auf seine individuelle Risikoneigung - über eine Optionsschein-Sicherheitsstrategie beteiligen kann.

Die 90/10-Strategie und die Money-Back-Strategie sind leicht modifizierte, aber anlegerpsychologisch eingängigere Versionen der zuvor vorgestellten Sicherheitsstrategie.

Bei der *90/10-Strategie* wird ein verfügbarer Kapitalbetrag nach der Faustregel aufgeteilt, 90 % Festzinsanlagen zuzuführen und die restlichen 10 % in Call-Optionsscheinen anzulegen. Je nach Risikoneigung des Anlegers kann der Festzinsanteil auch verringert oder vergrößert werden.[6] Mit der Festzinsanlage erwirtschaftet der Anleger einen sicheren Zinsertrag, der am Ende der Anlagedauer zu einem Portefeuille-Mindestwert führt. Die Möglichkeit, an Kurssteigerungen eines bestimmten Vermögenswertes zu partizipieren, wird durch den gleichzeitigen Kauf der Call-Optionsscheine gewährleistet. Das Verlustrisiko der Strategie ist auf den Kapitaleinsatz für die Call-Optionsscheine beschränkt.

Wer die *Money-Back-Strategie* fährt, legt von dem zur Investition vorgesehenen Betrag so viel risikolos zu einem festen Zinssatz an, daß diese Festzinsanlage einschließlich Zinsen am Ende der Anlagedauer den zunächst eingesetzten Anlagebetrag ergibt. Den Restbetrag, der dann während der Anlagedauer durch Zinsen aufgefüllt wird, legt er in Call-Optionsscheinen an.[7]

---

[3] Vgl. **Lieven, Andreas T. (1991)**, S. B 8.

[4] Vgl. **Röber, Uwe (1994)**, S.39, sowie: **Grob, Patrick / Posch, Roger (1996)**, S. 13.

[5] Vgl. **Narat, Ingo (1995 a)**, S. 47.

[6] Vgl. **Uszczapowski, Igor (1993)**, S. 56 - 58, sowie: **Voigt, Hans-Werner / Jankowsky, Fabian (1994)**, S. 16.

[7] Vgl. **Zhu, Yu / Karee, Robert C. (1988)**, S. 49.

Fallstudie 2.2 Gewinn- und Verlustprofil eines Money-Back-Portefeuilles (M-B-P)

Ca. 100 000,00 DM sollen für $t = 1{,}05$ Jahre angelegt werden.
Als Festgeld werden angelegt $\frac{100.000}{1{,}055^{1{,}05}} = 94\,533{,}32$ DM.

Die Differenz zwischen dem gesamten Anlagebetrag und dem als Festgeld anzulegenden Betrag wird in die am Geld stehenden Call-Optionsscheine aus Tabelle 2.1 investiert.

	Investitionsbeginn	Liquidations- / Verfalltag				
S_0 / S_v	200,00	160,00	180,00	200,00	220,00	240,00
FG	94.533,32	94.533,32	94.533,32	94.533,32	94.533,32	94.533,32
ZE		5.466,68	5.466,68	5.466,68	5.466,68	5.466,68
C_M	6,55				5,00	10,00
ZC_M	836				836	836
$ZC_M \cdot C_M$	5.475,80	0	0	0	4.180,00	8.360,00
M-B-P	100.009,12	100.000,00	100.000,00	100.000,00	104.180,00	108.360,00
M-B-P-Perf.		0 %	0 %	0 %	+ 4,18 %	+ 8,36 %
BO-Perf.		− 20,00 %	− 10,00 %	0 %	+ 10,00 %	+ 20,00 %

Anmerkung:
- S_0 / S_v = Basisobjektpreis bei Investitionsbeginn bzw. bei Liquidation
- FG = Festgeldanlage
- ZE = Zinseinnahme aus der Festgeldanlage
- C_M = Marktpreis des Call-Optionsscheins
- ZC_M = Zahl der erworbenen Call-Optionsscheine
- $ZC_M \cdot C_M$ = Money-Back-Position
- M-B-P = Money-Back-Portefeuilles
- M-B-P-Perf. = Performance des Money-Back-Portefeuilles
- BO-Perf. = Basisobjekt-Performance

Tabelle 2.7 Anlageerfolg des Money-Back-Portefeuilles

> Mit Hilfe von Optionsscheininvestitionen gelingt es, das vom Anleger für sein Depot gewünschte Gewinn-Verlust-Profil genau zu treffen.

2.2.2 Put-Optionsschein

2.2.2.1 Strategien der Performance-Maximierung

Mit Put-Optionsscheinen kann bei auf den Kapitaleinsatz begrenztem Risiko auf fallende Kurse eines Vermögenswerts spekuliert werden. Demzufolge ist der Put-Optionsschein keine Alternative zur Direktanlage, weshalb sich ein Performance-Vergleich der beiden Investitionsobjekte verbietet. Dennoch läßt sich der Anlageerfolg erfassen, der erzielt wird, wenn die Erwartung des Put-Optionsscheininvestors eintritt bzw. nicht eintritt.

Fallstudie 2.3   Performance-Maximierungs-Strategie mit einem am Geld stehenden Put-Optionsschein

Der Erfolg der Performance-Maximierungs-Strategie mit Put-Optionsscheinen wird in Tabelle 2.8 gemessen und in Abbildung 2.9 visualisiert an der Steigerung des Put-Optionsscheinkurses im Vergleich zum Ausmaß des Basiskursverlustes.

Szenario	Kurs des Basisobjekts am Ende der Laufzeit des Optionsscheins	Veränderung des Basisobjektkurses		Gewinn bzw. Verlust einer Put-Optionsschein-Investition	
		absolut	in %	absolut	in %
High-Flyer	100,00	[– 100]	[– 50]	+ 77,00	+ 334,78
Realistisches	140,00	[– 60]	[– 30]	+ 37,00	+ 160,87
Realistisches	200,00	[± 0]	[± 0]	– 23,00	– 100,00
Realistisches	260,00	[+ 60]	[+ 30]	– 23,00	– 100,00

Tabelle 2.8   Anlageerfolg des am Geld stehenden Put-Optionsscheins aus Tabelle 2.1

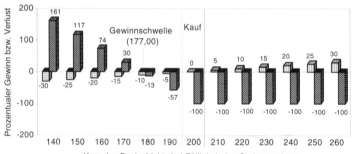

Abbildung 2.9   Prozentualer Anlageerfolg des Put-Optionsscheins aus Tabelle 2.1 in Abhängigkeit einer Veränderung des Aktienkurses um ± 60 Punkte

Demnach ähneln die Anlageergebnisse des am Geld liegenden Put-Optionsscheins der Performance des am Geld liegenden Call-Optionsscheins. Beim genaueren Hinsehen fallen jedoch die besseren Anlageergebnisse des Put-Optionsscheins auf:

- Während der Call-Optionsschein im Realistischen Szenario auf maximal 129 % kommt, erzielt der Put-Optionsscheininvestor im entsprechenden Szenario 161 %.
- Im High-Flyer-Szenario bringt der Put-Optionsschein 335 %, der Call-Optionsschein aber nur 282 %, wenn sich der Basisobjektkurs gleichermaßen um 50 % in die erwartete Richtung bewegt.

Die vergleichsweise günstige Performance des Put-Optionsscheins resultiert aus dem im Vergleich zum Call-Optionsschein *niedrigeren Preis des Put-Optionsscheins* auf Aktien. Dieser Preisunterschied war nicht zu erwarten, weil der Put-Optionsschein viel länger läuft als der Call-Optionsschein und deshalb teuerer sein müßte. Der hier im Vergleich zum Put-Optionsschein höhere Preis des Call-Optionsscheins ist keine Ausnahmeerscheinung, sondern bei Aktienoptionsscheinen ein häufig zu beobachtendes Phänomen, das im Rahmen der modernen Optionspreistheorie erklärt wird.

> Der Käufer eines Put-Optionsrechts setzt auf fallende Kurse des Basisobjekts während der Optionsscheinlaufzeit. Da Kurse bei einem Einbruch erfahrungsgemäß schneller fallen als sie in Haussephasen steigen, können Put-Optionsscheininhaber gelegentlich kräftige Gewinne verbuchen. Die Performance-Maximierungsstrategie mit Put-Optionsscheinen ist aber ebenso riskant wie jene mit Call-Optionsscheinen.

2.2.2.2 Absicherungsstrategien

Put-Optionsscheine verhalten sich in ihrer Wertentwicklung entgegengesetzt zum Underlying. Aus diesem Grund eignen sie sich dazu, *vorhandene* Vermögenswerte gegen fallende Kurse abzusichern. Häufig werden auch Preisrisiken *künftig* eingehender Zahlungen, deren Höhe in ausländischer Währung festgelegt ist, mit Put-Optionsscheinen neutralisiert.

Hedging ist ein Sammelbegriff für Strategien, die darauf gerichtet sind, bestehende oder antizipierte Vermögens- oder Risikopositionen für eine gewisse Zeit mit in der Wertentwicklung entgegengesetzt verlaufenden Positionen zusammenzufassen.[8] Dadurch werden Verluste im Vermögenswert durch Gewinne der Hedge-Position kompensiert.

Beim *Fixed Hedge* erfolgt die Absicherung des Vermögenswertes durch den Erwerb einer bestimmten Anzahl an Put-Optionsscheinen, die während der gesamten Absicherungsdauer konstant gehalten wird. Diese einfache Form der Absicherung ist auch für den Privatanleger praktikabel.

Der Fixed Hedge eignet sich zur kurzfristigen Absicherung von Vermögenswerten, er wird aber auch eingesetzt werden, um langfristige Aktienanlagen noch attraktiver zu gestalten.[9] Aus diesem Grund bietet es sich an, anhand der von Zwirner propagierten Equity Protective Overlay Strategy (= EPOS) den Nutzen von Fixed Hedge-Strategien zu beleuchten.

---

[8] Vgl. **Scheuenstuhl, Gerhard (1992)**, S 64.
[9] Vgl. **Zwirner, Thomas (1995 a)**, S. 43.

Für Zwirner sind die Ergebnisse der *langfristigen Aktienanlage* eindrucksvoll. So sei in Deutschland im Zeitraum von 1870 bis 1992 mit Aktien eine durchschnittliche Rendite von 8,91 % p.a. erzielt worden, gegenüber 5,86 % p.a. mit Anleihen und 4,5 % p.a. mit der Anlage in Festgeld. Wer von 1950 bis 1992 sein Kapital in Dividendenpapieren anlegte, hätte jährlich ein Plus von 11,75 % verbuchen können, mit Renten hätte er es nur auf 7,5 %, mit Festgeld auf 5,37 % gebracht.[10]

Noch interessanter wird die Aktienanlage durch die *Besteuerung*: Beim gut verdienenden Anleger unterstellt Zwirner in der Spitze einen Einkommensteuersatz einschließlich Solidaritätszuschlag und Kirchensteuer von 60 %. Dazu ist jährlich Vermögensteuer zu zahlen. Als steuerpflichtige Dividende wird 3 % angenommen, die mit 60 % Einkommensteuer belastet ist. Von der Dividende bleiben also netto 1,20 % plus Kursgewinn 8,75 % = 9,95 %. Von diesem Ertrag nach Steuern sind 0,5 % Vermögensteuer abzuziehen. Unter diesen Voraussetzungen kommt Zwirner bei Anleihen auf eine durchschnittliche Nettorendite nach Steuern in Höhe von 2 %,[11] bei Aktien aber auf 9,45 %.[12]

Dieses Ergebnis sei zu erwarten, denn ein höheres Risiko müsse langfristig zu einem höheren Ertrag führen. Mit dieser Feststellung arbeitet Zwirner zugleich das Problem jeder Aktienanlage heraus, denn hohes Risiko heißt *hohe Kursschwankungen* mit hohem Anlegerstreß.

Anhand eines Modellaktiendepots, das in seiner Zusammensetzung exakt dem DAX® entspricht, zeigt Zwirner, wie sich mit EPOS das in Aktien liegende Risiko vermindern läßt: Zu Beginn eines jeden Jahres werden im Modell genau am Geld stehende DAX®-Put-Optionsscheine mit einer Restlaufzeit von einem Jahr erworben, die es möglich machen, dem Optionsscheinemittenten das abzusichernde Aktiendepotvolumen anzudienen. Sie werden jeweils bis zum Ende ihrer Laufzeit gehalten. Den Anlageerfolg des EPOS-Portefeuilles hat Zwirner über 15 Jahre hinweg berechnet und mit der Performance einer Anlage in festverzinslichen Papieren verglichen (Tabelle 2.9).

---

[10] Vgl. **Zwirner, Thomas (1995 a)**, S. 43.

[11] Zinskupon 7,5 % minus 60 % Einkommensteuer = 3 % abzüglich 1 % Vermögensteuer.

[12] Vgl. **Zwirner, Thomas (1995 a)**, S. 43, anders: o. V. **(1996 g)**, S. 15.

Jahr	DAX® vor Steuern	DAX® nach Steuern	EPOS nach Steuern	Festverzinsliche Wertpapiere vor Steuern	davon Coupon	Festverzinsliche Wertpapiere nach Steuern
1980	- 3,39	- 4,64	- 6,19	3,10	7,46	- 2,38
1981	1,97	0,72	- 4,32	5,07	8,16	- 0,83
1982	12,72	11,47	5,90	18,57	8,65	12,38
1983	40,01	38,76	31,82	4,91	7,37	- 0,52
1984	6,07	4,82	- 0,42	13,19	7,89	7,46
1985	66,43	65,18	56,92	10,26	7,41	4,81
1986	4,83	3,58	- 1,60	8,62	7,03	3,41
1987	-30,18	-31,43	- 6,19	6,81	6,88	1,69
1988	32,79	31,54	24,96	4,95	6,88	- 0,18
1989	34,83	33,58	26,90	1,61	6,91	- 3,54
1990	-21,90	-23,15	- 6,19	1,41	7,40	- 4,03
1991	12,86	11,61	6,03	11,17	8,12	5,30
1992	- 2,09	- 3,34	- 6,19	13,41	8,05	7,58
1993	46,71	45,46	38,18	14,66	6,94	9,50
1994	- 7,06	- 8,31	- 6,19	- 2,51	6,13	- 7,19
Mittel	10,10	8,81	8,64	7,54	-	2,09

Quelle: Trinkaus & Burkhardt

Annahmen: Dividendenrendite DAX® 2,0 % p.a., jährliche Put-Optionsprämie 5,0 %, keine Transaktionskosten.

Tabelle 2.9 Performance von EPOS und Alternativanlagen in Prozent p.a.

Die Ergebnisse scheinen auch für Privatanleger interessant, denn mit EPOS konnte 1987 und 1990 Anlegerstreß vermieden werden, und dennoch blieb die Nach-Steuer-Performance von EPOS nur knapp hinter jener des ungesicherten DAX®-Portefeuilles zurück. Deshalb soll das Konzept konkretisiert und so modifiziert werden, daß damit ein an den spezifischen Bedürfnissen des Anlegers orientiertes Chance-Risiko-Profil erreicht wird.

- Dank des *Andienungsrechts* des Put-Optionsscheininhabers ist der Wert des Basisobjektbestandes beim Ausübungspreis abgesichert. Mit DAX®-Put-Optionsscheinen können Portefeuilles abgesichert werden, deren Wert sich wie der DAX® entwickelt. Aktien, deren Kurs sich anders verhält, können mit Put-Optionsscheinen auf diese Aktien abgesichert werden.

- Durch zielgerichtete Auswahl der Put-Optionsscheine nach deren Ausübungspreis kann der Anleger das *Sicherheitsnetz* dort einziehen, wo er es wünscht.

- Der für die Optionsscheine bezahlte Betrag ist als *Versicherungsprämie* zu verstehen. Er ist mit jährlich 4 bis 5 % des Absicherungsbetrags zu kalkulieren[13]

---

[13] Vgl. **Zwirner, Thomas (1995 a)**, S. 43.

und mindert im Falle steigender Aktienkurse den Anlageerfolg des Absicherungsportefeuilles. In mit starken Kurseinbrüchen belasteten Jahren amortisiert jedoch die Absicherung die bezahlten Optionsscheinpreise. Deshalb ist die Portfolioabsicherung in Beobachtungszeiten mit Kurseinbrüchen tendenziell kostenlos.[14]

2.2.3 Kritische Würdigung der Optionsschein-Strategien

Die Fallstudien haben gezeigt, daß Optionsscheininvestitionen im Vergleich zur Basisobjektanlage um so attraktiver sind, je weiter der Basisobjektkurs bei Liquidation der Investition von dem Basisobjektkurs bei Investitionsbeginn entfernt ist.

Der Erwerb von Optionsscheinen ist für Investoren interessant, die stark schwankende Basisobjektkurse erwarten. Die Kurserwartung und das Eintreten dieser Erwartung gewährleisten allerdings nicht den Anlageerfolg. Zusätzlich notwendig ist es vielmehr, die Kursschwankungen konsequent zur Gewinnrealisierung zu nutzen.

Der *Performance-Maximierer* sollte die Call- oder Put-Optionsscheine veräußern, sobald sein Kursziel erreicht ist. So kann er der Gefahr vorbeugen, daß sich der Basisobjektkurs bis zum Ende der Optionsscheinlaufzeit zu seinem Ausgangspunkt zurückbildet und der nicht realisierte Optionsscheingewinn dahinschmilzt. Wenn sich der Kurs dagegen anders als erwartet verhält, sollte der Anleger seine Optionsscheine veräußern, um so die verbliebene Absicherungsprämie und vielleicht einen inneren Wert zu liquidieren.

Während einer Erfolgsphase sollte ein Anleger nicht maßlos werden.[15] Die Optionsscheine sind zu liquidieren, wenn das vom Anleger gesetzte Kursziel erreicht ist oder er von seinem Engagement nicht mehr überzeugt ist.

Die *Sicherheitsstrategien* sind nichts anderes als plausibel formulierte Appelle, einerseits nicht das ganze Vermögen in Optionsscheinen anzulegen, andererseits aber Optionsscheine als Beimischung zu konservativen Anlagen zu nutzen. Optionsscheine eignen sich als Elemente sicherheitsstrategischer Positionen für konservative, risikoaverse Anleger, die das Verlustpotential aus einer interessanten Direktanlage auf ein bestimmtes, individuell festzulegendes Maximum begrenzen wollen.

Spekulant ist, wer Optionsscheine meidet!

---

[14] Vgl. **Zwirner, Thomas (1995 b)**, S. B 2, sowie: **Harkonnen, Wladimir (1995)**, S. 27.

[15] Vgl. **Rettberg, Udo / Zwätz, Dietrich (1992)**, S. 24.

Auch wer Call-Optionsscheine als Elemente einer Sicherheitsstrategie, sei es im Rahmen der Cash-Extraction- oder der Money-Back-Strategie erwirbt, hat bestimmte Vorstellungen über den Verlauf des Optionsscheinkurses. Insoweit unterscheidet sich der sicherheitsstrategisch agierende Anleger nicht vom Performance-Maximierer. Deshalb gilt für den eine Sicherheitsstrategie fahrenden Anleger im Hinblick auf die Liquidation des Optionsscheins dasselbe, was schon dem Performance-Maximierer mit auf den Weg gegeben wurde.

Fixed-Hedge-Positionen sind synthetische Call-Positionen (Abbildungen 1.7, 1.8 und 1.9). Infolgedessen sind die Ausführungen zum Call-Optionsschein auf den Fixed-Hedge übertragbar. Demzufolge ist der Put-Optionsschein einer Fixed-Hedge-Position zu liquidieren, wenn die der Absicherungsstrategie zugrundeliegende Befürchtung eingetreten ist. Der Verkauf des Optionsscheins zu diesem Zeitpunkt sichert dem Anleger die noch nicht verbrauchte Absicherungsprämie.

Zur Minimierung der Absicherungskosten ist der Optionsschein zu veräußern, wenn er seine Aufgabe erfüllt hat.

Damit wird zugleich deutlich, was von *Langfriststrategien* mit Optionsscheinen zu halten ist:

Der Erwerb von Standard-Optionsscheinen ist nur sinnvoll, wenn sich die Märkte bewegen[16] und die Optionsscheininvestitionen liquidiert werden, bevor sich die Kurse zurückbilden. Bei stagnierenden Märkten bringt ein Call-Optionsschein keine Performance, und eine Absicherung mit Put-Optionsscheinen ist nicht nötig.

Das sieht Zwirner nicht anders, wenn er darauf verweist, daß „*eine langfristig ausgelegte revolvierende Absicherungsstrategie im Grunde eigentlich überflüssig ist*".[17] Der Anleger braucht vielmehr im Hinblick auf das künftige Verhalten der Kurse „nur" ein bestimmtes Szenario und die Disziplin, konsequent danach zu handeln. Beides ist aber schwer, erfordert Informationen, Selbstbewußtsein und Glück, denn in jeder Situation ist nichts unsicherer als die Zukunft. Die vielen sich widersprechenden Meinungen zur Zukunft unterstreichen diese Aussage. Die Feststellung, daß die künftige Entwicklung noch nie so unsicher war wie gerade jetzt, gilt für jeden Zeitpunkt.

---

[16] Vgl. o. V. (**1995 e**), S. 30.

[17] **Zwirner, Thomas** (**1995 b**), S. B 2. Seine Aussage begründet er allerdings mit der Behauptung, Aktienkurse würden „langfristig tendenziell steigen". Aus der Tatsache, daß ein Modell zur Bewertung von Optionsscheinen die Behauptung von Zwirner als Prämisse unterstellt, kann jedoch nicht geschlossen werden, daß damit auch der empirische Beweis für diese Behauptung erbracht sei.

So ist es zu erklären, daß es einerseits Anleger gibt, die ihre Aktienbestände langfristig mit Put-Optionsscheinen absichern, andererseits aber auch solche, die ihre Call-Optionsscheine als langfristige Investition sehen. Beide Strategien sind rational nicht zu erklären, sie haben aber viel mit Psychologie zu tun: Der seinen Vermögensbestand *langfristig absichernde Aktionär* setzt auf steigende Kurse, versucht aber den mit Kurseinbrüchen einhergehenden Anlegerstreß zu vermeiden. Der *langfristige Optionsscheininvestor* will dagegen nichts versäumen, wenn die Kurse steigen, will aber das in Aktienanlagen steckende Risiko ausschalten. Für ihn ist die Direktanlage zu risikoreich, er entscheidet sich lieber für die risikoärmere Call-Optionsscheinanlage im Rahmen der Cash-Extraction-Strategie.

> Langfristige Optionsscheinstrategien sind kostenträchtig, weil die Risikoprämie bezahlt, der „Gegenwert" in Form von Gewinnen aber nicht liquidiert und damit nicht genutzt wird.

2.3 Stillhalter von Optionsrechten (Short-Positionen)

Der Gewinn des Optionsscheinkäufers ist der Verlust (oder entgangene Gewinn) des Optionsscheinemittenten und umgekehrt, denn Geschäfte mit Optionsrechten sind Nullsummenspiele. Wie bei einer Wette gewinnt der eine, was sein Gegenspieler verliert. Auch beim Roulette hat der Spieler einen Anspruch gegen die Spielbank, wenn die von ihm gesetzte Zahl oder Zahlenkombination kommt, während die Spielbank die Ansprüche der Gewinner gegen sich gelten lassen muß.

Der Chance auf unbegrenzten Gewinn des Optionsscheinkäufers steht das unbegrenzte Risiko des Verkäufers (bei Put-Optionsscheinen begrenzt auf den Basisobjektpreis abzüglich Optionsscheinpreis) gegenüber. Diesem Risiko ist der Stillhalter allerdings nur dann ausgesetzt, wenn er seine Position nicht abgesichert hat.

2.3.1 Optionsscheinemittenten

Der Emittent eines *Call-Optionsscheins* ist auf Anforderung des Käufers verpflichtet, das Basisobjekt zum Ausübungspreis zu liefern. Diese Position beinhaltet für den Emittenten keine Risiken, wenn er das Basisobjekt
- durch die Emission entsprechender Papiere selbst schaffen kann,
- im eigenen Bestand hält,
- über eine von ihm erworbene Kaufoption bei einem bonitätsmäßig einwandfreien Partner
beschaffen kann.

> Es mag für den Schreiber der Option ärgerlich sein, trotz eines Basisobjektbestandes am Ende der Laufzeit des Scheins nur den Basispreis plus den Optionsscheinpreis zu erlösen, während am Kassamarkt vielleicht ein Vielfaches geboten wird. Dennoch bleibt

es dabei: Das Risiko des Stillhalters in Papieren beschränkt sich auf den entgangenen Gewinn in allerdings unbegrenzter Höhe, den er während der Laufzeit des Optionsscheins hätte erzielen können.

Sein Risiko ist unkalkulierbar, wenn er sich darauf einläßt, die Basisobjekte erst dann am Kassamarkt zu besorgen, wenn sie von ihm abgefordert werden.

Fallstudie 2.4 Gewinn- und Verlustprofil des Stillhalters

So würde der nicht abgesicherte Verkäufer des am Geld stehenden Call-Optionsscheins aus Tabelle 2.1 einen Verlust in Höhe von 373,80 DM(= Kaufkurs am Kassamarkt minus Basispreis minus Optionsscheinpreis) realisieren, wenn der Kurs der Aktie von 200,00 DM auf 600,00 DM gestiegen wäre. Diesen und einen möglicherweise noch höheren Verlust ist er bereit für die Stillhalterprämie in Höhe des Optionsscheinpreises von 26,20 DM hinzunehmen.

Mit der Emission eines *Put-Optionsscheins* ist die Verpflichtung verbunden, auf Verlangen des Optionsscheinkäufers das Basisobjekt zum Basispreis abzunehmen, also den Ausübungspreis zu zahlen.

Ungesicherte Optionsscheinpositionen bedeuten für die Verkäufer ein hohes Risiko. Auch der Käufer eines Optionsscheins hat dieses Risiko in seine Anlageentscheidung mit einzubeziehen, denn seine Rechtsansprüche aus dem Optionsschein gehen ins Leere, wenn der Emittent zahlungsunfähig ist. Aus diesem Grund hängt die Qualität eines Optionsrechts primär von *Seriosität* und *Bonität des Optionsscheinverkäufers* ab. Der Optionsscheinkäufer sollte sie im Einzelfall prüfen.

2.3.2 Wertpapierkäufer

Die Position des Stillhalters eines Optionsrechts ist nicht uninteressant, wenn an die Wahrscheinlichkeit gedacht wird, mit der ein Gewinn des Optionskäufers eintritt. Deshalb ist es erfolgversprechend, einen Optionsschein anzubieten, der seinen Inhaber zum Stillhalter werden läßt.

Das ist jedoch problembehaftet, weil der Käufer eines Inhaber-Optionsscheins infolge seiner Anonymität nicht in die Pflicht genommen werden kann: Aufrufe in den Börsenpflichtblättern zur Leistung der eingegangenen Verpflichtung würden ins Leere stoßen. Stillhalterverpflichtungen können Privatanleger deshalb grundsätzlich nur an Optionsbörsen - und dort gegen Hinterlegung von Sicherheiten (Margins) - eingehen.

Trotz dieser Schwierigkeiten gibt es Ansätze, den Anlegern über Optionsscheine die Möglichkeit zu eröffnen, Optionen zu verkaufen, um so Stillhaltergewinne zu erzielen.

2.3.2.1 Anleihen mit Stillhalter-Position des Gläubigers

Naheliegend ist es, den Rückzahlungsbetrag einer Anleihe als Hinterlegungsbetrag zur Abwicklung der Ansprüche aus dem Stillhaltergeschäft zu deklarieren.

Fallstudie 2.5   Schuldverschreibung mit Rückzahlungswahlrecht des Emittenten

So emittierte die Westdeutsche Landesbank Girozentrale 15 % Inhaber-Teilschuldverschreibungen mit DAX®-bezogenem Rückzahlungswahlrecht der Emittentin - Spezial-Anleihe, Emission 4 von 1992 (1994).

Die Anleihebedingungen berechtigen die Emittentin nach ihrer Wahl die Teilschuldverschreibungen statt zum Nennbetrag zu einem Rückzahlungsbetrag einzulösen, der für jede nom. 2000,00 DM Teilschuldverschreibung nach der Formel

6000 minus (2 x DAX®-Schlußwert vom 3.5.1994)

errechnet wird.

- Steht der DAX® am Feststellungstag über 2000, wird das Papier in Höhe des nach obiger Formel errechneten Betrages, der dann unter 2000 liegt, zurückgezahlt.

- Steht der DAX® am Feststellungstag unter 2000, wird das Papier zu dem für die Emittentin günstigeren Nominalwert zurückgezahlt.

Damit ist der Inhaber des Papiers wirtschaftlich sowohl *Darlehensgläubiger* als auch *Verkäufer von Kaufoptionen* auf den DAX® mit auf den Kapitaleinsatz begrenztem Verlust.

Die Stillhalter-Position läßt sich bei dieser Konstruktion deshalb im Inhaberpapier verbriefen, weil der Verkäufer der Kaufoption als Darlehensgeber der Anleiheschuldnerin und Käuferin der Kaufoption seine Eventualverpflichtung aus dem Verkauf der Option in voller Höhe hinterlegt.

2.3.2.2 Reverse- oder Short-Optionsscheine

Andere Konstruktionen mit gleicher Zielrichtung werden unter dem Namen „Reverse-Optionsschein" oder „Short-Optionsschein" vertrieben.[18] Den Käufern dieser Optionsscheine werden *Stillhalter-Positionen* geboten. Ihr Risiko ist allerdings insoweit beschränkt, als dem die Stillhalterprämie einbringenden Optionsverkauf zugleich der Kauf einer wegen des unattraktiven Ausübungspreises billigeren Option gegenübergestellt wird. Der Optionsscheininhaber trägt demnach das Stillhalterrisiko nur für eine bestimmte Bandbreite des Basisobjektkurses.

---

[18] Vgl. **Gerhardt, Wolfgang (1994)**, S. 1 - 2.

Der *Reverse- oder Short-Call-Optionsschein* beinhaltet demnach
- den *Verkauf* einer am Geld stehenden Call-Option,
- den *Kauf* einer weit aus dem Geld stehenden Call-Option

mit gleicher Restlaufzeit auf ein und dasselbe Basisobjekt.

Der gekaufte, weit aus dem Geld stehende Call-Optionsschein hat die Aufgabe, die Risiken aus außergewöhnlich starken und damit kaum zu erwartenden Steigerungen des Basisobjektkurses abzufangen. Demgegenüber reagiert der Wert des verkauften Call-Optionsscheins sehr sensibel, sobald der Kurs des Basisobjekts auch nur leicht steigt. Demzufolge dominiert das Stillhalterrisiko des Call-Optionsscheinverkäufers das Chance-Risiko-Profil des Reverse- oder Short-Call-Optionsscheins.

Fallstudie 2.6 (a) Konstruktion eines Reverse-Call-Optionsscheins

- *Verkauf* eines am Geld stehenden Call-Optionsscheins auf Lufthansa-Stammaktien.

Ausübungspreis: B_V = 200,00 DM
Kurs des Call-Optionsscheins: C_{OV} = 27,86 DM

- *Kauf* eines weit aus dem Geld stehenden Call-Optionsscheins auf Lufthansa-Stammaktien.

Ausübungspreis: B_K = 300,00 DM
Kurs des Call-Optionsscheins: C_{OK} = 3,96 DM

- Das Basisobjekt, die Lufthansa-Stammaktie, notiert bei S_0 = 200,00 DM
- Restlaufzeit des Optionsscheins und beider Optionen t = 1 Jahr

Diese Kombination eignet sich für Anleger, die

- stagnierende oder leicht fallende Kurse des Basisobjekts erwarten. Tritt die Erwartung ein, wird keine der Optionen ausgeübt, der Anleger hat 27,86 − 3,96 = 23,90 DM (+ Zinsen in Höhe von 4,28 DM) verdient.
- Steigt dagegen wider Erwarten der Kurs der Lufthansa-Aktie über den Basispreis B_V = 200,00 DM der verkauften Call-Option, dann muß das Basisobjekt zum Kassakurs beschafft und zum niedrigeren Ausübungspreis geliefert werden. Die Differenz geht zu Lasten des Short-Call-Optionsscheins.
- Steigt die Aktie aber über den Ausübungspreis der gekauften Call-Option von B_K = 300,00 DM, dann wird dieses Optionsrecht ausgeübt, so daß bei über 300,00 DM hinaus steigende Basisobjektkurse die Verluste aus der verkauften Call-Option (B_V = 200,00 DM) durch die Gewinne aus der gekauften Call-Option (B_K = 300,00 DM) neutralisiert werden.

Der Verkauf der am Geld liegenden Call-Option B_V = 200,00 DM bringt mehr als der Kauf der weit aus dem Geld befindlichen Call-Option B_K = 300,00 DM kostet. Dennoch erhält der Käufer des Short-Optionsscheins beim Erwerb des Papiers diesen Überschuß in Höhe von 23,90 DM nicht ausbezahlt, sondern hat beim Kauf des Scheins sogar seinerseits einen Betrag in Höhe von 71,82 DM zu zahlen.

Wenn die dem Emittenten durch den Short-Call-Optionsschein zugeflossenen Beträge zum marktmäßigen 1-Jahreszins von 4,473 % p.a. angelegt werden, ergeben sich bei Fälligkeit des Optionsscheins 100,00 DM.

Dieser Betrag deckt den maximal möglichen Verlust aus dem Optionsschein, wenn der Kurs des Basisobjekts von 200,00 DM auf 300,00 DM oder darüber steigen sollte. Dann verfällt der Short-Call-Optionsschein wertlos am Ende seiner Laufzeit.

Notiert das Basisobjekt am Ende der Laufzeit unter 300,00 DM, erhält der Anleger
- den aus den Optionstransaktionen erlösten Betrag,
- plus der Einzahlung beim Kauf des Optionsscheins zuzüglich der Zinsen,
- reduziert um den Verlust aus den Optionsscheinpositionen.

Verkauf der Call-Option mit B_V = 200,00 DM (am Geld)	bringt	C_{OV}	27,86
Kauf der Call-Option mit B_K = 300,00 DM (weit aus dem Geld)	kostet	C_{OK}	3,96
Überschuß zugunsten des Short-Call-Optionsscheins			23,90
Kaufpreis des Short-Call-Optionsscheins = Kapitaleinsatz			71,82
Sicherheitsleistung am Kauftag			95,72
+ 4,473 % Zins für die Laufzeit des Optionsscheins			4,28
Sicherheitsleistung zur Deckung der Stillhalterrisiken			100,00

Mit einem Kapitaleinsatz von 71,82 DM kann demnach ein maximaler Gewinn von 28,18 DM erzielt werden, der sich zusammensetzt aus

dem Überschuß aus Optionstransaktionen	23,90
+ 4.473 % Zinsen auf 95,72 DM (23,90 + 71,82)	4,28
Maximalgewinn aus dem Short-Call-Optionsschein	28,18

Die Position des Reverse- oder Short-Call-Optionsscheins kann auch durch den *Kauf eines Standard-Put-Optionsscheins mit Cap* dargestellt werden.

Fallstudie 2.6 (b) Reverse-Call-Optionsschein als gekappter Long-Put-Optionsschein

Das soll an einem dem Short-Call-Optionsschein aus Fallstudie 2.6 (a) entsprechenden *Long-Put-Optionsschein* mit einem Cap bei einem Gewinn von 100,00 DM gezeigt werden.

Kauf einer Long-Put-Option Ausübungspreis	B_K = 300,00 DM	P_{OK}	– 91,12
Verkauf einer Short-Put-Option Ausübungspreis	B_V = 200,00 DM	P_{OV}	+ 19,30
Preis des Capped-Put-Optionsscheins			– 71,82

Der Preis dieses Long-Optionsscheins entspricht demnach exakt dem Preis des Short-Optionsscheins. Auch das Auszahlungsprofil des Capped-Standard-Put-Optionsscheins entspricht exakt jenem des Short-Call-Optionsscheins:

- Der erworbene Put-Optionsschein B_K = 300,00 DM verfällt wertlos, wenn der Kurs des Basisobjekts auf 300,00 DM oder darüber steigt. Der Capped-Put-Warrant bringt dann einen Verlust von 71,82 DM.

- Der maximal mögliche Gewinn von 100,00 minus 71,82 = 28,18 DM wird erzielt, wenn bei Verfall des Optionsscheins der Basisobjektkurs bei 200,00 DM stagniert oder tiefer liegt.

- Das Gewinnmaximum wird deshalb beim Basisobjektpreis von 200,00 DM erreicht, weil der Cap greift, wenn der Kurs des Basisobjekts unter 200,00 DM fällt.

Bei einem Kurs des Basisobjekts von	320,00	300,00	280,00	260,00	240,00	220,00	200,00	180,00
Verlust aus der verkauften Option	−120,00	−100,00	− 80,00	− 60,00	− 40,00	− 20,00	0,00	0,00
Gewinn aus der gekauften Option	+ 20,00	0,00	0,00	0,00	0,00	0,00	0,00	0,00
Verlust aus Optionstransaktion	−100,00	−100,00	− 80,00	− 60,00	− 40,00	− 20,00	0,00	0,00
Sicherheitsleistung	+100,00	+100,00	+100,00	+100,00	+100,00	+100,00	+100,00	+100,00
Auszahlung aus Short-Call-Schein	0,00	0,00	+ 20,00	+ 40,00	+ 60,00	+ 80,00	+100,00	+100,00
− Kaufpreis des Short-Call-Scheins	− 71,82	− 71,82	− 71,82	− 71,82	− 71,82	− 71,82	− 71,82	− 71,82
Anlageerfolg	− 71,82	− 71,82	− 51,82	− 31,82	− 11,82	+ 8,18	+ 28,18	+ 28,18

Tabelle 2.10   Anlageerfolg aus einem Short-Call-Optionsschein

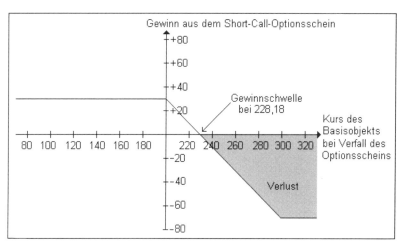

Abbildung 2.10   Anlageerfolg des Inhabers eines Short-Call-Optionsscheins bzw. eines Capped-Put-Optionsscheins

Der *Reverse- oder Short-Put-Optionsschein* beinhaltet
- den *Verkauf* einer am Geld stehenden Put-Option und
- den *Kauf* einer weit aus dem Geld stehenden Put-Option

mit gleicher Restlaufzeit auf ein und dasselbe Basisobjekt.

Der Wert des Short-Put-Optionsscheins wird dominiert durch das Verhalten der verkauften Put-Option. Erst bei außergewöhnlich großen Kurseinbrüchen wird die gekaufte Put-Option ausgeübt. Aus diesem Grund wird das Chance-Risiko-Profil des Reverse-Put-Optionsscheins primär durch das Stillhalterrisiko aus der verkauften Put-Option bestimmt.

Fallstudie 2.7 (a)   Konstruktion eines Reverse-Put-Optionsscheins

Aktueller Kurs des Basisobjekts:	S_0 = 200,00 DM
Restlaufzeit des Optionsscheins und beider Optionen:	t = 1 Jahr

Verkauf einer Put-Option mit B_V = 200,00 DM (am Geld)	bringt	P_{OV} 19,30
Kauf einer Put-Option mit B_K = 100,00 DM (weit aus dem Geld)	kostet	P_{OK} 0,10
Überschuß aus Optionstransaktionen		19,20
+ Kaufpreis des Short-Put-Optionsscheins		76,52
Sicherheitsleistung am Kauftag		95,72
+ 4.473 % Zinsen für die Laufzeit des Optionsscheins		4,28
Sicherheitsleistung am Ende der Laufzeit		100,00

Diese Kombination eignet sich für Anleger, die stagnierende oder leicht steigende Kurse des Basisobjekts erwarten. Tritt die Erwartung ein, ist die Stillhalterprämie in Höhe von 19,20 DM (+ Zinsen) verdient, weil keine der Optionen ausgeübt wird.

Fällt dagegen der Basisobjektkurs unter den Ausübungspreis der verkauften Put-Option B_V = 200,00 DM, dann wird das zu einem Kurs unter 200,00 DM notierte Basisobjekt geliefert. Die Differenz geht zu Lasten des Short-Put-Optionsscheins.

Fällt der Kurs unter den Basispreis der gekauften Put-Option von B_K = 100,00 DM, neutralisieren die Gewinne aus der gekauften Option die Verluste aus der verkauften Option.

Mit einem Kapitaleinsatz von 76,52 DM, der in voller Höhe verlustig gehen kann, läßt sich demnach ein maximaler Gewinn in Höhe von 23,48 DM erzielen, der sich zusammensetzt aus:

Überschuß aus Optionstransaktionen	19,20
+ 4,473 % Zinsen aus 95,72 DM (19,20 + 76,52)	4,28
Maximalgewinn aus dem Short-Put-Optionsschein	23,48

Die Position des Reverse-Put-Optionsscheins aus Fallstudie 2.7 (a) kann auch durch den *Erwerb eines Standard-Call-Optionsscheins mit Cap* dargestellt werden.

Fallstudie 2.7 (b)   Reverse-Put-Optionsschein als gekappter Long-Call-Optionsschein

Erwerb einer Call-Option	B_K = 100,00 DM		C_{OK} − 104,38
Verkauf einer Call-Option	B_V = 200,00 DM		C_{OV} + 27,86
Preis des Call-Optionsscheins	B_C = 100,00 DM	mit Cap bei einem Gewinn von 100	C_0 ± 76,52

Auch die Auszahlungsstruktur des weit im Geld liegenden Call-Optionsscheins mit Cap entspricht jener des Short-Put-Optionsscheins:
- Bei stagnierendem Basisobjektkurs von 200,00 DM wird der erworbene Call-Optionsschein ausgeübt. Nach Abzug des Kapitaleinsatzes verbleiben 23,48 DM.
- Wenn der Basisobjektpreis auf 100,00 DM fällt, läuft der Call-Optionsschein wertlos aus. Der Investor hat seinen Kapitaleinsatz verloren. Weitere Basisobjektkurssenkungen berühren den Investor nicht, weil er seinen Call-Optionsschein dann nicht ausübt.
- Wenn der Basisobjektpreis über 200,00 DM steigt, wird der verkaufte Call B_V = 200,00 DM abgerufen. Der aus dem verkauften Call resultierende Verlust neutralisiert den Gewinn aus der gekauften Call-Option B_K = 100,00 DM oberhalb von 200,00 DM.

Bei einem Kurs des Basisobjekts von	80,00	100,00	120,00	140,00	160,00	180,00	200,00	220,00
Verlust aus der verkauften Option	−120,00	−100,00	− 80,00	− 60,00	− 40,00	− 20,00	0,00	0,00
Gewinn aus der gekauften Option	+ 20,00	0,00	0,00	0,00	0,00	0,00	0,00	0,00
Verlust aus der Optionstransaktion	−100,00	−100,00	− 80,00	− 60,00	− 40,00	− 20,00	0,00	0,00
Sicherheitsleistung	+100,00	+100,00	+100,00	+100,00	+100,00	+100,00	+100,00	+100,00
Auszahlung aus Short-Put-Schein minus Kaufpreis des Short-Put-Scheins	0,00 − 76,52	0,00 − 76,52	+ 20,00 − 76,52	+ 40,00 − 76,52	+ 60,00 − 76,52	+ 80,00 − 76,52	+100,00 − 76,52	+100,00 − 76,52
Anlageerfolg	− 76,52	− 76,52	− 56,52	− 36,52	− 16,52	+ 3,48	+ 23,48	+ 23,48

Tabelle 2.11 Anlageerfolg aus einem Reverse-Put-Optionsschein bzw. einem Call-Optionsschein mit einem Cap am Ende der Laufzeit

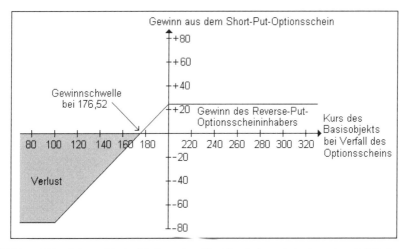

Abbildung 2.11 Anlageerfolg des Inhabers eines Short-Put-Optionsscheins bzw. eines Call-Optionsscheins mit Cap am Ende der Laufzeit

Fazit

Die Positionen von *Short- oder Reverse-Optionsscheinen* lassen sich auch als *Long-Optionsschein-Positionen* darstellen. Damit können sie, wie viele andere als Innovationen verkaufte Optionsscheine, bei den Standardprodukten einsortiert werden. Im Hinblick auf das Anlageziel unterscheiden sich Reverse- oder Short-Optionsscheine jedoch insoweit von den üblichen Call- bzw. Put-Optionsscheinen, als mit diesen Papieren eine Position übernommen werden kann, die in bestimmten Grenzen der Stillhalter-Position eines Optionsscheins entspricht. Zweitrangig ist es dann, ob dieses Produkt als ein weit im Geld stehender Optionsschein mit Cap oder als Short- bzw. Reverse-Optionsschein bezeichnet wird.

Durch den Erwerb gekappter Standard-Optionsscheine läßt sich das Ein- und Auszahlungs-Profil von Short-Optionsscheinen darstellen. Faktisch nimmt der Erwerber solcher Standard-Optionsscheine durch die Cap-Konstruktion eine Stillhalter-Position ein. Deshalb liegt es nahe, diese Optionsschein-Konstruktion als „Short-Optionsschein" zu bezeichnen.

3 Klassische Bewertung von Optionsrechten

Call-Optionsscheine bieten die Möglichkeit, aus erwarteten Kurssteigerungen eine höhere Performance als mit der Direktanlage zu erzielen. Dabei ist das Risiko der Optionsscheininvestition auf den im Vergleich zur Direktanlage geringen Kapitaleinsatz begrenzt. *Put-Optionsscheine* können zur Spekulation auf fallende Kurse benutzt werden, häufig dienen sie aber dazu, mit geringem Kapitaleinsatz Vorsorge gegen befürchtete Kursrückgänge oder gar Kurseinbrüche zu treffen, ohne die Bestände verkaufen zu müssen.

Diesem *Nutzen* aus Optionsscheinen stehen die *Kosten* gegenüber, die der Umweg „Optionsschein" verursacht. Optionsscheine wird nur kaufen und behalten, wer den Nutzen aus dieser Investition höher veranschlagt als die Kosten. Das Kosten-Nutzen-Verhältnis ist der die Qualität eines Optionsscheins bestimmende Faktor.

Die *traditionelle Optionsscheinbewertung* bietet eine Reihe von Kennzahlen, mit denen das Kosten-Nutzen-Verhältnis eines Optionsscheins zu erfassen versucht wird. Diese Kennzahlen beziehen sich auf den *Verfalltag* des Optionsscheins, lassen also das Verhalten des Basisobjektkurses während der Laufzeit des Optionsscheins außer acht. Infolgedessen sind sie nur begrenzt aussagefähig,[1] denn Optionsscheine werden nur in Ausnahmefällen bis zum Ende ihrer Laufzeit gehalten.

In der Literatur finden sich für gleich berechnete Kennzahlen unterschiedliche Begriffe. In den folgenden Ausführungen werden die Kennzahlen schlüssig benannt. Die Kennzahlen der Kosten- und Leistungsanalyse werden, wenn kein anderer Optionsschein angegeben wird, für den Call-Optionsschein - WKN 813 126 - in drei verschiedenen Moneyness-Konstellationen und für den am Geld stehenden Put-Optionsschein - WKN 814 735 - berechnet. Die Daten der Optionsscheine sind in Tabelle 2.1 zu finden.

3.1 Analyse der Kosten

Die Kosten, die der Umweg über den Optionsschein im Vergleich zur Direktanlage verursacht, werden im Aufgeld erfaßt. Errechnet wird das Aufgeld aus Optionsscheinpreis und Parität.

---

[1] Vgl. **Taiber, Werner / Strickmann, Norbert (1995)**, S. 25.

3.1.1 Parität

Die Parität steht für den Betrag, der sich bei *sofortiger Ausübung* des bereits im Bestand gehaltenen Optionsscheins und einem *zeitgleich durchgeführten Kompensationsgeschäft* am Kassamarkt ergeben würde.[2] Die Parität eines Optionsscheins unterscheidet sich nur insoweit von dessen innerem Wert, als die Parität - anders als der innere Wert - negativ werden kann (Formel 3.1).

Call: $PAR_C = (S_0 - B) \cdot OV$ Put: $PAR_P = (B - S_0) \cdot OV$

Formel 3.1   Parität von Optionsscheinen

Fallstudie 3.1   *Parität* der in Tabelle 2.1 enthaltenen homogenisierten Call-Optionsscheine

Call am Geld: $PAR_C = (200 - 200) \cdot 0{,}25 = \quad 0$
Call im Geld: $PAR_C = (240 - 200) \cdot 0{,}25 = \quad 10$
Call aus dem Geld: $PAR_C = (160 - 200) \cdot 0{,}25 = -10$

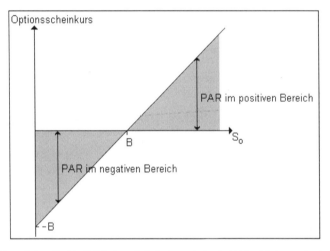

Abbildung 3.1   Parität (PAR) eines Call-Optionsscheins in Abhängigkeit vom Basisobjektpreis (S_0)

3.1.2 Absolutes Aufgeld

Das Aufgeld ist der Betrag, um den ein Optionsschein über seiner Parität notiert. Damit wird beim Aufgeld unterstellt, daß der Optionsschein mit Ausübung des

---

[2] Vgl. **Doll, Georg Friedrich / Neuroth, Hans Peter (1991)**, S. 191.

Optionsrechts erst erworben werden muß, während bei der Parität vom bei Ausübung des Optionsrechts bereits vorhandenen Optionsschein ausgegangen wird. Wie bei der Parität wird auch beim Aufgeld wirklichkeitsfremd unterstellt, daß der **Optionsschein in jedem Fall** - also auch, wenn er aus dem Geld steht - **ausgeübt wird** (Formel 3.2).

Call: $AU_C = \frac{C_M}{OV} + B - S_0$ Put: $AU_P = \frac{P_M}{OV} + S_0 - B$

Formel 3.2   Absolutes Auf-/Abgeld von Optionsscheinen

Fallstudie 3.2   *Absolutes Aufgeld der in Tabelle 2.1 enthaltenen Optionsscheine*

Call am Geld: $AU_C = \frac{6{,}55}{0{,}25} + 200 - 200 = 26{,}20$

Call im Geld: $AU_C = \frac{14}{0{,}25} + 200 - 240 = 16{,}00$

Call aus dem Geld: $AU_C = \frac{3}{0{,}25} + 200 - 160 = 52{,}00$

Put am Geld: $AU_P = \frac{2{,}3}{0{,}1} + 200 - 200 = 23{,}00$

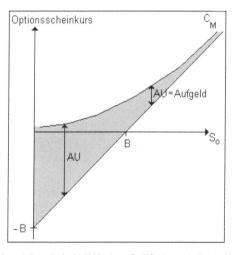

Abbildung 3.2   Aufgeld (AU) eines Call-Optionsscheins in Abhängigkeit vom Basisobjektpreis (S_0)

Das Aufgeld eines *Call*-Optionsscheins gibt den Betrag an, um den es teurer ist, einen Vermögensgegenstand über den Umweg „Optionsschein" zu erwerben, statt ihn direkt zu kaufen. Sollte der indirekte Erwerb eines Basiswertes ausnahmsweise billiger sein als die direkte Transaktion, so hat der Optionsschein ein Abgeld (= negatives Aufgeld). Entsprechend ist das Aufgeld eines *Put*-Optionsscheins der Betrag, den der Verkäufer eines Vermögensgegenstands durch den Umweg „Optionsschein" weniger erzielt.

3.1.3 Berücksichtigung der Moneyness

Die Aussagefähigkeit des Aufgeldes als Bewertungsziffer eines Optionsscheins erschließt sich dem Analytiker, wenn er überlegt, inwieweit die dieser Ziffer zugrundeliegende Transaktion Sinn macht:

- Wer einen Optionsschein erwirbt, der *im* oder *am Geld* steht, verliert bei sofortiger Ausübung seines Optionsrechts, was beim Aufgeld unterstellt wird, die mit dem Optionsschein erworbene Absicherung sowie den im Vergleich zur Direktanlage überproportional möglichen Anlageerfolg. Infolgedessen steht das Aufgeld bei in- und at-the-money-Optionsscheinen für den Preis, den der Anleger für die Vorteile des untersuchten Optionsscheins zu bezahlen hat.

- Die Annahme, einen *out-of-the-money*-Optionsschein sofort auszuüben, ist wirklichkeitsfremd. Infolgedessen führt das Aufgeld in Höhe des aus einer solchen Transaktion resultierenden Verlustes in die Irre.

> Das wird an dem aus dem Geld stehenden Call-Optionsschein der Tabelle 2.1 deutlich, bei dem sich ein Aufgeld von 52,00 DM errechnet, während der Anleger für diesen Schein am Markt nur 12,00 DM zu zahlen hat.[3]

Demgegenüber bringt das Aufgeld auch bei out-of-the-money-Optionsscheinen insoweit ein sinnvolles Ergebnis, als es den Betrag angibt, um den sich *der Basisobjektpreis* während der restlichen Laufzeit des Optionsscheins in die erwartete Richtung *bewegen muß*, damit die Optionsscheininvestition keinen Verlust nach sich zieht.

Der Merksatz, nach dem die Attraktivität eines Optionsscheins an dessen niedrigem Aufgeld zu erkennen ist, muß insoweit modifiziert werden, als über das Aufgeld nur Optionsscheine, deren Moneyness-Kennzahlen nahe beieinanderliegen, vergleichbar sind.

3.1.4 Break-Even-Punkt

Der Break-Even-Punkt ist eine am Basisobjektkurs orientierte Darstellungsform des Aufgeldes.

Der Break-Even-Punkt ist der Kurs des Underlying, der erreicht werden muß, damit der Investor bei Ausübung des Optionsrechts keinen Verlust erleidet.

---

[3] Vgl. **Welcker, Johannes u. a. (1992)**, S. 240 - 242.

Der **Call-Optionsschein** bringt seinem Erwerber Gewinn, wenn das Basisobjekt bei Ausübung des Optionsrechts über dem Break-Even-Punkt notiert. Aus dem **Put-Optionsschein** wird dagegen Gewinn erzielt, wenn der Basisobjektkurs bei Ausübung des Optionsrechts unter dem Break-Even-Punkt liegt (Formel 3.3).

$$\text{Call:} \quad BE_C = \frac{C_M}{OV} + B \qquad \text{Put:} \quad BE_P = B - \frac{P_M}{OV}$$

Formel 3.3   Break-Even-Punkt von Optionsscheinen

Fallstudie 3.3   *Break-Even-Punkt der in Tabelle 2.1 enthaltenen Optionsscheine*

Call am Geld: $\quad BE_C = \frac{6{,}55}{0{,}25} + 200 = 226{,}20$

Call im Geld: $\quad BE_C = \frac{14}{0{,}25} + 200 = 256{,}00$

Call aus dem Geld: $\quad BE_C = \frac{3}{0{,}25} + 200 = 212{,}00$

Put am Geld: $\quad BE_P = 200 - \frac{2{,}30}{0{,}1} = 177{,}00$

3.1.5 Berücksichtigung des Basisobjektpreises: Prämie

Das Aufgeld eines Optionsscheins in Höhe von angenommen 20,00 DM schlägt
- bei einem Preis des Basisobjekts von 100,00 DM mit 20 %,
- bei einem Basisobjektpreis von 1000,00 DM aber mit nur 2 %
zu Buche. Um das Aufgeld als Bewertungsmaßstab trotz unterschiedlich hoher Basisobjektkurse einsetzen zu können, wird die Prämie ermittelt. Dazu wird das *Aufgeld* in seiner absoluten Höhe *zum Preis des Basisobjekts* in Relation gesetzt (Formel 3.4).[4]

$$\text{Call:} \quad PR_C = \frac{AU_C}{S_0} = \frac{\frac{C_M}{OV} + B - S_0}{S_0} \qquad \text{Put:} \quad PR_P = \frac{AU_P}{S_0} = \frac{\frac{P_M}{OV} + S_0 - B}{S_0}$$

Formel 3.4   Prämie von Optionsscheinen

---

[4] Vgl. **Demuth, Michael (1990)**, S. 120, sowie: **Doll, Georg Friedrich / Neuroth, Hans Peter (1991)**, S. 194.

Die Prämie läßt sich analog zum bereits ausgeführten Begriff des Aufgelds definieren. Realitätsnäher interpretiert Zwirner diese Kennziffer:

> Die Call-Prämie ist jener Prozentsatz, „um den die Notierung der Aktie bis zur Fälligkeit des Optionsscheins zu steigen hat, damit das Investment in den Call-Optionsschein keinen Verlust erbringt".[5] Die Put-Prämie ist jener Prozentsatz, um den der Kurs eines Basisobjektes bis zur Fälligkeit des Put-Optionsscheins sinken muß, damit die Put-Optionsschein-Investition keinen Verlust einfährt.

Fallstudie 3.4 *Prämie der in Tabelle 2.1 aufgeführten Optionsscheine im Vergleich zum Call-Optionsschein auf Allianz-Aktien*

Call am Geld: $PR_C = \frac{26{,}20}{200} = 0{,}1310 = 13{,}10\,\%$

Call im Geld: $PR_C = \frac{16}{240} = 0{,}0667 = 6{,}67\,\%$

Call aus dem Geld: $PR_C = \frac{52}{160} = 0{,}3250 = 32{,}50\,\%$

Put am Geld: $PR_P = \frac{23}{200} = 0{,}1150 = 11{,}50\,\%$

Bei der Bewertung unserer Optionsscheine aus Tabelle 2.1 bringt der Übergang von Aufgeld zur Prämie als Bewertungsmaßstab keine grundlegend neuen Erkenntnisse, da alle in die Untersuchung einbezogenen Optionsscheine denselben Ausübungspreis und demzufolge relativ nahe beieinander liegende Basisobjektkurse aufweisen: Der im Geld stehende Optionsschein hat sich in Relation zu den anderen Optionsscheinen etwas verbessert, der aus dem Geld stehende Optionsschein hat sich zusätzlich noch ein wenig verschlechtert. In der Realität sind die aus dem Übergang von Aufgeld zur Prämie als Bewertungskennziffer resultierenden Bewertungsunterschiede meist viel größer. Durch Einführung eines Optionsscheins auf Allianz-Aktien wird das deutlich.

Emittent / WKN: Allianz - 840 410 -
Bewertungstag: t_0 = 20.2.1995
Ausübungspreis: B = 2119,00
Fälligkeit: t_v = 18.12.1998
Restlaufzeit: t = $t_v - t_0$ = 1.378 Tage : 360 Tage = 3,828 Jahre
Optionsverhältnis: OV = 0,10 = 1 : 10
Basisobjektpreis: S_0 = 2485,00 − 15,00 Dividende für das vergangene Geschäftsjahr.
Optionsscheinkurs: C_M = 72,00

Die aufgrund dieses Optionsscheins bezogenen Aktien sind für das Jahr dividendenberechtigt, in dem die Optionserklärung wirksam wird.[6] Der Kurs der Allianz-Aktie enthält also noch die Dividende für das vorige Geschäftsjahr, die im Oktober 1995 in Höhe von voraussichtlich 15,00 DM pro Aktie ausgeschüttet wird. Demzufolge ist die im Ausübungsjahr noch fällige Dividende vom Basisobjektpreis abzuziehen. Die anrechenbare

---

[5] **Zwirner, Thomas (1991)**, S. 34. Um Mißverständnisse auszuschließen, sei darauf verwiesen, daß viele Autoren - so auch Zwirner und Philipp / Zimmermann - nicht zwischen Aufgeld und Prämie unterscheiden, sondern Aufgeld mit dem Inhalt belegen, der hier als „Prämie" definiert wird.

[6] Vgl. **Allianz Finance B.V. (1989)**, § 4, S. 45.

Körperschaftsteuer bleibt unberücksichtigt. Unberücksichtigt bleibt auch, daß sich die Laufzeit des Optionsscheins um ein Jahr und eventuell um ein weiteres Jahr verlängert, wenn das Optionsrecht am zunächst vorgesehenen Verfalltag nicht im Geld ist.

$$AU_C = \frac{C_M}{OV} + B - S_0 = \frac{72}{0,1} + 2119 - 2470 = 369,00$$

Da die Moneyness des Allianz-Optionsscheins in Höhe von 1,17 nicht stark von jener des am Geld liegenden Lufthansa-Optionsscheins abweicht, sind beide Optionsscheine über das Aufgeld vergleichbar. Mit einem Aufgeld in Höhe von 26,20 DM erscheint der Lufthansa-Optionsschein bald vierzehn mal günstiger als der Allianz-Optionsschein.

Völlig anders fällt der Vergleich aus, wenn die Prämie als Bewertungsmaßstab dient. Mit

$$PR_C = \frac{AU_C}{S_0} = \frac{369}{2.470} = 0,1494 = 14,94 \%,$$

ist der Allianz-Optionsschein nur noch wenig ungünstiger als der am Geld stehende Lufthansa-Optionsschein mit einer Prämie von 13,10 %.

3.1.6 Berücksichtigung der Restlaufzeit

Die meisten Anleger beabsichtigen nicht, ihren Optionsschein bis zu dessen Fälligkeit zu halten. Für sie stellt sich deshalb die Frage, um wieviel Prozent der Basisobjektkurs mindestens steigen bzw. fallen muß, damit am vorgesehenen Verkaufszeitpunkt kein Verlust realisiert wird. „Eine gebräuchliche, standardisierte Variante in diesem Sinne ist die annuisierte Rechnung."[7] Damit wird relativiert, daß ein beispielsweise noch fünf Jahre laufender Optionsschein wertvoller ist als der sonst identische Optionsschein mit einer Restlaufzeit von nur einem halben Jahr.

3.1.6.1 Jährliche Prämie

$$\text{Call: } PR_{C\,p.a.} = \frac{\frac{C_M}{OV} + B - S_0}{S_0} = \frac{PR_C}{t} \qquad \text{Put: } PR_{P\,p.a.} = \frac{\frac{P_M}{OV} + S_0 - B}{S_0} = \frac{PR_P}{t}$$

Formel 3.5   Jährliche Prämie des Optionsscheins

Die Jährliche Prämie gibt an, um welchen Prozentsatz der Basisobjektkurs jährlich steigen (beim Call-Optionsschein) bzw. fallen (beim Put-Optionsschein) muß, damit die Optionsscheininvestition keinen Verlust einfährt.

---

[7] Zwirner, Thomas (1994), S. 97.

Fallstudie 3.5 Jährliche Prämie der in Tabelle 2.1 aufgeführten Optionsscheine

Call am Geld: $PR_{C\,p.a.} = \frac{13,1}{1,05} = 0,1248$ p.a. $= 12,48\ \%$ p.a.

Call im Geld: $PR_{C\,p.a.} = \frac{6,67}{1,05} = 0,0635$ p.a. $=\ \ 6,35\ \%$ p.a.

Call aus dem Geld: $PR_{C\,p.a.} = \frac{32,5}{1,05} = 0,3095$ p.a. $= 30,95\ \%$ p.a.

Put am Geld: $PR_{P\,p.a.} = \frac{11,5}{1,828} = 0,0629$ p.a. $=\ \ 6,29\ \%$ p.a.

Die Call-Optionsscheine aus Tabelle 2.1 haben alle die gleiche Restlaufzeit. Deshalb ändert sich an deren Bewertung untereinander durch den Übergang zur jährlichen Prämie nichts. Das ist anders beim Put-Optionsschein, erst recht aber beim Allianz-Optionsschein.

Optionsschein auf Allianz-Aktien: $PR_{C\,p.a.} = \frac{14,94}{3,828} = 0,0390$ p.a. $= 3,90\ \%$ p.a.

Dank seiner langen Restlaufzeit wird dieser Optionsschein, der nach dem Bewertungskriterium „absolutes Aufgeld" extrem unattraktiv erschien, nach dem Bewertungsmaßstab „jährliche Prämie" zum günstigsten Optionsschein.

3.1.6.2 Jährliche Performance-Prämie

Die jährliche Performance-Prämie ($PPR_{p.a.}$) unterscheidet sich nur durch *Berücksichtigung des Zinseszinseffekts* bei jährlicher Zinszahlung von der jährlichen Prämie.[8] Die ungewohnt aussehenden Formeln zur Berechnung der Kennzahl für Call- und Put-Optionsschein lassen sich einfach herleiten.

Der Kurs des Basisobjekts S_0 muß bis zur Fälligkeit des *Call-Optionsscheins* in t Jahren um die Prämie PR_C auf den Betrag $S_0(1 + PR_C)$ steigen, damit die Optionsscheininvestition keinen Verlust bringt. Dieser Betrag ist gleichzusetzen mit dem Endwert des jährlich mit $(1 + PPR_{C\,p.a.})$ verzinsten Basisobjektkurses:

$S_0(1 + PR_C) = S_0(1 + PPR_{C\,p.a.})^t$ / : S_0

$\left(1 + \frac{\frac{C_M}{OV}+B-S_0}{S_0}\right) = (1 + PPR_{C\,p.a.})^t$ / : $\sqrt[t]{\ }$

Daraus ergibt sich $PPR_{C\,p.a.}$ in Formel 3.6.

Entsprechend ist der Ansatz beim *Put-Optionsschein*, der keinen Verlust bringt, wenn der Kurs des Underlying in t Jahren um die Prämie PR_P auf $S_0(1 - PR_P)$ fällt.

---

[8] Vgl. **Zwirner, Thomas (1994)**, S. 97, der diese Kennzahl als „jährliches Aufgeld" bezeichnet.

Dieser Kurs entspricht dem Betrag, der sich bei einer jährlichen negativen Verzinsung in Höhe von $PPR_{P\,p.a.}$ ergibt. Aus der obigen Gleichung

$$S_0(1 - PR_P) = S_0(1 - PPR_{P\,p.a.})^t \quad \text{läßt sich } PPR_{P\,p.a.} \text{ in Formel 3.6 ableiten.}$$

$$\text{Call:} \quad PPR_{C\,p.a.} = \sqrt[t]{\frac{\frac{C_M}{OV}+B}{S_0}} - 1 \qquad \text{Put:} \quad PPR_{P\,p.a.} = 1 - \sqrt[t]{\frac{B-\frac{P_M}{OV}}{S_0}}$$

Formel 3.6   Jährliche Performance-Prämie von Optionsscheinen

Fallstudie 3.6   *Jährliche Performance-Prämie der am Geld stehenden Optionsscheine aus Tabelle 2.1 sowie des Call-Optionsscheins auf Allianz-Aktien aus Fallstudie 3.4*

Am Geld stehende Optionsscheine aus Tabelle 2.1:

Call (Tabelle 2.1): $\quad PPR_{C\,p.a.} = \sqrt[1,05]{\frac{\frac{6,55}{0,25}+200}{200}} - 1 \quad = 0,1244 \text{ p.a.} = 12,44\,\%\text{ p.a.}$

Put (Tabelle 2.1): $\quad PPR_{P\,p.a.} = 1 - \sqrt[1,828]{\frac{200-\frac{2,3}{0,1}}{200}} \quad = 0,0646 \text{ p.a.} = 6,47\,\%\text{ p.a.}$

Call (Fallstudie 3.4): $\quad PPR_{C\,p.a.} = \sqrt[3,828]{\frac{\frac{72}{0,1}+2.119}{2.470}} - 1 \quad = 0,0370 \text{ p.a.} = 3,70\,\%\text{ p.a.}$

Die Berücksichtigung des Zinseszinseffekts in den Performance-Kennzahlen wirkt sich im Ergebnis nur bei länger laufenden Optionsscheinen aus.

3.2 Optionsinvestition schlägt Direktinvestition

Aufgeld und prämienorientierte Kennzahlen beantworten die Frage, wie groß die Änderung des Basisobjektpreises in die erwartete Richtung sein muß, damit die Optionsscheininvestition keinen Verlust einfährt. Wer jedoch den Optionsschein als ein Instrument ansieht, das ihm die Chance verschafft, überproportional an der erwarteten Änderung des Preises eines bestimmten Basisobjekts zu verdienen, will bei der Entscheidung - Direktinvestition oder Call-Optionsschein - wissen, unter welcher Voraussetzung der Optionsschein die im Vergleich zur Direktinvestition attraktivere Anlage ist.

3.2.1 Ertragsgleichheit

Die Ertragsgleichheit (EG) von Underlying und Optionsschein beantwortet die Frage, bei welcher Basisobjektsteigerung die Performance von Optionsschein und Underlying gleich ist, wieder vorausgesetzt, der Optionsschein wird bis zum Ende seiner Laufzeit gehalten.

> Eine Call-Optionsschein-Investition ist der Direktinvestition vorzuziehen, wenn das Underlying eine höhere Performance als die Ertragsgleichheit erwarten läßt.

Mit dieser Aussage wird zugleich deutlich, daß die Ertragsgleichheit und die davon abgeleiteten Kennziffern nur auf Call-Optionsscheine sinnvoll anwendbar sind, da sich der Wert des *Put-Optionsscheins* entgegengesetzt zum Kurs des Basisobjekts entwickelt.

Herleitung der Formel zur Berechnung der Ertragsgleichheit:

Ertragsgleichheit von Aktie und Call-Optionsschein ist gegeben, wenn beide Anlagen eine Rendite in Höhe von EG bringen. Am Ende seiner Laufzeit repräsentiert dann der homogenisierte Optionsschein einen Wert von $\frac{C_M}{OV}(1 + EG)$.

Dieser Wert ist gleichzusetzen mit dem inneren Wert des Optionsscheins, der sich ergibt, wenn die zu S_0 erworbene Aktie um EG auf $S_0(1 + EG)$ gestiegen ist. Der innere Wert ist dann CIW = $S_0(1 + EG) - B$.

Im Vergleich zum Inhaber eines Optionsscheins mit längerer Restlaufzeit erzielt der Aktionär nicht nur Kursgewinn, sondern zusätzlich Dividende. Deshalb ist die Dividende bezogen auf das eingesetzte Kapital (= Aktienkurs) insoweit zu erfassen, als langlaufende Optionsscheine eine Rendite bringen müssen, die um die Dividendenrendite höher ist als die Rendite der Aktie. Dabei wird im Hinblick auf die Berücksichtigung der Dividendenrendite unterstellt, daß die Dividende und der Basisobjektkurs während der Restlaufzeit des Optionsscheins konstant bleiben und daß darüber hinaus die Restlaufzeit des Optionsscheins auf volle Jahre lautet.[9]

Dividendenrendite: $r_D = \frac{Dividende}{Aktienkurs} = \frac{Dividende}{S_0}$

Infolgedessen gilt:

$\frac{C_M}{OV} \cdot (1 + EG)(1 + r_D)^t = S_0(1 + EG) - B$

$\frac{B}{(1+EG)} = S_0 - \frac{C_M}{OV} \cdot (1 + r_D)^t$ und damit für EG die Formel 3.7.

$$EG = \frac{B}{S_0 - \frac{C_M}{OV} \cdot (1+r_D)^t} - 1$$

wobei: $r_D = \frac{Dividende}{S_0}$

Formel 3.7 Ertragsgleichheit von Call-Optionsscheinen

---

[9] Vgl. Abschnitt 7.1.3.

Fallstudie 3.7 Ertragsgleichheit für den am Geld stehenden Optionsschein aus Tabelle 2.1

$$EG = \frac{200}{200 - \frac{6{,}55}{0{,}25} \cdot (1+0)^{1{,}05}} - 1 = 0{,}150748 = 15{,}07\ \%$$

Im Hinblick auf die Dividendenlosigkeit der Lufthansa-Aktien in den vorhergehenden Jahren wird in die Formel eine Dividende von Null eingesetzt. Genauso gut könnte aber auch die künftige Dividende von 4,00 DM und eine Restlaufzeit von 1 Jahr eingesetzt werden, weil der Aktionär während der Restlaufzeit des Optionsscheins eine Dividendenzahlung erhält.

1. Der Call-Optionsschein steigt bis zur Fälligkeit mit einem Satz von 15,07 %.

$$\frac{C_M}{OV} \cdot (1 + EG) = \frac{6{,}55}{0{,}25} \cdot (1 + 0{,}150748) = 30{,}15$$

2. Die Lufthansa-Aktie steigt bis zur Fälligkeit des Optionsrechts um ebenfalls 15,07 %.

$$S_0 \cdot (1 + EG) = 200(1 + 0{,}150748) = 230{,}15$$

3. Der innere Wert des Optionsscheins (CIW) bei Verfall beträgt

$$CIW = S_0 (1 + EG) - B = 230{,}15 - 200 = 30{,}15.$$

3.2.2 Berücksichtigung der Restlaufzeit

3.2.2.1 Jährliche Ertragsgleichheit

Auf die gleiche Weise wie die Prämie kann auch die Ertragsgleichheit auf ein Jahr bezogen werden (Formel 3.8):

$$EG_{p.a.} = \frac{EG}{t}$$

Formel 3.8 Jährliche Ertragsgleichheit von Call-Optionsscheinen

Die Jährliche Ertragsgleichheit gibt an, um welchen Prozentsatz das Basisobjekt jährlich steigen muß, damit der Call-Optionsschein (mindestens) die gleiche Rendite bringt wie das Basisobjekt.

Fallstudie 3.8 Jährliche Ertragsgleichheit des Call-Optionsscheins aus Fallstudie 3.7

$$EG_{p.a.} = \frac{0{,}150748}{1{,}05} = 0{,}1436\ \text{p.a.} = 14{,}36\ \%\ \text{p.a.}$$

3.2.2.2 Jährliche Performance-Ertragsgleichheit

Unter Berücksichtigung des Zinseszinseffektes und der Dividendenrendite kommt Zwirner bei der Annualisierung der Ertragsgleichheit zur Jährlichen Performance-Ertragsgleichheit (Formel 3.9).[10]

$$PEG_{p.a.} = \sqrt[t]{\frac{B}{S_0 - \frac{C_M}{OV} \cdot (1+r_D)^t}} - 1$$

wobei: $r_D = \frac{\text{Dividende}}{S_0}$

Formel 3.9   Jährliche Performance-Ertragsgleichheit eines Call-Optionsscheins

Fallstudie 3.9   *Jährliche Performance-Ertragsgleichheit*

Am Geld stehender Call-Optionsschein aus Tabelle 2.1

$$PEG_{p.a.} = \sqrt[1,05]{\frac{200}{200 - \frac{6,55}{0,25} \cdot (1+0)^{1,05}}} - 1 = 0,1431 \text{ p.a.} = 14,31 \text{ \% p.a.}$$

Call-Optionsschein auf Allianz-Aktien aus Fallstudie 3.5

$$PEG_{p.a.} = \sqrt[3,828]{\frac{2.119}{(2.485-15) - \frac{72}{0,1} \cdot \left(1+\frac{15}{2.485}\right)^{3,828}}} - 1 = 0,0539 \text{ p.a.} = 5,39 \text{ \% p.a.}$$

Für den Call auf Allianz-Aktien ergeben sich bezogen auf die Alternativanlage Allianz-Aktie folgende Szenarien: Wenn der Kurs der Allianz-Aktie um

- 3,7 % p.a. (= Jährliche Performance-Prämie) steigt, sind exakt die Kosten gedeckt, die der Umweg über den Optionsschein verursacht.
- 5,0 % p.a. steigt, fährt der Optionsscheininvestor Gewinn ein, bei der Direktinvestition hätte er sich aber besser gestellt.
- 6,0 % p.a. steigt, bringt der Optionsschein mehr als die Aktie.

3.3 Bewertung der Leistung des Optionsrechts

Call-Optionsscheine werden üblicherweise gekauft, weil sich auf diesem Umweg bei einem auf einen bestimmten Betrag limitierten Kapitaleinsatz und Risiko mehr verdienen läßt als über den Kauf des entsprechenden Underlying. Über ***Put-Optionsscheine*** können Bestandswerte abgesichert werden, die ein Vielfaches des Betrags ausmachen, der für den Erwerb der Optionsscheine einzusetzen ist, mit Put-Optionsscheinen kann aber auch an fallenden Basisobjektkursen verdient werden.

---

[10] Vgl. **Zwirner, Thomas (1994)**, S. 97. Er bezeichnet diese Kennzahl als „Jährliches Break-Even".

Diese Leistung verdanken Optionsscheine dem für sie charakteristischen Phänomen, dem „*Hebel*". Die so bezeichnete Kennzahl ist - sofern sich die in sie gesetzten Erwartungen erfüllen - ein wesentliches Bewertungskriterium eines jeden Optionsscheins.

- Beim Call-Optionsschein zeigt der Hebel an, um das Wievielfache sich die Rendite einer Kapitalanlage steigern läßt, wenn statt des Underlying Call-Optionsscheine erworben werden.

- Als Bewertungskriterium von Put-Optionsscheinen hat der „Hebel" insoweit seine Existenzberechtigung, als er angibt, wieviel mal stärker sich der Wert des Kapitals, das in Optionsscheinen angelegt ist, in entgegengesetzter Richtung verändert als der Wert des Kapitals, der in Basisobjekten investiert ist.

Der Hebel mißt die ***Effizienz der Kapitalnutzung*** bei der Optionsscheininvestition im Vergleich zur Direktinvestition.

Um so erstaunlicher ist es, daß sich bis heute kein einheitliches Begriffssystem und nicht einmal eine konkrete inhaltliche Fixierung der unter dem Oberbegriff „Hebel" firmierenden Kennzahlen durchsetzen konnte.

3.3.1 Aktueller Hebel

Der einfachste und gebräuchlichste Ansatz, die Leistung eines Optionsscheins in einer Kennziffer zu erfassen, ist der „aktuelle Hebel". Er gibt an, wieviel homogenisierte Optionsscheine statt eines Basisobjekts finanziert werden können.[11]

Da sich der Wert des Put-Optionsscheins entgegengesetzt zum Basisobjektpreis verändert, ist der Hebel$_{akt}$ des Put-Optionsscheins negativ (Formel 3.10).

$$\text{Call: } \text{Hebel}_{akt} = \frac{S_0}{\frac{C_M}{OV}} = \frac{S_0 \cdot OV}{C_M} \qquad \text{Put: } \text{Hebel}_{akt} = \frac{-S_0}{\frac{P_M}{OV}} = \frac{-S_0 \cdot OV}{P_M}$$

Formel 3.10   Aktueller Hebel von Optionsscheinen

---

[11] Vgl. **König Günther (1991)**, S. 15, sowie: *Finanzen Optionsscheine*. In den Basisinformationen für private Anleger, aber auch in vielen Spezialzeitschriften und sonstigen Veröffentlichungen wird undifferenziert der Begriff „Hebel" verwandt, der dann meist für „Hebel$_{akt}$" in dem hier verwendeten Begriffsinhalt steht. Statt des Begriffs „Hebel$_{akt}$" steht aber auch gelegentlich „Leverage Factor", so etwa bei **Demuth, Michael (1990)**, S. 134.

Fallstudie 3.10   Hebel$_{akt}$ der in Tabelle 2.1 aufgeführten Optionsscheine

Call am Geld: Hebel$_{akt} = \dfrac{200 \cdot 0{,}25}{6{,}55} = 7{,}6336$

Call im Geld: Hebel$_{akt} = \dfrac{240 \cdot 0{,}25}{14} = 4{,}2857$

Call aus dem Geld: Hebel$_{akt} = \dfrac{160 \cdot 0{,}25}{3} = 13{,}3333$

Put am Geld: Hebel$_{akt} = \dfrac{-200 \cdot 0{,}1}{2{,}30} = -8{,}6957$

Da mit jedem homogenisierten Call-Optionsschein ein Basisobjekt erworben werden kann, suggeriert der aktuelle Hebel, der Optionsscheininvestor erziele eine im Vergleich zum Direktanleger um den Hebelfaktor vervielfachte Rendite. Unterstellt wird dabei, daß sich der Kurs des homogenisierten Optionsscheins in *absoluten Beträgen* gleich stark bewegt wie der Basisobjektkurs. Das würde beispielsweise bedeuten, daß der Preis des Call-Optionsscheins um eine Mark steigt bzw. fällt, wenn (und weil) das Underlying um eine Mark steigt bzw. fällt, und somit das *absolute Aufgeld* konstant bleibt.

Die Realitätsnähe dieser Prämissen hängt von der Moneyness des zu bewertenden Optionsscheins ab. Dieser Zusammenhang ist für jeden Leser transparent, der den Verlauf von Delta aus der Optionspreistheorie kennt.

Die Preise von *weit im Geld stehenden Optionsscheinen* bewegen sich annähernd prämissengerecht, weil der Preis solcher Optionsscheine vom inneren Wert dominiert wird. Das Aufgeld ist schon weitgehend abgebaut, so daß dessen Einfluß auf den Optionsscheinpreis fast vernachlässigt werden kann.

Keine brauchbaren Ergebnisse liefert der aktuelle Hebel im *out-of-the-money-Bereich*. Je weiter der Optionsschein aus dem Geld kommt, um so verhaltener reagiert sein Preis auf Veränderungen des Basisobjektpreises, denn der Optionsscheinpreis kann nicht negativ werden.

Im *at-the-money-Bereich* gibt der aktuelle Hebel bestenfalls einen mit äußerster Vorsicht zu verwendenden Hinweis auf die Entwicklung des Optionsscheinkurses.

Fallstudie 3.11   Fehlschätzungen von Optionsscheinkursen durch Hebel$_{akt}$

Die Überlegungen zur Aussagefähigkeit der Hebelkennzahl sollen an dem in Tabelle 2.1 in verschiedenen Moneyness-Konstellationen enthaltenen Call-Optionsschein überprüft werden. Das ist insofern möglich, als es sich in allen drei Fällen um denselben Optionsschein handelt, der nur im Hinblick auf Basisobjektkurs und Optionsscheinkurs in ein anderes, realitätsnah gestaltetes Szenario versetzt wird. Infolgedessen könnte sich der Kurs des Call-Optionsscheins nach einem raschen Anstieg des Basisobjektkurses von 160 auf 200 in der Nähe des Kurses einpendeln, der in Tabelle 2.1 für den am Geld stehenden Optionsschein ausgewiesen ist. Damit kann eine Kursbewegung *im out-of-the-money-/at-the-money-Bereich* simuliert werden (Tabelle 3.1).

	Kapitaleinsatz in t_0 Optionsschein aus dem Geld	Kursgewinn in %	absolut	Veräußerungserlös in t_1 Ergebnis aufgrund des Hebel$_{akt}$	Tatsächliches Ergebnis: Optionsschein am Geld
Aktie	160,00	+ 25,00	+ 40,00	200,00	200,00
Optionsschein	12,00	+ 333,33 [1)]	+ 40,00	52,00 [2)]	26,20
Aufgeld	52,00			52,00	26,20
Prämie in %	32,50			26,00	13,10

Anmerkung: [1)] Basisobjektkursänderung (+ 25 %) · Hebel$_{akt}$ (160 : 12 = 13,3333) = 333,33 %

[2)] **Fehlschätzung** im Vergleich zu einer realitätsnah angenommenen Kursveränderung: $\frac{52,00-26,20}{26,20-12,00} = 181,69\,\%$.

Tabelle 3.1 Fehlschätzung des Kurses des out-of-the-money-Optionsscheins durch Hebel$_{akt}$

Der Preis des Optionsscheins müßte auf 52,00 DM steigen, wenn er der Steigerung des Aktienkurses in Höhe von 40,00 DM folgen würde. Statt dessen steigt der Optionsscheinkurs nur um 14,20 DM auf 26,20 DM. Die daraus resultierende Fehlschätzung der Entwicklung des Optionsscheinpreises von 181,69 % unterstreicht die Unbrauchbarkeit des aktuellen Hebels im out-of-the-money-/at-the-money-Bereich.

Die Zielgenauigkeit der Hebelkennziffern im *in-the-money-/at-the-money-Bereich* kann überprüft werden anhand eines angenommenen Kursanstiegs des Basisobjektkurses von 200 auf 240. Ausgangsszenario ist dann der am Geld stehende Call-Optionsschein aus Tabelle 2.1. Nach dem Basisobjektkursanstieg ergibt sich für den Call-Optionsschein das in-the-money-Szenario der Tabelle 2.1.

	Kapitaleinsatz in t_0 Optionsschein am Geld	Kursgewinn in %	absolut	Veräußerungserlös in t_1 Ergebnis aufgrund des Hebel$_{akt}$	Tatsächliches Ergebnis: Optionsschein im Geld
Aktie	200,00	+20,00	+ 40,00	240,00	240,00
Optionsschein	26,20	+ 152,67 [1)]	+ 40,00	66,20 [2)]	56,00
Aufgeld	26,20			26,20	16,00
Prämie in %	13,10			10,92	6,67

Anmerkung: [1)] Basisobjektkursänderung (+20 %) · Hebel$_{akt}$ (7,6336) = 152,67 %

[2)] **Fehlschätzung** aufgrund des Hebel$_{akt}$: $\frac{66,20-56,00}{56,00-26,20} = 34,23\,\%$

Tabelle 3.2 Fehlschätzung des Kurses eines at-the-money-Optionsscheins, der ins Geld läuft, durch Hebel$_{akt}$

Die vergleichsweise geringe Fehlschätzung von 34,23 % der Veränderung des Optionsscheinkurses zeigt, daß der aktuelle Hebel im at- und im in-the-money-Bereich deutliche Hinweise auf die Kursbewegung des Optionsscheinpreises in Abhängigkeit vom Basisobjektpreis gibt.

Nur im in-the-money-Bereich liefert der aktuelle Hebel brauchbare Ergebnisse.

3.3.2 Gearing-Factor

Anders als der aktuelle Hebel geht der Gearing-Factor in der Terminologie von Demuth nicht von der Konstanz des absoluten Aufgeldes, sondern von der *Konstanz der Prämie* aus (Formel 3.11).[12] Das ist wirklichkeitsfremd.

$$GF = \frac{B}{C_M} + 1$$

Formel 3.11   Gearing-Factor für Call-Optionsscheine

Fallstudie 3.12   *Gearing-Factor* beim out-of-the-money-Optionsschein aus Tabelle 2.1

Call aus dem Geld: $GF = \frac{200}{12} + 1 = 16,67 + 1 = 17,67$.

	Kapitaleinsatz in t_0 Optionsschein aus dem Geld	Kursgewinn in %	Kursgewinn absolut	Veräußerungserlös in t_1 Ergebnis aufgrund des Gearing-Factor	Tatsächliches Ergebnis: Optionsschein am Geld
Aktie	160,00		+ 25,00	+ 40,00	200,00	200,00
Optionsschein	12,00	+ 442,00 [1)]	+ 53,00	65,00 [2)]	26,20
Aufgeld	52,00			65,00	26,20
Prämie in %	32,50			32,50	13,10

Anmerkung: [1)] Basisobjektkursänderung (+25 %) · Gearing-Factor (17,67) = 441,67 %

                 [2)] ***Fehlschätzung*** der Kursveränderung eines Optionsscheins durch den Gearing-Factor: ***273,24*** %

Tabelle 3.3   Fehlschätzung des Kurses des aus dem Geld liegenden Call-Optionsscheins durch den Gearing-Factor

Der aktuelle Hebel ist dem Gearing-Factor als Bewertungskennziffer stets vorzuziehen.

Dennoch taucht der Gearing-Factor in der hier verwendeten Terminologie immer wieder in Publikationen auf. Vielleicht meint der eine oder andere Börsenbrief, auf diese Weise sensationelle Optionsscheinempfehlungen bieten zu können, denn der Gearing-Factor ist - von Abgeldsituationen abgesehen - grundsätzlich höher als der aktuelle Hebel.[13]

---

[12] Vgl. **Demuth, Michael (1990)**, S. 136 - 138.
[13] Vgl. **Demuth, Michael (1990)**, S. 137.

3.3.3 Effektiver Hebel

Die Zielverfehlung des aktuellen Hebels steigt mit der Höhe des Aufgeldes. Infolgedessen liegt es nahe, den aktuellen Hebel mit Hilfe eines Stabilisierungsfaktors zu modifizieren, der die vom Aufgeld ausgehende störende Wirkung auf den aktuellen Hebel ausgleicht. Um auch Optionsscheine mit verschiedenen Basisobjekten miteinander vergleichen zu können, wird statt des Aufgeldes die Prämie in die Formel zur Bestimmung des effektiven Hebels eingesetzt. Das Ergebnis dieses Modifizierungsansatzes ist der effektive Hebel (Formel 3.12).

$$Hebel_{eff} = \frac{Hebel_{akt}}{(1+Prämie)^2}$$

Formel 3.12   Effektiver Hebel beim Call- und Put-Optionsschein

Die im Stabilisierungsfaktor enthaltene Prämie wirkt insofern hebelmindernd als der effektive Hebel umso mehr hinter dem nach oben stürmenden aktuellen Hebel zurückbleibt, je höher die Prämie ist.

Fallstudie 3.13 $Hebel_{eff}$ der in Tabelle 2.1 aufgeführten Optionsscheine

Call am Geld: $Hebel_{eff} = \frac{7,6336}{(1+0,1310)^2} = 5,9677$

Call im Geld: $Hebel_{eff} = \frac{4,2857}{(1+0,0667)^2} = 3,7667$

Call aus dem Geld: $Hebel_{eff} = \frac{13,3333}{(1+0,3250)^2} = 7,5946$

Durch Verwendung des effektiven statt des aktuellen Hebels kann die in Tabelle 3.1 ausgewiesene Fehlschätzung im out-of-the-money-/at-the-money-Bereich von 181,69 % auf 60,42 % gesenkt werden. Demgegenüber läßt sich die Fehlschätzung im in-the-money-Bereich durch Einsatz des effektiven Hebels auf 4,93 % senken.

Im in-the-money-Bereich bringt der effektive Hebel sehr genaue Ergebnisse, im at-the-money-Bereich sind die Ergebnisse mit Vorsicht zu verwenden. Im out-of-the-money-Bereich ist auch diese Kennzahl nicht zu gebrauchen. Zur Leistungsbewertung dieser Optionsscheine muß auf die moderne Optionspreistheorie zurückgegriffen werden.

3.3.4 Realisierter Hebel

Mit Hilfe des realisierten Hebels wird die in der Vergangenheit tatsächlich eingetretene Hebelwirkung eines Optionsscheins ermittelt (Formel 3.13).

$$\text{Hebel}_{real} = \frac{\frac{C_M - C_{-1}}{C_{-1}}}{\frac{S_0 - S_{-1}}{S_{-1}}}$$

wobei: $C_M = P_M$ = aktueller Optionsscheinpreis in t_0
t_{-1} = eine Periode vor t_0
$C_{-1} = P_{-1}$ = Optionsscheinpreis in der Vergangenheit in t_{-1}
S_0 = aktueller Basisobjektpreis in t_0
S_{-1} = Basisobjektpreis in der Vergangenheit in t_{-1}

Formel 3.13 Realisierter Hebel eines Optionsscheins

Fallstudie 3.14 *Hebel_{real} beim Call-Optionsschein aus Tabelle 2.1*

Der Hebel_{real} wird berechnet, indem unterstellt wird, daß Basisobjektkurs und Optionsscheinkurs von einem der in Tabelle 3.1 enthaltenen Call-Optionsschein-Szenarios zum anderen gestiegen bzw. gefallen ist.

- Der Basisobjektkurs ist von 200 auf 240 gestiegen: $\text{Hebel}_{real} = \dfrac{\frac{56 - 26,20}{26,20}}{\frac{240 - 200}{200}} = 5,6870$

- Der Basisobjektkurs ist von 200 auf 160 gefallen: Hebel_{real} = 2,7099

- Der Basisobjektkurs ist von 240 auf 200 gefallen: Hebel_{real} = 3,1929

- Der Basisobjektkurs ist von 160 auf 200 gestiegen: Hebel_{real} = 4,7333

3.4 Auswertung und kritische Würdigung der Kennzahlen

3.4.1 Zusammenstellung der Kennzahlen

Die folgende Übersicht bringt einen Überblick über die dargestellten Kennzahlen der traditionellen Bewertung von Optionsrechten.

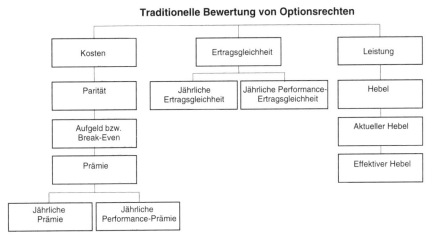

Abbildung 3.3   Traditionelle Bewertung von Optionsrechten

3.4.2 Wirkung der Transaktionskosten

In den Kennzahlen der traditionellen Optionsscheinbewertung werden die Transaktionskosten üblicherweise nicht berücksichtigt. Das ist wirklichkeitsfremd, denn die beim An- und Verkauf der Optionsscheine anfallenden Kosten einschließlich des Spread sowie die während der Anlagedauer anfallenden Kosten verändern die Kennzahlen.

Die Transaktionskosten erhöhen das *Aufgeld* der Optionsscheininvestition mit der Folge, daß sich die darauf aufbauenden Kennzahlen verschlechtern.

Die Wirkung des *Hebels* wird durch die Transaktionskosten vermindert und damit verschlechtert.

Bei der Berechnung der *Ertragsgleichheitskennzahl* sind nicht nur die Transaktionskosten der Optionsscheininvestition, sondern auch jene der entsprechenden Basisobjektinvestition zu berücksichtigen. Da die Transaktionskosten üblicherweise bei der Optionsscheininvestition aufgrund des geringeren Auftragsvolumens niedriger sind als bei der Basisobjektinvestition, wird die Optionsscheininvestition vergleichsweise günstiger. Diese Aussage gilt allerdings nur, wenn keine Mindestprovision zum Zuge kommt und wenn für die Ausführung von Optionsscheinaufträgen kein höherer Provisionssatz abgerechnet wird als für die Ausführung eines Auftrags zum Kauf oder Verkauf des Basisobjekts.

3.4.3 Transparenz der Kennzahlen

Die Errechnung von Kennzahlen ist kein Selbstzweck, vielmehr wird damit das Ziel verfolgt, die angebotenen Optionsscheine untereinander zu vergleichen, um den für den Anleger optimalen Optionsschein herauszufiltern.

Dazu bietet es sich an, die Kennziffern der zur Auswahl stehenden Optionsscheine aufzulisten, wobei im Hinblick auf eine effiziente Auswertung aus der großen Zahl der Kennziffern jene auszugrenzen sind, von denen von vornherein bekannt ist, daß sie keine zusätzlichen Erkenntnisse bringen oder sogar noch, wie der Gearing-Faktor, auf eine falsche Fährte locken. Da *Parität* und *Moneyness* von den gleichen Komponenten abhängen und den gleichen Verlauf haben, kann in der Kennzahlen-Auflistung der Tabelle 3.4 auf die Parität verzichtet werden.

	AU	MN	BE	PR in %	PR $_{p.a.}$ in %	PPR $_{p.a.}$ in %	EG in %	EG $_{p.a.}$ in %	PEG $_{p.a.}$ in %	Hebel$_{akt}$	Hebel$_{eff}$
Call am Geld	26,2	1,00	226,20	13,10	12,48	12,44	15,07	14,36	14,31	7,63	5,97
Call im Geld	16,0	1,20	256,00	6,67	6,35	6,34	8,70	8,28	8,26	4,29	3,77
Call aus dem Geld	52,0	0,80	212,00	32,50	30,95	30,74	35,14	33,46	33,21	13,33	7,59
Put am Geld	23,0	1,00	177,00	11,50	6,29	6,47	-	-	-	- 8,70	- 6,99

Tabelle 3.4   Auflistung der traditionellen Kennzahlen zur Bewertung der in Tabelle 2.1 enthaltenen Optionsscheine

Von den aufgeldorientierten Kennzahlen hat die *Jährliche Performance-Prämie* (PPR $_{p.a.}$) die höchste Aussagequalität, da sie die zur Wahl stehenden Optionsscheine sowohl im Hinblick auf den Kapitaleinsatz als auch auf die Laufzeit normiert und darüber hinaus den Zinseszinseffekt berücksichtigt. Deshalb kann beim Vergleich von Optionsscheinen auf *Aufgeld* (AU), *Break-Even-Punkt* (BE), *Prämie* (PR) und *Jährliche Prämie* (PR$_{p.a.}$) verzichtet werden. Mit dem gleichen Argument kann in der Übersicht *Ertragsgleichheit* (EG) und *Jährliche Ertragsgleichheit* (EG$_{p.a.}$) gestrichen werden, denn die *Jährliche Performance-Ertragsgleichheit* (PEG$_{p.a.}$) berücksichtigt Kapitaleinsatz, Restlaufzeit und Zinseszinseffekt. Da die PR$_{p.a.}$ nur unwesentlich von der PPR$_{p.a.}$ abweicht, kann statt der hier empfohlenen Kennzahl ohne Bedenken die in Optionsscheinlisten und -programmen öfter ausgewiesene PR$_{p.a.}$ verwendet werden.

$PPR_{p.a.}$ und $PEG_{p.a.}$ nehmen mit abnehmender Moneyness des zu bewertenden Optionsscheins zu. Deshalb liefern die empfohlenen Kennzahlen dem Anleger nur dann brauchbare Hinweise für seine Investitionsentscheidung, wenn Optionsscheine mit annähernd gleicher Moneyness verglichen werden.

Fallstudie 3.15 $PEG_{p.a.}$ von DAX®-Optionsscheinen unterschiedlicher Moneyness

Bewertungszeitpunkt: t_0 = 5.12.1995
DAX®-Stand am 5.12.1995: S_0 = 2260,82

Emittent	WKN	B	MN	$PEG_{p.a.}$	t_v	OV	C_M
West LB	813 973	3.000	0,75	28,0	07.02.1997	0,01	0,15
SBV	787 481	2.300	0,98	9,0	31.01.1997	0,01	1,79
SOG	726 645	1.900	1,19	4,9	27.12.1996	0,01	4,54
West LB	813 965	1.500	1,51	3,7	07.02.1997	0,01	8,23

Quelle: *Datastream* und *Optionsschein weekly*

Tabelle 3.5   Ausstattungsmerkmale, Marktdaten und $PEG_{p.a.}$ von DAX®-Call-Optionsscheinen

Daraus ergeben sich folgende Größen der Jährlichen Performance-Ertragsgleichheit:

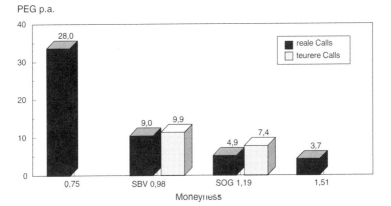

Abbildung 3.4 $PEG_{p.a.}$-Ziffern in Abhängigkeit von der Moneyness

Die schwarzen Säulen in Abbildung 3.4 bestätigen die Abhängigkeit der $PEG_{p.a.}$-Ziffern von der Moneyness des jeweiligen Optionsscheins. Zusätzlich unterstrichen wird diese Feststellung durch eine angenommene 10 %-Verteuerung des SBV- und des SOG-Optionsscheins. Beim Vergleich der sich dann ergebenden Werte zeigt sich, daß die $PEG_{p.a.}$ des verteuerten SOG-Optionsscheins mit höherer Moneyness niedriger ist als die des marktbewerteten SBV-Optionsscheins niedrigerer Moneyness. Der marktgerecht bewertete Call-Optionsschein erscheint damit ungünstiger als der verteuerte weiter im Geld stehende Optionsschein.[14]

---

[14] Vgl. **Mugele, Thomas (1995)**, S. 12 - 13.

Die Aussagefähigkeit der **Hebelkennzahlen** ist sehr umstritten. Nur der *realisierte Hebel* bildet die Wirklichkeit korrekt ab. Zu fragen ist jedoch, welchen Nutzen diese aufgrund von Vergangenheitsdaten ermittelte Kennzahl für die aktuelle, die Zukunftsentwicklung betreffende Anlageentscheidung bringt. Aus der Vergangenheit auf die Zukunft zu schließen, kann gefährlich sein. So kann ein extrem niedriger realisierter Hebel Nachholbedarf des Optionsscheinkurses im Vergleich zum Basisobjektkurs anzeigen und damit auf einen besonders hohen Hebel in unmittelbarer Zukunft hinweisen.

Wenn demnach das Verhalten des Kurses eines Optionsscheins in der Vergangenheit als Indikator für dessen Leistungsfähigkeit in der Zukunft ausscheidet, muß auf die beiden in die Zukunft gerichteten Hebelkennziffern zurückgegriffen werden. Die Zielsicherheit des *aktuellen* und des *effektiven Hebels* kann überprüft werden, indem der zunächst für eine künftige Periode prognostizierte Verlauf des Optionsscheinkurses später anhand des realen Hebels mit dem tatsächlich eingetretenen Kursverlauf verglichen wird.

Fallstudie 3.16   Treffsicherheit der Hebelkennziffern

Für den Vergleich bieten sich die in den Fallstudien 3.10 und 3.13 errechneten Hebelkennziffern an. In Tabelle 3.7 sind sie zusammengefaßt.

Optionsschein	$Hebel_{akt}$	$Hebel_{eff}$	$Hebel_{real}$
am Geld	7,6	6,0	**5,7** [1] bzw. **2,7** [2]
im Geld	4,3	3,8	**3,2**
aus dem Geld	13,3	7,6	**4,7**

Anmerkung: [1] im in-the-money-Bereich   [2] im out-of-the-money-Bereich

Tabelle 3.6   Treffsicherheit der Hebelkennzahlen bewertet aufgrund des $Hebel_{real}$

Transparent und der Wirklichkeit entnommen ist das Ergebnis von Abbildung 3.5. Dort sind die aufgrund der Hebelkennzahlen zu bestimmten Zeitpunkten prognostizierten Optionsscheinkurse einerseits und der tatsächliche Kursverlauf andererseits eingezeichnet.

Put-Optionsschein der Citibank auf Aktien der Bremer Vulkan - WKN 814 598 -

Ausübungspreis: B = 90,00 DM
Fälligkeit: t_v = 14.2.1996
Optionsverhältnis: OV = 1,00

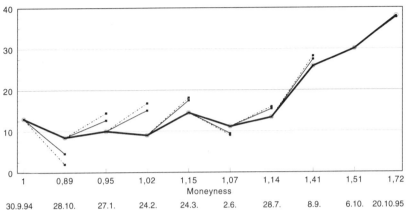

Quelle: Mugele, Thomas (1995); S.11; Daten aus *Finanzen Optionsscheine*, Heft 40/1994 bis 40/1995.

Anmerkung: —•— Optionsscheinkurs
              –•– Kursprognose aufgrund des aktuellen Hebels
              ▪ Kursprognose aufgrund des effektiven Hebels

Abbildung 3.5   Aufgrund des aktuellen und des effektiven Hebels prognostizierte Optionsscheinkurse im Vergleich zum tatsächlich eingetretenen Kurs des Optionsscheins

Die empirischen Vergleiche bringen recht deutliche Ergebnisse.

Die Kursprognose des *effektiven Hebels* liegt immer näher am tatsächlich eingetretenen Kurs des Optionsscheins als die des aktuellen Hebels. Aus diesem Grund kann in der Kennzahlenübersicht auf den aktuellen Hebel verzichtet werden.

Die *Treffsicherheit* der Hebelkennzahlen nimmt *mit steigender Moneyness* zu. Ab einer Moneyness von etwa 1,1 kann die Leistung von Optionsscheinen aufgrund des effektiven Hebels hinlänglich sicher bewertet werden.[15]

Ergebnisse empirischer Untersuchungen müssen häufig relativiert werden. Das ist hier nicht anders. Wer nämlich die Kursverläufe von Optionsscheinen und den dazugehörenden Basisobjekten studiert, muß feststellen, daß - zumindest auf kurze Sicht - in der Wirklichkeit „nichts unmöglich ist". So ist nicht auszuschließen, daß

---

[15] Vgl. **Veit, Heiko (1994)**, S. 26.

ein Call-Optionsscheinkurs fällt, wenn der Kurs des Underlying steigt und umgekehrt. Insofern ist jede Kennziffer als Prognoseinstrument problematisch.

Einige der von der traditionellen Optionsscheinbewertung nicht transparenten Optionsscheinkursverläufe können inzwischen über die sich immer mehr durchsetzenden modernen Gleichgewichtsmodelle[16] erklärt und damit auch prognostiziert werden. Dennoch bleiben bei der Erforschung von Optionsscheinkursverläufen genügend Phänomene, die noch nicht zu deuten sind und deshalb unter „Marktineffizienzen" zur weiteren Bearbeitung abgelegt werden.

Fallstudie 3.17   Marktineffizienzen

Eine nicht erklärbare Marktineffizienz findet sich beispielsweise auch in dem in Abbildung 3.5 aufgezeichneten Kursverlauf des Put-Optionsscheins. In der Periode vom 27. 1. 1995 bis zum 24. 2. 1995 geht der Kurs des Put-Optionsscheins in die gleiche Richtung wie der Kurs des Underlying, obwohl für Put-Optionsscheine stets negative Hebelkennzahlen prognostiziert werden (Tabelle 3.7).

Datum	Aktienkurs	Put-Optionsscheinkurs	Hebel$_{akt}$	OS-Kursprognose Hebel$_{akt}$	Hebel$_{eff}$	OS-Kursprognose Hebel$_{eff}$
27.01.95	94,70	9,90	– 9,57	-	– 7,18	-
24.02.95	88,30	9,00		16,30		14,71

Anmerkung: $Hebel_{akt} = -\dfrac{94{,}7}{9{,}9} = -9{,}57$

Veränderung des Basisobjektkurses: $\dfrac{88{,}3-94{,}7}{94{,}7} = -0{,}0676$

Prognostizierte Änderung des Put-Optionsscheinkurses:
$(-0{,}0676) \cdot (-9{,}57) = 0{,}6469$

Prognostizierter Optionsscheinkurs: $= 9{,}90 \cdot 1{,}6469 = 16{,}30$

Tabelle 3.7   Fehlschätzung des Kurses des Put-Optionsscheins auf Aktien der Bremer Vulkan aufgrund der Hebelkennziffern

Die Fallstudie zeigt, daß der Investor mit seinem Put-Optionsschein während der untersuchten Periode auch dann völlig falsch lag, wenn er das Verhalten des Basisobjektkurses präzise prognostiziert hat.

3.4.4. Auswertung der Kennzahlenübersicht

Die einer effizienten Investitionsentscheidung zugrundeliegende Kennzahlenübersicht hat sich auf die Ziffern höchster Aussagequalität zu konzentrieren. Da Optionsscheine stets im Hinblick auf künftige Kursszenarien erworben werden, darf die Restlaufzeit des Optionsscheins nicht fehlen.

---

[16] Vgl. Kapitel 4 bis 10.

Der Anleger sucht Optionsscheine mit hoher Leistung, aber niedrigen Kosten. Der Vergleich von *effektivem Hebel* und **Jährlicher Performance-Prämie** in Tabelle 3.8 zeigt, daß die Leistung eines Optionsscheins mit dessen Kosten korreliert. Qualität hat seinen Preis. Das ist bei anderen Produkten auch so und erschwert fast jede Kaufentscheidung. Die Entscheidungssituation wird nicht leichter, wenn mit der Begründung, der Call-Optionsschein stelle eine Alternative zur Direktinvestition dar, die Jährliche Performance-Ertragsgleichheit in die Entscheidungsfindung einbezogen wird, denn auch dieser Wert korreliert mit dem Hebel.

Im Geld liegende Optionsscheine haben attraktiv niedrige Prämien- und Ertragsgleichheitskennzahlen, zugleich aber uninteressante Hebelwerte. Im out-of-the-money-Bereich signalisieren die Hebelkennzahlen viel zu hohe Optionsscheinleistungen. In diesem Bereich sind aber auch die Kosten des Optionsscheinumwegs insoweit zu hoch ausgewiesen als sie vom Anleger nicht bezahlt werden. Diese Kosten sind für den Anleger dennoch unangenehm, weil sie die vom effektiven Hebel prognostizierte Entwicklung bremsen. Die Stärke des Bremseffekts kann mit Hilfe traditioneller Kennzahlen nicht vorhergesagt werden. Dieser Effekt ist aber so groß, daß die auf den effektiven Hebel vertrauenden Inhaber von aus dem Geld liegenden Optionsscheinen regelmäßig über den Kursverlauf ihres Optionsscheins frustriert sind, wenn sich der Basisobjektkurs nur moderat in die erwartete Richtung bewegt.

Die Vorbehalte gegen die Vorhersagegenauigkeit der klassischen Kennzahlen resultieren aus dem Einfluß der *Moneyness* auf Jährliche Performance-Ertragsgleichheit bzw. Jährliche Performance-Prämie einerseits und effektiven Hebel andererseits. Da die Moneyness auf beide Kennzahlen wirkt, läßt sie sich gedanklich bis zu einem gewissen Grade "neutralisieren", indem die Ertragsgleichheits- bzw. Prämienkennzahl auf den effektiven Hebel bezogen werden. Ein für sich betrachtet niedriger effektiver Hebel stellt dann keinen Nachteil dar, wenn er mit einer entsprechend niedrigen Jährlichen Performance-Ertragsgleichheit verbunden ist.

Das Ergebnis ist in der letzten Spalte der komprimierten Kennzahlenübersicht (Tabelle 3.8) ausgewiesen. Die Werte zeigen, daß die hohe Ertragsgleichheit des aus dem Geld liegenden Call-Optionsscheins durch seinen hohen effektiven Hebel relativiert wird.

Nach dieser Auswertung ist der im Geld stehende Call-Optionsschein auf Lufthansa-Aktien mit dem kleinsten Verhältnis von Jährlicher Performance-Ertragsgleichheit und effektivem Hebel am günstigsten bewertet.

	t in Jahren	MN	$PPR_{p.a.}$ in %	$PEG_{C\,p.a.}$	$Hebel_{eff}$	$PEG_{C\,p.a.}/Hebel_{eff}$ [$PPR_{P\,p.a.}/Hebel_{eff}$]
Call am Geld	1,0500	1,00	12,44	14,31	5,97	2,40
Call im Geld	1,0500	1,20	6,34	8,26	3,77	2,19
Call aus dem Geld	1,0500	0,80	30,74	33,21	7,59	4,37
Put am Geld	1,8278	1,00	6,47		− 6,99	[0,92]

Tabelle 3.8 Übersicht der aussagekräftigsten traditionellen Kennziffern der in Tabelle 2.1 enthaltenen Optionsscheine

3.4.5 Vorsicht: Druckfehlerteufel!

Kennzahlen zur traditionellen Bewertung von Optionsscheinen werden in Fachzeitschriften veröffentlicht. Ebenso können Listen mit diesen Kennzahlen über Computerprogramme zur Bewertung von Optionsscheinen erstellt werden. Beim Durchforsten dieser Tabellen nach besonders günstigen Angeboten ist allerdings Vorsicht geboten, denn die Attraktivität eines Optionsscheins beruht nicht selten auf Druck- oder Eingabefehlern. Deshalb ist im Einzelfall zu prüfen, ob die Daten besonders günstig erscheinender Optionsscheine richtig ausgewiesen sind.

Fallstudie 3.18   Druckfehler leiten fehl

Eine in einer Spezialzeitschrift veröffentlichte Liste mit Kennzahlen von Optionsscheinen weist für den folgenden Optionsschein die günstigste Jährliche Prämie aus:[17]

Call-Optionsschein der Commerzbank auf Commerzbank-Aktien 86/01 - WKN 803 280 -

Bewertungstag:	t_0	= 12.5.1995
Ausübungspreis:	B	= 269,00
Fälligkeit:	t_V	= 2.10.1995
Restlaufzeit:	t	= $t_V - t_0$ = 140 Tage : 360 Tage = 0,389 Jahre
Optionsverhältnis:	OV	= 1,00
Basisobjektkurs in t_0:	S_0	= 348,60
Optionsscheinkurs in t_0:	C_M	= 65,00
Prämie:	PR	= – 4,19 %
Jährliche Prämie:	$PR_{p.a.}$	= – 10,77 %

$$PR_C = \frac{\frac{65}{1} + 269 - 348{,}60}{348{,}60} = -4{,}19\,\% \qquad \text{(Formel 3.4)}$$

$$PR_{C\,p.a.} = \frac{-4{,}19}{0{,}389} = -10{,}77 \qquad \text{(Formel 3.5)}$$

Wer diesen Optionsschein näher untersucht, stellt fest, daß der ursprüngliche Ausübungspreis von 280,00 DM nach Kapitalerhöhungen auf 273,00 DM und nicht auf 269,00 DM adjustiert wurde. Darüber hinaus bezieht der Optionsscheininhaber bei Ausübung des Optionsrechts im Jahre 1995 Aktien, die erstmals Dividende (D) für das Geschäftsjahr 1995 erhalten,[18] während der Aktienkurs am Optionsschein-Bewertungstag noch die Dividende für das Geschäftsjahr 1994 in Höhe von 12,00 DM plus 1,50 DM Bonus enthält, die Ende Mai 1995 ausgeschüttet wird.

---

[17] Vgl. *Finanzen Optionsscheine*, Heft 19/1995, S. 15.
[18] Vgl. **Commerzbank Overseas Finance N.V. (1993)**, S. 56, § 3 Abs. 2.

Ohne Berücksichtigung der anrechenbaren Körperschaftsteuer in Höhe von 3/7 der Ausschüttung gemäß § 36 Abs. 2 Ziffer 3 Einkommensteuergesetz ergibt sich dann nach Bereinigung des

Basisobjektkurses $\quad S_0 - D = 348{,}60 - 13{,}50 = 335{,}10\ $ für den Call-Optionsschein

- eine Prämie $\quad PR_C = \dfrac{\frac{65}{1}+273-335{,}10}{335{,}10} = 0{,}008654$ p.a.

- die jährliche Prämie $\quad PR_{C\,p.a.} = \dfrac{0{,}008654}{0{,}389} = 0{,}022247$ p.a.

Nach Berücksichtigung der während der Laufzeit des Optionsscheins anfallenden Ausschüttungen ist der Commerzbank-Optionsschein dank seiner niedrigen jährlichen Prämie von 2,2 % noch immer günstig, seine besonders attraktive, zu Arbitrage-Gewinnen einladende Bewertung wurde aber - vor allem auch im Hinblick auf die bei der kurzen Restlaufzeit ins Gewicht fallenden Transaktionskosten - relativiert. Das Beispiel zeigt zugleich, wie die Jährliche Prämie durch die unterjährige Restlaufzeit des Optionsscheins verzerrt wird.

4 Grundlagen der modernen Optionspreistheorie

Hebel, Prämie und Ertragsgleichheit sind klassische Kennzahlen zur Beurteilung von Optionsrechten. Der Effektivzins, mit dem Aktien, Gläubigerpapiere, Investmentzertifikate, aber auch beispielsweise Mietshäuser bewertet werden können, gehört in die gleiche Kategorie von Kennzahlen. Während die klassische Bewertungsmethode bei fest- und variabel-verzinslichen Wertpapieren längst durch das Barwertverfahren verdrängt ist, setzt sich das moderne Bewertungsverfahren im Geschäft mit Optionsrechten erst in letzter Zeit durch.

4.1 Von der klassischen zur modernen Bewertung verzinslicher Anlagen

Der Unterschied zwischen klassischer und moderner Bewertung von Kapitalanlagen soll am Beispiel verzinslicher Anlagen herausgearbeitet werden.

Fallstudie 4.1 Parameter der Fallstudien zur klassischen und modernen Bewertung verzinslicher Anlagen

Die Ausführungen werden ergänzt durch Fallstudien, denen ein festverzinsliches Wertpapier mit folgender Ausstattung zugrundeliegt:

- 1 Kuponzahlung pro Jahr (Nominalzins von 8 %):   Kup =   8,00
- Kaufkurs = Kurs am Bewertungstag t_0:   Kk = 98,00
- Rückzahlungsbetrag: RZ = 100,00
- Restlaufzeit: t =   4 Jahre

4.1.1 Klassische Bewertung durch den Effektivzins

Der *Effektivzins* (EZ) war eine früher gebräuchliche Kennzahl zum Vergleich von Investitionsalternativen. Er ergibt sich, indem der Gewinn, den eine Kapitalanlage bringt, auf einen Kapitaleinsatz von 100,00 DM und auf eine Laufzeit von einem Jahr umgerechnet wird (Formel 4.1).

$$EZ = \frac{Kupon \cdot Laufzeit + Rückzahlung - Kaufkurs}{Kaufkurs \cdot Laufzeit} \cdot 100$$

Formel 4.1   Faustformel für den Effektivzins

Fallstudie 4.1 (a) Berechnung des Effektivzinses eines festverzinslichen Wertpapiers

Kaufkurs	Kupon	Kupon	Kupon	Kupon + RZ	Gewinn
−98,00	+8,00	+8,00	+8,00	+8,00 + 100,00	= 34,00

| Kauftag | 1. Jahr | 2. Jahr | 3. Jahr | 4. Jahr |

Abbildung 4.1 Ein- und Auszahlungen bei dem festverzinslichen Papier der Fallstudie 4.1

$$EZ = \frac{8,00 \cdot 4 + 100 - 98}{98 \cdot 4} = \frac{34}{98 \cdot 4} = 0,0867 \text{ p.a.} = 8,67 \text{ \% p.a.}$$

Die Entscheidung fällt bei gleicher Sicherheit der Zahlungseingänge zugunsten des Investitionsvorhabens mit dem höchsten Effektivzins.

4.1.2 Barwertkonzept als Grundlage des modernen Arbitrageverfahrens

Bei der traditionellen Bewertung werden alle die Kapitalanlage betreffenden Zahlungen gleich behandelt, unabhängig davon, *wann* sie fließen. Demgegenüber werden beim Barwertkonzept die zu verschiedenen Zeitpunkten anfallenden Zahlungen mit dem Zinssatz für risikolose Kapitalanlagen auf den Bewertungszeitpunkt abgezinst. Dadurch wird eine Zahlung in der Gegenwart höher bewertet als eine gleich hohe Zahlung in der Zukunft. Das ist plausibel, weil eine früher zufließende Zahlung zwischenzeitlich zinsbringend angelegt werden kann.

Der *Barwert* K_0 *einer nach t Jahren eingehenden* sicheren *Zahlung* RZ wird errechnet, indem die Zahlung RZ mit dem Zinssatz für risikolose Kapitalanlagen r über den Zeitraum t hinweg abgezinst wird (Formel 4.2).

$$K_0 = \frac{RZ}{(1+r)^t}$$

Formel 4.2   Barwert einer künftigen Zahlung

Fallstudie 4.1 (b) Barwertberechnung einer in der Zukunft eingehenden Zahlung

Rückzahlungsbetrag einer Anleihe (Zero-Bond): RZ = 100,00
Zeitraum in Jahren bis zur Zahlung: t = 4 Jahre
Zinssatz für risikolose Kapitalanlagen: r = 7,5 % p.a.

Barwert: $K_0 = \frac{100}{(1+0,075)^4} = 74,88$ DM

Wenn ein Betrag von 74,88 DM mit einem Zinssatz von 7,5 % p.a. und jährlicher Zinsgutschrift angelegt wird, ergibt sich nach 4 Jahren ein Betrag von 100,00 DM.

Ein Straight-Bond bringt zusätzlich Jahr für Jahr jeweils eine *Kuponzahlung* in gleicher Höhe.

Ableitung von Formel 4.3:[1]

Für den Barwert mehrerer in h = 1, 2, 3, ..., t Jahren eingehender Zahlungen gilt

$$K_0 = \frac{K_1}{(1+r)^1} + \frac{K_2}{(1+r)^2} + \frac{K_3}{(1+r)^3} + \ldots + \frac{K_t}{(1+r)^t} \text{ oder kürzer } K_0 = \sum_{h=1}^{t} \frac{K_h}{(1+r)^h}$$

Wenn **pro Jahr konstante Zahlungen** (Kup) anfallen, kann zur Berechnung des Barwerts dieser Zahlungen die Formel

$$\sum_{h=0}^{t-1} q^h = \frac{q^t - 1}{q - 1}$$

verwendet werden. Sie ist in jeder Formelsammlung unter „geometrische Reihe" zu finden. Dazu muß die oben für den Barwert mehrerer in der Zukunft eingehender Zahlungen hergeleitete Formel 4.2 allerdings so umgeformt werden, daß ihr Index bereits bei h = 0 beginnt und bis h = t −1 läuft. Ausgangsformel ist die oben dargelegte Summe der Barwerte der künftigen gleich hohen Zahlungen pro Jahr

$$K_{0\,Kup} = \frac{Kup}{(1+r)^1} + \frac{Kup}{(1+r)^2} + \ldots + \frac{Kup}{(1+r)^t} = Kup\left(\frac{1}{(1+r)^1} + \frac{1}{(1+r)^2} + \ldots + \frac{1}{(1+r)^t}\right)$$

$$= \frac{Kup}{1+r}\left(\frac{1}{(1+r)^0} + \frac{1}{(1+r)^1} + \ldots + \frac{1}{(1+r)^{t-1}}\right) = \frac{Kup}{1+r} \sum_{h=0}^{t-1} \frac{1}{(1+r)^h}$$

Wenn statt $\frac{1}{(1+r)^h} = q^h$ eingesetzt wird, läßt sich die aus der Formelsammlung entnommene Formel verwenden. Dann gilt

$$K_{0\,Kup} = \frac{Kup}{1+r} \cdot \frac{\frac{1}{(1+r)^t} - 1}{\frac{1}{(1+r)} - 1}, \text{ da: } \sum_{h=0}^{t-1} q^h = \frac{q^t - 1}{q - 1}$$

$$K_{0\,Kup} = Kup \cdot \frac{1 - (1+r)^t}{(1 - (1+r))(1+r)^t} = Kup \cdot \frac{1 - (1+r)^t}{-r(1+r)^t}$$

$$\boxed{K_{0\,Kup} = Kup \cdot \frac{(1+r)^t - 1}{r(1+r)^t}}$$

Formel 4.3   Barwert gleichbleibender Kuponzahlungen

Wenn zum Barwert der Kuponzahlungen der Barwert des nach Formel 4.2 errechneten Rückzahlungsbetrages addiert wird, ergibt sich der Barwert des festverzinslichen Wertpapiers (Formel 4.4).[2]

---

[1] Wer sich mit der Formel für den Barwert der Kuponzahlungen festverzinslicher Wertpapiere (Straigth-Bonds) zufrieden gibt, kann die Ableitung der Formel 4.3 überschlagen.

[2] Vgl. **Uhlir, Helmut / Steiner, Peter (1991)**, S. 9.

$$K_{OA} = Kup \frac{(1+r)^t - 1}{(1+r)^t \cdot r} + \frac{RZ}{(1+r)^t}$$

wobei: Kup = Kuponzahlung (= Rente) pro Jahr
RZ = Rückzahlungsbetrag nach t Jahren
t = Restlaufzeit in Jahren bzw. Zeitpunkt der letzten Zahlung
r = Zinssatz für risikolose Kapitalanlagen

Formel 4.4   Barwert eines festverzinslichen Wertpapiers

Als *Zinssatz für risikolose Kapitalanlagen* wird üblicherweise die Rendite einer Bundesanleihe eingesetzt. Da nur in Ausnahmefällen eine Bundesanleihe existieren wird, die denselben Zahlungsstrom hat wie das zu bewertende Investment, ist der Zinssatz nicht exakt bestimmbar.

Fallstudie 4.1 (c)   Berechnung des Barwerts des Straight-Bonds aus Fallstudie 4.1

Zinssatz für risikolose Kapitalanlagen: r = 7,5 % p.a.

$$K_{OA} = (0,08 \cdot 100) \cdot \frac{(1+0,075)^4 - 1}{(1+0,075)^4 \cdot 0,075} + \frac{100}{1,075^4} = 101,67 \text{ DM}$$

Vgl. zur Verdeutlichung dazu Abbildung 4.2.

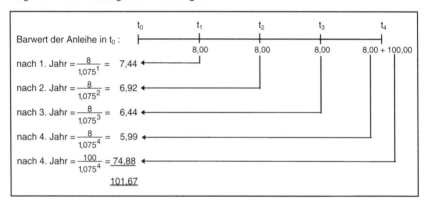

Abbildung 4.2   Barwert eines festverzinslichen Wertpapiers

Wie andere in der Zukunft liegende Ereignisse sind künftige Zahlungen nur mehr oder weniger sicher. Deshalb wird der Anleger bei Investitionen, die weniger sicher und weniger liquide als jene von Bundesanleihen sind, einen **Risikoabschlag auf den Barwert** vornehmen. Die Höhe dieses Abschlags wird er an entsprechenden Abschlägen alternativer vom Markt bewerteter Investitionen ausrichten. Dabei dominiert das subjektive Element, denn der Anleger entscheidet aufgrund individueller Erwartungen, mit welcher marktbewerteten Anlage er die zu bewertende Investition ver gleicht. Aus diesem Grund können sich auch verschiedene Beträge für den Fairen Wert ergeben, wenn die gleiche Kapitalanlage zur gleichen Zeit von verschiedenen Anlegern bewertet wird.

Fallstudie 4.1 (d)   Berechnung des Fairen Werts des Straight-Bonds aus Fallstudie 4.1

Barwert des Wertpapiers:	101,67 DM
– subjektiv festzulegender Risikoabschlag:	3,00 DM
Fairer Wert des Wertpapiers:	98,67 DM

Der Anleger wird den von ihm ermittelten *Fairen Wert* der Kapitalanlage *mit* deren *Marktpreis vergleichen*. Ist der Marktpreis höher, wird er das Anlageobjekt veräußern, liegt der Marktpreis dagegen unter dem Fairen Wert, dann wird er sich für die Investition entscheiden (Abbildung 4.3). In beiden Fällen erzielt er Arbitragegewinne.

Die Begriffe „Wert" und „Preis" dürfen demnach nicht gleichgesetzt werden:[3]

- Der *Wert* ist das Ergebnis der individuellen Nutzenschätzung. Er kann nicht isoliert für sich definiert werden, sondern nur im Verhältnis zu anderen Werten. So läßt sich der Wert einer Kapitalanlage nur aufgrund des subjektiven Nutzens, den der Investor aus ihr im Vergleich zum Nutzen einer Alternativanlage zieht, quantifizieren.

- Der *Preis* bildet sich am Markt aufgrund von Angebot und Nachfrage, die ihrerseits das Ergebnis investorindividueller Bewertungsvorgänge sind, denn der Wert ist so etwas wie der Grenzpreis, den der potentielle Investor gerade noch zu zahlen bereit ist. Der Preis ergibt sich also aufgrund der aus unterschiedlichen Wertauffassungen resultierenden Limitnennungen aller Marktteilnehmer.[4] Er räumt den Markt.

Über den Abzinsungsfaktor und den Risikoabschlag auf den Barwert wird die zu bewertende Kapitalanlage mit alternativen Investitionen verglichen. Arbitragekäufe und -verkäufe sorgen dafür, daß sich der Marktpreis jeder Kapitalanlage stets auf dem Weg zum Fairen Wert der marktdominierenden Investoren befindet.

---

[3] Grundlegende Ausführungen zur gesamten Bewertungsproblematik finden sich in dem brillant geschriebenen und nach wie vor aktuellen Buch von **Engels, Wolfram (1969)**, S. 1- 25.

[4] Vgl. **Uhlir, Helmut / Steiner, Peter (1991)**, S. 2.

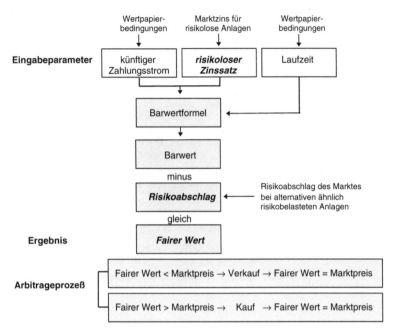

Abbildung. 4.3   Schema zur Berechnung und Auswertung des Barwerts verzinslicher Anlagen

4.1.3 Impliziter Zinssatz als alternatives Ergebnis zum Barwert

Beim Renditekonzept wird der aktuelle, am Markt festgestellte Kurs der zu bewertenden Kapitalanlage als Barwert K_0 in die Barwertformel eingesetzt. Zusätzlich eingegeben werden Zeitpunkt und Höhe der erwarteten Zins- und Tilgungs- bzw. Rückzahlungsbeträge. Aufgelöst wird die Barwertformel nach r_i, das als „interner Zinsfuß" oder als *„impliziter" Zinssatz* der Kapitalanlage bezeichnet werden kann.

Die implizite Zinssatz r_i kann nur im Näherungsverfahren berechnet werden. Auf eine detaillierte Darstellung dieses Verfahrens kann hier verzichtet werden, weil Taschenrechner und spezielle Bond-Rechner Programme für derartige Berechnungen beinhalten und weil Wirtschaftszeitungen diesen Zins in ihren Kursblättern für die dort aufgelisteten Gläubigerpapiere ausweisen.

Fallstudie 4.1 (f)   Berechnung des implizierten Zinssatzes des Straight-Bonds

Folgende Parameter sind in die Barwertformel bzw. in den Bond-Rechner einzugeben:

Aktueller Kurs des Papiers:	K_0 =	98,00 %
Konstante Kuponzahlung pro Jahr:	Kup =	8,00 DM
Rückzahlungsbetrag:	RZ =	100,00 DM
Laufzeit des Papiers:	t =	4 Jahre
Der Bond-Rechner bringt den gesuchten Wert:	r_i =	8,61 % p.a.

Die Differenz zwischen dem impliziten Zinssatz und dem Zinssatz für risikolose Kapitalanlagen gleicher Laufzeit ist die „*implizite*" Risikoprämie RP_i, die der Markt für die Anlage in dem bewerteten Papier verlangt und zahlt. Der Anleger wird zur Investition bereit sein, wenn er subjektiv meint, durch die Höhe der Risikoprämie für die in der Investition liegenden Risiken im Vergleich zu Risikoprämie und Risiken alternativer Anlagen ausreichend entlohnt zu werden.

Fallstudie 4.1 (g)   Berechnung der „impliziten" Risikoprämie des Straigth-Bonds

Implizite Zinssatz	r_i =	8,61 % p.a.
minus Zinssatz für risikolose Kapitalanlagen	r =	7,50 % p.a.
Implizite Risikoprämie	RP_i =	1,11 % p.a.

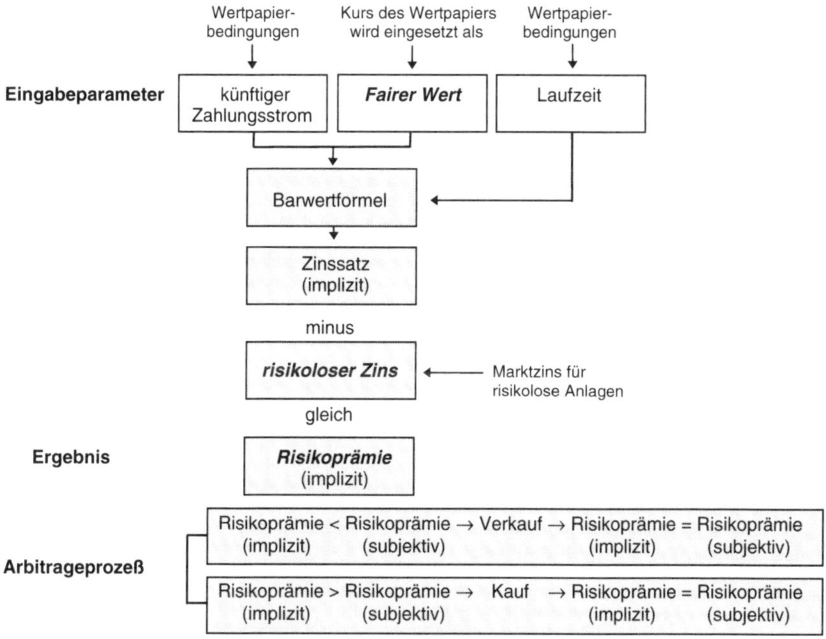

Abbildung 4.4   Schema zur Berechnung und Auswertung des impliziten Zinssatzes

4.2 Bestimmungsfaktoren des Optionspreises

Während der Laufzeit eines Optionsrechts setzt sich dessen Preis aus dem inneren Wert und dem Zeitwert zusammen. Beide Wertkomponenten orientieren sich in der Weise an Alternativanlagen, daß keine Arbitragegewinne möglich sind.

4.2.1 Basisobjektpreis und Ausübungspreis des Optionsrechts

Der Wert eines Optionsrechts steigt mit dessen innerem Wert, der durch Basisobjektpreis und Ausübungspreis bestimmt wird. Am Ende der Laufzeit der Option sorgen Arbitragetransaktionen dafür, daß der Wert eines Optionsrechts nicht von dessen innerem Wert abweicht.

4.2.2 Zinssatz für risikolose Kapitalanlagen

Der Inhaber eines *Call-Optionsrechts* braucht im Vergleich zum Aktionär den auf den Ausübungspreis entfallenden Teil des Aktienkurses erst am Ausübungstag zu bezahlen. In der Zwischenzeit kann er den für die Ausübung reservierten Geldbetrag risikolos verzinslich anlegen. Deshalb benötigt er in der Gegenwart t_0 nur den Barwert des Bezugspreises $\frac{B}{(1+r)^t}$, um am Verfalltag sein Optionsrecht ausüben zu können. Der Wert des Call-Optionsrechts enthält demnach die Erträge, die der Optionsinhaber aus seinem Liquiditätsvorteil gegenüber der Basisobjektinvestition zieht.

Fallstudie 4.2 Berechnung des Liquiditätsvorteils eines Call-Optionsscheins

Ausübungspreis: $B = 200{,}00$
Restlaufzeit des Optionsscheins: $t = 2$ Jahre
Zinssatz für risikolose Kapitalanlagen: $r = 0{,}075$ p.a.
Basisobjektpreis: $S_0 = 200{,}00$
Liquiditätsvorteil des Optionsscheins: $B - \frac{B}{(1+r)^t} = 200 - \frac{200}{1{,}075^2} = 26{,}93$ DM

Sofern die Aktie am Ausübungstag nach wie vor bei 200,00 DM notiert, ist der Inhaber eines Call-Optionsscheins um 26,93 DM besser gestellt als der Aktionär, der während der Anlagedauer Liquidität in Höhe des Aktienkurses gebunden hatte und deshalb den Barwert des Ausübungspreises (173,07 DM) nicht verzinslich anlegen konnte.

Dem Inhaber eines *Put-Optionsrechts* fließt Liquidität erst zu, wenn er am Ende der Optionslaufzeit sein Recht ausübt. Er hat gegenüber dem Aktionär keinen Liquiditätsvorteil. Infolgedessen notiert der Call-Optionsschein um den Ertrag aus diesem Liquiditätsvorteil höher als der entsprechende Put-Optionsschein.

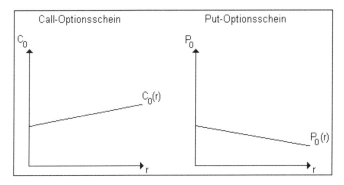

Abbildung 4.5 Wert des Optionsrechts in Abhängigkeit von der Höhe des Zinssatzes für risikolose Kapitalanlagen (r)

Der Wert
- eines Call-Optionsrechts steigt mit dem Zinssatz für risikolose Kapitalanlagen,
- eines Put-Optionsrechts geht zurück, wenn der Zinssatz für risikolose Kapitalanlagen steigt, weil es teurer wird, das Basisobjekt zu halten.

4.2.3 Laufende Erträge aus dem Underlying

Während der Laufzeit des Optionsrechts fließen dem Basisobjekt-Eigentümer die laufenden Erträge aus dem Basisobjekt - seien es Dividenden aus Aktien oder Zinsen aus Gläubigerpapieren - zu, nicht aber dem Optionsscheininvestor. Das ist ein Nachteil des *Call-Optionsrechts* im Vergleich zum Basisobjekt.

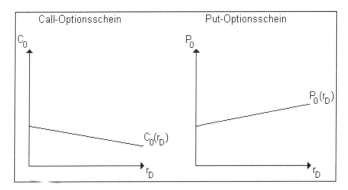

Abbildung 4.6 Wert des Optionsrechts in Abhängigkeit von der Höhe der laufenden Erträge aus dem Basisobjekt (r_D)

Laufende Erträge aus dem Basisobjekt mindern den Wert des Call-Optionsrechts und erhöhen den Wert der Put-Option. Wenn das Underlying einen höheren Ertrag bringt als den Liquiditätsvorteil des Call-Optionsrechts, ist das Put-Optionsrecht wertvoller als das entsprechende Call-Optionsrecht.

4.2.4 Ausmaß der Schwankungen des Basisobjektkurses

Optionsberechtigte hoffen auf starke Schwankungen des Basisobjektkurses, weil so die Chance einer positiven Entwicklung des Optionswertes steigt. Vor dem damit zugleich verbundenen größeren Risiko schützt das beim Optionsrecht eingezogene *Sicherheitsnetz*. Insofern beinhaltet der Optionspreis einen Betrag, der als Anwartschaft auf außerordentliche Kurschancen, aber auch als Versicherungsprämie gegen Kursstürze interpretiert werden kann.

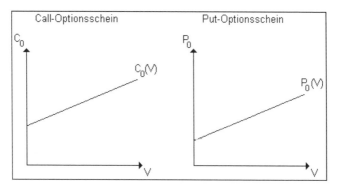

Abbildung 4.7 Wert des Optionsrechts in Abhängigkeit von der Schwankungsbreite (V) des Basisobjektpreises

Der Optionsscheinwert steigt mit der Schwankungsbreite des Basisobjektkurses.

4.2.5 Zeitliche Gestaltung des Ausübungsrechts

Der Wert des Optionsrechts hängt von der zeitlichen Gestaltung des Ausübungsrechts ab. So verbriefen Optionsscheine *amerikanischen Typs* einen um die Ausübungsprämie höheren Wert als identische europäische Kontrakte,[5] wenn die jederzeit mögliche Ausübung ihrerseits einen Wert (Ausübungsprämie) darstellt. Denkbar ist das sowohl bei weit im Geld stehenden Put-Optionsscheinen als auch bei Call-

---

[5] Vgl. **Hauck, Wilfried (1991)**, S. 116.

Optionsrechten auf Aktien unmittelbar vor dem Abschlag der Dividende vom Basisobjektkurs.

Mit der Ausübung gehen allerdings Absicherungseffekt des Optionsrechts und Liquiditätsvorteil des Call-Optionsscheins verloren. Deshalb ist die vorzeitige Ausübung des *Call-Optionsrechts* nur lohnend, wenn zum Zeitpunkt der Ausübung des Optionsrechts der Vorteil der Option im Vergleich zur Basisobjektinvestition kleiner ist als der aus dem Dividendenabschlag resultierende Wertverlust des Optionsrechts. Die vorzeitige Ausübung von *Put-Optionsrechten* ist nur interessant, wenn der Zeitwert des Put-Optionsscheins kleiner ist als der Ertrag aus dem Liquiditätsvorteil, der durch vorzeitige Ausübung des Optionsrechts erzielt wird, abzüglich des Ertrages aus dem Basisobjekt.

Für Optionsrechte amerikanischen Typs wird nur eine Ausübungsprämie bezahlt, wenn Konstellationen erwartet werden, in denen die vorzeitige Ausübung des Optionsrechts lohnend ist.

4.2.6 Liquidität des Optionsrechts

Der Preis des Optionsrechts hängt nicht zuletzt von der Marktgängigkeit und damit von der Möglichkeit ab, es zu einem fairen Preis liquidieren zu können. Ist beispielsweise ein Optionsschein schwerer verkäuflich als das ihm zugrundeliegende Basisobjekt, rechtfertigt dies einen niedrigen Optionsscheinpreis.

Die Illiquidität eines Optionsrechts drückt auf dessen Preis.

4.2.7 Spezifische Wertkomponenten von covered warrants

Der Preis von Optionsscheinen auf bereits umlaufende Basisobjekte (covered warrants i. w. S.) hängt zusätzlich von der *Bonität*, vom *Standing* und der *Fairneß des Emittenten* ab. Denn:

- Das Emissionshaus ist häufig der einzige Marktteilnehmer, der Angebot und Nachfrage in einem Optionsschein auf bereits umlaufende Basisobjekte reguliert.[6]
- Der Optionsscheininhaber trägt das Erfüllungsrisiko. Während an Optionsbörsen, wie der DTB, die Clearingstelle bei Liquiditätsschwierigkeiten des Stillhalters für diesen eintritt, gibt es bei Optionsscheinen auf bereits umlaufende Basisobjekte keine entsprechenden Haftungsmechanismen. Deshalb könnte der Optionsschein eines Emissionshauses, das seinen Verpflichtungen nicht nachkommt, weit unter

---

[6] Vgl. **Ensel, Peter / Kötzing, Gesine (1993)**, S. 20.

seinem inneren Wert notieren. Die anderen optionspreisbestimmenden Faktoren würden von dem Faktor „notleidend" dominiert.

> Für Optionsscheine bonitätsmäßig einwandfreier und für ihre Marktpflege und Seriosität bekannte Emittenten wird mehr bezahlt als für Papiere unbekannter Emittenten.

4.2.8 Restlaufzeit des Optionsrechts

Am Ende der Optionslaufzeit entspricht der Wert des Optionsrechts seinem inneren Wert. Infolgedessen geht mit der Restlaufzeit des Optionsrechts die Bedeutung der bisher genannten optionspreisbeeinflussenden Faktoren zurück. So schwinden die Vorteile und die Nachteile einer Optionsscheininvestition, bis sie bei Verfall des Optionsrechts ganz verschwunden sind.[7] Nur ein Faktor, außer Basisobjektkurs und Ausübungspreis, wird den Optionsscheinpreis auch am Ausübungstag dominieren: Wenn ein Optionsschein notleidend ist, wird er unter seinem inneren Wert notieren.

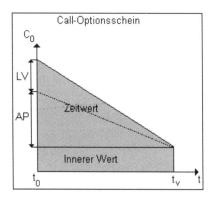

Abbildung 4.8 Schematischer Verlauf des Liquiditätsvorteils (LV) und der Absicherungs-Prämie (AP) eines Call-Optionsscheins (C_0) bei abnehmender Restlaufzeit

4.2.9 Sonstige Bestimmungsfaktoren

Der Preis eines Optionsrechts ist das Ergebnis eines Marktprozesses. Die wichtigsten optionspreisbestimmenden Faktoren wurden genannt. Darüber hinaus gibt es eine unendlich große Zahl weiterer Faktoren, von denen der Optionspreis mehr oder

---

[7] Vgl. **Hauck, Wilfried (1991)**, S. 95.

weniger stark abhängt. So kann selbst das Wetter den Optionspreis beeinflussen, wenn beispielsweise ein Dauerregen auf die Stimmung der Marktteilnehmer schlägt.

> Der Zeitwert ist keine spekulative Prämie, sie basiert vielmehr auf handfesten Vorteilen des Optionsscheins gegenüber dem Underlying,[8] die während der Laufzeit des Optionsrechts aufgebracht werden. Insofern arbeitet die Zeit ebenso gegen den Optionsscheininhaber wie gegen den Kreditnehmer oder den Versicherungsnehmer, denn die Höhe der Kreditzinsen als auch der Versicherungsprämie hängt von der Dauer der Kreditaufnahme bzw. des Versicherungsschutzes ab.

4.3 Die Idee zur Bewertung von Optionen im Arbitrageverfahren

Die Bewertung von Optionsrechten ist mit weit größeren Problemen behaftet als die Straight-Bond-Bewertung. Das resultiert nicht nur aus der größeren Zahl an Bestimmungsfaktoren, sondern vor allem auch daraus, daß der Basisobjektkurs und damit die aus dem Optionsrecht bei dessen Verfall fließende Zahlung nicht vorhergesagt werden kann.

4.3.1 Duplikationsprinzip

Dank der Idee, die zu bewertende Option zu duplizieren, wird es möglich, den Wert des Optionsrechts unter bestimmten Prämissen trotz Unsicherheit über den künftigen Basisobjektkurs zu quantifizieren.

- Durch gezielte Auswahl von Kapitalanlagen, deren Preis zum Zeitpunkt der Bewertung des Optionsrechts bekannt ist, wird ein Portefeuille zusammengestellt, das in jedem künftigen Zustand des Marktes identische Zahlungsströme wie der zu bewertende Optionsschein bringt (Duplikationsportefeuille).
- Zwei im Hinblick auf die künftigen Rückflüsse äquivalente Positionen haben in einem effizienten Markt stets den gleichen Preis. Entsprechend kann der Optionsscheinpreis in der Gegenwart nicht vom aktuellen Preis des duplizierten Portefeuilles abweichen.
- Würde eine Differenz bestehen, wären risikolose Arbitragegewinne möglich, durch deren Realisierung die Preisdifferenz verschwindet.

Als Duplikationsportefeuille zum Optionsrecht kommt dessen Underlying in Frage. Da die Investition beispielsweise in ein Call-Optionsrecht weniger Kapital bindet als eine Basisobjektinvestition, wird die Differenz zwischen Basisobjektkurs und Preis des Call-Optionsrechts auf Kredit finanziert. Dann kann vom Preis des Basisobjekts

---

[8] Vgl. **Zwirner, Thomas (1994)**, S. 98.

und des Kredits in der Gegenwart über die (gleich hohen) Rückflüsse aus Optionsportefeuille und fremdfinanziertem Basisobjektportefeuille in der Zukunft auf den Preis des Optionsrechts in der Gegenwart geschlossen werden.

Mit dem Prinzip des „Pricing by Duplication" wurde ein Weg gefunden, Optionsscheine *präferenzfrei* zu bewerten. „Präferenzfrei" heißt, die Bewertung des Optionsscheins erfolgt unabhängig davon, ob steigende oder fallende Basisobjektkurse erwartet werden. Für den Optionsscheininvestor ist es vielmehr typisch, einen bestimmten Kursverlauf zu erwarten, eine andere Entwicklung der Kurse aber nicht ausschließen zu können.

Dennoch kommt der Anleger auch bei der Bewertung seiner Optionsscheininvestition mit Hilfe eines präferenzfreien Gleichgewichtsmodells nicht ohne *subjektive Erwartungen* aus, denn er muß die Größe der Ausschläge des *künftigen* Basisobjektkurses abzuschätzen versuchen, was aufgrund objektiver Kriterien nicht möglich ist.

Wer einen Haftpflichtversicherungsvertrag abschließt, ist von den finanziellen Folgen von ihm verursachter Haftpflichtschäden genauso wenig betroffen, wie der Käufer eines Call-Optionsscheins von Kurseinbrüchen unterhalb des Ausübungspreises. Insoweit brauchen sich weder Versicherungsnehmer noch Optionsscheinkäufer über die künftige Entwicklung Gedanken zu machen. Dennoch beinhaltet die Entscheidung für die Optionsscheininvestition, wie für den Abschluß des Versicherungsvertrages, eine subjektive Einschätzung der Zukunft. So hat der Versicherungsnehmer im Versicherungsvertrag aufgrund des von ihm erwarteten Maximalschadens die Deckungssumme festzulegen. Die sich daraus errechnende Prämie wird er mit dem Nutzen abwägen, den er sich aus der Versicherung erwartet.

Das erste „*präferenzfreie*" oder „*vollkommene Gleichgewichtsmodell*" zur Bewertung von Optionsrechten wurde im Jahre 1973 von **Black und Scholes** entwickelt. Ihre Optionswertformel leiteten sie ursprünglich über die Hedge-Strategie und die Wärmeleitgleichung aus der Physik her.[9] Nur im Ansatz unterscheidet sich diese Lösung vom dargestellten Weg über ein Duplikationsportefeuille.

Das *Binomialmodell* wurde zur Bewertung von Optionsrechten erstmals im Jahre 1979 eingesetzt, als Cox, Ross und Rubinstein die Black-Scholes-Formel über das Binomialmodell erklären konnten.[10] Dank dieses - ursprünglich nur als pädagogisches Hilfsmittel gedachten - Ansatzes wird die Bewertung von Optionsrechten verständlich, ohne auf eine physikalische Erscheinung als Analogie zurückgreifen zu müssen.[11]

---

[9] Vgl. **Black, Fischer / Scholes, Myron (1973)**, S. 641 - 644.

[10] Vgl. **Cox, John C. / Ross, Stephen A. / Rubinstein, Mark (1979)**, S. 229 - 263.

[11] Vgl. **Köpf, Georg (1987)**, S. 119, 136.

Obwohl die präferenzfreien Gleichgewichtsmodelle für *Optionen* entwickelt wurden, können die Erkenntnisse der modernen Optionspreistheorie ohne Einschränkungen auf *Optionsscheine* übertragen werden, denn im Hinblick auf die in den Bewertungsmodellen erfaßten Faktoren unterscheiden sich verbriefte nicht von unverbrieften Optionsrechten.

4.3.2 Analogie zur Bewertung verzinslicher Anlagen

Nach den Ausführungen zum Duplikationsportefeuille wird deutlich, daß die präferenzfreien Gleichgewichtsmodelle den Arbitrageverfahren, wie sie zur Bewertung verzinslicher Kapitalanlagen eingesetzt werden, zuzuordnen sind. Analog zur Bewertung über den Barwert und über die implizite Rendite können auch zur Bewertung von Optionsrechten alternative Wege eingeschlagen werden.

4.3.2.1 Fair Value als modifizierter Barwert

Die Attraktivität des Optionsrechts kann aufgrund eines modifizierten Barwertverfahrens ermittelt werden, indem die folgenden Parameter in die Rechnung eingegeben werden:

[1] Ausübungspreis des Optionsrechts und Basisobjektkurs,

[2] Restlaufzeit des Optionsscheins,

[3] Zinssatz für risikolose Kapitalanlagen,

[4] Volatilität als Maß für die erwartete Schwankungsbreite des Basisobjektkurses.

Das Ergebnis ist der Wert des Gleichgewichtsmodells bzw. der **Black-Scholes-Wert** oder der **Binomialwert** des Optionsrechts (in Abbildung 4.9 mit [5] gekennzeichnet).

Die in den Optionsbedingungen versprochenen Zahlungen liegen in der Zukunft und sind deshalb unsicher. Vielleicht kommt der Stillhalter seinen Verpflichtungen nicht nach, vielleicht ist das Optionsrecht während seiner Laufzeit nur schwer verkäuflich. Im Hinblick auf diese Risiken wird der Investor einen nach seiner subjektiven Einschätzung bemessenen Risikoabschlag auf den im Gleichgewichtsmodell errechneten Wert vornehmen. Als Restgröße bleibt der *Faire Wert des Optionsrechts* [6], der mit dem Marktpreis des Optionsrechts verglichen wird.

In der Praxis und auch in den weiteren Ausführungen dieses Buches wird zwischen dem Ergebnis des Gleichgewichtsmodells und dem Fairen Wert nicht unterschieden. Die Marktgängigkeit eines Optionsrechts sowie die Bonität des Stillhalters von Optionsscheinen und OTC-Optionen wird vielmehr durch die Eingabe einer niedrigeren Volatilität oder die Vorgabe, Optionsscheine bestimmter Emittenten bzw. allgemein Optionsrechte bestimmter Stillhalter zu meiden, berücksichtigt.

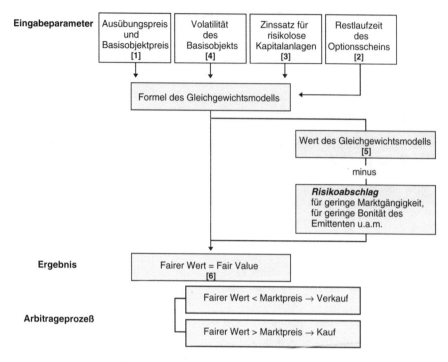

Abbildung. 4.9 Schema zur Berechnung und Auswertung des Fairen Wertes eines Optionsrechts

4.3.2.2 Implizite Volatilität als alternatives Ergebnis zum Fair Value

Bei einem alternativen Verfahren wird - dem Renditekonzept entsprechend - als
[5] Fairer Wert der **Marktpreis des Optionsrechts** in die Bewertungsformel eingegeben. Als weitere Parameter sind in die Formel einzustellen:
[1] Ausübungspreis des Optionsrechts und Basisobjektkurs,
[2] die Restlaufzeit des Optionsscheins sowie
[4] die erwartete Volatilität.
Aufgelöst wird die Formel nach dem [3] *„impliziten"* Zinssatz für risikolose Kapitalanlagen.

Statt der Volatilität kann auch der Zinssatz für risikolose Kapitalanlagen eingegeben und die Formel nach der *„impliziten"* *Volatilität* aufgelöst werden (Abbildung 4.10). Da die Volatilität im Vergleich zum Zinssatz der stärker schwankende und vom Anleger schwer festzulegende Parameter ist, ist es im berufsmäßigen Handel üblich, Optionsrechte nach ihrer impliziten Volatilität zu bewerten.

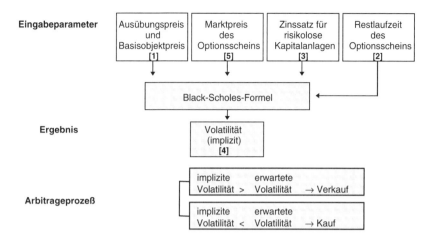

Abbildung 4.10 Schema zur Berechnung und Auswertung der impliziten Volatilität eines Optionsrechts

4.3.3 Prämissen der präferenzfreien Gleichgewichtsmodelle

Black-Scholes-Modell und Binomialmodell kommen durch verschiedene Ansätze zu den für den Optionswert entscheidenden Basisobjektkursen am Ende der Laufzeit des Optionsrechts. Die anderen, im folgenden ausgeführten Prämissen gelten sowohl im Black-Scholes-Modell als auch im Binomialmodell.[12]

1. Die Investoren streben *Endvermögensmaximierung* an.
2. Alle Anleger und Emittenten haben *freien Zutritt zu den Märkten* und zu den Informationen. Sie können zum Zinssatz für risikolose Kapitalanlagen Kredite in unbegrenzter Höhe aufnehmen, der Sollzinssatz ist gleich hoch wie der Habenzinssatz.
3. *Stillhalter- und Leerverkaufspositionen* sind uneingeschränkt *zulässig*. Die Verpflichtungen werden stets erfüllt, Sicherheiten werden nicht gestellt.
4. Basisobjekte und Optionrechte sind beliebig *teilbar*.
5. Informations- und *Transaktionskosten* sowie *Steuern* gibt es nicht.
6. Der *Zinssatz für risikolose Kapitalanlagen* ist während der Laufzeit der Option konstant und schon im voraus bekannt. Auch die vom Anleger erwartete Aktienrendite entspricht dem Zinssatz für risikolose Kapitalanlagen.

---

[12] Vgl. **Jurgeit, Ludwig (1989)**, S. 52 - 55, sowie: **Kohler, Hans-Peter (1992)**, S. 69.

7. Die *Schwankungsbreite* des Basisobjektkurses während der Laufzeit des Optionsrechts ist konstant und im voraus bekannt.
8. Dem Optionsrecht liegt eine *Aktie* zugrunde, die ihrem Eigentümer während der Laufzeit der Option *keine Dividende* und keine Nebenrechte bringt.
9. Optionsrechte können erst und nur am Ende ihrer Laufzeit ausgeübt werden, ausgegangen wird also von Optionen *europäischen Typs*.

5 Das Binomialmodell

5.1 Der Einstieg

5.1.1 Der Binomialschritt erfaßt die spezifische Leistung von Optionsrechten

Optionsscheinportefeuille und fremdfinanziertes Basisobjektportefeuille müssen in jedem künftigen Zustand des Marktes identische Zahlungsströme liefern. Diese Forderung setzt voraus, unendlich viele Zukunftsszenarien zu untersuchen. Für den menschlichen Verstand ist dies nicht nachzuvollziehen. Deshalb liegt es nahe, die Analyse allein auf die wesentlichen Faktoren des Untersuchungsgegenstandes zu konzentrieren.

Die spezifische Leistung der Option, ihren Inhaber gegen unerwünschtes Verhalten des Basisobjektkurses zu schützen, kann nur erfaßt und bewertet werden, wenn es gelingt, die *Ausübungsszenarien* am Ende der Laufzeit des Optionsrechts von den *Nichtausübungsszenarien* zu trennen. Das einfachste Modell, das diese Aufgabe erfüllt, ist der Binomialschritt. Er beginnt im Bewertungszeitpunkt t_0 mit *einem Szenario* und endet bei Verfall des Optionsscheins (t_v) *in zwei Szenarien*. Entweder
- steigt der Kurs des Basisobjekts um u (= upstep) auf $S_0(1+u) = S_u$ oder
- der Kurs des Basisobjekts fällt um d (= downstep) auf $S_0(1+d) = S_d$.

In t_v ist das eine dieser beiden Szenarien das Ausübungsszenario, das andere das Nichtausübungsszenario.

Wenn der Anleger nun noch die Wahrscheinlichkeit angibt, mit der er die Kurssteigerung bzw. die Kurssenkung erwartet, läßt sich der Wert des Optionsrechts leicht errechnen. Nach dem Informationsstand des Anlegers am Bewertungszeitpunkt hat das Optionsrecht bei Verfall einen Wert in Höhe des mit seiner Eintrittswahrscheinlichkeit gewichteten inneren Werts. Dieser Wert, abgezinst auf den Bewertungszeitpunkt t_0, ergibt den Wert des Call-Optionsrechts in t_0.

Fallstudie 5.1   Bewertung von Optionsrechten im Binomialschritt bei gegebener Kurssteigerungsrate und subjektiv bestimmter Eintrittswahrscheinlichkeit

Basisobjektkurs im Bewertungszeitpunkt t_0: $S_0 = 200{,}00$
Zinssatz für risikolose Kapitalanlagen: $r = 0{,}05$ p.a.
Rate der Basisobjektkurssteigerung (upstep): $u = +0{,}2$
Rate der Basisobjektkurssenkung (downstep): $d = -0{,}1$
Subjektiv bestimmte Eintrittswahrscheinlichkeit von u: $b = 0{,}5$

Da der Basisobjektkurs im Binomialschritt nur fallen oder steigen kann, ist die Eintrittswahrscheinlichkeit eines downstep $(1-b)$.

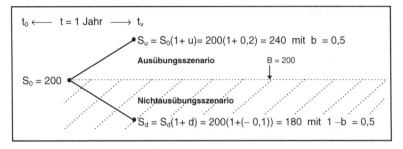

Abbildung 5.1 Bewertung eines Optionsrechts im Binomialschritt bei gegebener Kurssteigerungsrate und Eintrittswahrscheinlichkeit

Wenn der Kurs des Basisobjekts auf $S_u = 240$ steigt, hat das **Call-Optionsrecht** am Ende seiner Laufzeit einen *inneren Wert* von

$$CIW = \max[S_0(1+u) - B\,;\,0] = \max[240 - 200\,;\,0] = 40$$

Dieser Fall tritt jedoch nur mit einer *Wahrscheinlichkeit* von $b = 0{,}5$ ein. Deshalb hat das **Call-Optionsrecht** C_v bei Verfall nach dem Informationsstand zum Bewertungszeitpunkt t_0 einen Wert von $CIW \cdot b = 40 \cdot 0{,}5 = 20$ oder abgezinst auf den Bewertungszeitpunkt t_0:

$$C_0 = \frac{CIW \cdot b}{(1+r)^t} = \frac{40 \cdot 0{,}5}{(1{,}05)^1} = 19{,}04 \text{ DM}$$

Analog dazu ergibt sich der Wert des **Put-Optionsrechts** P_0:

Innerer Wert $PIW = \max[B - S_0(1+d)\,;\,0] = \max[200 - 180\,;\,0] = 20$

$$P_0 = \frac{PIW \cdot (1-b)}{(1+r)^t} = \frac{20 \cdot (1-0{,}5)}{(1+0{,}5)^1} = 9{,}52 \text{ DM}$$

Ohne Verwendung des Instruments „*Binomialschritt*" läßt sich das Charakteristikum des Optionsrechts - nicht ausgeübt werden zu müssen - nicht erfassen. Der Wert der Option enthielte dann zwangsläufig auch die Nichtausübungsszenarien des Optionsrechts und entspräche damit dem Wert des unbedingten Terminkaufs bzw. -verkaufs. Da im Terminkurs die Nichtausübungsszenarien mit negativen Werten enthalten sind, ist der mit Hilfe des Binomialschritts errechnete Wert des Optionsrechts höher als der Wert des festen Terminkaufs bzw. -verkaufs.[1]

---

[1] Vgl. Abschnitt 1.1.4.

Fallstudie 5.2 Bewertung eines festen Terminkaufs bei gegebenen Kursänderungsraten und subjektiv bestimmten Eintrittswahrscheinlichkeiten

Wenn das Optionsrecht aus Fallstudie 5.1 kein bedingtes, sondern ein festes Termingeschäft wäre, ergäbe sich folgender Terminkurs:

(a) Wert der mit ihren Eintrittswahrscheinlichkeiten gewichteten Kurse des Terminobjekts bei Fälligkeit des Termingeschäfts:

$S_T = S_u \cdot b + S_d \cdot (1-b) = 240 \cdot 0{,}5 + 180 \cdot (1-0{,}5) = 210$

(b) Endwert des aufgezinsten Terminkurses

$S_T = S_0 \cdot (1+r)^t = 200 \cdot (1+0{,}05)^1 = 210$

5.1.2 Präferenzfreie Bewertung von Optionsrechten im Einperiodenmodell

Die Konzeption des „Pricing by Duplication" liegt dem Black-Scholes-Modell wie dem Binomialmodell zugrunde. Fallstudie 5.3 beinhaltet das einfachste Modell einer solchen Bewertung.

Fallstudie 5.3 Bewertung eines Call-Optionsrechts aufgrund des Duplikationsportefeuilles im *einjährigen* Binomialschritt

Ausstattungsmerkmale und Marktpreis des Optionsrechts:

- Ausübungspreis: B = 200,00
- Restlaufzeit von t_0 bis t_v in Jahren: t = 1
- Optionsverhältnis: OV = 1,00
- Basisobjektkurs in t_0: S_0 = 200,00

Subjektiv begründete Annahmen des Anlegers:

- Zinssatz für risikolose Kapitalanlagen: r = 0,08 p.a.
- upstep pro Binomialschritt: u = + 0,1
- downstep pro Binomialschritt: d = − 0,1
- keine Annahme über die Eintrittswahrscheinlichkeit von u und d

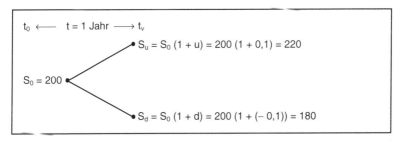

Abbildung 5.2 Basisobjektkurse der Fallstudie 5.3

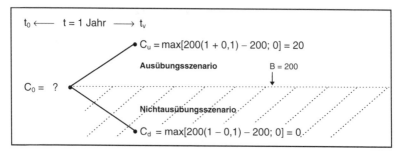

Abbildung 5.3 Innerer Wert der Call-Optionsrechte der Fallstudie 5.3 bei Verfall

Gesucht wird der Wert des Call-Optionsrechts *in t_0*:

Bekannt sind die **Rückflüsse aus dem Call-Optionsrecht** am Ende des Binomialschritts *in t_v* nach einem

	up	down
- upstep: $C_u = \max(S_u - B\,;\,0) = \max(220 - 200\,;\,0) =$	20,00	
- downstep: $C_d = \max(S_d - B\,;\,0) = \max(180 - 200\,;\,0) =$		0,00
Rückflüsse *in t_v*:	20,00	0,00

Konstruktion des Duplikationsportefeuilles:

Alternativanlage zum Call-Optionsrecht ist sein Underlying. Das Basisobjekt bindet mehr Kapital als das Optionsrecht. Deshalb soll die Basisobjektinvestition in t_0 soweit fremdfinanziert werden, daß der Liquidationserlös der Basisobjektinvestition am Ende des Binomialschritts in t_v in jedem Fall ausreicht, den in t_0 aufgenommenen Kredit einschließlich der während des Binomialschritts aufgelaufenen Zinsen zu begleichen.

Wer *in t_0* ein Basisobjekt erwirbt, weiß, daß er in t_v im für ihn ungünstigsten Fall einen Betrag von S_d = 180,00 DM zurückzahlen kann. Deshalb kann er in t_0 Kredit in Höhe von $\dfrac{S_d}{(1+r)^t} = \dfrac{180}{1,08} = 166{,}67$ DM aufnehmen.

Für den Erwerb des Duplikationsportefeuilles in t_0 ist demnach ein Betrag in Höhe von $S_0 - \dfrac{S_d}{(1+r)^t} = 33{,}33$ DM aufzuwenden.

In t_v bringt die Liquidation des Duplikationsportefeuilles:	up	down
Einnahmen aus der Veräußerung des Basisobjekts	+ 220,00	+ 180,00
abzüglich Zahlungsverpflichtung (Kredit und Zins)	– 180,00	– 180,00
Einnahmenüberschuß	40,00	0,00

Demnach stellen sich Aktionär und Optionsinvestor in t_v gleich, wenn das
- Optionsportefeuille zwei Call-Optionsrechte,
- das Duplikationsportefeuille aber eine zum Teil fremdfinanzierte Aktie
beinhaltet. Wenn aber Basisobjektportefeuille und Optionsportefeuille die gleichen Rückflüsse in t_v bringen, repräsentieren sie auch in t_0 den gleichen Wert. Entsprechend ist der Wert einer Option $33{,}33 : 2 = 16{,}67\ DM$. Jeder davon abweichende Preis ermöglicht in effizienten Märkten risikolose Arbitragegewinne.

Dieses Ergebnis kann durch die folgende Überlegung unterstrichen werden:

In den „präferenzfreien" Gleichgewichtsmodellen herrscht nur Gleichgewicht, wenn auch der Aktionär eine Rendite erwartet, die dem Zinssatz für risikolose Kapitalanlagen entspricht.

$S_T = S_0(1+r)^t$

Die Renditeerwartung des Aktionärs dokumentiert sich in der Summe der mit ihren Eintrittserwartungen gewichteten Aktienkurse am Ende des Anlagehorizonts.

$S_T = S_u \cdot p + S_d(1-p)$

Bei gegebenem Zinssatz für risikolose Kapitalanlagen und bei gegebener Rate für den upstep kann die Eintrittswahrscheinlichkeit für den upstep nur einen bestimmten Wert annehmen, der - weil nicht mehr vom Anleger vorgegeben, sondern „implizit" im Modell enthalten - mit dem Symbol p bezeichnet wird. So herrscht für die Daten des Optionsrechts der Fallstudie 5.3 Gleichgewicht, wenn

$S_T = S_0 (1 + r)^t = 200 (1+ 0{,}08)^1 = 216$

$S_T = S_u \cdot p + S_d \cdot (1-p) = 220 \cdot p + 180 \cdot (1-p) = 216$

also p = 0,9, weil $220 \cdot 0{,}9 + 180 \cdot (1- 0{,}9) = 216$.

Nur wenn der Anleger für das Eintreten des upstep eine Wahrscheinlichkeit von p = 90 % annimmmt, erwartet er aus der Aktie die gleiche Rendite wie aus einer risikolosen Anlage. Demgegenüber wird der Anleger seine Aktie veräußern, wenn er das Eintreten des upstep und des downstep jeweils für gleich wahrscheinlich hält. Der Erwartungswert der Aktie ist dann nämlich nur

$S_T = S_u \cdot p + S_d \cdot (1-p) = 220 \cdot 0{,}5 + 180 \cdot 0{,}5 = 200$.

Sein Kapital wird er lieber zum Zinssatz für risikolose Anlagen r = 0,08 p.a. anlegen.

Unter Gleichgewichtsbedingungen wird das Optionsrecht mit einer Wahrscheinlichkeit von 90 % ausgeübt. Wenn das Optionsrecht am Verfalltag ausgeübt wird, ist sein innerer Wert

$CIW = [(S_u - B) ; 0] = [(220 - 200 ; 0] = 20$.

Der innere Wert des Optionsrechts ist mit seiner Eintrittswahrscheinlichkeit zu gewichten und auf den Bewertungszeitpunkt t_0 abzuzinsen. Das Ergebnis ist der Faire Wert des Optionsrechts:

$C_0 = \dfrac{CIW \cdot p}{(1+r)^t} = 16{,}67\,DM$

5.1.3 Vom Binomialschritt zum multiplikativen Binomialprozeß

Die Bewertung von Optionsrechten erfolgte zunächst im einfachsten, in Abbildungen 5.1, 5.2 und 5.4 visualisierten Modell aufgrund *eines einzigen Einjahres-Binomialschritts*. Das ist eine sehr einschränkende Restriktion, weil auf diese Weise nur Optionen mit exakt einjähriger Restlaufzeit bewertet werden können.

Der Einjahres-Binomialschritt läßt sich durch *weitere* jeweils *einjährige Binomialschritte* ergänzen. So werden in Abbildung 5.5 dem ein Jahr dauernden Binomialschritt der Abbildung 5.4 zwei Einjahres-Binomialschritte hinzugefügt. Dann hat das Optionsrecht eine Restlaufzeit von t = 3 Jahren. Pro Jahr erfolgt m = 1 Binomialschritt. Demzufolge dauert ein Binomialschritt $\frac{1}{m}$ Jahre = $\frac{1}{1}$ Jahre. Während eines jeden Binomialschritts kann der Basisobjektkurs entweder um die Rate u steigen oder um die Rate d fallen.

Obwohl sich auf diese Weise auch mehrjährige Optionsrechte bewerten lassen, ist auch dieses Modell schon allein deshalb sehr weit von der Wirklichkeit entfernt, weil für Aktien innerhalb eines Jahres meist sehr viele Kurse festgestellt werden. Um diesem Tatbestand Rechnung zu tragen, wird der Verlauf des Basisobjektkurses während eines jeden Jahres in mehr oder weniger *viele Binomialschritte* zerlegt. In Abbildung 5.6 wird das zu erfassen versucht, indem die einjährige Restlaufzeit des dort betrachteten Optionsrechts in m = 4 Binomialschritte unterteilt wird. Entsprechend verkürzt sich die Dauer eines Binomialschritts $\frac{1}{m}$ mit ansteigender Zahl der Binomialschritte pro Jahr.

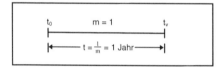

Anmerkung: t = Restlaufzeit des Optionsrechts in Jahren
m = Zahl der Binomialschritte pro Jahr
$\frac{1}{m}$ = Dauer eines Binomialschritts in Jahren

Abbildung 5.4   Einjahres-Binomialschritt zur Bewertung einjähriger Optionen

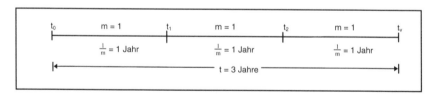

Anmerkung: t = Restlaufzeit des Optionsrechts in Jahren
m = Zahl der Binomialschritte pro Jahr
$\frac{1}{m}$ = Dauer eines Binomialschritts in Jahren

Abbildung 5.5   Einjahres-Binomialschritte zur Bewertung mehrjähriger Optionen

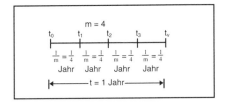

Anmerkung: t = Restlaufzeit des Optionsrechts in Jahren
m = Zahl der Binomialschritte pro Jahr
$\frac{1}{m}$ = Dauer eines Binomialschritts in Jahren

Abbildung 5.6   Mehrere Binomialschritte zur Bewertung einjähriger Optionen

5.2 Verfahren zur Berechnung des Optionswerts

Dieses Kapitel weist verschiedene theoretisch fundierte Wege, die zum Optionswert führen. Zugleich werden damit Möglichkeiten aufgezeigt, den Wert des Optionsrechts zu interpretieren.

5.2.1 Hedgestrategie

5.2.1.1 Interpretation des Optionswerts

Eng verwandt mit der Optionsbewertung über das Duplikationsportefeuille ist die Optionsbewertung mit Hilfe des Hedgeportefeuilles. Während beim *Duplikationsprinzip* zwei exakt ertragsgleiche Portefeuilles nebeneinander stehen, werden bei der *Hedgestrategie* die zu bewertenden Optionen mit Aktiva bzw. Passiva, deren Preise bekannt sind und sich genau entgegengesetzt zum Wert der Optionen verhalten, zusammengefaßt. Wenn das gelingt, beinhaltet das aus Optionen und Hedgepositionen zusammengesetzte Hedgeportefeuille kein Risiko, es muß sich demzufolge wie eine risikolose Kapitalanlage mit der Rate r verzinsen.

Die Aufgabe, Hedgeposition zur Option zu sein, erfüllt das dem Optionsrecht zugrundeliegende Basisobjekt allerdings nicht immer im Verhältnis 1 : 1. Deshalb muß zunächst festgestellt werden, wieviel Optionsrechte nötig sind, um die Preisänderung eines Basisobjekts auszugleichen. Die Antwort auf diese Frage gibt das *Hedge-Ratio*.

5.2.1.2 Einjahres-Binomialschritt im Einperiodenmodell

Zur Bestimmung des Hedge-Ratio (HR) werden die am Verfalltag möglichen Preisunterschiede von Basisobjekt einerseits und Optionsrecht andererseits zueinander in Beziehung gesetzt. So ist das Hedge-Ratio des Call-Optionsrechts:

$$HR_C = \frac{S_u - S_d}{C_u - C_d}$$

Im Bewertungszeitpunkt t_0 läßt sich die Wertentwicklung eines *Call-Optionsbestands* mit der Entwicklung des Wertes leerverkaufter Basisobjekte neutralisieren, denn den aus Preissteigerungen resultierenden Kursgewinnen bei den Optionen stehen Kursverluste in gleicher Höhe aus der leerverkauften Basisobjektposition gegenüber. Der Wert der kombinierten Position ist demnach unabhängig vom Verhalten des Basisobjektpreises, sie ist in dieser Hinsicht risikolos.

Es ist nun zu untersuchen, was sich beim Erwerb dieser Position in t_0 und was sich bei Auflösung dieser Position in t_v abspielt:

In t_0 wird Kapital freigesetzt
- in Höhe des Erlöses aus dem Leerverkauf des Basisobjekts
- gemindert um den Kaufpreis für die Call-Position.

In t_0 gilt also $\quad - HR \cdot C_0 + S_0 - $ Kapital in $t_0 = 0$
oder $\quad\quad\quad\quad - HR \cdot C_0 + S_0 \quad\quad\quad\quad = $ Kapital in t_0.

In t_v muß das leerverkaufte Basisobjekt eingedeckt werden. Dazu steht das in t_0
- freigesetzte und verzinslich angelegte Kapital sowie
- der Erlös aus dem Verkauf der Call-Optionen
zur Verfügung. Sofern
• der Preis des Basisobjekts *auf S_u gestiegen* ist,
gilt: $\quad\quad + HR \cdot C_u - S_u + $ Kapital in $t_v = 0$
oder $\quad\quad\quad HR \cdot C_u - S_u \quad\quad\quad\quad = - $ Kapital in t_v;
• der Preis des Basisobjekts *auf S_d gefallen* ist,
gilt: $\quad\quad + HR \cdot C_d - S_d + $ Kapital in $t_v = 0$
oder $\quad\quad\quad HR \cdot C_d - S_d \quad\quad\quad\quad = - $ Kapital in t_v.

Um die Position in t_0 mit jeweils einer der beiden t_v-Positionen gleichsetzen zu können, müssen die t_v-Positionen mit dem Faktor -1 multipliziert und die t_0-Position aufgezinst werden, was bedeutet, daß der in t_0 freigesetzte Betrag zum Satz für risikolose Anlagen für die Dauer eines Binomialschritts $\frac{1}{m}$ verzinst wird.

Dann gilt *für* S_u: $(-HR \cdot C_0 + S_0)(1+r)^{\frac{1}{m}}$ = Kapital in t_v (1)
$-HR \cdot C_u + S_u$ = Kapital in t_v (2)

woraus folgt: $(-HR \cdot C_0 + S_0)(1+r)^{\frac{1}{m}} = -HR \cdot C_u + S_u$ (2) in (1).

Daraus läßt sich Formel 5.1 zur Bewertung des Call-Optionsrechts über den upstep ableiten.

Alternativ kann der Wert des Call-Optionsrechts auch über den downstep berechnet werden:

Dann gilt *für* S_d: $(-HR \cdot C_0 + S_0)(1+r)^{\frac{1}{m}}$ = Kapital in t_v
$-HR \cdot C_d + S_d$ = Kapital in t_v

woraus folgt: $(-HR \cdot C_0 + S_0)(1+r)^{\frac{1}{m}} = -HR \cdot C_d + S_d$.

Daraus läßt sich Formel 5.1 zur Bewertung des Call-Optionsrechts über den downstep ableiten.

Berechnung über den upstep:
$$C_0 = \frac{1}{HR}\left[\frac{HR \cdot C_u - S_u}{(1+r)^{\frac{1}{m}}} + S_0\right]$$

Berechnung über den downstep:
$$C_0 = \frac{1}{HR}\left[\frac{HR \cdot C_d - S_d}{(1+r)^{\frac{1}{m}}} + S_0\right]$$

wobei: S_0 = Basisobjektkurs im Bewertungszeitpunkt
$HR = \frac{S_u - S_d}{C_u - C_d}$ = Hedge-Ratio
$S_u = S_0(1+u)$ = Basisobjektkurs nach 1 upstep
$S_d = S_0(1+d)$ = Basisobjektkurs nach 1 downstep
$C_u = \max(S_u - B; 0)$ = Wert der Option nach 1 upstep des Basisobjektkurses
$C_d = \max(S_d - B; 0)$ = Wert der Option nach 1 downstep des Basisobjektkurses
r = Zinssatz für risikolose Kapitalanlagen
$\frac{1}{m}$ = Länge des Binomialschritts in Jahren

Formel 5.1 Wert des Call-Optionsrechts, hergeleitet aus der Hedgestrategie

Auf das Optionsrecht der Fallstudie 5.3 angewandt, heißt das:

$$C_0 = \frac{1}{2}\left[\frac{2 \cdot 20 - 220}{(1+0,08)^{\frac{1}{1}}} + 200\right] = 16,67 \text{ DM} \qquad C_0 = \frac{1}{2}\left[\frac{2 \cdot 0 - 180}{(1+0,08)^{\frac{1}{1}}} + 200\right] = 16,67 \text{ DM}$$

Auch der Wert des **Put-Optionsrechts** kann über ein Hedgeportefeuille hergeleitet werden. Ein derartiges Portefeuille, das in der Praxis zur Absicherung von Aktienbeständen weit verbreitet ist, beinhaltet im einfachsten Fall eine Aktie und HR Optionen auf diese Aktie, dabei ist HR die Zahl der Optionen, die notwendig sind, um die Kursänderungen einer Aktie zu neutralisieren.

Zum Erwerb der Optionsrechte und der Aktie muß in t_0 für die Dauer des Binomialschritts ein Kredit aufgenommen werden, der bis t_v mit $(1+r)^{\frac{1}{m}}$ zu verzinsen ist.

Dann gilt   *in t_0*: $-HR \cdot P_0 - S_0 + Kredit = 0$

            in t_v: $+HR \cdot P_u + S_u - (Kredit) \cdot (1+r)^{\frac{1}{m}} = 0$

Daraus folgt: (1) $HR \cdot P_0 + S_0 = Kredit$

                  (2) $\dfrac{HR \cdot P_u + S_u}{(1+r)^{\frac{1}{m}}} = Kredit$

und   (2) in (1) $HR \cdot P_0 + S_0 = \dfrac{HR \cdot P_u + S_u}{(1+r)^{\frac{1}{m}}}$

Berechnung über den upstep: Berechnung über den downstep:

$$P_0 = \frac{1}{HR}\left[\frac{HR \cdot P_u + S_u}{(1+r)^{\frac{1}{m}}} - S_0\right] \qquad P_0 = \frac{1}{HR}\left[\frac{HR \cdot P_d + S_d}{(1+r)^{\frac{1}{m}}} - S_0\right]$$

wobei: P_u = Wert der Put-Option nach 1 upstep
          Die anderen Symbole entsprechen jenen der Formel 5.1

Formel 5.2   Wert des Put-Optionsrechts, hergeleitet aus der Hedgestrategie

Für die auf das Put-Optionsrecht übertragenen Daten der Fallstudie 5.3 ergibt sich

- bei Eintreten von S_d (downstep)   - bei Eintreten von S_u (upstep)

$$P_0 = \frac{1}{2}\left[\frac{2 \cdot 20 + 180}{(1+0{,}08)^1} - 200\right] = 1{,}851852 \qquad P_0 = \frac{1}{2}\left[\frac{0 + 220}{(1+0{,}08)^1} - 200\right] = 1{,}851852$$

5.2.1.3 Einjahres-Binomialschritte im Mehrperiodenmodell

Bisher wurden Optionsrechte aufgrund eines einzigen Binomialschritts, der genauso lange dauert, wie das Optionsrecht läuft, bewertet. Nun wird der Einperiodenfall zu einem Mehrperiodenfall ausgeweitet, indem auf jeden Zustand zwei weitere Zustände folgen; dabei soll der binomiale Charakter der Verteilung beibehalten werden.[2]

Die im Binomialprozeß am Ende der Optionslaufzeit möglichen Basisobjektkurse entsprechen allen Kombinationen von upsteps und downsteps. Sie ergeben sich aufgrund Formel 5.3:

$$(1+u)^j \cdot (1+d)^{n-j} \cdot S_0$$

wobei: S_0 = Basisobjektkurs im Bewertungszeitpunkt t_0
d bzw. u = Veränderung des Basisobjektkurses pro Binomialschritt
$n = m \cdot t$ = Zahl der Binomialschritte während der Laufzeit des Optionsrechts
j = Zahl der upstep während der Laufzeit des Optionsrechts
n − j = Zahl der downstep während der Laufzeit des Optionsrechts

Formel 5.3 Mögliche Basisobjektkurse nach n Perioden

Von den möglichen Basisobjektkursen am Verfalltag der Option ist es nur ein kleiner Schritt zum jeweiligen inneren Wert der Option. Dazu muß lediglich Formel 5.3 in Formel 1.1 eingesetzt werden.

Call-Optionswerte = $\max[(1+u)^j \cdot (1+d)^{n-j} \cdot S_0 - B\ ;\ 0]$

Put-Optionswerte = $\max[B - (1+u)^j \cdot (1+d)^{n-j} \cdot S_0\ ;\ 0]$

Symbole siehe Formel 5.3

Formel 5.4 Call- und Put-Optionswerte bei Verfall des Optionsrechts

Fallstudie 5.4   Bewertung eines *mehrjährigen* Call-Optionsrechts in Einjahres-Binomialschritten

Die Fallstudie unterscheidet sich nur in der Laufzeit des Optionsrechts von Fallstudie 5.3.

Ausübungspreis:	B = 200,00
Restlaufzeit des Optionsscheins von t_0 bis t_v in Jahren:	t = 3
Zinssatz für risikolose Kapitalanlagen:	r = 0,08 p.a.
Basisobjektpreis:	S_0 = 200,00
Zahl der Binomialschritte pro Jahr:	m = 1
Zahl der Binomialschritte während der Optionslaufzeit:	$n = m \cdot t = 3$
Dauer eines Binomialschritts in Jahren:	$\frac{1}{m}$ = 1
Veränderung des Basisobjektkurses pro Binomialschritt:	u = + 0,1 / d = − 0,1

---

[2] Vgl. **Steiner, Manfred / Bruns, Christoph (1995)**, S. 142.

Fallstudie 5.4 (a) Berechnung der möglichen Call-Optionswerte am Ende der Laufzeit des Optionsrechts

Berechnung der möglichen Basisobjektkurse bei Verfall des Optionsrechts

Im Drei-Perioden-Binomialmodell sind aufgrund Formel 5.3 während der Laufzeit des Optionsrechts folgende upstep- und downstep-Kombinationen denkbar:

- Zusammen mit *3 upstep* (j = 3) kann es im Drei-Periodenmodell n = 3 nur (n − j) = 3 − 3 = 0 downstep geben. Ausgehend vom aktuellen Basisobjektkurs $S_0 = 200$ ergibt sich nach 3 upstep am Ende der Optionslaufzeit ein Basisobjektkurs von

S_{uuu} $= S_0(1+u)^j \cdot (1+d)^{n-j}$

$= 200(1+0,1)^3 \cdot (1+(-0,1))^{3-3} = 200 \cdot 1,1^3 \cdot 0,9^0 = 266,20.$

- *2 upstep* (j = 2) können nur zusammen mit n − j = 3 − 2 = 1 downstep vorkommen.

$S_{duu} = S_{uud} = S_{udu} = 200(1+0,1)^2 \cdot (1+(-0,1))^1 = 200 \cdot 1,1^2 \cdot 0,9^1 = 217,80$

- *1 upstep* (j = 1) zieht n − j = 3 − 1 = 2 downstep nach sich:

$S_{udd} = S_{ddu} = S_{dud} = 200(1+0,1)^1 \cdot (1+(-0,1))^{3-1} = 200 \cdot 1,1^1 \cdot 0,9^2 = 178,20$

- Wenn *kein upstep* (j = 0) vorkommt, muß es n − 0 = 3 downstep geben:

S_{ddd} $= 200(1+0,1)^0 \cdot (1+(-0,1))^{3-0} = 200 \cdot 1,1^0 \cdot 0,9^3 = 145,80$

In Abbildung 5.7 ist das leicht nachzuvollziehen:

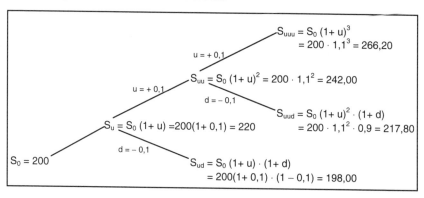

Abbildung 5.7 Anzahl und Frequentierung einiger Pfade

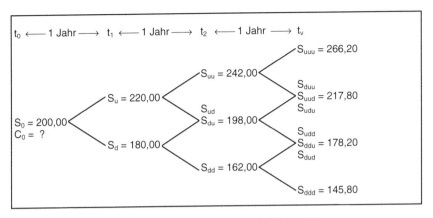

Abbildung 5.8 Einjahres-Binomialschritte zur Bewertung dreijähriger Optionen

Aus den am Ende der Optionslaufzeit möglichen Basisobjektkursen ergeben sich aufgrund Formel 5.4 die **bei Verfall des Optionsrechts möglichen Call-Optionswerte** in Höhe von

$C_{uuu} = \max(266{,}20 - 200 \,;\, 0) = 66{,}20$
$C_{duu} = C_{uud} = C_{udu} = \max(217{,}80 - 200 \,;\, 0) = 17{,}80$
$C_{udd} = C_{ddu} = C_{dud} = \max(178{,}20 - 200 \,;\, 0) = 0{,}00$
$C_{ddd} = \max(145{,}80 - 200 \,;\, 0) = 0{,}00$

Fallstudie 5.4 (b) Berechnung des Callwerts im Bewertungszeitpunkt t_0 aufgrund der Hedgestrategie

Zu berechnen ist C_0, bekannt sind aber nur die möglichen Call-Optionsscheinwerte in t_v. Deshalb wird analog zum Vorgehen im Einperioden-Modell vom jeweiligen inneren Wert des Optionsscheins bei dessen Verfall ausgehend auf die Optionsscheinpreise der Vorperiode geschlossen. Dazu wird auf die im Einperioden-Modell entwickelte Formel 5.1 (upstep) zurückgegriffen.

Zur **Berechnung von C_{uu}** sind statt der in Formel 5.1 (upstep) enthaltenen Größen die folgenden Parameter einzusetzen:

$C_0 \equiv C_{uu} \qquad S_0 \equiv S_{uu} \qquad S_u \equiv S_{uuu} \qquad C_u \equiv C_{uuu}$

dann lautet Formel 5.1 (upstep) in angepaßter Fassung:

$$C_{uu} = \frac{1}{HR}\left[\frac{HR \cdot C_{uuu} - S_{uuu}}{(1+r)^{\frac{1}{m}}} + S_{uu}\right]$$

$$HR = \frac{S_{uuu} - S_{uud}}{C_{uuu} - C_{uud}} = \frac{266{,}20 - 217{,}80}{66{,}20 - 17{,}80} = 1$$

$$C_{uu} = \frac{1}{1}\left[\frac{1 \cdot 66{,}20 - 266{,}20}{(1+0{,}08)^{\frac{1}{1}}} + 242\right] = \underline{56{,}81}$$

Für die **Berechnung von C_{ud}** gilt Formel 5.1 (upstep) in folgender Fassung:

$C_0 \equiv C_{ud}$ $\qquad S_0 \equiv S_{ud}$ $\qquad S_u \equiv S_{uud}$ $\qquad C_u \equiv C_{uud}$

$$HR = \frac{S_{uud} - S_{ddu}}{C_{uud} - C_{ddu}} = \frac{217{,}80 - 178{,}20}{17{,}80 - 0} = 2{,}22$$

$$C_{ud} = \frac{1}{HR}\left[\frac{HR \cdot C_{uud} - S_{uud}}{(1+r)^{\frac{1}{m}}} + S_{ud}\right] = \frac{1}{2{,}22}\left[\frac{2{,}22 \cdot 17{,}80 - 217{,}80}{(1+0{,}08)^{\frac{1}{1}}} + 198\right] = \underline{14{,}83}$$

Der Optionsschein, dessen Basiswert bei S_{dd} notiert, kann nicht mehr ins Geld kommen. Deshalb wird sich dafür kein Käufer finden. Demzufolge gilt für ***$C_{dd} = 0$***

Für die **Berechnung von C_d** gilt:

$C_0 \equiv C_d$ $\qquad S_0 \equiv S_d$ $\qquad S_d \equiv S_{ud}$ $\qquad C_d \equiv C_{ud}$

$$HR = \frac{S_{ud} - S_{dd}}{C_{ud} - C_{dd}} = \frac{198 - 162}{14{,}83 - 0} = 2{,}43$$

$$C_d = \frac{1}{HR}\left[\frac{HR \cdot C_{ud} - S_{ud}}{(1+r)^{\frac{1}{m}}} + S_d\right] = \frac{1}{2{,}43}\left[\frac{2{,}43 \cdot 14{,}83 - 198}{(1+0{,}08)^{\frac{1}{1}}} + 180\right] = \underline{12{,}36}$$

Für die **Berechnung von C_u** gilt:

$C_0 \equiv C_u$ $\qquad S_0 \equiv S_u$ $\qquad S_u \equiv S_{uu}$ $\qquad C_u \equiv C_{uu}$

$$HR = \frac{S_{uu} - S_{ud}}{C_{uu} - C_{ud}} = \frac{242 - 198}{56{,}81 - 14{,}83} = 1{,}048$$

$$C_u = \frac{1}{HR}\left[\frac{HR \cdot C_{uu} - S_{uu}}{(1+r)^{\frac{1}{m}}} + S_u\right] = \frac{1}{1{,}048}\left[\frac{1{,}048 \cdot 56{,}81 - 242}{(1+0{,}08)^{\frac{1}{1}}} + 220\right] = \underline{48{,}72}$$

Für die **Berechnung von C_0** gilt:

$$HR = \frac{S_u - S_d}{C_u - C_d} = \frac{220 - 180}{48{,}72 - 12{,}36} = 1{,}10$$

$$C_0 = \frac{1}{HR}\left[\frac{HR \cdot C_u - S_u}{(1+r)^{\frac{1}{m}}} + S_0\right] = \frac{1}{1{,}10}\left[\frac{1{,}10 \cdot 48{,}72 - 220}{(1+0{,}08)^{\frac{1}{1}}} + 200\right] = \underline{41{,}74}$$

Die berechneten Call-Optionswerte sowie die auf die gleiche Weise errechneten Werte des gleich ausgestatteten Put-Optionsrechts ergeben den Binomialbaum der Abbildung 5.9:

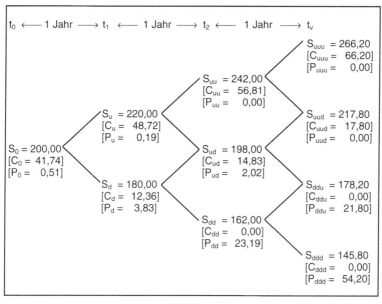

Abbildung 5.9 Aufgrund von Einjahres-Binomialschritten errechnete Call- und Put-Werte dreijähriger Optionsrechte

5.2.2 Summe des Barwerts aller Ausübungsszenarien

5.2.2.1 Interpretation

Der Optionswert kann interpretiert werden als Barwert der Chance, bei Verfall des Optionsrechts im Geld zu sein. Zur Berechnung des so interpretierten Optionswertes ist zunächst jeder bei Verfall des Optionsrechts mögliche Basisobjektkurs, bei dem sich die Option im Geld befindet, mit der dazugehörenden Eintrittswahrscheinlichkeit zu erfassen. Auf der Grundlage dieser Daten wird der Wert des Optionsrechts als Barwert der Summe der mit ihren jeweiligen Eintrittswahrscheinlichkeiten gewichteten möglichen Werte der Option errechnet.

5.2.2.2 Einjahres-Binomialschritt im Einperiodenmodell

Dieser Weg der Optionsbewertung wurde bereits in Fallstudie 5.3 angedeutet, als der über das Duplikationsprinzip hergeleitete Optionswert anhand der Erwartungswerte der bei Optionsverfall möglichen Basisobjektkurse überprüft wurde. Die dafür verwendete, dort nicht näher erläuterte Formel wird nun aus der Formel 5.1, die sich aufgrund der Hedgestrategie ergab, abgeleitet.

Der mathematisch nicht interessierte Leser kann diese Ableitung bis zum Ergebnis der Formel 5.5 überschlagen.

Aus Formel 5.1 (u) $C_0 = \dfrac{1}{HR}\left[\dfrac{HR \cdot C_u - S_u}{(1+r)^{\frac{1}{m}}} + S_0\right]$

folgt: $C_0 = \dfrac{C_u - \frac{S_u}{HR}}{(1+r)^{\frac{1}{m}}} + \dfrac{S_0}{HR}$

$HR = \dfrac{S_u - S_d}{C_u - C_d}$ in die obige Formel eingesetzt, ergibt

$C_0 = \dfrac{C_u - \frac{S_u}{\frac{S_u - S_d}{C_u - C_d}}}{(1+r)^{\frac{1}{m}}} + \dfrac{S_0}{\frac{S_u - S_d}{C_u - C_d}}$

$C_0 = \dfrac{C_u - \frac{S_u(C_u - C_d)}{S_u - S_d}}{(1+r)^{\frac{1}{m}}} + \dfrac{S_0(C_u - C_d)}{S_u - S_d}$

da: $S_u = (1+u) \cdot S_0$ und $S_d = (1+d) \cdot S_0$

gilt: $C_0 = \dfrac{C_u - \frac{C_u - C_d}{(u-d)S_0}(1+u)S_0}{(1+r)^{\frac{1}{m}}} + \dfrac{C_u - C_d}{(u-d)S_0} \cdot S_0$

$C_0 = \dfrac{(u-d)\left(C_u - \frac{C_u - C_d}{(u-d)}(1+u)\right) + (1+r)^{\frac{1}{m}}(C_u - C_d)}{(1+r)^{\frac{1}{m}}(u-d)}$

$C_0 = \dfrac{C_u(u-d) - \frac{C_u - C_d}{(u-d)}(u-d)(1+u) + (1+r)^{\frac{1}{m}}(C_u - C_d)}{(1+r)^{\frac{1}{m}}(u-d)}$

$C_0 = \dfrac{\frac{C_u(u-d) - (C_u - C_d)(1+u)}{u-d} + \frac{(1+r)^{\frac{1}{m}}(C_u - C_d)}{u-d}}{(1+r)^{\frac{1}{m}}}$

Im Binomialschritt (Einperioden-Modell) gilt m = 1. Dann ist:

$$C_0 = \frac{\frac{uC_u - dC_u - C_u - uC_u + C_d + uC_d + C_u + rC_u - C_d - rC_d}{u-d}}{(1+r)^{\frac{1}{1}}}$$

$$C_0 = \frac{\frac{r-d}{u-d}C_u + \frac{u-r}{u-d}C_d}{(1+r)^{\frac{1}{1}}}$$

Diese Formel kann vereinfacht werden durch Substitution von

$$1 - p = \frac{u-r}{u-d}$$

$$p = 1 - \frac{u-r}{u-d} = \frac{u-d-(u-r)}{u-d} = \frac{r-d}{u-d}$$

Call: $C_0 = \dfrac{p \cdot C_u + (1-p)C_d}{(1+r)^{\frac{1}{m}}}$ Put: $P_0 = \dfrac{p \cdot P_u + (1-p)P_d}{(1+r)^{\frac{1}{m}}}$

wobei: $p = \dfrac{r-d}{u-d}$ = Eintrittswahrscheinlichkeit des upstep
C_u / P_u = Wert des Optionsrechts bei Verfall nach einem upstep
$1 - p$ = Eintrittswahrscheinlichkeit des downstep
C_d / P_d = Wert des Optionsrechts nach einem downstep
$(1+r)^{\frac{1}{m}}$ = Abzinsungsfaktor zur Berechnung des Barwerts

Formel 5.5   Wert des Optionsrechts aufgrund der Ausübungsszenarien im Einperiodenmodell[3]

Die Zahlen unseres Einperioden-Modells der Fallstudie 5.3 von t_0 nach t_1 ergeben

$p = \dfrac{0,08-(-0,1)}{0,1-(-0,1)} = \dfrac{0,18}{0,2} = 0,9$

$1 - p = \dfrac{0,1-0,08}{0,1-(-0,1)} = \dfrac{0,02}{0,2} = 0,1$

$C_0 = \dfrac{0,9 \cdot 20 + 0,1 \cdot 0}{(1+0,08)^{\frac{1}{1}}} = 16,67$ DM

Das Wesen der impliziten Wahrscheinlichkeit

In Fallstudie 5.3 wurde die Eintrittswahrscheinlichkeit des upstep aus dem Zahlenbeispiel abgeleitet. Dank des Terms $p = \frac{r-d}{u-d}$ aus Formel 5.5 können die jeweiligen Eintrittswahrscheinlichkeiten aus dem Zinssatz für risikolose Kapitalanlagen und den

---

[3] Vgl. **Cox, John C. / Ross, Stephen A. / Rubinstein, Mark (1979)**, S. 234.

erwarteten Änderungsraten des Basisobjektkurses abgeleitet werden. Existenz und Funktion dieser Wahrscheinlichkeiten erscheinen insofern mysteriös, als einerseits der Wert einer Option dank Formel 5.1 und 5.2 errechnet werden kann, ohne daß bestimmte Risikopräferenzen der Marktteilnehmer angenommen werden müssen, andererseits aber das Modell nur durch Anpassung der Eintrittswahrscheinlichkeiten ins Gleichgewicht kommt. Insofern ist es notwendig, den zu errechnenden Faktor p näher zu untersuchen.

Fallstudie 5.5　　Untersuchung der Wahrscheinlichkeit mit der ein upstep eintritt

Fallstudie 5.5 (a)　　Interpretation der Wahrscheinlichkeit des Eintritts einer Binomialobjektkurssteigerung

Unterstellt werden kann, daß　$d < r < u$,
also z. B. 　$-0{,}1 < +0{,}08 < +0{,}1$,
andernfalls wären Arbitragegewinne möglich.[4]

- Würde etwa　$r < d < u$　gelten,
also z. B.　$+0{,}08 < +0{,}1 < +0{,}2$,
dann wäre die Aktienrendite selbst im ungünstigsten Fall (10 % Kurssteigerung) höher als die Verzinsung einer risikolosen Kapitalanlage. Der Anleger könnte sich zu r (z. B. 0,08 p.a.) verschulden und in Aktien investieren. Arbitragegewinne wären ihm sicher.

- Ist dagegen　$d < u < r$,
also z. B.　$-0{,}2 < +0{,}05 < +0{,}08$,
dann werden sich keine Aktienkäufer finden. Selbst die günstigste Entwicklung der Aktienkurse brächte weniger als der Zins einer risikolosen Anlage.

- Gilt jedoch　$d < r < u$,
also z.B.　$-0{,}1 < 0{,}08 < 0{,}1$,
dann muß p eine Zahl zwischen 0 und 1 sein, ein Merkmal, das sie mit der Wahrscheinlichkeitsziffer teilt.

- Die Größe p läßt sich exakt innerhalb einer Spanne festlegen:
Würde $p = 0{,}5$ sein,
dann wäre die erwartete Aktienrendite $\frac{S_T}{S_0} - 1 = u \cdot p + d \cdot (1-p)$,
in unserer Fallstudie 5.2. also:　　$0{,}1 \cdot 0{,}5 + (-0{,}1) \cdot (1-0{,}5) = 0{,}00$.

Wenn die Anleger eine Aktienrendite von 0 erwarten, legen sie ihr Kapital lieber risikolos zu 0,08 % p.a. an.

Ist dagegen $p = 0{,}9$,
dann ist der Erwartungswert der Aktienrendite $0{,}1 \cdot 0{,}9 + (-0{,}1) \cdot (1-0{,}9) = 0{,}08$.
In diesem und nur in diesem Fall herrscht Gleichgewicht.

---

[4]　Vgl. **May, Eugen (1986)**, S. 93.

In den Gleichgewichtsmodellen wird unterstellt, daß die erwartete Aktienrendite dem Zinssatz für risikolose Kapitalanlagen entspricht. Das ergibt sich sowohl aus dem Duplikationsportefeuille als auch aus der Hedgestrategie. Demzufolge liegt der Erwartungswert des Aktienkurses am Ende der Optionsscheinlaufzeit um den Zins auf die Aktienanlage höher als der Ausgangskurs im Bewertungszeitpunkt. Am konkreten Beispiel wurde das bereits in Fallstudie 5.3 gezeigt.

> Der Erwartungswert des Basisobjektkurses muß sich am Ende des Binomialschritts ergeben,
> - einerseits aufgrund der erwarteten Aktienrendite, die dem Zinssatz für risikolose Kapitalanlagen gleichgesetzt wird und
> - andererseits aufgrund der Summe der mit ihren Eintrittswahrscheinlichkeiten gewichteten Aktienkurse an den Endpunkten des Binomialschritts.
>
> Erst wenn beide Bedingungen erfüllt sind, herrscht Gleichgewicht.

Wenn sich in dem Modell eine Größe ändert, kommt es nur über die Änderung einer anderen Größe ins Gleichgewicht.

Fallstudie 5.5 (b) Die Auswirkung einer Zinssatzänderung auf die Eintrittswahrscheinlichkeit eines upstep

Die Aktienkurse zu Beginn und am Ende des Binomialschritts sollen fixiert sein. Dann muß eine Änderung des Zinssatzes von 0,08 p.a. auf 0,06 p.a. für risikolose Kapitalanlagen einhergehen mit einer Änderung der Wahrscheinlichkeiten, mit denen die Endkurse eintreten. Aus dem veränderten Zinssatz auf risikolose Kapitalanlagen ergibt sich ein Erwartungswert für den Basisobjektkurs am Ende des Binomialschritts in Höhe von

$S_T = S_0 \cdot (1+r)^{\frac{1}{m}} = 200 \cdot (1+0{,}06)^{\frac{1}{1}} = 212$.

Für die Wahrscheinlichkeit p, mit denen der Aktienkurs $S_u = 220$ erreicht wird, ergibt sich

$p = \frac{r-d}{u-d} = \frac{0{,}06-(-0{,}1)}{0{,}1-(-0{,}1)} = \frac{0{,}16}{0{,}2} = 0{,}8$.

Demzufolge ist der Erwartungswert:

$S_T = S_u \cdot p + S_d \cdot (1-p) = \boxed{220} \cdot 0{,}8 + \boxed{180} \cdot 0{,}2 = 212$.

Nur unter diesen Voraussetzungen herrscht Marktgleichgewicht.

> Weicht die individuelle Wahrscheinlichkeitsvorstellung eines Anlegers von der sich aus der Formel ergebenden Größe p ab, kann er im Modell „Arbitragegewinne" erzielen.

Zusammenfassend ist festzustellen, daß sich p in analoger Weise aus dem Binomialansatz ergibt, wie die implizite Rendite aus der Barwertformel, wenn der Marktpreis des zu bewertenden Papiers als Barwert eingegeben wird. Infolgedessen kann p als „implizite" Wahrscheinlichkeit, die sich aus dem Modell der präferenzfreien Bewertung von Optionsscheinen ergibt, bezeichnet werden. Kruschwitz gibt p den Namen „Pseudowahrscheinlichkeit".[5]

5.2.2.3 Einjahres-Binomialschritte im Mehrperiodenmodell

Die im Einperiodenmodell abgeleitete Formel 5.5 definiert den Wert des Optionsrechts als den Barwert der Summe der beiden mit ihren Eintrittswahrscheinlichkeiten gewichteten Endwerte des Optionsscheins bei dessen Fälligkeit.

Analog dazu beinhaltet die von Cox, Ross und Rubinstein[6] aufgestellte Formel 5.6 zur Berechnung des Optionswerts im *auf beliebig viele Perioden ausgeweiteten* Binomialmodell den Barwert der Summe der mit ihren jeweiligen Eintrittswahrscheinlichkeiten gewichteten möglichen Werte der Option an deren Laufzeitende.

Binomial-Callwert:
$$C_0 = \frac{\sum_{j=0}^{n} \binom{n}{j} \cdot p^j \cdot (1-p)^{n-j} \cdot \max\left[0\,;(1+u)^j \cdot (1+d)^{n-j} \cdot S_0 - B\right]}{(1+r)^t}$$

Binomial-Putwert:
$$P_0 = \frac{\sum_{j=0}^{n} \binom{n}{j} \cdot p^j \cdot (1-p)^{n-j} \cdot \max\left[0\,;B-(1+u)^j \cdot (1+d)^{n-j} \cdot S_0\right]}{(1+r)^t}$$

Formel 5.6   Binomialformel zur Berechnung des Optionswerts

Die Formel erschließt sich dem Leser sehr schnell, wenn er sie in verschiedene Ausdrücke aufteilt. Das soll am Beispiel der Formel zur Berechnung des *Callwertes* gezeigt werden.

Berechnung der möglichen Werte der Call-Option am Ende der Laufzeit

$\max[(1+u)^j \cdot (1+d)^{n-j} \cdot S_0 - B\,;0]$

Dieser Ausdruck entspricht Formel 5.4. Er wurde bereits bei der Herleitung dieser Formel erläutert.

---

[5] Vgl. **Kruschwitz, Lutz / Schöbel, Rainer (1984)**, S. 72.
[6] Vgl. **Cox, John C. / Ross, Stephen A. / Rubinstein, Mark (1979)**, S. 238.

Fallstudie 5.4 (c)   Berechnung der möglichen Call-Optionswerte am Ende der Laufzeit des Optionsrechts

Auch zur Berechnung des Call-Optionswerts *aufgrund der Hedgestrategie* mußten die am Ende der Optionslaufzeit möglichen Call-Optionswerte als Zwischenergebnisse ermittelt werden. Deshalb wird auf Fallstudie 5.4 (a) verwiesen. Dort ergaben sich die Call-Optionswerte als Differenz zwischen den bei Verfall des Optionsrechts möglichen Basisobjektpreisen und dem Ausübungspreis. Abbildung 5.7 visualisiert den Weg zu diesen Basisobjektpreisen, Abbildung 5.9 beinhaltet alle am Ende der Laufzeit des Optionsrechts möglichen Basisobjekt- und Call-Optionspreise.

Berechnung des Gewichtungsfaktors „Eintrittswahrscheinlichkeit"

$$W_j = \binom{n}{j} \cdot p^j \cdot (1-p)^{n-j}$$

Die Wahrscheinlichkeiten, mit denen die bei Verfall des Optionsrechts möglichen Optionswerte gewichtet werden, hängen ab

- von der *Anzahl der Pfade*, auf denen der jeweilige Endwert erreicht wird,
- von der *Wahrscheinlichkeit*, mit der die jeweiligen Pfade „benutzt" werden.

In dem nun zu erläuternden Term steht

- p für die Wahrscheinlichkeit eines upstep,
- $(1-p)$ für die Wahrscheinlichkeit eines downstep,
- $p^j \cdot (1-p)^{n-j}$ für die Wahrscheinlichkeit, mit der im n-Periodenmodell ein bestimmter Pfad, der gekennzeichnet ist durch j upstep und (n − j) downstep, benutzt wird,
- $\binom{n}{j}$ für die Anzahl der Pfade, auf denen der jeweilige Endwert erreicht wird.

Fallstudie 5.4 (d)   Berechnung der Eintrittswahrscheinlichkeit der am Ende der Laufzeit des Optionsrechts möglichen Call-Optionswerte

Berechnung der Wahrscheinlichkeit für das Eintreten eines upstep (Formel 5.5)

$$p = \frac{r-d}{u-d} = \frac{0{,}08-(-0{,}1)}{0{,}10-(-0{,}1)} = 0{,}9$$

Entsprechend ist die Wahrscheinlichkeit für das Eintreten eines downstep $1 - p = 0{,}1$.

Berechnung der Eintrittswahrscheinlichkeit *von C_{uuu}: $j = 3$; $n = 3$*

- Die Berechnung der **Anzahl der Pfade**, auf denen die Endwerte erreicht werden können, erfolgt über den Binomialkoeffizienten $\binom{n}{j} = \frac{n!}{(n-j)! \cdot j!}$.

Dabei steht n ! für n - Fakultät und bedeutet $1 \cdot 2 \cdot 3 \cdot \ldots \cdot n$, also beispielsweise $4! = 1 \cdot 2 \cdot 3 \cdot 4 = 24$.

Zu beachten ist, daß 0 ! ebenso wie 1 ! als 1 definiert ist.

C_{uuu} ist auf $\binom{n}{j} = \binom{3}{3} = \frac{3!}{(3-3)! \cdot 3!} = \frac{1 \cdot 2 \cdot 3}{0! \cdot 1 \cdot 2 \cdot 3} = 1$ Pfad zu erreichen.

Das ist in Abbildung 5.10 leicht nachzuvollziehen:

C_{uuu} kann nur über S_u, S_{uu} und S_{uuu} erreicht werden.

- Berechnung der **Häufigkeit**, mit der die Pfade benutzt werden:

$p^j \cdot (1 - p)^{n-j}$

$0{,}9^3 \cdot 0{,}1^{3-3} = 0{,}729 \cdot 1 = 0{,}729$

- Das **Produkt von Pfaden und deren Frequentierung**

C_{uuu} kann auf $\binom{3}{3} = 1$ Pfad erreicht werden, der mit einer **Wahrscheinlichkeit** von 0,729 benutzt wird.

$W(C_{uuu}) = 72{,}9\%$.

Dieses Ergebnis ist in Abbildung 5.10 leicht nachzuvollziehen:

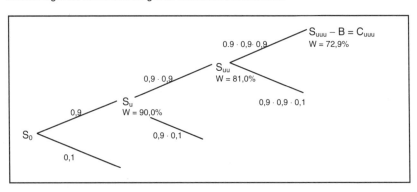

Abbildung 5.10 Anzahl und Frequentierung der Pfade

Berechnung der Eintrittswahrscheinlichkeit von C_{uud}: $j = 2$; $n = 3$

In den Term für die Eintrittswahrscheinlichkeit eingesetzt, ergibt sich

$$W(C_{uud}) = \binom{3}{2} \cdot 0{,}9^2 \cdot (1 - 0{,}9)^{3-2} = \frac{3!}{(3-2)! \cdot 2!} \cdot 0{,}81 \cdot 0{,}1$$

$$= \frac{1 \cdot 2 \cdot 3}{1! \cdot 1 \cdot 2} \cdot 0{,}81 \cdot 0{,}1 = 3 \cdot 0{,}081 = 0{,}243.$$

Auch dieses Ergebnis ist graphisch nachzuvollziehen, denn C_{uud} kann auf $\binom{3}{2} = 3$ Pfaden erreicht werden, nämlich

auf (1) u u d = 0,9 · 0,9 · 0,1 =   0,081
    (2) d u u = 0,1 · 0,9 · 0,9 =   0,081
    (3) u d u = 0,9 · 0,1 · 0,9 =   0,081
    Eintrittswahrscheinlichkeit für
    alle 3 Pfade zusammen von   0,243

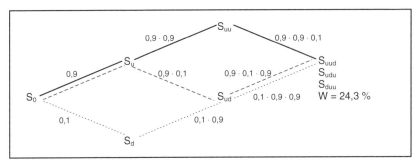

Anmerkung: ——— Pfad 1
           - - - - - - Pfad 2
           ·········· Pfad 3

Abbildung 5.11   Mögliche Pfade

Berechnung der Eintrittswahrscheinlichkeit von C_{ddu}: $j = 1$; $n = 3$

$$W(C_{ddu}) = \binom{3}{1} \cdot 0{,}9^1 \cdot (1 - 0{,}9)^{3-1} = \frac{3!}{(3-1)! \cdot 1!} \cdot 0{,}9 \cdot 0{,}1^2$$

$$= \frac{1 \cdot 2 \cdot 3}{1 \cdot 2 \cdot 1} \cdot 0{,}9 \cdot 0{,}01 = 0{,}027$$

Berechnung der Eintrittswahrscheinlichkeit von C_{ddd}: $j = 0$; $n = 3$

$$W(C_{ddd}) = \binom{3}{0} \cdot 0{,}9^0 \cdot (1 - 0{,}9)^{3-0} = \frac{3!}{(3-0)! \cdot 0!} \cdot 1 \cdot 0{,}1^3 = 0{,}001$$

Gewichtung der möglichen Callwerte mit ihren Eintrittswahrscheinlichkeiten

$$C_T = \binom{n}{j} \cdot p^j \cdot (1-p)^{n-j} \cdot \max[0 \, ; \, (1+u)^j \cdot (1+d)^{n-j} \cdot S_0 - B]$$

Fallstudie 5.4 (e) Gewichtung der am Ende der Optionslaufzeit möglichen Call-Optionswerte mit ihren Eintrittswahrscheinlichkeiten

Für unser Drei-Perioden-Binomialmodell aus Fallstudie 5.4 heißt das:

Teilwerte der Option

- $W(C_{uuu}) \cdot C_{uuu}$ $= 0{,}729 \cdot 66{,}20 = 48{,}26$

- $W(C_{uud}) \cdot C_{uud}$ $= 0{,}243 \cdot 17{,}80 = 4{,}33$

- $W(C_{ddu}) \cdot C_{ddu}$ $= 0{,}027 \cdot 0{,}00 = 0{,}00$

- $W(C_{ddd}) \cdot C_{ddd}$ $= \underline{0{,}001} \cdot 0{,}00 = 0{,}00$

$0{,}729 + 0{,}243 + 0{,}027 + 0{,}001 = 1{,}000$, d. h. einer der vier Fälle tritt sicher ein.

Addition der mit ihrer Eintrittswahrscheinlichkeit gewichteten Callwerte

Die mit ihren Eintrittswahrscheinlichkeiten gewichteten Endwerte des Call-Optionsrechts werden addiert:

$$C_T = \sum_{j=0}^{n} \binom{n}{j} \cdot p^j \cdot (1-p)^{n-j} \cdot \max[0 \, ; \, (1+u)^j \cdot (1+d)^{n-j} \cdot S_0 - B]$$

Fallstudie 5.4 (f) Addition der mit ihrer Eintrittswahrscheinlichkeiten gewichteten Call-Optionswerte

Für unser Drei-Perioden-Binomialmodell aus Fallstudie 5.4 heißt das:

$C_T = 48{,}26 + 4{,}33 + 0 + 0 = 52{,}59$

Barwert der Summe der mit ihrer Eintrittswahrscheinlichkeit gewichteten Callwerte

$$C_0 = \frac{\sum_{j=0}^{n} \binom{n}{j} \cdot p^j \cdot (1-p)^{n-j} \cdot \max[0 \, ; \, (1+u)^j \cdot (1+d)^{n-j} \cdot S_0 - B]}{(1+r)^t} = \frac{52{,}59}{1{,}08^3} = 41{,}75$$

[exakt : 41,743827]

Fallstudie 5.4 (g) Berechnung des Barwerts der Summe der mit ihrer Eintrittswahrscheinlichkeit gewichteten Call-Optionswerte

Für den Call-Optionswert aus Fallstudie 5.4 ergibt sich folgender Barwert:

$C_0 = \dfrac{52{,}59}{1{,}08^3} = 41{,}75$ [exakt : 41,743827]

5.2.2.4 Schematische Darstellung des Optionswerts

Aufgrund der Formel 5.6 kann der Wert des Optionsrechts als Barwert aller Ausübungsszenarien aufgefaßt werden. Diese Interpretation läßt sich in einem Schema transparent darstellen.

Fallstudie 5.4 (h)   Schema zur Bewertung eines Optionsrechts als Barwert aller Ausübungsszenarien

Aufgrund der Ergebnisse der Fallstudie 5.4 kann folgendes einfaches Schema zur Bewertung eines **Call-Optionsrechts** aufgestellt werden.

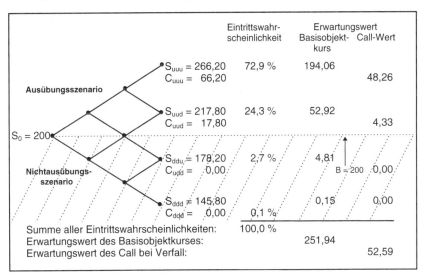

Abbildung 5.12   Schema zur Berechnung des Callwerts über Ausübungsszenarien

In Abbildung 5.12 muß einer der vier bei Verfall der Option möglichen Basisobjektkurse eintreten. Deshalb ist die
Summe aller Eintrittswahrscheinlichkeiten $W_{uuu} + W_{uud} + W_{udd} + W_{ddd} = 100\ \%$.

Da $200(1+ 0{,}08)^3 = 251{,}94$, bringt das Basisobjekt während der Laufzeit der Option den Zinssatz für risikolose Kapitalanlagen in Höhe von 0,08 p.a.

Um den Callwert zu erhalten, muß dessen Erwartungswert bei Verfall der Option auf den Bewertungszeitpunkt t_0 abgezinst werden:

$$C_0 = \frac{52{,}59}{(1{,}08)^3} = 41{,}75 \text{ DM}$$

Das **Put-Optionsrecht** läßt sich analog bewerten. Abbildung 5.13 zeigt die Bewertung eines Put-Optionsrechts, das gleich ausgestattet ist wie das in Abbildung 5.12 enthaltene Call-Optionsrecht.

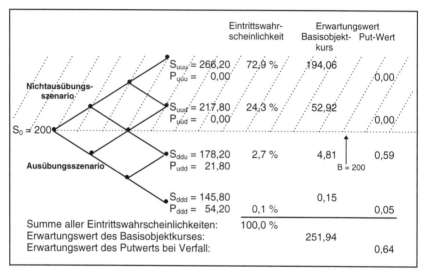

Abbildung 5.13   Schema zur Berechnung des Putwerts über Ausübungsszenarien

Wert des Put-Optionsrechts im Bewertungszeitpunkt t_0:

$$P_0 = \frac{0{,}64}{(1{,}08)^3} = 0{,}51$$

5.2.3 Entgelt für Sicherheit und Liquiditätsvorteil

Über die am Ende der Optionsscheinlaufzeit möglichen Basisobjektkurse und deren jeweilige Eintrittswahrscheinlichkeiten läßt sich der Wert des Call-Optionsscheins in einer weiteren Version - als „Entgelt für Liquiditätsvorteil und Sicherheit" - herleiten.

Beim Optionsrecht vermeidet der Call-Optionsinhaber gegenüber dem unbedingten Terminkäufer einen Verlust, dessen Wert exakt dem Wert der - vom Optionsrecht abgesehen - gleich ausgestatteten Put-Option entspricht. Dieses Ergebnis überrascht nicht, weil bereits anhand von Abbildung 1.9 gezeigt wurde, daß das Call-Optionsrecht aus einem unbedingten Terminkauf und einer Put-Option besteht.

Fallstudie 5.4 (i) Schema des Optionswerts als Entgelt für Sicherheit und Liquiditätsvorteil im Mehrperiodenmodell

Am Bewertungszeitpunkt t_0 hat die
Put-Option einen **Wert** von $\quad\quad\quad\quad\quad\quad P_0 \quad\quad\quad = 0{,}51$ DM
Die Call-Option bringt im Vergleich zur Direktinvestition
nicht nur die Absicherung beim Ausübungspreis, sondern
zusätzlich einen **Liquiditätsvorteil** in Höhe von $\quad B - \dfrac{B}{(1+r)^t} = 200 - \dfrac{200}{(1{,}08)^3} = \underline{41{,}23 \text{ DM}}$
Wert des **Call-Optionsscheins** in t_0 $\quad\quad\quad\quad\quad\quad\quad\quad\quad\quad\quad\quad\quad = \underline{41{,}74 \text{ DM}}$

5.3 Put-Call-Parität

Aus dem zuletzt dargestellten Verfahren zur Berechnung des Callwerts leitet sich die als Put-Call-Parität[7] bezeichnete Gleichung ab. Sie ermöglicht es, auf einfache Weise den Wert des Put-Optionsrechts zu bestimmen, wenn der Wert des identisch ausgestatteten Call-Optionsrechts bekannt ist.

Call: $\quad C_0 = S_0 - \dfrac{B}{(1+r)^t} + P_0 \quad\quad\quad$ Put: $\quad P_0 = C_0 - S_0 + \dfrac{B}{(1+r)^t}$

wobei: B = Ausübungspreis des Call- und Put-Optionsrechts
$\quad\quad\quad\, S_0$ = Basisobjektkurs des Call- und Put-Optionsrechts
$\quad\quad\quad\, C_0$ = Wert des Call-Optionsrechts
$\quad\quad\quad\, P_0$ = Wert des Put-Optionsrechts = Versicherungsprämie
$\quad\quad\quad\, r\,$ = Zinssatz für risikolose Kapitalanlagen
$\quad\quad\quad\, t\,$ = Restlaufzeit des Optionsrechts

Formel 5.7 $\quad\quad$ Put-Call-Parität

---

[7] Vgl. **Stoll, Hans R. (1969)**, S. 806.

Fallstudie 5.6 Berechnung des Put-Optionswerts aus der Put-Call-Parität für das Optionsrecht aus Fallstudie 5.4

$$P_0 = 41{,}74 - 200 + \frac{200}{(1+0{,}08)^3} = 0{,}51$$

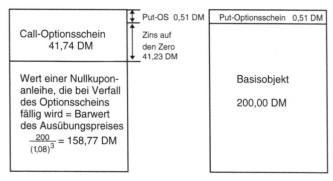

Abbildung 5.14 Graphische Darstellung der Put-Call-Parität

Auf der Grundlage dieser Erkenntnisse läßt sich der Wert eines *Call-Optionsrechts* in die folgenden Komponenten aufteilen.

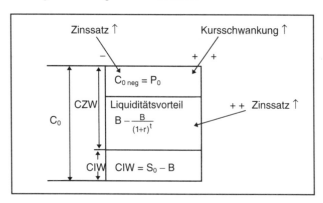

Anmerkung: CIW = innerer Wert des Call-Optionsscheins
CZW = Zeitwert des Call-Optionsscheins
$C_{0\,neg}$ = Wert des Optionsrechts, der daraus resultiert, daß beim Call-Optionsrecht kein Ausübungszwang besteht = P_0.

Abbildung 5.15 Grafische Darstellung und Analyse des Wertes eines Call-Optionsrechts

Die Analyse des Optionsscheinwertes konkretisiert die Bedeutung der verschiedenen Werteinflußfaktoren:

- Die **Stärke der Schwankungen des Basisobjektkurses** wirkt auf den Zeitwert des Put-Optionsscheins und somit auch auf den Zeitwert des Call-Optionsscheins: Mit der Volatilität steigt der Wert des Call- und des Put-Optionsscheins.

- Der „**Zinssatz für risikolose Kapitalanlagen**" wirkt vor allem auf den Zeitwert des Call-Optionsscheins, in entgegengesetzter Richtung und in geringerem Ausmaß auf den Wert des Put-Optionsscheins und somit auch auf den Call-Optionsscheinwert.

- Eine Verkürzung der „**Restlaufzeit** des Optionsscheins" mindert die Wirkung der anderen Parameter des Zeitwerts.

5.4 Vom Binomialmodell zum Black-Scholes-Modell

5.4.1 Basisobjektkursverlauf als Binomial-Random-Walk

Ein Optionsrecht europäischen Typs hat einen Wert aufgrund seines inneren Wertes bei Verfall. Aus diesem Grund ist es für die Optionsbewertung entscheidend, zu wissen, wo der Basisobjektkurs am Ende der Laufzeit des Optionsrechts ankommt.

Bis heute ist es nicht gelungen, Regelmäßigkeiten in Aktienkursbewegungen nachzuweisen. Dieses Problem umgehen Cox / Rubinstein,[8] indem sie den Verlauf des Basisobjektkurses als Ergebnis eines multiplikativen Binomialprozesses deuten. Zu Beginn eines jeden Binomialschritts ist offen, ob sich der Kurs in die eine oder in die andere Richtung bewegt; es lassen sich aber bereits im voraus die mögliche, während des multiplikativen Binomialprozesses konstante Kursveränderung sowie die jeweils dazugehörende gleichfalls konstante Wahrscheinlichkeit für den upstep bestimmen. Am Ende der Optionslaufzeit ergibt sich eine in Stufen angeordnete Verteilung der Eintrittswahrscheinlichkeiten der möglichen Basisobjektkurse (Abbildung 5.16).

---

[8] Vgl. **Cox, John C. / Rubinstein, Mark (1985)**, S. 165 - 178.

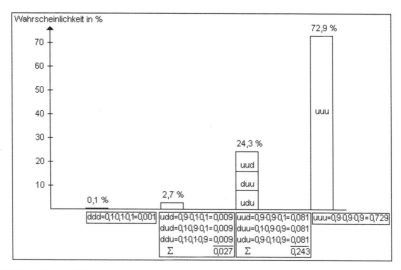

Abbildung 5.16 Wahrscheinlichkeitsverteilung der Kurse am Verfalltag im Drei-Perioden-Binomialmodell der Fallstudie 5.6

Fallstudie 5.6 führt zu einer extrem rechtslastigen Wahrscheinlichkeitsverteilung der am Ende der Optionslaufzeit möglichen Basisobjektkurse. Das ist eine Folge der Annahmen: Der Zinssatz für risikolose Kapitalanlagen in Höhe von 0,08 p.a. ist im Vergleich zu den upstep- und downstep-Ziffern so hoch, daß eine Aktienanlage nur bei einer hohen Wahrscheinlichkeit für Kurssteigerungen lohnend ist. Entsprechend ist die implizite Wahrscheinlichkeit für das Eintreffen des upstep 90 %.

Der Drei-Perioden-Binomialprozeß von Fallstudie 5.6 führt nicht nur zu einer extrem rechtslastigen, sondern auch zu einer stark gestuften Wahrscheinlichkeitsverteilung. Die Höhenunterschiede zwischen den einzelnen Stufen werden kleiner, wenn die Zahl der Binomialschritte pro Jahr ansteigt, weil dann mehr Basisobjektkurse mit jeweils eigenen Eintrittswahrscheinlichkeiten möglich sind.

5.4.2 Verstetigung der Parameter

Mit der Veränderung der Zahl der Binomialschritte pro Jahr muß sowohl die Höhe des Zinssatzes für risikolose Kapitalanlagen als auch die Rate für den upstep und jene für den downstep angepaßt werden. Diese Anpassung soll an der Überleitung des Zinssatzes von der diskreten (= stufenartigen) Verzinsung bei jährlicher Zinsgutschrift zum Zinssatz bei stetiger (= kontinuierlicher) Verzinsung, bei der die Zinsen innerhalb eines Jahres unendlich oft gutgeschrieben werden, herausgearbeitet werden.

5.4.2.1 Vom Jahreszins zur stetigen Verzinsung

• **Von der jährlichen zur monatlichen Kapitalisierung der Zinsen**

Üblicherweise werden die Zinsen am Ende eines jeden Jahres - und nur dann - gutgeschrieben. Formel 4.2 umgestellt ergibt $RZ = K_0 (1+r)^t$.

Fallstudie 5.7   Parameter einer Kapitalanlage bei jährlicher Zinsgutschrift

Kapitalanlagebetrag = Barwert	K_0	= 100,00 DM
Zinssatz für risikolose Kapitalanlagen	r	= 0,08 p.a.
Laufzeit der Anlage	t	= 2 Jahre
Rückzahlungsbetrag	RZ	= $100(1+0,08)^2$ = 116,64 DM

Unterjährige Zinsgutschriften bringen bei einem auf die Subperiode umgerechneten Jahreszins einen höheren Endbetrag, weil die unterjährig empfangenen Zinsen mit der Kapitalisierung zinsbringend angelegt werden.

Fallstudie 5.7 (a)   Das Problem beim Übergang von der jährlichen zur monatlichen Zinsgutschrift

Bei m = 12 Zinsterminen pro Jahr und einer jeweiligen Zinsgutschrift in Höhe eines Zinssatzes von $\frac{r}{m}$ ergibt sich aus der umgestellten Formel 4.2 in leicht modifizierter Fassung:

$$RZ = 100 \left(1 + \frac{0,08}{12}\right)^{2 \cdot 12} = 117,29 \text{ DM}$$

Wer bei unterjähriger Verzinsung das gleiche Endkapital wie bei jährlicher Zinsgutschrift erzielen will, muß den „konformen Zinssatz" r_{konf} ansetzen, der sich als Unbekannte aus dem folgenden Gleichungsansatz bestimmen läßt:

$$RZ = K_0 (1+r)^t = K_0 (1+\frac{r_{konf}}{m})^{t \cdot m}$$

daraus folgt: $(1+r)^t = (1 + \frac{r_{konf}}{m})^{t \cdot m}$ oder $(1+r)^{\frac{1}{m}} = 1 + \frac{r_{konf}}{m}$

Konformer Zinssatz (p.a.): $r_{konf} = \left[(1+r)^{\frac{1}{m}} - 1\right] \cdot m$

m-Periodenzinssatz : $r_m = (1+r)^{\frac{1}{m}} - 1$

wobei: r = Zinssatz p.a.
         m = Zahl der Zinsgutschriften pro Jahr

Formel 5.8   Umrechnung des Jahreszinssatzes auf den Periodenzinssatz

Fallstudie 5.7 (b)   Monatliche Kapitalisierung der Zinsen

Wenn die Daten der Fallstudie 5.7 eingesetzt werden, ergibt sich:

$$r_{konf} = \left[(1+0,08)^{\frac{1}{12}} - 1\right] \cdot 12 = 0,006434 \cdot 12 = 0,077208 \text{ p.a.}$$

Probe: $RZ = K_0 \left(1 + \frac{r_{konf}}{m}\right)^{t \cdot m} = 100 \left(1 + \frac{0,0772}{12}\right)^{2 \cdot 12} = 116,64$ DM

Die Ergebnisse sind in Tabelle 5.1 und Abbildung 5.17 zu finden.

Jährliche Zinsgutschrift bei r = 0,08 p.a.			Monatliche Zinsgutschrift bei r = 0,0772 p.a. = 0.0772 : 12 = 0,0064 pro Monat		
nach t Jahren	Zinsgutschrift	zu verzinsendes Kapital	nach m Monaten	Zinsgutschrift	zu verzinsendes Kapital
			1	0,64	100,64
			2	0,65	101,29
			3	0,65	101,94
			•	•	•
			11	0,69	107,31
1	8,00	108,00	12	0,69	108,00
•	•	•	•	•	•
2	8,64	116,64	24	0,75	116,64

Tabelle 5.1   Vergleich der Entwicklung des Kapitals bei jährlicher Zinsgutschrift einerseits und monatlicher Zinsgutschrift andererseits

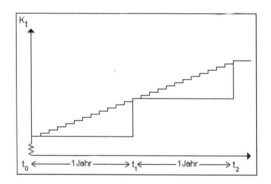

Abbildung 5.17   Monatliche Kapitalisierung der Zinsen

- **Stetige Kapitalisierung der Zinsen**

Je kürzer die Periode wird, nach der Zinsen gutgeschrieben werden, um so kleiner werden die Sprünge pro Zinszahlung. Bei stetiger Verzinsung läuft die Zahl der unterjährigen Zinsgutschriften gegen unendlich, die Zeitspannen zwischen zwei Zinszahlungen entsprechend gegen Null: $\frac{1}{m} \to 0$.

Wenn der Exponent der Formel 5.8 um $\frac{r}{r}$ erweitert wird, ergibt sich:

$$RZ = K_0(1+\tfrac{r}{m})^{\frac{m}{r} \cdot t \cdot r} = K_0\left[(1+\tfrac{r}{m})^{\frac{m}{r}}\right]^{t \cdot r}$$

Je größer m wird, um so mehr nähert sich der Ausdruck in der eckigen Klammer der *Eulerschen Zahl* e = 2,71828182846.

Diese Behauptung läßt sich leicht überprüfen:

für m = 1 ist $\left[(1+\tfrac{r}{m})^{\frac{m}{r}}\right] = \left[(1+\tfrac{0{,}08}{1})^{\frac{1}{0{,}08}}\right] = 1{,}08^{12{,}5} = 2{,}616959151$

für m = 10 ist $\left[(1+\tfrac{0{,}08}{10})^{\frac{10}{0{,}08}}\right]$ = 2,707487833

für m = 30 ergibt sich = 2,714666283

für m → ∞ gilt $\left[(1+\tfrac{r}{m})^{\frac{m}{r}}\right]$ = e = 2,718281828

Daraus folgt: Wenn m → ∞, dann gilt: $RZ = K_0 \cdot e^{r_s \cdot t}$.

Durch Umformen des Ausdrucks ergibt sich Formel 5.9, mit der sich der Zinssatz bei jährlicher Zinsgutschrift in einen konformen stetigen Zinssatz r_s umrechnen läßt und umgekehrt.

$K_0 \cdot e^{r_s \cdot t} = K_0 (1+r)^t$ oder kürzer

$e^{r_s} = (1 + r)$ oder, da $\ln e^{r_s} = r_s$

$r_s = \ln(1+ r)$

Stetiger Zinssatz:	$r_s = \ln(1+ r)$
Zinssatz bei einer Zinsgutschrift pro Jahr:	$r = e^{r_s} - 1$

Formel 5.9   Umrechnung des diskreten in den stetigen Zinssatz und umgekehrt

Fallstudie 5.7 (c)   Von der jährlichen Zinsgutschrift zur stetigen Verzinsung

Zinssatz mit jährlicher Zinsgutschrift: r = 0,08 p.a.

Stetiger Zinssatz: r_s = ln(1+ 0,08) = 0,076961 p.a.

       r = $e^{0{,}076961}$ − 1 = 0,080000 p.a.

Der Zinssatz r_s = 0,076961 p.a. bringt bei stetiger Verzinsung, sonst aber gleichen Voraussetzungen, am Ende der Anlagedauer den gleichen Zinsbetrag wie der diskrete Zinssatz r = 0,080000 p.a. bei jährlicher Zinsgutschrift.

Die Proberechnungen bei der Herleitung der stetigen Verzinsung zeigen, daß sich die Ergebnisse aus der diskreten Zinsfortschreibung schon bei wenigen Subperioden (m = 20 bis 30) jenen der stetigen Verzinsung (m → ∞) nähern.

5.4.2.2 Von der binären Schwankung zur Volatilität

Bei einer Änderung der Zahl der Binomialschritte pro Jahr sind auch die binären Kursbewegungen anzupassen. Wenn die Kursbewegung des stufenartigen Prozesses auf den entsprechenden kontinuierlichen Prozeß umgestellt werden soll, muß die im Binomialmodell angenommene Kursveränderung durch Logarithmieren auf die konforme Volatilität des Black-Scholes-Modells umgerechnet werden. Beim Übergang von der stufenweisen zur stetigen Verzinsung wurde ein analoges Umrechnungsverfahren bereits detailliert dargestellt. Da in der Praxis das Verhalten des Basisobjektkurses üblicherweise in der Kennziffer Volatilität erfaßt wird, müssen regelmäßig die vorhandenen Daten „entlogarithmiert" werden, um sie als Faktoren für binäre Kursveränderungen verwenden zu können (Formel 5.10).[9]

Volatilität p.a.:	$\sigma = \ln(1 + \text{binäre Schwankung})$
Binärer upstep p.a.:	$u = e^{\sigma} - 1$
Volatilität pro Periode:	$\sigma_m = \sigma \cdot \sqrt{\frac{1}{m}}$
Binärer upstep pro Periode:	$u_m = e^{\sigma_m} - 1$
Binärer downstep pro Periode:	$d_m = \frac{1}{1+u_m} - 1$
wobei: m = Zahl der Binomialschritte pro Jahr	

Formel 5.10   Umrechnung einer Volatilität in binäre Kursveränderungen

5.4.3 Binomialwert bei ansteigender Zahl von Binomialschritten

Die bisher vorgetragenen Fallstudien mit Einjahres-Binomialschritten basieren auf der Prämisse, daß für das Basisobjekt des zu bewertenden Optionsrechts nur ein Kurs pro Jahr zustande kommt. Das ist wirklichkeitsfremd und muß im Binomialmodell nicht notwendigerweise unterstellt werden, weil die Anzahl der Binomialschritte pro Jahr beliebig erhöht werden kann. Allerdings wird die Berechnung dadurch aufwendiger.

Fallstudie 5.8 zeigt, wie sich das Ergebnis der Binomialformel bei ansteigender Zahl von Binomialschritten pro Restlaufzeit des Optionsrechts verändert.

---

[9]   Vgl. **Hauck, Wilfried (1991)**, S. 151 - 152. Vgl. dazu z. B. *Handelsblatt* vom 22. 5. 1996, S. 41.

Fallstudie 5.8 Bewertung eines einjährigen Optionsrechts im Binomialmodell mit ansteigender Zahl von Binomialschritten

Parameter des Call- bzw. des Put-Optionsrechts:

Ausübungspreis:	B	= 200,00
Laufzeit des Optionsrechts:	t	= 1 Jahr
Basisobjektkurs im Bewertungszeitpunkt t_0:	S_0	= 200,00
Zinssatz für risikolose Kapitalanlagen:	r	= $1,011^4 - 1 = 0,044731$ p.a.
Zahl der Binomialschritte pro Jahr:	m	= 1, 2, 3 ....
Dauer eines Binomialschritts:		$\frac{1}{m}$ Jahre
Volatilität:	σ	= 30 % p.a.

Von einem Binomialschritt pro Jahr ausgehend wird die Zahl der Binomialschritte pro Jahr von Fall zu Fall immer mehr erhöht.

Aufgrund der Formeln 5.8 und 5.10 gelten bei verschiedenen Teilperioden pro Jahr die folgenden Werte:

Dauer einer Periode $\left(\frac{1}{m}\right)$	Volatilität $\sigma_m = \sigma \cdot \sqrt{\frac{1}{m}}$	Binäre Kursschwankung pro Periode		Periodenzinssatz $r_m = (1+r)^{\frac{1}{m}} - 1$
		$u_m = e^{\sigma_m} - 1$	$d_m = \frac{1}{1+u_m} - 1$	
1 Jahr	0,300000	0,349859	– 0,259182	0,044731
$\frac{1}{2}$ Jahr	0,212132	0,236311	– 0,191142	0,022121
$\frac{1}{3}$ Jahr	0,173205	0,189110	– 0,159035	0,014693
$\frac{1}{4}$ Jahr	0,150000	0,161834	– 0,139292	0,011000
$\frac{1}{5}$ Jahr	0,134164	0,143580	– 0,125553	0,008790
$\frac{1}{6}$ Jahr	0,122474	0,130290	– 0,115271	0,007320
$\frac{1}{250}$ Jahr	0,018974	0,019155	– 0,018795	0,000175

Anmerkung: u = upstep-Rate
d = downstep-Rate

Tabelle 5.2   Umrechnung einer Volatilitätsziffer in binäre Kursveränderungen

Da die Volatilität das Schwankungsverhalten des Basisobjektkurses in logarithmierter Form erfaßt, muß - übertragen auf das binäre Schwankungspotential - die Rate des upstep im reziproken Verhältnis zur downstep-Rate stehen.

In unserer Fallstudie ist diese Bedingung erfüllt, wenn bei m = 1

$u_1 = e^{0,30} - 1 = 0,349859$

$d_1 = \frac{1}{1 + 0,349859} - 1 = -0,259182$

Dann ist: $S_u = 200 \cdot (1 + 0,349859) = 269,97$

$S_d = 200 \cdot (1 - 0,259182) = 148,16$

Daraus folgt: $\frac{S_u}{S_0} = \frac{269{,}97}{200} = 1{,}35$ und $\ln(1{,}35) = +0{,}30$

$\frac{S_d}{S_0} = \frac{148{,}16}{200} = \frac{1}{1{,}35} = 0{,}74$ und $\ln(0{,}74) = -0{,}30$

Zur Berechnung der Call- und Put-Optionsscheinwerte wird auf die bereits hergeleiteten Formeln 5.1, 5.2 und 5.7 zurückgegriffen.

Bei der Berechnung des Put-Optionswerts zum Zeitpunkt t_0 aufgrund der Put-Call-Parität ist der Ausübungspreis um die Restlaufzeit des Optionsrechts abzuzinsen, weil der Call-Investor für diese Zeit gegenüber Direkt- und Put-Investor einen Liquiditätsvorteil genießt. Wenn die Put-Call-Parität dagegen zur Berechnung eines Put-Werts *während* des in der Zukunft liegenden Binomialprozesses dient, ist der Ausübungspreis nur um h Perioden, die noch bis zum Verfall des Optionsrechts verbleiben, abzuzinsen. So ist zur Berechnung der Put-Werte im Vier-Perioden-Binomialprozeß der Abbildung 5.6
- in t_3 der Parameter h mit 1
- in t_2 der Parameter h mit 2
- in t_1 der Parameter h mit 3
in die Put-Call-Parität einzugeben. Nur im Bewertungszeitpunkt t_0 ist h = t = 4.

Die konkrete Berechnung der Binomialwerte wird nur an wenigen Beispielen demonstriert. Verwiesen wird auf die entsprechenden Berechnungen in Fallstudie 5.4.

Einjahres-Binomialschritt zur Bewertung einer einjährigen Option

Binomialschritte pro Jahr: m = 1; $u_1 = 0{,}349859$; $d_1 = -0{,}259182$ (Tabelle 5.2)

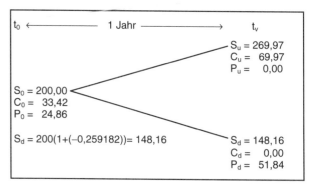

Abbildung 5.18   Einjahres-Binomialschritt zur Bewertung eines einjährigen Optionsrechts

$HR_C = \frac{269{,}97 - 148{,}16}{69{,}97 - 0{,}00} = 1{,}74$

$C_0 = \frac{1}{1{,}74}\left[\frac{1{,}74 \cdot 69{,}97 - 269{,}97}{1{,}044731^1} + 200\right] = 33{,}42$ [exakt: 33,421150]

$P_0 = 33{,}42 + \dfrac{200}{1{,}044731^{\frac{1}{1}}} - 200 = 24{,}86$ [exakt: 24,857927]

Halbjahres-Binomialschritte zur Bewertung einjähriger Optionen

Binomialschritte pro Jahr: m = 2; u und d aus Tabelle 5.2

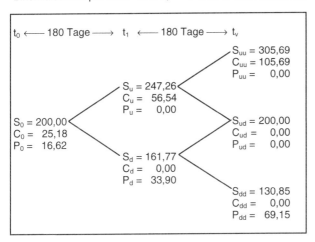

Abbildung 5.19 Halbjahres-Binomialschritte zur Bewertung eines einjährigen Optionsrechts

Dann gilt z. B. für die Berechnung der Put-Optionsscheinwerte über die Put-Call-Parität:

$P_d = C_d + \dfrac{B}{(1+r)^{\frac{h}{m}}} - S_d = 0 + \dfrac{200}{(1+0{,}044731)^{\frac{1}{2}}} - 161{,}77 = 33{,}90$, weil h = 1 (von t_v auf t_1)

$P_0 = C_0 + \dfrac{B}{(1+r)^{\frac{h}{m}}} - S_0 = 25{,}18 + \dfrac{200}{(1+0{,}044731)^{\frac{2}{2}}} - 200 = 16{,}62$, weil h = 2

Drittel-Jahres-Binomialschritte zur Bewertung einer einjährigen Option

Binomialschritte pro Jahr: m = 3; u und d aus Tabelle 5.2

$C_0 = 29{,}76$ $\qquad$ $P_0 = 21{,}19$

207

Viertel-Jahres-Binomialschritte zur Bewertung einer einjährigen Option

Ableitung des Callwerts vom Hedgeportefeuille

Binomialschritte pro Jahr: $m = 4$; u und d aus Tabelle 5.2

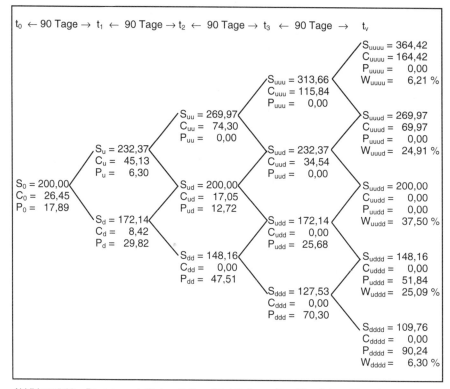

Abbildung 5.20 Bewertung einjähriger Call- und Put-Optionen über Vierteljahres-Binomialschritte

Callwert = Barwert der Summe aller Ausübungsszenarien

Basisobjektkurse am Ende der Optionslaufzeit	Innerer Wert des Call	Innerer Wert des Put	Eintrittswahr-scheinlichkeit	Erwartungswert Basisobjektkurs	Erwartungswert Call	Erwartungswert Put
(1)	(2)	(3)	(4)	$(5) = \frac{(1) \cdot (4)}{100}$	$(6) = \frac{(2) \cdot (4)}{100}$	$(7) = \frac{(3) \cdot (4)}{100}$
364,42	164,42	0,00	6,21	22,63	10,21	
269,97	69,97	0,00	24,91	67,25	17,43	
200,00	0,00	0,00	37,50	75,00		
148,16	0,00	51,84	25,09	37,17		13,01
109,76	0,00	90,24	6,30	6,91		5,69
Erwartungswert des Basisobjektkurses:				208,96		
Erwartungswert des Call bei Verfall:					27,64	
Erwartungswert des Put bei Verfall:						18,70

Tabelle 5.3   Erwartungswert der Call- und Put-Optionsrechte

Barwert des Erwartungswerts des Basisobjektkurses: $\frac{208,96}{1,044731} = 200,01$

Barwert des Erwartungswerts des Call: $C_0 = \frac{27,64}{1,044731} = 26,46$

Barwert des Erwartungswerts des Put: $P_0 = \frac{18,70}{1,044731} = 17,90$

Callwert = Entgelt für Sicherheit und Liquidität

Wert der Put-Option: 17,90

Liquiditätsvorteil: $200 - \frac{200}{1,044731} = \underline{8,56}$

Wert der Call-Option: <u>26,46</u>

Wahrscheinlichkeitsverteilung der Basisobjektkurse bei Verfall des Optionsrechts

Die Wahrscheinlichkeit des Eintritts der am Ende der Optionslaufzeit möglichen Basisobjektkurse ist fast symmetrisch verteilt. Abbildung 5.21 hat keine Ähnlichkeit mit der Wahrscheinlichkeitsverteilung der Abbildung 5.16. Das ist eine Folge anderer Wahrscheinlichkeitsziffern. Während dort der upstep mit einer Wahrscheinlichkeit von 90 % eintritt, ist die Eintrittswahrscheinlichkeit des upstep in Abbildungen 5.20 und 5.21 nach Formel 5.5:

$$p = \frac{r-d}{u-d} = \frac{0,044731-(-0,259182)}{0,349859-(-0,259182)} = 0,499003.$$

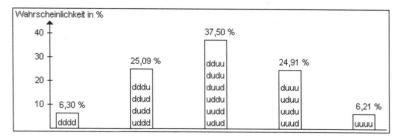

Abbildung 5.21 Wahrscheinlichkeitsverteilung der Basisobjektkurse am Verfalltag des Optionsscheins

Steigende Zahl von Binomialschritten

Bei steigender Zahl von Binomialschritten zur Bewertung einjähriger Optionen ergeben sich die folgenden Optionswerte:

Zahl der Binomialschritte	Optionswerte	
m = 5	$C_0 = 20{,}00$	$P_0 = 20{,}43$
m = 6	$C_0 = 26{,}91$	$P_0 = 18{,}34$
m = 7	$C_0 = 28{,}67$	$P_0 = 20{,}11$
•	•	•
m = 169	$C_0 = 27{,}90$	$P_0 = 19{,}33$
m = 170	$C_0 = 27{,}83$	$P_0 = 19{,}27$

Tabelle 5.4 Optionsrechte bewertet im Binomialmodell

Die Zusammenstellung der bei steigender Zahl von Binomialschritten errechneten Call- und Put-Werte zeigt, daß die Ergebnisse alternierend einem Wert zustreben, der - wenn die Werte von 169 und 170 Binomialschritten pro Jahr zugrundegelegt werden - in der Nähe von

$$C_0 = \frac{C_{0\,Bin\,169} + C_{0\,Bin\,170}}{2} = \frac{27{,}90 + 27{,}83}{2} = 27{,}865$$

$$P_0 = \frac{P_{0\,Bin\,169} + P_{0\,Bin\,170}}{2} = \frac{19{,}33 + 19{,}27}{2} = 19{,}300$$

liegt.

6 Das Black-Scholes-Modell

6.1 Die Idee: Stetige Lognormalverteilung der Basisobjektkurse

Anders als Cox, Ross und Rubinstein, die den Aktienkursverlauf als einen „Binomial-Random Walk" durchrechneten, unterstellten Black und Scholes, der Aktienkurs folge einem kontinuierlichen Random Walk, an dessen, wann auch immer festgelegten Ende, die Eintrittswahrscheinlichkeiten der möglichen Aktienkurse lognormalverteilt sind. Dank dieser Annahme konnten sie - schon vor dem Ansatz von Cox, Ross und Rubinstein - Optionsrechte mit Hilfe einer Differentialgleichung, deren Lösung von der Wärmeleitgleichung her bekannt ist, bewerten.

Aus dem Vorgehen von Black und Scholes kann eine Analogie zwischen den Bewegungen von Aktienkursveränderungen und den durch den „geometrischen Wiener Prozeß" charakterisierten Bewegungen von Molekülen in stehenden Flüssigkeiten und Gasen, wenn Wärme durchgeleitet wird, gezogen werden.[1] Danach ist es aufgrund der Lognormalverteilung gleich wahrscheinlich, daß ein Teilchen seine absolute Temperatur in dem zu untersuchenden Medium „Gas" oder „Flüssigkeit" innerhalb eines kleinen Zeitraums verdoppelt oder halbiert. Außerdem gibt es keine negativen Temperaturen.[2]

6.2 Lognormalverteilungsprämisse

Die Lognormalverteilungsprämisse steht im Zentrum des Black-Scholes-Modells. Deshalb ist es notwendig, deren Inhalt näher zu erläutern.

6.2.1 Normalverteilung

Die Normalverteilung wird in der Statistik dazu verwendet, die Wahrscheinlichkeit für das Eintreten von zufälligen Ereignissen zu berechnen. Beispiele für normalverteilte Zufallsvariablen sind Münzwürfe bei großer Wurfzahl im Hinblick auf die Zahl der gefallenen Wappen oder das Körpergewicht von Neugeborenen. Der häufigste Wert ist ein Gewicht von 3700 Gramm. Abweichungen nach oben und nach unten kommen um so seltener vor, je größer die Abweichungen vom Durchschnittswert

---

[1] Der Wiener Prozeß ist eine standardisierte „Brownsche Bewegung", vgl. **Hink, Stephan / Pechtl, Andreas (1994)**, S. 13, sowie: **Zieher, Wolfgang (1995)**, S. 2.

[2] Vgl. **Kohler, Hans-Peter (1992)**, S. 193.

sind. Weniger häufig als 3700 Gramm werden 3600 oder 3800 Gramm vorkommen, noch seltener aber 4000 oder 3400 Gramm.

Wie eine Normalverteilung zustande kommt, kann anhand des Galton-Bretts veranschaulicht werden: Man nehme ein Nagelbrett und lasse eine Kugel von der oberen Mitte aus auf den obersten Nagel des stehenden Bretts fallen. An diesem und an jedem weiteren Nagel kann die Kugel mit gleicher Wahrscheinlichkeit nach links (p = 0,5) oder nach rechts (1 − p) abgelenkt werden. Schließlich wird die Kugel in einen der am Boden des Nagelbretts angebrachten Schächte fallen.

Der Weg, den die einzelne Kugel durch das Nagelbrett nimmt, wird als „Random-Walk", als „Zufalls-Spaziergang", bezeichnet, weil der von niemandem beeinflußte Weg der einzelnen Kugel nicht vorausgesagt werden kann, also „zufällig" ist. Deshalb ist auch nicht auszuschließen, daß eine Kugel immer nach rechts oder immer nach links fällt und am Boden ganz außen erscheint. Dennoch werden sich die Schächte, wenn genügend Kugeln das Nagelbrett durchwandert haben, symmetrisch um eine Spitze in der Mitte des Nagelbrettes füllen.

Im dreireihigen Galton-Brett läßt sich der Grund für dieses Ergebnis leicht nachvollziehen. Bei dieser Versuchsanordnung hat jede Kugel acht verschiedene Pfade, um den Boden zu erreichen. Deshalb ist die Wahrscheinlichkeit, daß eine Kugel einen bestimmten Pfad wählt, 12,5 %. Die Zahl der Kugeln, die am Ende des Versuchs in den verschiedenen Schächten liegen, hängt davon ab, wieviel Pfade jeweils im einzelnen Schacht enden. Im dreireihigen Brett werden bei genügend großer Kugelanzahl in den beiden äußeren Schächten je 12,5 % aller Kugeln liegen, in den beiden mittleren je 37,5 %. Dieses Ergebnis entspricht der Wahrscheinlichkeit, daß eine Kugel den einen oder den anderen Schacht erreicht.

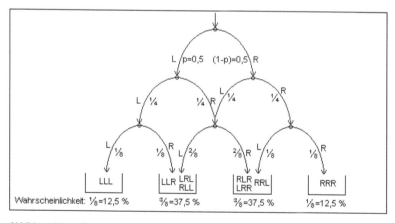

Abbildung 6.1   Pfade im dreireihigen Galton-Brett

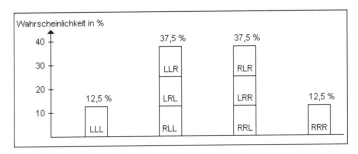

Abbildung 6.2 Wahrscheinlichkeitsverteilung beim dreireihigen Galton-Brett

6.2.2 Stetigkeit

Aus dem Experiment mit dem dreireihigen Galton-Brett resultiert ein treppenartiger Verlauf der Wahrscheinlichkeitsverteilung. Black-Scholes gehen aber nicht von einer stufenartigen (= diskreten), sondern einer kontinuierlichen (= stetigen) Wahrscheinlichkeitsverteilung aus.

Eine Wahrscheinlichkeitsverteilung mit weniger ausgeprägten Stufen wie im dreireihigen Galton-Brett wird erreicht, wenn der Nagelbrettversuch fortgeführt wird. Das zeigt bereits die Verteilung der Kugeln bei einem Brett mit 10 Nagelreihen.

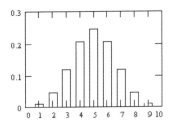

Anmerkung: nach rechts: Anzahl der Rechtsablenkungen
             nach oben: Wahrscheinlichkeit.
             Die Werte für 0 und 10 sind so gering, daß sie im Diagramm nicht auftauchen.

Abbildung 6.3 Wahrscheinlichkeitsverteilung beim zehnreihigen Galton-Brett

Mit der Zahl der Nagelreihen und mit der Zahl der Versuche gehen die sich zunächst ausbildenden rechteckigen Kugelanhäufungen in die *Normalverteilung mit glattem Kurvenverlauf* über. Dieses Stadium ist erreicht, wenn die Zahl der Nagelreihen und die Zahl der Versuche gegen unendlich läuft. Dann läßt sich der Flächeninhalt der „Wahrscheinlichkeitssäulen" nicht mehr berechnen, weil die Rechteckformationen verschwunden sind. Dafür läßt sich der Flächeninhalt unter der Kurve, die nun die Form der **Gaußschen Normalverteilung** angenommen hat, innerhalb eines bestimmten Bereichs ermitteln.

Der gesamte Flächeninhalt unter der Normalverteilungskurve hat den Wert 1, d. h. 100 % der Kugeln wurden verteilt. Für jeden Wert auf der x-Achse kann die dazugehörige Fläche in der „Tabelle der Verteilungsfunktion der standardisierten Normalverteilung", die in mathematischen Tabellensammlungen zu finden ist, abgelesen werden. Allerdings ist die standardisierte Variable x, die im Black-Scholes-Modell berechnet wird, meist nur bis zur vierten Stelle hinter dem Komma abzulesen, so daß für ein genaues Ergebnis interpoliert werden muß. Der abgelesene Flächeninhalt reicht von $-\infty$ bis x. Für $x_1 = 0{,}75$ ist der Flächeninhalt $N(x_1)$ lt. Tabelle 0,7734, d. h. 77,34 % der Gesamtmenge liegen zwischen $-\infty$ und $+0{,}75$.

Sollte x_2 negativ sein, so ist zunächst der absolute Betrag, also ohne Berücksichtigung des Minuszeichens, in der Tabelle abzulesen. Anschließend wird der abgelesene Flächeninhalt von 1 subtrahiert, um die gesuchte Fläche N zu erhalten (Abbildung 6.4 und Tabelle 6.1).

N(–x)   = 1 – N(x)

So ist der Flächeninhalt N bei:

N(–0,52)   = 1 – N(0,52)

    = 1 – 0,6985 = 0,3015.

Einfacher, schneller und vor allem genauer können die Funktionswerte der Standard-Normalverteilung in Computerprogrammen, beispielsweise in Microsoft EXCEL Version 5.0 über den Funktionsassistenten, abgerufen werden.

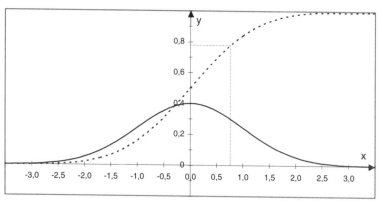

Anmerkung: —— Wahrscheinlichkeitsdichte
 ······ Summenfunktion

Abbildung 6.4   Standardnormalverteilung (Gauß-Kurve)

x	0	1	2	3	4	5	6	7	8	9
0,0	0,5000	0,5040	0,5080	0,5120	0,5160	0,5199	0,5239	0,5279	0,5319	0,5359
0,1	0,5398	0,5438	0,5478	0,5517	0,5557	0,5596	0,5636	0,5675	0,5714	0,5753
0,2	0,5793	0,5832	0,5871	0,5910	0,5948	0,5987	0,6026	0,6064	0,6103	0,6141
0,3	0,6179	0,6217	0,6255	0,6293	0,6331	0,6368	0,6406	0,6443	0,6480	0,6517
0,4	0,6554	0,6591	0,6628	0,6664	0,6700	0,6736	0,6772	0,6808	0,6844	0,6879
0,5	0,6915	0,6950	0,6985	0,7019	0,7054	0,7088	0,7123	0,7157	0,7190	0,7224
0,6	0,7257	0,7291	0,7324	0,7357	0,7389	0,7422	0,7454	0,7486	0,7517	0,7549
0,7	0,7580	0,7611	0,7642	0,7673	0,7703	0,7734	0,7764	0,7794	0,7823	0,7852
0,8	0,7881	0,7910	0,7939	0,7967	0,7995	0,8023	0,8051	0,8078	0,8106	0,8133
0,9	0,8159	0,8186	0,8212	0,8238	0,8264	0,8289	0,8315	0,8340	0,8365	0,8389
1,0	0,8413	0,8438	0,8461	0,8485	0,8508	0,8531	0,8554	0,8577	0,8599	0,8621
1,1	0,8643	0,8665	0,8686	0,8708	0,8729	0,8749	0,8770	0,8790	0,8810	0,8830
1,2	0,8849	0,8869	0,8888	0,8907	0,8925	0,8944	0,8962	0,8980	0,8997	0,9015
1,3	0,9032	0,9049	0,9066	0,9082	0,9099	0,9115	0,9131	0,9147	0,9162	0,9177
1,4	0,9192	0,9207	0,9222	0,9236	0,9251	0,9265	0,9279	0,9292	0,9306	0,9319
1,5	0,9332	0,9345	0,9357	0,9370	0,9382	0,9394	0,9406	0,9418	0,9429	0,9441
1,6	0,9452	0,9463	0,9474	0,9484	0,9495	0,9505	0,9515	0,9525	0,9535	0,9545
1,7	0,9554	0,9564	0,9573	0,9582	0,9591	0,9599	0,9608	0,9616	0,9625	0,9633
1,8	0,9641	0,9649	0,9656	0,9664	0,9671	0,9678	0,9686	0,9693	0,9699	0,9706
1,9	0,9713	0,9719	0,9726	0,9732	0,9738	0,9744	0,9750	0,9756	0,9761	0,9767
2,0	0,9772	0,9778	0,9783	0,9788	0,9793	0,9798	0,9803	0,9808	0,9812	0,9817
2,1	0,9821	0,9826	0,9830	0,9834	0,9838	0,9842	0,9846	0,9850	0,9854	0,9857
2,2	0,9861	0,9864	0,9868	0,9871	0,9875	0,9878	0,9881	0,9884	0,9887	0,9890
2,3	0,9893	0,9896	0,9898	0,9901	0,9904	0,9906	0,9909	0,9911	0,9913	0,9916
2,4	0,9918	0,9920	0,9922	0,9925	0,9927	0,9929	0,9931	0,9932	0,9934	0,9936
2,5	0,9938	0,9940	0,9941	0,9943	0,9945	0,9946	0,9948	0,9949	0,9951	0,9952
2,6	0,9953	0,9955	0,9956	0,9957	0,9959	0,9960	0,9961	0,9962	0,9963	0,9964
2,7	0,9965	0,9966	0,9967	0,9968	0,9969	0,9970	0,9971	0,9972	0,9973	0,9974
2,8	0,9974	0,9975	0,9976	0,9977	0,9977	0,9978	0,9979	0,9979	0,9980	0,9981
2,9	0,9981	0,9982	0,9982	0,9983	0,9984	0,9984	0,9985	0,9985	0,9986	0,9986
3,0	0,9987	0,9987	0,9987	0,9988	0,9988	0,9989	0,9989	0,9989	0,9990	0,9990
3,1	0,9990	0,9991	0,9991	0,9991	0,9992	0,9992	0,9992	0,9992	0,9993	0,9993
3,2	0,9993	0,9993	0,9994	0,9994	0,9994	0,9994	0,9994	0,9995	0,9995	0,9995
3,3	0,9995	0,9995	0,9996	0,9996	0,9996	0,9996	0,9996	0,9996	0,9996	0,9997
3,4	0,9997	0,9997	0,9997	0,9997	0,9997	0,9997	0,9997	0,9997	0,9997	0,9998
3,5	0,9998	0,9998	0,9998	0,9998	0,9998	0,9998	0,9998	0,9998	0,9998	0,9998
3,6	0,9998	0,9998	0,9999	0,9999	0,9999	0,9999	0,9999	0,9999	0,9999	0,9999
3,7	0,9999	0,9999	0,9999	0,9999	0,9999	0,9999	0,9999	0,9999	0,9999	0,9999
3,8	0,9999	0,9999	0,9999	0,9999	0,9999	0,9999	0,9999	0,9999	0,9999	0,9999
3,9	1,0000	1,0000	1,0000	1,0000	1,0000	1,0000	1,0000	1,0000	1,0000	1,0000

Tabelle 6.1 Flächeninhalte der Verteilungsfunktion der standardisierten Normalverteilung für verschiedene x_i-Werte

6.2.3 Logarithmierte Verteilung

Black-Scholes legen ihrem Modell die logarithmierte Form der Standard-Normalverteilung zugrunde. Bei dieser Verteilung werden nicht absoluten, sondern relativ-reziproken Abweichungen vom Ausgangskurs die gleichen Eintrittswahrscheinlichkeiten zugeordnet.

So gilt bei einem Ausgangskurs der Aktie von 200,00 DM

- für die Kursverdopplung ein Multiplikator von 2   200,00 DM · 2 = 400,00 DM

$\ln(2) = +\,0{,}693147$

- für die Kurshalbierung aber ein Multiplikator von ½   200,00 DM · ½ = 100,00 DM

$\ln(½) = -\,0{,}693147$

wobei ln für natürliche Logarithmen, das sind Logarithmen zur Basis e, steht. Bei lognormalverteilten Aktienkursänderungen sind beide gleich wahrscheinlich, obwohl die Kursverdopplung absolut 200,00 DM, die Kurshalbierung aber nur 100,00 DM ausmacht.

Die Lognormalverteilung läßt sich als Standardnormalverteilungskurve darstellen, wenn die waagerechte Achse logarithmisch skaliert wird (Abbildung 6.5). Bei linearer Skalierung erhält man eine rechtsschiefe Wahrscheinlichkeitsverteilung (Abbildung 6.6).

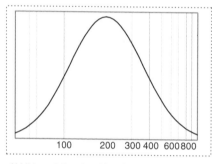
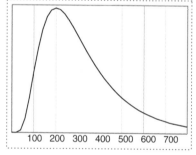

Abbildung 6.5   Log-Verteilung (logarithmierte Skalierung)

Abbildung 6.6   Log-Verteilung (lineare Skalierung)

6.3 Black-Scholes-Formel zur Bewertung von Optionsrechten

Aus der „heat-transfer equation of physics" leiteten Black-Scholes ihre Formel zur theoretischen Bewertung von Optionsrechten ab.[3]

6.3.1 Berechnung und Interpretation des Fairen Werts

6.3.1.1 Call-Optionsrechte

$$C_0 = S_0 N(d_1) - \frac{B}{e^{r_s \cdot t}} \cdot N(d_2)$$

wobei:
$$d_1 = \frac{\ln \frac{S_0}{B} + (r_s + \frac{\sigma^2}{2}) \cdot t}{\sigma \cdot \sqrt{t}}$$

$$d_2 = \frac{\ln \frac{S_0}{B} + (r_s - \frac{\sigma^2}{2}) \cdot t}{\sigma \cdot \sqrt{t}} = d_1 - \sigma \sqrt{t}$$

C_0 = Wert des Call-Optionsrechts im Bewertungszeitpunkt t_0
B = Ausübungspreis des Optionsrechts
S_0 = Preis des Basisobjekts im Bewertungszeitpunkt t_0
σ = Volatilität des Aktienkurses
r = Zinssatz für risikolose Kapitalanlagen mit einer Laufzeit, die der Optionsscheinlaufzeit entspricht
r_s = stetiger Zinssatz = $\ln(1 + r)$
t = Restlaufzeit des Optionsrechts
$N(d_1); N(d_2)$ = Flächeninhalt unter der Dichtefunktion der Standard-Normalverteilung
e = Eulersche Zahl = 2,71828183

Formel 6.1   Black-Scholes-Formel zur Berechnung des Fairen Werts von Call-Optionsrechten

In den Fallstudien werden sämtliche Black-Scholes-Werte mit Hilfe der Standardnormalverteilung Microsoft Excel Version 5.0 berechnet.

Fallstudie 6.1   Berechnung des Black-Scholes-Werts für einen Call-Optionsschein

Ausübungspreis: $\quad B = 200,00$
Restlaufzeit: $\quad t = 360$ Tage $= 1$ Jahr
Zinssatz für risikolose Kapitalanlagen: $\quad r = 0,044731$ p.a.
stetiger Zinssatz für risikolose Kapitalanlagen: $\quad r_s = \ln(1 + 0,044731) = 0,043760$ p.a.
Volatilität: $\quad \sigma = 0,300000$
Basisobjektkurs: $\quad S_0 = 200,00$

$$C_0 = 200 \cdot N(d_1) - \frac{200}{e^{0,043760}} \cdot N(d_2)$$

---
[3] Black, Fischer / Scholes, Myron (1973), S. 644.

$$d_1 = \frac{\ln\frac{200}{200} + (0{,}043760 + \frac{0{,}3^2}{2}) \cdot 1}{0{,}3\sqrt{1}} = \frac{0 + 0{,}088760}{0{,}3} = 0{,}295866$$

$$d_2 = \frac{\ln\frac{200}{200} + (0{,}043760 - \frac{0{,}3^2}{2}) \cdot 1}{0{,}3\sqrt{1}} = -0{,}004134$$

$N(d_1) = 0{,}616334$

$N(d_2) = 1 - N(-d_2) = 1 - 0{,}501649 = 0{,}498351$

1. Term: $+ S_0 \cdot N(d_1)$ $= 200{,}00 \cdot 0{,}616334$ $= 123{,}266735$

2. Term: $-\frac{B}{e^{r_s \cdot t}} \cdot N(d_2) = -191{,}436777 \cdot 0{,}498351 = \underline{-95{,}402654}$

C_0 $= \underline{27{,}864081}$

Die Black-Scholes-Formel läßt sich verschieden interpretieren:

(1) Schon Black und Scholes deuten *$N(d_1)$ als Delta*, was der Anzahl der Aktien entspricht, die notwendig sind, um die Kursbewegung eines Optionsscheins zu neutralisieren.[4] Demzufolge ist der zweite Term $\frac{B}{e^{r_s \cdot t}} \cdot N(d_2)$ der Betrag, der bei der Zusammenstellung des Hedgeportefeuilles freigesetzt wird bzw. als Kredit aufzunehmen ist.[5]

(2) Seit wir den Binomialansatz kennen, kann der Wert des über die Black-Scholes-Formel errechneten Optionsscheins schematisch angesehen werden als Differenz zwischen dem aktuellen Aktienkurs und dem Barwert des Ausübungspreises, denn der aktuelle Aktienkurs ist nichts anderes als der Barwert des Terminkurses der Aktie per Fälligkeit des Optionsscheins.

Der Terminkurs der Aktie wird durch Aufzinsen des aktuellen Aktienkurses mit dem risikolosen Zins ermittelt. Der Terminkurs wird dann seinerseits mit dem risikolosen Zinssatz abgezinst, so daß sich letztlich der aktuelle Aktienkurs ergibt. Die Auf- und Abzinsung mit dem gleichen Zinssatz erübrigt sich demnach.

Der beschriebene Zusammenhang wird an zwei Extrembeispielen deutlich:

Fall 1: Der Bezugspreis wird gleich Null gesetzt.

Dann geht $d_1 \to \infty$, da $\ln\frac{S_0}{0} \to \infty$.

Ist d_1 unendlich groß, dann gilt $N(d_1) \to 1$, da der Flächeninhalt unter der Normalverteilungskurve als 1 definiert ist.

Wenn d_1 unendlich groß ist, ist $\sigma\sqrt{t}$ im Ausdruck $d_2 = d_1 - \sigma\sqrt{t}$ gegenüber dem unendlich großen d_1 zu vernachlässigen. Dann geht aber auch $d_2 \to \infty$ und $N(d_2) \to 1$.

---

[4] Vgl. **Black, Fischer / Scholes, Myron (1972)**, S. 402. Delta ist der Kehrwert zur Hedge Ratio.

[5] Vgl. **Welcker, Johannes u.a. (1992)**, S. 140.

Demzufolge wird aus der Black-Scholes-Formel: $C_0 = S_0 \cdot 1 - \frac{0}{e^{r_s \cdot t}} \cdot 1 = S_0$

Der Optionsscheinwert ist also gleich dem aktuellen Basisobjektpreis.

Nach Black-Scholes entspricht der Preis des Basisobjekts bei Verfall des Optionsscheins dem Betrag, auf den das zum Erwerb des Basisobjekts eingesetzte Kapital, also S_0, bei Investition in ein alternatives risikoloses festverzinsliches Wertpapier anwächst, also $S_0 \cdot (1 + r_s)^t$.

Der Barwert dieses Betrages ist dann $\frac{S_0(1+r_s)^t}{(1+r_s)^t}$, also S_0, der Optionsscheinwert entspricht also dem aktuellen Basisobjektpreis.[6]

Dieses Ergebnis ist nicht überraschend. Wäre nämlich

$C_0 < S_0$, so könnte die Aktie über den Optionsschein günstiger beschafft werden als über den Kassamarkt.

$C_0 > S_0$, wäre der Optionsschein unverkäuflich.

Fall 2: Die *Volatilität* wird *gleich Null* gesetzt, es besteht also Gewißheit über den Kurs des Basisobjekts am Verfalltag des Optionsscheins. Sein Barwert beträgt 200,00 DM.

Dann geht $d_1 \to \infty$, weil der Nenner des Terms

$\frac{\ln \frac{S_0}{B} + (r_s + \frac{\sigma^2}{2}) \cdot t}{\sigma \cdot \sqrt{t}}$ gegen Null geht.

Daraus folgt dann - wie bereits oben dargelegt -
$N(d_1) \to 1$ und $N(d_2) \to 1$.

Demzufolge wird aus der Black-Scholes-Formel:
$C_0 = S_0 \cdot 1 - \frac{B}{e^{r_s \cdot t}} \cdot 1 = 200 - \frac{200}{e^{0,043760}}$

$= 200 - 191{,}436776 = 8{,}563223$,

also die Differenz zwischen dem Barwert des künftigen Aktienkurses und dem Barwert des Ausübungspreises oder, was das gleiche ist: der Liquiditätsvorteil des Optionsscheins gegenüber dem Basisobjekt.

Der erste Term der Black-Scholes-Formel $S_0 \cdot N(d_1)$ repräsentiert demnach den aktuellen Wert der Aktie, die der Optionsscheininhaber bei Verfall bezieht, wenn er sein Recht ausübt.

$N(d_2)$ ist zu interpretieren als die Wahrscheinlichkeit, daß der Optionsschein am Ende der Laufzeit im Geld ist, also ausgeübt wird.[7] Damit ergibt der zweite Term $\frac{B}{e^{r_s \cdot t}} \cdot N(d_2)$ den bei Optionsausübung zu zahlenden abgezinsten Basispreis[8].

---

[6] Vgl. **Pechtl, Andreas (o. J.)**, S. 2.

[7] Vgl. **Steiner, Manfred / Bruns, Christoph (1995)**, S. 155.

[8] Vgl. **Hauck, Wilfried (1991)**, S. 189.

> Der *Optionswert* ist *der über die Laufzeit des Optionsrechts abgezinste mit seiner Eintrittswahrscheinlichkeit gewichtete Erwartungswert aller möglichen Ausübungsszenarien* des Optionsrechts.[9]

Diese Interpretation des Optionswerts ist aus dem Binomialmodell her bekannt.

6.3.1.2 Put-Optionsrechte

Auch zur Berechnung des Put-Optionswerts gehen Black-Scholes über das von der Callwert-Berechnung her bekannte Hedgeportefeuille und die dort vorgestellten Prämissen.[10] In Analogie zur Herleitung des Callwertes erhalten sie zur Berechnung des Wertes eines europäischen Puts folgende Gleichung.

$$P_0 = -S_0 \cdot N(d_1) + \frac{B}{e^{r_s \cdot t}} \cdot N(d_2)$$

wobei:
$$d_1 = \frac{\ln \frac{B}{S_0} - (r_s + \frac{\sigma^2}{2}) \cdot t}{\sigma \sqrt{t}}$$

$$d_2 = \frac{\ln \frac{B}{S_0} - (r_s - \frac{\sigma^2}{2}) \cdot t}{\sigma \sqrt{t}} = d_1 + \sigma \sqrt{t}$$

P_0 = Wert des Put-Optionsrechts im Bewertungszeitpunkt t_0
B = Ausübungspreis des Optionsrechts
S_0 = Preis des Basisobjekts im Bewertungszeitpunkt t_0
σ = Volatilität des Aktienkurses
r = Zinssatz für risikolose Anlagen mit einer Laufzeit, die der Optionsscheinlaufzeit entspricht
r_s = stetiger Zinssatz = $\ln(1 + r)$
t = Restlaufzeit des Optionsrechts
$N(d_1)/N(d_2)$ = Flächeninhalt unter der Dichtefunktion der Standard-Normalverteilung
e = Eulersche Zahl = 2,71828183

Formel 6.2 Black-Scholes-Formel zur Berechnung des Fairen Wertes von Put-Optionsrechten

---

[9] Vgl. **Pechtl, Andreas (o. J.)**, S. 3.
[10] Vgl. **Black, Fischer / Scholes, Myron (1973)**, S. 646 - 647.

Fallstudie 6.2 Berechnung des Black-Scholes-Wertes für einen Put-Optionsschein

Die Ausstattung entspricht jener des Call-Optionsscheins aus Fallstudie 6.1

Ausübungspreis:	B = 200,00
Restlaufzeit:	t = 360 Tage = 1 Jahr
Zinssatz für risikolose Kapitalanlagen:	r = $(1,011^4 - 1)$ = 0,044731 p.a.
stetiger Zinssatz für risikolose Kapitalanlagen:	r_s = ln (1+ 0,044731) = 0,043760 p.a.
Volatilität:	σ = 30 % = 0,300000
Basisobjektkurs:	S_0 = 200,00

$$P_0 = -200 \cdot N(d_1) + \frac{200}{e^{0,043760}} \cdot N(d_2)$$

$$d_1 = \frac{\ln \frac{200}{200} - (0,043760 + \frac{0,3^2}{2}) \cdot 1}{0,3\sqrt{1}} = \frac{0 - 0,088760}{0,3} = -0,295866$$

$$d_2 = \frac{\ln \frac{200}{200} - (0,043760 - \frac{0,3^2}{2}) \cdot 1}{0,3\sqrt{1}} = 0,004134$$

$N(d_1) = 1 - N(-d_1) = 1 - 0,616334 = 0,383666$

$N(d_2) = 0,501649$

1. Term: $- S_0 \cdot N(d_1)$ = –200,00 · 0,383666 = – 76,733265

2. Term: $+ \frac{B}{e^{r_s \cdot t}} \cdot N(d_2)$ = 191,436777 · 0,501649 = <u>96,034122</u>

P_0 = <u>19,300858</u>

Das negative Vorzeichen vor dem den aktuellen Basisobjektpreis beinhaltenden Term zeigt, daß der Wert der Put-Option im Gegensatz zum Callwert umgekehrt proportional zur Entwicklung des Basisobjektpreises reagiert. Steigende Zinssätze wirken auf Calls wertsteigernd, auf Puts dagegen wertmindernd.[11] Das drückt sich im Vorzeichenwechsel im Zähler des d_1-Bruches und des d_2-Bruches aus.

6.3.2 Berechnung und Interpretation der Totalausfallwahrscheinlichkeit

$N(d_2)$ ist die Wahrscheinlichkeit, daß der Optionsschein am Ende seiner Laufzeit im Geld steht und deshalb ausgeübt wird. Dann ist $1-N(d_2)$ die Wahrscheinlichkeit, daß der Optionsschein bei Laufzeitende wertlos verfällt, denn ein Optionsschein kann am Ende seiner Laufzeit nur ausgeübt werden oder wertlos verfallen. (Totalausfall- oder Totalverlustwahrscheinlichkeit = TAW).

Call-Option:	$TAW_C = 1 - N(d_2)$	Put-Option:	$TAW_P = 1 - N(d_2)$

Formel 6.3 Totalausfallwahrscheinlichkeit von Optionsrechten

---

[11] Vgl. **Hauck, Wilfried (1991)**, S. 184 - 185.

Fallstudie 6.3 Berechnung der Totalausfallwahrscheinlichkeit von Call- und Put-Optionen

Call-Optionsschein aus Fallstudie 6.1: $TAW_C = 1 - 0{,}498351 = 0{,}501649$
Put-Optionsschein aus Fallstudie 6.2: $TAW_P = 1 - 0{,}501649 = 0{,}498351$
Demnach wird unter den Prämissen des Black-Scholes-Modells
- der Call-Optionsschein zu 50,16 %
- der Put-Optionsschein zu 49,84 %
nicht ausgeübt. Entsprechend hoch ist die Wahrscheinlichkeit, daß das eingesetzte Kapital einschließlich der Transaktionskosten verloren ist.

6.3.2.1 Der Einfluß der Moneyness

Leicht nachvollziehbar ist der Einfluß der Moneyness auf die Totalausfallwahrscheinlichkeit. Je weiter ein Optionsrecht ins Geld kommt, um so mehr sinkt die Totalausfallwahrscheinlichkeit. Dabei gilt:

- Totalausfallwahrscheinlichkeit und Ausübungswahrscheinlichkeit eines Optionsrechts ergänzen sich zu 100 %.

- Die Totalausfallwahrscheinlichkeit des Call-Optionsrechts entspricht der Ausübungswahrscheinlichkeit des Put-Optionsrechts.

- Die Totalausfallwahrscheinlichkeit des Put-Optionsrechts entspricht der Ausübungswahrscheinlichkeit des Call-Optionsrechts.

Das exakt am Geld stehende Optionsrecht hat nur dann eine Totalausfallwahrscheinlichkeit von 50 %, wenn der logarithmierte Zinssatz für risikolose Kapitalanlagen den gleichen Wert annimmt wie die Hälfte der quadrierten Volatilität ($r_s - \frac{\sigma^2}{2} = 0$).

Die Auswirkungen einer Veränderung dieser Parameter auf die Totalausfallwahrscheinlichkeit ist nicht unmittelbar einsichtig. Deshalb ist die Frage zu beantworten, wie Volatilität und Zinssatz die Totalausfallwahrscheinlichkeit und damit auch die Ausübungswahrscheinlichkeit beeinflussen.[12]

6.3.2.2 Der Einfluß der Volatilität

Bei im und bei aus dem Geld stehenden Optionsrechten ist der Einfluß der Volatilität plausibel: Eine steigende Volatilitätsziffer führt bei *im Geld stehenden Optionsrechten* zu steigender Totalausfallwahrscheinlichkeit, weil größere Kursschwankungen das Risiko wachsen lassen, daß die Option doch noch die Verlustzone erreicht.

---

[12] Vgl. **Zieher, Wolfgang (1995)**, S. 4 - 7.

Die Totalausfallwahrscheinlichkeit von *aus dem Geld stehenden Optionsrechten* geht dagegen mit steigender Volatilität zurück, weil deren Wahrscheinlichkeit doch noch ins Geld zu kommen, mit der Volatilität steigt.

Bei exakt *am Geld* stehenden Optionsscheinen steigt die Totalausfallwahrscheinlichkeit mit der Volatilität. Das ist eine Folge der Lognormalverteilungsannahme: Kursverdoppelungen werden als gleich wahrscheinlich angenommen wie Kurshalbierungen. Infolgedessen führt eine steigende Volatilität bei Kurssteigerungen zu größeren Ausschlägen als bei Kurssenkungen, die Wahrscheinlichkeitskurve wird nach rechts hin offener. Dieser Effekt darf jedoch insgesamt zu keinem höheren Erwartungswert für den Kurs des Underlying führen, weil Volatilität nur die Schwankungsbreite, nicht aber die Richtung des Kurses quantifiziert. Aus diesem Grund müssen die größeren absoluten Kurssteigerungen kompensiert werden durch höhere Eintrittswahrscheinlichkeiten der niedrigeren Kurse: Die Lognormalverteilungskurve wird nicht nur flacher, sondern ihr Scheitelpunkt verschiebt sich zusätzlich nach links. Nur so bleibt das Spiel fair.

Fallstudie 6.4   Einfluß einer Volatilitätsänderung auf die Totalausfallwahrscheinlichkeit

Die für das Ende der Laufzeit des Optionsrechts erwartete Wahrscheinlichkeitsverteilung der Basisobjektkurse des Call-Optionsscheins aus Fallstudie 6.1 (Abbildung 6.7) wird verglichen mit der entsprechenden Wahrscheinlichkeitsverteilung eines Optionsscheins, der sich nur durch die Volatilität des Basisobjektkurses unterscheidet (Abbildung 6.8).

Die Wahrscheinlichkeitsverteilung des Optionsscheins mit einer 10 % Volatilität in Abbildung 6.8 ist viel schmäler, dafür aber höher als jene des Optionsscheins mit einer Volatilität des Basisobjekts von 30 % in Abbildung 6.7. Die eine Veränderung folgt aus der anderen, weil die von der Normalverteilungskurve eingeschlossene Fläche stets gleich groß, nämlich 1, sein muß.

Der Wert der *Wahrscheinlichkeitsdichte* kann interpretiert werden als der Wahrscheinlichkeitsanteil einer Intervallfläche der Breite 1. Übertragen auf Abbildung 6.7 heißt das, daß die zwischen 249,50 DM und 250,50 DM möglichen Basisobjektkurse mit einer Wahrscheinlichkeit von etwa 0,004 = 0,4 % der von der Normalverteilungskurve eingeschlossenen Fläche eintreten.

Bei einer Volatilität von 10 % erreicht die Wahrscheinlichkeitsdichte ihren Scheitelpunkt bei Underlyingkursen von etwas über 200,00 DM, bei einer Volatilität von 30 % liegt der Scheitelpunkt bei Basisobjektkursen um 180,00 DM; diese Kurse des Underlying treffen also am Ende der Optionsscheinlaufzeit mit der größten Wahrscheinlichkeit ein. Demnach hätte der Call-Optionsschein auf das Basisobjekt mit der Volatilität von 10 % allein aufgrund der niedrigeren Volatilität einen Vorteil gegenüber dem sonst entsprechenden Call-Optionsschein auf ein 30 %-Volatilitäts-Basisobjekt.

Dafür bringt aber die höhere Volatilität eine höhere Eintrittswahrscheinlichkeit für jenseits von 300,00 DM liegende Underlyingkurse. Dieser Vorteil der 30 %- Volatilität kompensiert exakt den Nachteil aus dem nach rechts vorschobenen Scheitelpunkt der Kurve der Wahrscheinlichkeitsdichte. Somit ergibt sich im Durchschnitt der gleiche Erwartungswert für den Aktienkurs, unabhängig von der Volatilitätsziffer.

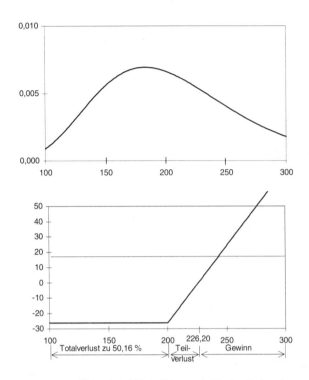

Abbildung 6.7   Wahrscheinlichkeitsdichte sowie Gewinn-Verlust des am Geld stehenden Call-Optionsscheins aus Fallstudie 6.1 in Abhängigkeit vom Basisobjektkurs bei einer **Volatilität** von **30 %**

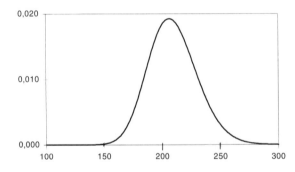

Abbildung 6.8   Wahrscheinlichkeitsdichte des am Geld stehenden Call-Optionsscheins aus Fallstudie 6.1 mit einer **auf 10 % abgeänderten Volatilität** in Abhängigkeit vom Basisobjektkurs

Beim Vergleich der Wahrscheinlichkeitsdichtekurven in Abbildungen 6.7 und 6.8 ist jedoch deutlich zu sehen, daß der Flächeninhalt links vom Underlyingkurs von 200,00 DM - und das ist im vorliegenden Beispiel die Totalausfallwahrscheinlichkeit (TAW) - bei der Volatilität von 30 % größer ist als der links von diesem Kurs liegende Flächeninhalt der Volatilität von 10 %.

6.3.2.3 Der Einfluß des Zinssatzes für risikolose Kapitalanlagen

Ein steigender Zinssatz führt bei Call-Optionsrechten zu fallenden Totalausfallwahrscheinlichkeiten, weil mit steigendem risikolosem Zinssatz die implizite Wahrscheinlichkeit für Kurssteigerungen steigt, die Kurve der Wahrscheinlichkeitsverteilung von Aktienkursveränderungen also nach rechts verschoben wird. Da der Flächeninhalt der Normalverteilungskurven links vom Ausübungspreis die Totalausfallwahrscheinlichkeit angibt, wird diese mit der Rechtsverschiebung der Lognormalverteilungskurve kleiner. Entsprechend steigt die Totalausfallwahrscheinlichkeit von Put-Optionsrechten mit steigendem Zinssatz.

Fallstudie 6.5 Einfluß von Zinssatzänderungen auf die Totalausfallwahrscheinlichkeit bei Call-Optionsrechten

Dieser Zusammenhang wird bereits deutlich, wenn die Wahrscheinlichkeitsdichte des Call-Optionsscheins aus Fallstudie 6.1 mit der Wahrscheinlichkeitsdichte eines Call-Optionsscheins bei deutlich angehobenem Zinssatz verglichen wird (Abbildung 6.9).

S_0 = 200,00   t = 1 Jahr S_0 = 200,00   t = 1 Jahr
B = 200,00   σ = 30 % p.a.   B = 200,00   σ = 30 % p.a.
r = 4,473 % p.a.   *r = 12% p.a.*

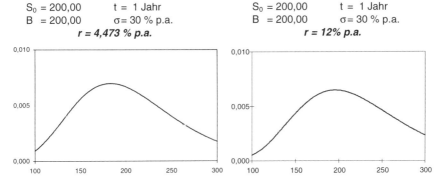

Abbildung 6.9 Wahrscheinlichkeitsdichte des am Geld stehenden Call-Optionsscheins aus Fallstudie 6.1, modifiziert um einen *Zinssatz* für risikolose Kapitalanlagen von *12 %*

Die Wahrscheinlichkeitsdichte des Call-Optionsscheins aus Fallstudie 6.1 erreicht ihren Scheitelpunkt bei etwa 180,00 DM, bei einem auf 12 % erhöhtem Zinssatz wird die Spitze erst knapp vor 200,00 DM erreicht.

Noch deutlicher werden die aus steigenden Zinssätzen resultierenden niedrigen Totalausfallwahrscheinlichkeiten aus dem Vergleich eines Optionsscheins, dessen Volatilität mit 10 % p.a. eingegeben wird (Abbildung 6.10).

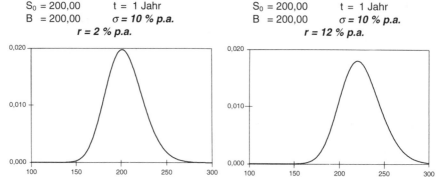

Abbildung 6.10 Wahrscheinlichkeitsdichte des am Geld stehenden Call-Optionsscheins aus Fallstudie 6.1 bei einer **Volatilität** von **10 %** p.a. und einem **Zinssatz** für risikolose Kapitalanlagen **von 2 %** p.a. im Vergleich **zu 12 %** p.a.

Die die Wahrscheinlichkeitsdichte umhüllende Kurve verschiebt sich mit steigendem Zinssatz nach rechts, die die Totalausfallwahrscheinlichkeit anzeigende Fläche links vom Ausübungspreis B = 200,00 DM wird damit deutlich kleiner.

6.3.2.4 Restlaufzeit des Optionsscheins

Mit abnehmender Restlaufzeit stabilisiert sich die Ausübungswahrscheinlichkeit der eindeutig im oder eindeutig aus dem Geld liegenden Optionsrechte. So strebt die Totalausfallwahrscheinlichkeit des aus dem Geld stehenden Optionsscheins mit nahendem Verfalltermin einem Wert von 100 %, der weit im Geld stehende Schein einem Wert von 0 % entgegen. Bei exakt am Geld stehenden Optionsscheinen bleibt es bis zur letzten Minute spannend, ob der Optionsschein ausgeübt wird oder wertlos verfällt.

Während unser Standard-Call-Optionsschein bei einer Restlaufzeit von 2 Jahren eine Totalausfallwahrscheinlichkeit von 50,2332 % aufweist, ist sie bei einer Restlaufzeit von 1 Tag auf 50,0088 % gefallen.

6.4 Die Festlegung der in die Formel einzugebenden Parameter

Bei der Vorstellung des Binomialmodells wurden die verwendeten Variablen als bekannt vorausgesetzt. Im Hinblick auf das damit angestrebte Ziel, die Optionsbewertung im vollkommenen Gleichgewichtsmodell verständlich zu machen, war das zu rechtfertigen. Im Rahmen des Black-Scholes-Modells wollen wir jedoch der Wirklichkeit nahekommen. Deshalb wird es notwendig, darüber nachzudenken, wie die in die Black-Scholes-Formel einzugebenden Parameter festzulegen sind.

6.4.1 Zinssatz für risikolose Kapitalanlagen

Aus Kursblatt und/oder Optionsbedingungen können der aktuelle Kassakurs des Underlying (S_0), der Ausübungspreis (B) und die Restlaufzeit der Option (t) direkt abgelesen werden.[13] Über die Höhe des in die Black-Scholes-Formel einzugebenden Zinssatzes für risikolose Kapitalanlagen läßt sich jedoch ernsthaft diskutieren.

Mit der Geldanlage in Höhe seines Liquiditätsvorteils darf der Optionsscheininhaber keinerlei Risiken eingehen, andernfalls ist die Zahlung des Ausübungspreises am Verfalltag nicht gewährleistet. Insoweit bezieht sich der Begriff „risikolos" auf die Bonität des Schuldners und drückt aus, daß Zins- und Tilgungszahlungen sicher sind.[14]

Zusätzlich zu klären ist die *Laufzeit* der risikolosen Kapitalanlage, deren Zinssatz in die Black-Scholes-Formel einzugeben ist. Genau genommen müßte der Marktzins eines von einem erstklassigen Schuldner begebenen abgezinsten Papiers bzw. eines Zerobonds gewählt werden, der am Ausübungstag des Optionsrechts zurückgezahlt wird,[15] denn ein Zinssatzänderungsrisiko darf mit der freigesetzten Liquidität nicht eingegangen werden. Problematisch ist eine derartige Fixierung des Zinssatzes allerdings insoweit, als Optionsscheinpositionen üblicherweise veräußert werden sollten, wenn sie ihre Aufgabe erfüllt haben oder wenn es sich abzeichnet, daß sie ihre Aufgabe nicht erfüllen können. Der Zeitpunkt, wann dies der Fall sein wird, ist im Investitionszeitpunkt nur schwer abzuschätzen.

6.4.2 Volatilität des Basisobjektkurses

6.4.2.1 Die Konzeption

Die Volatilität ist insofern ein Maß für die Schwankungen eines Kursverlaufs als sie angibt, in welcher Bandbreite um einen gewissen Trend sich der tatsächliche Kurs bewegt. Damit wird ein komplexer Kursverlauf mit Hilfe einer stark vereinfachenden Methode quantifiziert, indem er in ein lineares Verlaufsmuster gepreßt wird, das dem menschlichen Denken zugänglich ist und damit auch in Rechenprozesse als Parameter eingespeist werden kann. Es ist aber wohl unstrittig, daß über die Volatilität, die ihrerseits die eindeutige Existenz einer mittleren Rendite unterstellt, die komplexe Struktur von Kursen nicht zu beschreiben ist.[16]

---

[13] Vgl. **Hauck, Wilfried (1991)**, S. 96.

[14] Vgl. **Breuers, Friedhelm (1995)**, S. 61.

[15] Vgl. **Doerks, Wolfgang (1991)**, S. 275 - 289.

[16] Vgl. **Hink, Stephan / Pechtl, Andreas (1994)**, S. 1.

Dennoch wird die Volatilität als einzige Maßgröße für die individuellen Risiken des Basisobjekts in die präferenzfreien Gleichgewichtsmodelle zur Bewertung eines Optionsscheins eingegeben.[17] Damit wird deutlich, welche überragende Bedeutung die Volatilitätsziffer für die Optionsbewertung hat, denn Optionsrechte werden immer wegen ihres spezifischen Risikoprofils erworben. Entsprechend dominierend ist der Einfluß der Volatilitätsziffer auf den Optionsscheinwert.

In die präferenzfreien Gleichgewichtsmodelle zur Bewertung von Optionsrechten ist die *künftige Volatilität* einzugeben. Die Investoren legen diesen Parameter meist auf der Basis einer historischen Volatilität, die aus einer mehr oder weniger großen Zahl von Basisobjektkursen der Vergangenheit errechnet wurde, fest.

Fallstudie 6.6   Berechnung der historischen Volatilität zum 20. 02. 1995 aufgrund des 30-Tage-Kursverlaufs der Lufthansa-Stammaktie (Tabelle 6.2)

Spalte 1:

Ausgangsdaten sind die täglichen Kassakurse.

Spalte 2:

Berechnen *der relativen Kursänderungen*, also der Veränderungsrate des Aktienkurses zum jeweiligen Kurs des Vortages: $\left(\frac{S_i}{S_{i-1}}\right) = \frac{188{,}50}{191{,}50} = 0{,}98433$.

Die Volatilität soll unabhängig vom jeweiligen Kursniveau Aussagen über das Ausmaß der Kursschwankungen ermöglichen. Deshalb basiert die Volatilitätsberechnung auf relativen Kursänderungen.

Spalte 3:

$\ln\left(\frac{S_i}{S_{i-1}}\right) = \ln 0{,}98433 = -0{,}01579$

Die *relativen Kursänderungen werden logarithmiert.* Dadurch wird der in die Black-Scholes-Formel einzugebende Faktor für Kursschwankungen mit den anderen dort gleichfalls logarithmiert eingegangenen Größen kompatibel.

Die Konsequenzen des Logarithmierens sind bekannt: Die relativen Kursschwankungen werden erneut relativiert, also in ihrer Höhe gestaucht; dadurch wird das Ausmaß der Schwankungen tendenziell verringert.[18] So ist es zu erklären, daß die binäre Schwankung größer ist als die konforme Volatilität.

---

[17] Vgl. **Hauck, Wilfried (1991)**, S. 96.

[18] Vgl. **Doll, Georg Friedrich / Neuroth, Hans Peter (1991)**, S. 230 - 231.

Ermitteln des Mittelwerts μ aller $\ln\left(\frac{S_i}{S_{i-1}}\right)$:

Die Summe aller in Spalte 3 enthaltenen Einzelwerte wird geteilt durch die Anzahl der in diese Summe eingegangen Faktoren (= 30).

$\mu = \frac{1}{n} \sum_{i=1}^{n} \ln\left(\frac{S_i}{S_{i-1}}\right) = [-0{,}01579 + 0{,}01736 + \ldots + (-0{,}01775) + (-0{,}00749)] : 30$

$= 0{,}04093 : 30 = 0{,}00136.$

Spalte 4:

Differenz jedes $\ln\left(\frac{S_i}{S_{i-1}}\right)$-**Wertes vom Mittelwert** μ

Beispiel für i = 1

$\ln\left(\frac{S_i}{S_{i-1}}\right) - \mu = -0{,}01579 - (+0{,}00136) = -0{,}01715$

Spalte 5:

Quadrieren der für jeden $\ln\left(\frac{S_i}{S_{i-1}}\right)$-Wert ermittelten **Abweichung**, damit sich die positiven und die negativen Abweichungen nicht gegenseitig aufheben und damit die großen Abweichungen stärker gewichtet werden:

$(-0{,}01715)^2 = 0{,}0002943.$

Berechnen der **börsentäglichen Varianz** (= Durchschnitt der quadrierten Abweichungen)

Der Durchschnitt der quadrierten Abweichungen ergibt eine modifizierte börsentägliche Varianz (V) auf der Basis der letzten 30 beobachteten Kassakurse:

$V = \sigma^2 = \frac{1}{n} \sum_{i=1}^{n} \left[\ln\left(\frac{S_i}{S_{i-1}}\right) - \mu\right]^2$

$= (0{,}0002943 + 0{,}0002557 + \ldots + 0{,}0003654 + 0{,}0000784) : 30$

$= 0{,}00420 : 30 = 0{,}00014.$

Ermitteln der **börsentäglichen Volatilität**

Um aus der Varianz die Standardabweichung oder die Streuung zu ermitteln, muß aus der Varianz die Wurzel gezogen werden.

Die Standardabweichung = börsentägliche historische Volatilität ist dann

$\sigma = \sqrt{0{,}00014} = 0{,}01183.$

Nr.	Datum	1 Aktienkurs	2 S_i/S_{i-1}	3 $\ln(S_i/S_{i-1})$	4 $\ln(S_i/S_{i-1})-\mu$	5 $[\ln(S_i/S_{i-1})-\mu]^2$
0	09.01.1995	191,50 DM				
1	10.01.1995	188,50 DM	0,98433	-0,01579	-0,01715	0,0002943
2	11.01.1995	191,80 DM	1,01751	0,01736	0,01599	0,0002557
3	12.01.1995	194,80 DM	1,01564	0,01552	0,01416	0,0002004
4	13.01.1995	195,00 DM	1,00103	0,00103	-0,00034	0,0000001
5	16.01.1995	195,00 DM	1,00000	0,00000	-0,00136	0,0000019
6	17.01.1995	192,70 DM	0,98821	-0,01186	-0,01323	0,0001750
7	18.01.1995	190,80 DM	0,99014	-0,00991	-0,01127	0,0001271
8	19.01.1995	192,20 DM	1,00734	0,00731	0,00595	0,0000354
9	20.01.1995	191,30 DM	0,99532	-0,00469	-0,00606	0,0000367
10	23.01.1995	189,30 DM	0,98955	-0,01051	-0,01187	0,0001410
11	24.01.1995	187,20 DM	0,98891	-0,01116	-0,01252	0,0001567
12	25.01.1995	188,50 DM	1,00694	0,00692	0,00556	0,0000309
13	26.01.1995	192,50 DM	1,02122	0,02100	0,01963	0,0003855
14	27.01.1995	190,10 DM	0,98753	-0,01255	-0,01391	0,0001935
15	30.01.1995	190,30 DM	1,00105	0,00105	-0,00031	0,0000001
16	31.01.1995	191,00 DM	1,00368	0,00367	0,00231	0,0000053
17	01.02.1995	195,50 DM	1,02356	0,02329	0,02192	0,0004806
18	02.02.1995	194,80 DM	0,99642	-0,00359	-0,00495	0,0000245
19	03.02.1995	192,50 DM	0,98819	-0,01188	-0,01324	0,0001753
20	06.02.1995	195,50 DM	1,01558	0,01546	0,01410	0,0001988
21	07.02.1995	196,00 DM	1,00256	0,00255	0,00119	0,0000014
22	08.02.1995	196,20 DM	1,00102	0,00102	-0,00034	0,0000001
23	09.02.1995	198,20 DM	1,01019	0,01014	0,00878	0,0000771
24	10.02.1995	202,50 DM	1,02170	0,02146	0,02010	0,0004040
25	13.02.1995	204,50 DM	1,00988	0,00983	0,00846	0,0000716
26	14.02.1995	206,50 DM	1,00978	0,00973	0,00837	0,0000700
27	15.02.1995	203,80 DM	0,98692	-0,01316	-0,01453	0,0002110
28	16.02.1995	204,60 DM	1,00393	0,00392	0,00255	0,0000065
29	17.02.1995	201,00 DM	0,98240	-0,01775	-0,01912	0,0003654
30	20.02.1995	199,50 DM	0,99254	-0,00749	-0,00885	0,0000784
				Σ = 0,04093		Σ = 0,00420

$$\mu = \frac{0,04093}{30} = 0,00136$$

Anmerkung: börsentägliche Varianz = $\frac{0,00420}{30 \text{ Tage}}$ = 0,00014

börsentägliche Volatilität = $\sqrt{0,00014}$ = 0,0118   [exakt: 0,0118383]

jährliche Volatilität = 0,01183 · $\sqrt{250}$ = 0,18718   [exakt: 0,1871795]

Tabelle 6.2. Berechnung der jährlichen Volatilität der Lufthansa-Stammaktien per 20.2.1995 auf der Grundlage der vergangenen 30 Kassakurse

Annualisierung der Volatilität

Um die Volatilitätskennzahlen, die aus unterschiedlich langen Intervallen errechnet werden, miteinander vergleichbar zu machen, werden die jeweiligen Einzelergebnisse mit dem Annualisierungsfaktor auf jährliche Werte standardisiert.[19]

Als Annualisierungsfaktor wird hier die Zahl 250 verwendet, weil (noch) an jedem der 250 Handelstage des Jahres (nur) ein Kassakurs pro Papier und Börse festgestellt wird. Alternativ könnten als Basisgröße für die Annualisierung auch 360 bzw. 365 Kalendertage angesetzt werden, was jedoch wegen der Nichtbörsentage aufwendig zu handhaben wäre. Zur Berechnung der annualisierten Volatilität auf der Basis der letzten 31 Kassakurse wird entweder

- die börsentägliche Varianz mit dem Annualisierungsfaktor multipliziert und daraus dann die Wurzel gezogen

jährliche Varianz $= 0{,}00014 \cdot 250 = 0{,}03500$

jährliche Volatilität $= \sqrt{0{,}035} = 0{,}18708$ oder

- die börsentägliche Volatilität wird mit $\sqrt{250}$ multipliziert[20]

jährliche Volatilität $= 0{,}01183 \cdot \sqrt{250} = 0{,}18708$.

Durch die Umrechnung einer börsentäglichen auf eine monatliche oder gar jährliche Kennziffer nimmt die Volatilität trotz unveränderter Schwankungsbreite des Underlyingkurses zu, gemäß Wurzelgesetz aber nur degressiv.[21]

> Die Volatilität ist die durchschnittliche Abweichung der logarithmischen Rendite von der durchschnittlichen logarithmischen Rendite.[22]

Aufgrund der jährlichen Volatilität kann weder der in einem Jahr zustande kommende Kurs des Basisobjekts noch die Schwankungsbreite des Kurses für diesen Zeitraum vorhergesagt werden. Wenn für die Kursschwankungen aber die Voraussetzungen normalverteilter Zufallsvariablen gelten sollten, kann prognostiziert werden, daß sich die Renditeschwankungen im Jahr

- mit einer Wahrscheinlichkeit von 68,26 % in einer Bandbreite von ± 18,7 % und
- mit einer Wahrscheinlichkeit von 95,45 % in einer Bandbreite von ± 37,4 % und
- mit einer Wahrscheinlichkeit von 99,73 % in einer Bandbreite von ± 56,1 %

bewegen. Diese Wahrscheinlichkeitsverteilung liefert die Gaußsche Normalverteilung.[23]

---

[19] Vgl. **Hauck, Wilfried (1991)**, S. 100.

[20] Vgl. **Cox, John C. / Rubinstein, Mark (1985)**, S. 255 - 260.

[21] Vgl. **Hielscher, Udo (1990)**, S. 76.

[22] Vgl. **Hink, Stephan / Pechtl, Andreas (1994)**, S. 7.

[23] Vgl. **Puhani, Josef (1993)**, S. 118.

Ausdrücklich sei darauf verwiesen, daß die Volatilität allein die Kursausschläge und nicht den Kurstrend mißt. Das bedeutet, daß es unerheblich ist, ob sich eine Aktie im Aufwärts- oder im Abwärtstrend befindet; für die Volatilität entscheidend sind nur Schwankungen um den Mittelwert. Entsprechend ist beispielsweise die Volatilität einer Reihe 100 -110 -121 -133,1 ebenso Null, wie jene der Reihe 100 - 95,24 - 90,70 - 86,38, denn

$100 \cdot 1,1 = 110$; $110 \cdot 1,1 = 121$; $121 \cdot 1,1 = 133,1$ und
$100 : 1,05 = 95,24$; $95,24 : 1,50 = 90,70$; $90,70 : 1,05 = 86,38$.

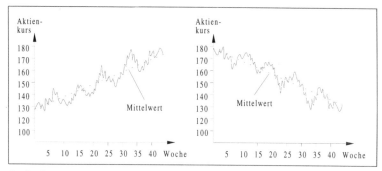

Quelle: Bookstaber, Richard (1991), S. 121.

Abbildung 6.11 Identische Volatilitäten bei unterschiedlichem Kursverlauf

6.4.2.2 Zeitaktualität contra statistisch fundierter Entwicklung

Statt des aktuellen Kurses und der vorhergehenden 30 Börsentage kann ein anderer Beobachtungszeitraum gewählt werden. Bei dessen Festlegung ist jedoch der Zielkonflikt zwischen der statistischen Aussagekraft der zu ermittelnden Kennzahl und ihrer Zeitaktualität zu beachten: Einerseits soll der Beobachtungszeitraum lang genug sein, um ein möglichst eindeutiges, statistisch abgesichertes Bild zu bieten, das ohne eine Mindestzahl von Werten nicht zu liefern ist, andererseits sollen die verwendeten Daten möglichst zeitnah sein, um das aktuelle Schwankungsverhalten zu erfassen. Die allerjüngste Entwicklung des Kurses zu verwenden, kann jedoch auch gefährlich sein, weil sie vielleicht von einmaligen besonderen Faktoren dominiert wird.

Ein pragmatischer Ansatz zur Lösung dieses Problems könnte sein, die historische Volatilität aufgrund eines vergangenen Beobachtungszeitraums zu berechnen, der in seiner Länge etwa der (künftigen) Restlaufzeit des zu bewertenden Optionsscheins entspricht. Vom Ansatz her ähnlich, im Ergebnis aber anders, ist der Vorschlag, den Beobachtungszeitraum auf den Investitionshorizont des Anlegers abzustellen. Entschärft werden könnte der Zielkonflikt durch ein Rechenverfahren, bei dem die eingehenden Werte ihrer Zeitnähe entsprechend gewichtet werden.[24]

6.4.2.3 Börsentage contra Kalendertage

Statt der börsentäglichen Kassakurse kann daran gedacht werden, die historische Volatilität auf der Basis von Kalendertagen zu ermitteln. Welche Daten das aussagekräftigere Ergebnis bringen, hängt vom Ausmaß der Preisänderungen des Underlying über die Wochenenden ab. Sind diese durchschnittlich gleich oder kleiner als die täglichen Preisänderungen, so existiert kein „weekend volatility effect", so daß die Zeit zwischen Freitag und Montag als der Wechsel von einem Tag zum nächsten angesehen werden kann. Unter dieser Voraussetzung ist es zulässig, von einer 250 Tage-pro-Jahr-Periode auszugehen.[25]

Eine Studie vom amerikanischen Aktienmarkt deutet darauf hin, daß zumindest dort kein „weekend volatility effect" zu erkennen ist.[26] Grundsätzlich scheinen vielmehr Handelsvolumina und Volatilität positiv korreliert zu sein.[27] Erklärt werden diese Beobachtungen damit, daß kursrelevante Informationen meist während der Handelszeit bekannt werden und beim Handel gern übertrieben reagiert wird.[28]

Wenn im Wochenverlauf keine markanten Bewegungen des Basisobjektpreises zu erkennen sind, kann sogar daran gedacht werden, zur Berechnung der historischen Volatilität nur einen Kurs pro Woche zu erfassen. Andererseits mag es bei Papieren, die „around the clock, around the world" gehandelt werden, notwendig sein, mehrere oder gar alle Kurse während des 24-Stunden-Tages zu erfassen, wenn sich dadurch die Volatilität gegenüber der Erfassung des täglichen Kassa- oder Schlußkurses wesentlich ändert.[29]

Die meisten veröffentlichten historischen Volatilitäten werden aufgrund der täglichen Börsenschlußkurse als annualisierte Größen auf Basis einer gleitenden Durchschnittsvolatilität der letzten 30 oder 250, manchmal auch 200 Börsentage berechnet. Die so ermittelte tägliche Volatilität wird mit der Anzahl der Börsentage pro Jahr, die mit 250, aber auch mit 251, 252 oder 253 angesetzt wird, annualisiert. Bei wöchentlicher Kurserfassung erfolgt[30] die Annualisierung mit dem Faktor 52.

---

[24] Vgl. **Kohler, Hans-Peter (1992)**, S. 122, sowie: **Hauck, Wilfried (1991)**, S. 274 - 275.

[25] Vgl. **Baird, Allen Jan (1993)**, S. 26 - 27.

[26] Vgl. **French, Kenneth R. / Roll, Richard (1986)**, S. 5 - 26.

[27] Vgl. **Schwert, William (1989)**, S. 1145.

[28] Vgl. **Veit, Heiko (1994)**, S. 33 - 34.

[29] Vgl. **Hauck, Wilfried (1991)**, S. 102 - 103.

[30] Vgl. **Pilz, Olaf (1994)**, S. 14.

6.4.2.4 Das Problem der Zukunftsbezogenheit

Die Black-Scholes-Formel verlangt als Eingabeparameter nicht eine - wie auch immer in der Vergangenheit ermittelte - Kennzahl, sondern die künftige, ab Bewertungszeitpunkt bis zum Ende der Optionslaufzeit eintretende Volatilität des Basisobjektes. Das ist hier nicht anders als beim zuvor dargestellten Binomialmodell. Der Binomialwert setzt die zukünftig möglichen Binomialschritte als bekannt unterstellt voraus.

Seit es Preise und Kurse gibt, werden deren Verläufe mit dem Ziel systematisch erfaßt, vermessen und interpretiert, irgendwelche für die Zukunft auswertbaren Gesetzmäßigkeiten herauszufinden. Dennoch kennt niemand die künftige Volatilität eines Underlying. Sie ist aber notwendig, um den „richtigen" Wert eines Optionsrechts zu ermitteln. In der Literatur[31] werden die verschiedensten Verfahren zur Festlegung der von den Gleichgewichtsmodellen verlangten Volatilität vorgeschlagen, von der als subjektiv bezeichneten Schätzung bis zum stochastischen Extrapolationsverfahren mit allen statistisch-mathematischen Finessen.

Man kann darüber streiten, ob die stochastischen Verfahren die Zukunft treffsicherer vorhersagen als Hellseher und Astrologen, komplizierter sind sie auf jeden Fall. Dennoch mag es irgendwann einen rational-deterministischen Zugang zur Zukunft geben. Dann wäre der Kursverlauf eine Art Naturgesetz. Moderne chaostheoretische Methoden weisen in diese Richtung.[32] Solche Forschungsergebnisse würden jedoch auch das gesamte Investmentbanking revolutionieren und hätten nicht nur Einfluß auf die Bewertung von Optionsscheinen.

Solange es nicht soweit ist, kommt die Bewertung von Optionsrechten nicht ohne die subjektive Schätzung der künftigen Volatilität aus. Dazu bietet es sich an, auf die historische Volatilität zurückzugreifen. Die Extrapolation von Vergangenheitsdaten in die Zukunft haben Black und Scholes ursprünglich selbst als geeigneten Weg zur Bestimmung des Eingabeparameters Volatilität vorgeschlagen, nicht ohne auf die damit verbundene Problematik hinzuweisen,[33] die nicht in der möglichst exakten Berechnung dieser Kennziffer, sondern in der plausiblen Extrapolation der Ziffer in die Zukunft besteht.

Weil aber die Volatilität im Zeitablauf ständigen, zum Teil abrupten Veränderungen unterworfen ist, dürfte die pragmatische und am häufigsten angewandte Lösung des Extrapolationsproblems darin bestehen, sich auf der Basis der „richtigen" historischen Volatilität zu überlegen, welche Gründe für eine künftig veränderte Vola-

---

[31] Vgl. z. B. **Hauck, Wilfried (1991)**, S. 98.

[32] Vgl. **Hink, Stephan / Pechtl, Andreas (1994)**, S. 2.

[33] Vgl. **Black, Fischer / Scholes, Myron (1972)**, S. 400 - 401.

tilität sprechen und diese Gründe dann in Volatilität zu quantifizieren. Hilfe leisten könnten dabei die die Erwartungen anderer Marktteilnehmer widerspiegelnden impliziten Volatilitäten von Optionsscheinen und Optionen auf dasselbe Underlying. Die auf diese Weise fixierte Volatilität wird dann in die Black-Scholes-Formel eingegeben.

6.5 Abgrenzung zum Binomialmodell

Im *Black-Scholes-Modell* sind die möglichen Aktienkurse zu jedem Zeitpunkt der Laufzeit des Optionsrechts aufgrund der Prämissen lognormalverteilt.

Demgegenüber wird im *Binomialmodell* ein Binomial-Random Walk in Form eines mehrperiodigen binären Prozesses konkret simuliert. Die Differenz zwischen Black-Scholes-Ergebnissen und Binomialwerten resultiert daraus, daß im physikalischen Vorbild des Black-Scholes-Modells unendlich viele Temperatur- bzw. Bewegungsänderungen der Moleküle erwartet werden können, im binären Ansatz der Fallstudien 5.3 und 5.4 aber zunächst von einer Kursveränderung pro Jahr, und erst danach in Fallstudie 5.8 von immer mehr Veränderungen ausgegangen wird.[34] Tabelle 6.3 bestätigt die Vermutung, daß sich die Binomialwerte für die Optionsrechte mit der Zahl der Binomialschritte pro Optionslaufzeit den Black-Scholes-Werten der Fallstudie 6.1 und 6.2 nähern. Abbildung 6.12 unterstreicht sie zusätzlich.

Solange die Bedingung u > r > d erfüllt ist, können im Binomialmodell die Werte für upstep und für downstep beliebig festgelegt werden. Infolgedessen können die Kursänderungsraten im Binomialmodell auch so bestimmt werden, daß der Multiplikator des upstep dem Kehrwert des downstep-Multiplikators entspricht.[35] Fallstudie 6.7 zeigt das.

Fallstudie 6.7 Bewertung von Optionsrechten im Binomialmodell mit ansteigender Zahl von Binomialschritten pro Jahr und relativ-reziprokem Verhältnis von upstep- und downstep-Rate

Bei den Optionsrechten der Fallstudie 5.8 stehen upstep- und downstep-Multiplikator im entsprechenden relativ-reziproken Verhältnis zueinander:

u = 0,349859 p.a.; $d = \frac{1}{1+u} - 1 = -0,259185$ p.a.

Deshalb deckt sich das in Fallstudie 5.8 festgelegte binäre Schwankungsverhalten mit dem Schwankungsverhalten, das von einer Volatilitätsziffer von 30 % p.a. beschrieben wird. Infolgedesssen alternieren die in Tabelle 6.3 zusammengestellten Ergebnisse des

---

[34] Vgl. **Cox, John C. / Ross, Stephen A. / Rubinstein, Mark (1979)**, S. 246 - 248.
[35] Vgl. Abschnitt 6.2.3.

Binomialansatzes aus Fallstudie 5.8 in fast gleicher Höhe um die Black-Scholes-Ergebnisse (B-S) der Fallstudie 6.1.

m	C_0	P_0
1	33,421150	25,857927
2	25,182336	16,619113
3	29,757764	21,194540
4	26,449490	17,886267
5	28,995385	20,432162
6	26,906374	18,343151
7	28,669412	20,106189
8	27,140716	18,577493
9	28,488987	19,925763
10	27,283070	18,719847
11	28,374518	19,811295
12	27,378663	18,815440
13	28,295458	19,732235
14	27,447268	18,884045
15	28,237588	19,674665
16	27,498894	19,935671
17	28,193400	19,630177
18	27,539147	18,975924
19	28,158558	19,595334
20	27,571411	19,008187
30	27,668520	19,105297
31	28,044194	19,480970
32	27,680692	19,117469
33	28,033243	19,470020
100	27,805239	19,242016
101	27,919235	19,356011
102	27,806392	19,243169
103	27,918163	19,354939
167	27,807427	19,334203
168	27,829042	19,265819
169	27,897032	19,333809
170	27,829455	19,266231
B-S:	**27,864081**	**19,300858**

Tabelle 6.3 Optionswerte bei ansteigender Zahl von Binomialschritten

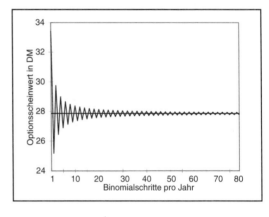

Anmerkung: $d = \frac{1}{1+u} - 1$

Abbildung 6.12 Visualisierung der Call-Werte aus Tabelle 6.3

Auch wenn d anders, aber innerhalb der Bedingung u > r > d, gewählt wird, nähern sich die Binomialschritte mit ansteigender Schrittzahl - allerdings sehr viel langsamer - den Black-Scholes-Werten an, weil das vom reziproken Wert des u abweichende d durch die sich simultan verändernde implizite Wahrscheinlichkeit des Eintretens von u und d ausgeglichen wird.

Fallstudie 6.8 Bewertung von Optionsrechten im Binomialmodell mit ansteigender Zahl von Binomialschritten pro Jahr und nicht reziprokem Verhältnis von upstep- und downstep-Rate

Die Daten dieser Fallstudie stimmen mit den Daten der Fallstudie 5.8 überein, mit einer Abweichung: Die downstep-Rate steht nicht im reziproken Verhältnis zur upstep-Rate. Angenommen wird vielmehr u = – d.

Dann gilt beispielsweise für das Vier-Perioden-Modell pro Periode

u_4 = 0,161834

d_4 = – 0,161834

r_4 = 0,0011

Daraus folgt: $p = \frac{r-d}{u-d} = \frac{0,011-(-0,161834)}{0,161834-(-0,161834)} = 0,533985$

$1 - p$ = 0,466015

$W(x = j) = \binom{n}{j} \cdot p^j \cdot (1-p)^{n-j}$

Für C_{uuuu} gilt   n = 4;   j = 4;

$W(C_{uuuu}) = \binom{4}{4} \cdot 0,533985^4 \cdot 0,466015^0 = 0,0813$

Für C_{uuud} gilt   n = 4;   j = 3;

$W(C_{uuud}) = \binom{4}{3} \cdot 0,533985^3 \cdot 0,466015^{4-3} = 0,2838$

Für C_{uudd} gilt   n = 4;   j = 2;

$W(C_{uudd}) = \binom{4}{2} \cdot 0,533985^2 \cdot 0,466015^{4-2} = 0,3715$

Für C_{uddd} gilt   n = 4;   j = 1;

$W(C_{uddd}) = \binom{4}{1} \cdot 0,533985^1 \cdot 0,466015^{4-1} = 0,2162$

Für C_{dddd} gilt   n = 4;   j = 0;

$W(C_{dddd}) = \binom{4}{0} \cdot 0,533985^0 \cdot 0,466015^{4-0}$ = 0,0472

Summe aller Wahrscheinlichkeiten   = 1,0000

Abbildung 6.13 zeigt die Baumstruktur des Vier-Perioden-Binomialprozesses zur Bewertung der Optionsrechte der Fallstudie 6.8, Tabelle 6.4 beinhaltet die Werte dieser Optionsrechte bei ansteigender Zahl von Binomialschritten.

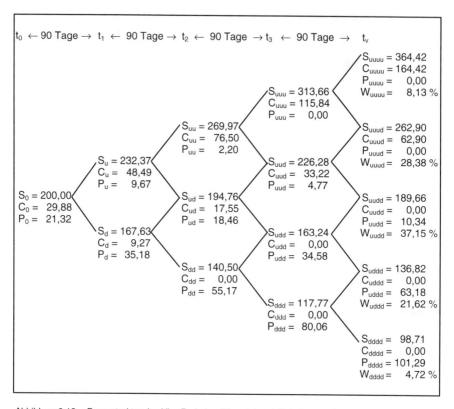

Abbildung 6.13 Baumstruktur des Vier-Perioden-Binomialmodells bei $u = -d$

m	C_0	P_0
1	37,769533	29,206310
2	30,248679	21,685456
3	31,681029	23,117806
4	29,884494	21,321270
5	30,354223	21,791000
6	29,627859	21,064636
7	29,751654	21,188431
8	29,441579	20,878356
9	29,400158	20,836935
10	29,299558	20,736335
11	29,166734	20,603511
12	29,186864	20,623641
13	28,998874	20,435651
14	29,094651	20,531428
15	28,871477	20,308254
16	29,017373	20,454150
17	28,770953	20,207730
18	28,951375	20,388151
19	28,689268	20,126045
20	28,894138	20,330915
30	28,690436	20,127212
31	28,399668	19,836445
32	28,660624	20,097251
33	28,369502	19,806279
100	28,236600	19,673376
101	28,241550	19,678327
102	28,230837	19,667614
103	28,239060	19,675838
167	28,166396	19,603173
168	28,100902	19,537679
169	28,164431	19,601207
170	28,098155	19,534932
B-S:	**27,864081**	**19,300858**

Tabelle 6.4 Optionswerte bei ansteigender Zahl von Binomialschritten

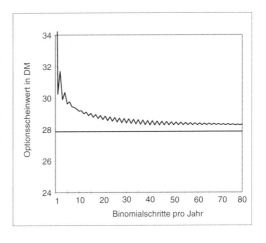

Anmerkung: $d = -u$

Abbildung 6.14 Visualisierung der Call-Werte aus Tabelle 6.4

Wenn die Zahl der Binomialschritte gegen unendlich strebt, ist das Ergebnis des multiplikativen Binomialprozesses gleich dem Ergebnis des Black-Scholes-Ansatzes. Insoweit kann das Black-Scholes-Modell als Spezialfall des Binomialmodells interpretiert werden.

6.6 Kritische Würdigung

Die Kritik am Black-Scholes-Modell entzündet sich vor allem an der *Lognormalverteilungsprämisse*. Während Black und Scholes diese Prämisse nicht begründen, sind in der Literatur zustimmende und ablehnende Äußerungen zu finden.

So meint Hauck, die aus der Lognormalverteilung resultierende rechtsschiefe Wahrscheinlichkeitsverteilung der Basisobjektkurse am Ende der Optionslaufzeit eigne sich *„für die Darstellung von notierten Wertpapierkursen, die auf der einen Seite im Extremfall auf einen Wert von Null sinken, sich also um 100 % verringern, auf der anderen Seite aber um weit mehr als 100 % steigen können."*[36] In die gleiche Richtung argumentiert Gastineau, für den die Lognormalverteilungsprämisse deshalb wirklichkeitsnah ist, weil eine Kursverdopplung in der Realität gleich wahrscheinlich sei wie eine Kurshalbierung.[37]

Vorsichtiger sind Güttler und Hielscher. Die Annahme, Kursveränderungen seien lognormalverteilt, stellt für diese Autoren kein „Credo" dar. Sie erscheint ihnen jedoch *„empirisch nicht unplausibel".*[38]

Demgegenüber haben empirische Untersuchungen in den USA und Österreich gezeigt, daß das Verhalten der Aktienkurse zu einem anderen Ergebnis führt als die Lognormalverteilungsprämisse.[39] Die empirischen Ergebnisse waren spitzgipfeliger im Bereich des Erwartungswertes und flacher in die Bereiche extremer Aktienkursbewegungen hinein (Abbildung 6.15).

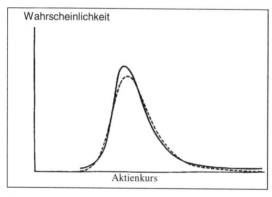

Anmerkung: ——— empirische Verteilung
----- lognormale Verteilung

Abbildung 6.15   Empirische Kursverteilung contra Lognormalverteilung

---

[36] **Hauck, Wilfried (1991)**, S. 138.
[37] Vgl. **Gastineau, Gary L. (1988)**, S. 194.
[38] Vgl. **Güttler, Gerhard / Hielscher, Udo (1977)**, S. 134, sowie: **Quast, Steffen (1994)**, S. 16.
[39] Vgl. **Madansky, Albert (1988)**, S. 331.

Sollten diese Beobachtungen zutreffen, hätten sie für die Bewertung von Optionsrechten ernstzunehmende Konsequenzen. So wären weit aus dem Geld und weit im Geld liegende Optionen insbesondere bei kürzeren Laufzeiten im Black-Scholes-Modell gegenüber der Wirklichkeit unterbewertet,[40] während bei allen anderen Optionsrechten die Black-Scholes-Werte über den tatsächlichen Werten lägen.[41]

Unabhängig von der praktischen Relevanz lognormalverteilter Aktienkursveränderungen könnte Black und Scholes auch ein anderer Grund zu dieser Prämisse veranlaßt haben: Nur dank dieser Annahme ergibt sich die Analogie der Aktienkurszuwächse zu den Bewegungen von Molekülen in stehenden Flüssigkeiten und Gasen, die ihrerseits Voraussetzung für die Übertragbarkeit der Wärmeleitgleichung auf die Bewertung von Optionsrechten ist. Demnach könnten die Versuche, die Verwendung lognormalverteilter Aktienkurse im Black-Scholes-Modell zu rechtfertigen, als nachgeschoben bezeichnet werden, denn für jeden dieser Rechtfertigungsversuche gibt es Gegenargumente.

- So ist die Tatsache nicht zu widerlegen, daß Aktienkurse um mehr als 100 % steigen, aber nur um höchstens 100 % fallen können. Es erscheint jedoch zweifelhaft, ob die Ergebnisse der Wahrscheinlichkeitstheorie für derart außergewöhnliche Fälle noch hinlänglich sind, um daraus allgemeingültige Aussagen über die Wahrscheinlichkeitsverteilung von Aktienkursveränderungen ableiten zu können.

- Bis heute kennt der Verfasser keine empirische Untersuchung, die nachweist, daß Kursverdopplungen exakt gleich häufig vorkommen wie Kurshalbierungen.

- Ebensowenig ist der empirische Nachweis erbracht, daß die Wahrscheinlichkeit von Aktienkurszuwächsen größer ist als jene von Aktienkurssenkungen. Sicher gibt es Perioden steigender, aber auch sinkender Aktienkurse, aber das haben Black-Scholes bestimmt nicht gemeint, als sie - wohl bewußt ungenau - formulierten: *„we assumed..., that over a finite time interval the returns on a common stock are lognormally distributed."*[42]

Kritisch beleuchtet werden im Black-Scholes-Modell wie im Binomialmodell die in Kapitel 4.3.3 ausgeführten Modellannahmen. So sind Informations- und *Transaktionskosten* sowie *Steuern* in der Wirklichkeit nicht vernachlässigbar klein, zum *Zinssatz* für risikolose Kapitalanlagen kann nicht beliebig viel Geld angelegt und schon gar nicht aufgenommen werden, auch sind Kapitalmarkttitel nicht beliebig *teilbar* und *Leerverkäufe* nur über die Wertpapierleihe möglich.[43] Aus diesen Gründen und weil weder Aktien noch Optionsrechte kontinuierlich gehandelt werden, läßt

---

[40] Vgl. **Gastineau, Gary L. (1988)**, S. 194 -195.
[41] Vgl. **Geyer, Alois L. J. / Schwaiger, Walter S. A. (1994)**, S. 684 - 685.
[42] **Black, Fischer / Scholes, Myron (1972)**, S. 400.
[43] Vgl. **Deutscher Kassenverein AG (1992)**.

sich das Duplikationsportefeuille nicht *stetig anpassen*. Unterlassene Arbitrageprozesse können die Folge sein.

Sehr eingeschränkt ist die Anwendbarkeit von Black-Scholes- und Binomialmodell durch die Prämisse, daß dem zu bewertenden Optionsrecht eine *dividendenlose Aktie* zugrundeliegt. Im Gegensatz zu den Modellannahmen sind börsengehandelte Optionsrechte heute meist jederzeit *ausübbar*.

Auf der Grundlage des Black-Scholes-Modells und des Binomialmodells wurden Ansätze entwickelt, die die eine oder andere wirklichkeitsfremde Prämisse der originären präferenzfreien Gleichgewichtsmodelle abbauen oder modifizieren. So ist es heute durchaus üblich, die laufenden Erträge des Basisobjekts, das auch ein festverzinsliches Wertpapier, ein Index oder eine Währung sein kann, sowie den Vorteil der jederzeitigen Ausübbarkeit in die Bewertung der Optionsrechte einzubeziehen.

Dennoch bleiben, wie Abbildung 6.16 zeigt, genügend Faktoren, die in den Gleichgewichtsmodellen nicht erfaßt werden, aber den Preis des Optionsrechts wesentlich beeinflussen, an erster Stelle genannt sei der Faktor „Liquidität" des Optionsrechts, dessen Quantifizierung in der Praxis große Schwierigkeiten verursacht.

Hauptkritikpunkt in der praktischen Anwendung der originären wie der weiterentwickelten Black-Scholes- und Binomialformeln ist jedoch die Bestimmung der in die Formeln einzugebenden Parameter Volatilität, Zinssatz für risikolose Kapitalanlagen und künftige Dividenden, da der errechnete faire Wert nur so gut ist wie die Schätzung der zugrundegelegten Parameter.[44]

---

[44] Vgl. **Kohler, Hans-Peter (1992)**, S. 90 - 91.

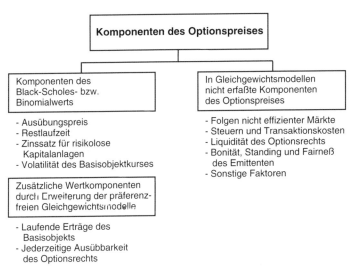

Abbildung 6.16   Faktoren der Optionspreisbildung

Trotz aller Einwände werden die präferenzfreien Gleichgewichtsmodelle häufig verwendet. Offensichtlich gibt es noch keine bessere Möglichkeit, Optionsrechte zu bewerten. Aus diesem Grund darf einerseits bei der Optionsscheinberatung weder der *Faire Wert* noch die *Totalausfallwahrscheinlichkeit* fehlen. Andererseits muß der Investor die *Prämissen*, die *Fehlbewertungsmöglichkeiten* und die *subjektiven Elemente* der Black-Scholes-Werte kennen, um eine unreflektierte, unkritische Verwendung der Objektivität suggerierenden Ziffern „Fair Value" oder „Totalausfallwahrscheinlichkeit" zu vermeiden.[45]

---

[45] Vgl. **Veit, Heiko (1995)**, S. 61.

7 Modifikation des Black-Scholes-Modells

Seit Black-Scholes ihre Formel im Jahre 1973 veröffentlichten, werden Vorschläge diskutiert, die Schwachstellen des Modells zu bereinigen.

7.1 Das Dividendenproblem

Im Mittelpunkt dieser Diskussion steht die Prämisse von Black-Scholes, die Ausschüttungen von Dividenden ausschließt. Diese Prämisse ist unrealistisch, weil die meisten Aktiengesellschaften, deren Aktien als Underlying von Optionsscheinen interessant sind, Dividenden in einer Höhe zahlen, die den Wert insbesondere eines noch länger laufenden Optionsscheins wesentlich verändern. Deshalb ist es notwendig, Vorschläge vorzustellen, die versuchen, das Black-Scholes-Modell durch das Einbeziehen von Dividenden der Wirklichkeit einen großen Schritt anzunähern.

Mit der Ausschüttung wird die Dividendenzahlung im Kurs der Aktie abgeschlagen. Da der Optionsscheinwert vom Kurs des Underlying abhängt, wirken Dividendenzahlungen auf
- Call-Optionsscheine wertmindernd,
- Put-Optionsscheine werterhöhend.

7.1.1 Bewertung „dividendengeschützter" Optionsrechte

Die Optionsbedingungen könnten vorsehen, daß mit jeder Dividendenzahlung der Ausübungspreis des Optionsrechts um die Ausschüttung vermindert wird. Obwohl es keine in dieser Weise „dividendengeschützten" Optionsscheine gibt,[1] ist es für das Verständnis der Bewertung von Optionsrechten wichtig, zu analysieren, inwieweit der Wert dividendengeschützter Optionsrechte gegen Dividendenausschüttungen immunisiert ist.

Bei der Bewertung eines dividendengeschützten Optionsrechts ist der *Ausübungspreis* B um die während der Restlaufzeit des Optionsrechts zu erwartenden Dividendenzahlungen (D_h mit h = 1, 2, ..., t) auf B_{DSch} zu verringern. Dabei wird unterstellt, daß die *vor* dem Bewertungszeitpunkt bezahlten Dividenden bereits im Ausübungspreis abgeschlagen sind.

---

[1] Nur am amerikanischen OTC-Markt kommen dividendengeschützte Optionen vor. Vgl. **Welcker, Johannes u. a. (1992)**, S. 185. Verwässerungsschutzklauseln, die aber nicht in jedem Fall vor Vermögensverlusten des Optionsinhabers schützen, sind bei der Ausgabe junger Aktien üblich.

Gleichzeitig ist vom **Aktienkurs** S_0 der auf den Bewertungszeitpunkt abgezinste Barwert der während der Restlaufzeit der Option zu erwartenden Dividenden abzuschlagen. Das Ergebnis ist $S_{0\,DSch}$.

$$C_{0\,DSch} = S_{0\,DSch} \cdot N(d_1) - \frac{B_{DSch}}{e^{r_s \cdot t}} \cdot N(d_2) \qquad P_{0\,DSch} = -S_{0\,DSch} \cdot N(d_1) + \frac{B_{DSch}}{e^{r_s \cdot t}} \cdot N(d_2)$$

wobei:
$$d_1 = \frac{\ln \frac{S_{0\,DSch}}{B_{DSch}} + (r_s + \frac{\sigma^2}{2}) \cdot t}{\sigma \sqrt{t}} \qquad d_1 = \frac{\ln \frac{B_{DSch}}{S_{0\,DSch}} - (r_s + \frac{\sigma^2}{2}) \cdot t}{\sigma \sqrt{t}}$$

$$d_2 = d_1 - \sigma \sqrt{t} \qquad\qquad d_2 = d_1 + \sigma \sqrt{t}$$

$C_{0\,DSch} / P_{0\,DSch}$ = Wert des dividendengeschützten Call-/Put-Optionsrechts

$$B_{DSch} = B - (D_1 + D_2 + D_3 + \ldots + D_t) = B - \sum_{h=1}^{t} D_h$$

$$S_{0\,Dsch} = S_0 - \sum_{h=1}^{t} \frac{D_h}{(1+r)^{T_h}}$$

t = Restlaufzeit des Optionsrechts

r_s = stetiger Zinssatz für risikolose Kapitalanlagen

σ = Volatilität des Basisobjektkurses

D_h = während der Restlaufzeit der Option erwartete Dividendenzahlungen

T_h = Zeitpunkte, an denen jeweils Dividende bezahlt werden

h = 1, 2, 3 ..., t Jahre

Formel 7.1 Bewertung dividendengeschützter Optionsrechte

Da sowohl Ausübungspreis als auch Basisobjektpreis korrigiert werden, scheint dieses Verfahren auf eine vermögensneutrale Teilliquidierung des Optionsscheinwerts hinauszulaufen. Tatsächlich gelingt es durch dieses Vorgehen jedoch nicht, die aus Dividendenausschüttungen resultierenden Vermögensverschiebungen vollständig zu neutralisieren. Die vorgesehenen Maßnahmen bringen die Vermögensneutralität vielmehr nur hinsichtlich des inneren Wertes des Optionsrechts und des in seinem Zeitwert enthaltenen Liquiditätsvorteils.

Nicht korrigiert wird jedoch die aus der Teilliquidation des Optionsscheins resultierende Minderung der volatilitätsinduzierten Komponente des Optionsscheinwerts. Da sie beim Call-Optionsschein und dem sonst identisch ausgestalteten Put-Optionsschein den gleichen Wert hat, führt die aus Dividendenzahlungen resultierende nicht vermögensneutral gestaltete Teilliquidierung der volatilitätsinduzierten Wertkomponente zu einem gleich hohen Verlust beim Call- und beim Put-Optionsrecht.

Fallstudie 7.1   Bewertung dividendengeschützter Optionsrechte

Zu bewerten sind die Optionsscheine aus Fallstudie 6.1 und 6.2, die insofern modifiziert sind, als nach einem Jahr (h = 1) Dividende in Höhe von 6,00 DM ausgeschüttet werden soll. Der Ausübungspreis des Optionsscheins wird bei Dividendenausschüttungen angepaßt.

$D_h = 6,00$ DM   in $T_h = 1$ Jahr

Diese sowie die aus Fallstudie 6.1 und 6.2 bekannten Daten sind in die modifizierte Black-Scholes-Formel 7.1 zur Berechnung des dividendengeschützten Optionsrechts einzusetzen. Für die Optionsscheine ergeben sich die folgenden Wertkomponenten:

$B_{DSch} = B - D_h = 200 - 6 = 194,00$ DM

$S_{0\,Dsch} = S_0 - \dfrac{D_h}{(1+r)^{T_h}} = 200 - \dfrac{6}{1,0447^1} = 194,256897$

Berechnung des Call-Optionsscheinwerts:

$d_1 = \dfrac{\ln \frac{194,2569}{194} + \left(0,0438 + \frac{0,09}{2}\right) \cdot 1}{0,3\sqrt{1}} = 0,300277$

$N(d_1) = 0,618017$

$d_2 = d_1 - \sigma\sqrt{t} = 0,300277 - 0,3 = +0,000277$

$N(d_2) = 0,500110$

1. Term: $+ S_{0\,DSch} \cdot N(d_1) = 194,256897 \cdot 0,618017 = 120,054063$

2. Term: $-\dfrac{B_{DSch}}{e^{r_s \cdot t}} \cdot N(d_2) = -185,693673 \cdot 0,500110 = \underline{-92,867356}$

$C_{0\,DSch}$ = $\underline{27,186707}$

Berechnung des Put-Optionsscheinwerts:

$d_1 = \dfrac{\ln \frac{194}{194,2569} - \left(0,0438 + \frac{0,09}{2}\right) \cdot 1}{0,3\sqrt{1}} = -0,300277$

$N(d_1) = 1-N(-d_1) = 1 - 0,618017 = 0,381983$

$d_2 = d_1 + \sigma\sqrt{t} = -0,300277 + 0,3 = -0,000277$

$N(d_2) = 1-N(-d_2) = 1 - 0,500110 = 0,499890$

1. Term: $- S_{0\,DSch} \cdot N(d_1) = -194,256897 \cdot 0,381983 = -74,202834$

2. Term: $+\dfrac{B_{DSch}}{e^{r_s \cdot t}} \cdot N(d_2) = +185,693673 \cdot 0,499890 = \underline{+92,826318}$

$P_{0\,Dsch}$ = $\underline{18,623484}$

Gegenüber dem dividendenlosen Fall ist sowohl der Call-Optionsscheinwert wie auch der Wert des entsprechenden Put-Optionsscheins um 0,6774 DM gefallen.

7.1.2 Bewertung nicht dividendengeschützter Optionsrechte

In der Wirklichkeit sind Inhaber und Stillhalter von Optionsscheinen und DTB-Optionen auf Aktien den Folgen von Dividendenabschlägen ungeschützt ausgeliefert. Deshalb verändern Dividendenzahlungen auf das Underlying während der Laufzeit des Optionsrechts dessen Wert, ohne daß diese tendenziell vorhersehbare Wertänderung in das Ergebnis der unmodifizierten Black-Scholes-Formel eingeht. Infolgedessen sind

- Call-Optionsrechte auf Aktien, die Ausschüttungen erwarten lassen, durch die originäre Black-Scholes-Formel überbewertet,

- Put-Optionsrechte auf Aktien, die Ausschüttungen erwarten lassen, durch die Black-Scholes-Formel unterbewertet.

Die Fehlbewertung der Optionsrechte nimmt mit der Restlaufzeit und mit dem laufenden Ertrag (z. B. Dividende) aus dem Basisobjekt zu.

Grundsätzlich gibt es zwei Ansätze, erwartete Dividendenzahlungen durch Modifikation der Black-Scholes-Formel in den Wert der Option einzubeziehen.

7.1.2.1 Dividendenzahlungen werden vom Aktienkurs abgezogen

Wie bei der dividendengeschützten Option wird auch bei ungeschützten Optionsrechten die Summe der auf den Bewertungszeitpunkt *abgezinsten* während der Laufzeit des Optionsrechts *erwarteten Dividendenzahlungen vom Kurs des Basisobjekts abgezogen* und der so bereinigte Kurs als aktueller Aktienkurs $S_{0\,DA}$ in die modifizierte Black-Scholes-Formel eingegeben.

Da der *Ausübungspreis* des Optionsscheins *nicht angepaßt* wird, bleibt dieser Parameter in der modifizierten Black-Scholes-Formel unverändert. Unter diesen Voraussetzungen führt die Berücksichtigung der während der Optionsscheinlaufzeit zu erwartenden Dividenden zu einem niedrigeren Call-Optionsscheinwert und einem höheren Put-Optionsscheinwert.

$$C_{0\,DA} = S_{0\,DA} \cdot N(d_1) - \frac{B}{e^{r_s \cdot t}} \cdot N(d_2) \qquad P_{0\,DA} = -S_{0\,DA} \cdot N(d_1) + \frac{B}{e^{r_s \cdot t}} \cdot N(d_2)$$

wobei: $d_1 = \dfrac{\ln \frac{S_{0\,DA}}{B} + (r_s + \frac{\sigma^2}{2}) \cdot t}{\sigma\sqrt{t}}$ $\qquad d_1 = \dfrac{\ln \frac{B}{S_{0\,DA}} - (r_s + \frac{\sigma^2}{2}) \cdot t}{\sigma\sqrt{t}}$

$d_2 = d_1 - \sigma\sqrt{t}$ $\qquad\qquad\qquad d_2 = d_1 + \sigma\sqrt{t}$

$C_{0\,DA}$ / $P_{0\,DA}$ = Wert des Call/Put-Optionsrechts, dessen Basisobjektkurs um den Barwert der während der Laufzeit des Optionsrechts erwarteten Dividenden korrigiert wurde

D_h = Während der Restlaufzeit des Optionsrechts erwartete Dividendenzahlungen

T_h = Zeitpunkte, an denen Dividende bezahlt wird

h = 1, 2, 3, ..., l Jahre

$S_{0\,DA} = S_0 - \sum\limits_{h=1}^{t} \dfrac{D_h}{(1+r)^{T_h}}$

= Basisobjektkurs nach Abzug des Barwerts der während der Laufzeit des Optionsrechts erwarteten Dividendenzahlungen

Formel 7.2   Bewertung dividendenungeschützter Optionsrechte durch Abschlag der Dividende vom Aktienkurs

Fallstudie 7.2 (a)   Berechnung des Wertes dividendenungeschützter Optionsscheine durch Abschlag der Dividende vom Aktienkurs

Zu bewerten sind Optionsscheine der Fallstudie 6.1 und 6.2, die insofern modifiziert sind, als nach einem Jahr (h = 1) Dividende in Höhe von 6,00 DM gezahlt wird. Die darauf folgende Dividende wird erst nach dem Ende der Optionsscheinlaufzeit fällig.

D_h = 6,00 DM   in T_h = 1 Jahr

Für die Optionsscheine ergeben sich die folgenden Wertkomponenten:

$S_{0\,DA} = 200 - \dfrac{6}{1,044731^1} = 194,256897$

$\dfrac{B}{e^{r_s \cdot t}} = \dfrac{200}{e^{0,0438 \cdot 1}} = \dfrac{200}{1,0447} = 191,436777$

Berechnung des Call-Optionsscheinwerts:

$d_1 = \dfrac{\ln \frac{194,2569}{200} + \left(0,0438 + \frac{0,3^2}{2}\right) \cdot 1}{0,3\sqrt{1}} = 0,198746$

$N(d_1) = 0,578769$

$d_2 = d_1 - \sigma\sqrt{t} = 0,198746 - 0,3 = -0,101254$

$N(d_2) = 1 - N(-d_2) = 1 - 0,540326 = 0,459674$

1. Term: $S_{0\,DA} \cdot N(d_1) = +194{,}256897 \cdot 0{,}578769 = 112{,}429942$

2. Term: $-\dfrac{B}{e^{r_s \cdot t}} \cdot N(d_2) = -191{,}436777 \cdot 0{,}459674 = \underline{-87{,}998599}$

$C_{0\,DA} = \underline{24{,}431343}$

Berechnung des Put-Optionsscheinwerts:

$$d_1 = \frac{\ln\frac{200}{194{,}2569} - \left(0{,}0438 + \frac{0{,}3^2}{2}\right) \cdot 1}{0{,}3\sqrt{1}} = -0{,}198746$$

$N(d_1) = 1 - N(-d_1) = 1 - 0{,}578769 = 0{,}421231$

$d_2 = d_1 + \sigma\sqrt{t} = -0{,}198746 + 0{,}3 = 0{,}101254$

$N(d_2) = 0{,}540326$

1. Term: $-S_{0\,DA} \cdot N(d_1) = -194{,}256897 \cdot 0{,}421231 = -81{,}826955$

2. Term: $\dfrac{B}{e^{r_s \cdot t}} \cdot N(d_2) = +191{,}436777 \cdot 0{,}540326 = \underline{103{,}438177}$

$P_{0\,DA} = \underline{21{,}611223}$

Die Ergebnisse der Fallstudie 7.2 (a) bestätigen die theoretischen Erörterungen: Die Berücksichtigung von Dividenden wirkt auf

- Call-Optionsscheine wertmindernd; trotz nur einer einzigen Ausschüttung in Höhe bescheidener 6,00 DM geht der Wert des Optionsscheins von 27, 86 DM auf 24,43 DM zurück.

- Put-Optionsscheine wertsteigernd; so ist der Wert des Put-Optionsrechts durch Einbeziehung der Dividende von 19,30 DM auf 21,61 DM gestiegen.

7.1.2.2 Berücksichtigung der stetigen Dividendenrendite

Als alternative Lösung des Dividendenproblems bei der Bewertung von Optionsrechten schlägt **Merton**[2] vor, die zu bestimmten Zeitpunkten - diskret - anfallenden Ausschüttungen rechnerisch zu verstetigen, um sie in die Black-Scholes-Formel integrieren zu können.

• **Einfacher Ansatz**

Heidorn *bereinigt den Kassakurs* der dividendenausschüttenden Aktie in der Black-Scholes-Formel *um die Dividendenrendite*.[3] Mit der Dividendenrendite erhält er den Faktor, um den der Inhaber eines Call-Optionsrechts stetig schlechter gestellt wird

---

[2] Vgl. **Merton, Robert C. (1976)**, S. 141 - 144.

[3] Vgl. **Heidorn, Thomas (1994)**, S. 114 - 116.

als der Aktionär. Diese Benachteiligung läßt sich in die Bewertung des Optionsrechts einbeziehen, indem der aktuelle Aktienkurs durch Abzinsen über die Restlaufzeit des Optionsrechts hinweg um die stetige Dividendenrendite bereinigt wird.

$$C_{0\,Ds} = S_{0\,Ds} \cdot N(d_1) - \frac{B}{e^{r_s \cdot t}} \cdot N(d_2) \qquad P_{0\,Ds} = -S_{0\,Ds} \cdot N(d_1) + \frac{B}{e^{r_s \cdot t}} \cdot N(d_2)$$

wobei:
$$d_1 = \frac{\ln\frac{S_{0\,Ds}}{B} + \left(r_s + \frac{\sigma^2}{2}\right) \cdot t}{\sigma\sqrt{t}} = \frac{\ln\frac{S_0}{B} + \left(r_s - r_{Ds} + \frac{\sigma^2}{2}\right) \cdot t}{\sigma\sqrt{t}} \qquad d_1 = \frac{\ln\frac{B}{S_0} - \left(r_s - r_{Ds} + \frac{\sigma^2}{2}\right) \cdot t}{\sigma\sqrt{t}}$$

$$d_2 = \frac{\ln\frac{S_{0\,Ds}}{B} + \left(r_s - \frac{\sigma^2}{2}\right) \cdot t}{\sigma\sqrt{t}} = \frac{\ln\frac{S_0}{B} + \left(r_s - r_{Ds} - \frac{\sigma^2}{2}\right) \cdot t}{\sigma\sqrt{t}} \qquad d_2 = d_1 + \sigma\sqrt{t}$$

$$S_{0\,Do} = \frac{S_0}{e^{r_{Ds} \cdot t}} \quad \text{und} \quad r_D = \frac{D}{S_0} \quad \text{sowie} \quad r_{Ds} = \ln(1 + r_D)$$

Formel 7.3   Einfacher Ansatz zur Berücksichtigung der stetigen Dividendenrendite bei der Berechnung des Optionsrechts

Gemäß der Logarithmengesetze ist der Logarithmus eines Bruches (= Quotient) gleich der Differenz der Logarithmen von Zähler und Nenner. Deshalb kann

$$\ln\frac{\frac{S_0}{e^{r_{Ds} \cdot t}}}{B} \quad \text{umgeformt werden in} \quad \ln\frac{S_0}{e^{r_{Ds} \cdot t}} - \ln B$$

und noch weiter in $\ln S_0 - \ln e^{r_{Ds} \cdot t} - \ln B$. Da $\ln e^{r_{Ds} \cdot t} = r_{Ds} \cdot t$ ist, gilt

$$\ln S_0 - \ln e^{r_{Ds} \cdot t} - \ln B = \ln S_0 - r_{Ds} \cdot t - \ln B = \ln\frac{S_0}{B} - r_{Ds} \cdot t.$$

Deshalb können die Gewichtungsfaktoren d_1 und d_2 der Black-Scholes-Formel auch so geschrieben werden, wie sie Formel 7.3 als umgeformte Ausdrücke an jeweils zweiter Stelle ausweist. Durch diese Schreibweise wird deutlich, daß die *stetige Dividende* den in der Black-Scholes-Formel enthaltenen *risikolosen stetigen Zinssatz mindert*. Das ist plausibel, weil die Zinsen, die der Inhaber eines Call-Optionsscheins aus seinem Liquiditätsvorteil zieht, um die Dividendenrendite verringert werden.

Fallstudie 7.2 (b)   Berechnung des Wertes dividendenungeschützter Optionsrechte durch einfache Berücksichtigung der Dividendenrendite

Die Szenarien der Fallstudien 6.1 und 6.2 werden insofern modifiziert, als die dem Call- und dem Put-Optionsrecht zugrundeliegende Aktie regelmäßig eine Dividende von 6,00 DM bringt. Dann ist die

- diskrete Dividendenrendite $r_D = \frac{D}{S_0} = \frac{6}{200} = 0{,}030000$
- stetige Dividendenrendite $r_{Ds} = \ln(1 + r_D) = \ln(1 + 0{,}03) = 0{,}029559$

Berechnung des Call-Optionsscheinwerts:

$$S_{0\,Ds} = \frac{S_0}{e^{r_{Ds} \cdot t}} = \frac{200}{e^{0,029559 \cdot 1}} = \frac{200}{1,03} = 194,174757$$

$$\frac{B}{e^{r_s \cdot t}} = \frac{200}{e^{0,043760}} = \frac{200}{1,044731} = 191,436777$$

$$d_1 = \frac{\ln \frac{200}{200} + (0,043760 - 0,029559 + \frac{0,3^2}{2}) \cdot 1}{0,3\sqrt{1}} = 0,197337$$

$N(d_1) = 0,578218$

$$d_2 = \frac{\ln \frac{200}{200} + (0,043760 - 0,029559 - \frac{0,3^2}{2}) \cdot 1}{0,3\sqrt{1}} = -0,102663$$

$N(d_2) = 1 - N(-d_2) = 1 - 0,540885 = 0,459115$

1. Term: $S_{0\,Ds} \cdot N(d_1) = $ 194,174757 · 0,578218 = 112,275317

2. Term: $-\frac{B}{e^{r_s \cdot t}} \cdot N(d_2) = -$ 191,436777 · 0,459115 = $\underline{-\,87,891491}$

$C_{0\,Ds}$ = $\underline{\underline{24,383826}}$

Die Put-Call-Parität führt zu folgendem *Put-Optionsscheinwert:*

$P_{0\,Ds} = \frac{B}{(1+r)^t} - S_{0\,Ds} + C_{0\,Ds} = $ 191,436777 −194,174757 + 24,383826 = $\underline{\underline{21,645845}}$

- **Theoretisch fundierter Ansatz durch Welcker**

Der Ansatz von Welcker unterscheidet sich nur in der Berechnung der stetigen Dividendenrendite vom zuvor dargestellten Konzept. Die etwas aufwendigere Rechnung verdeutlicht nicht nur die Notwendigkeit, Dividenden bei der Bewertung von Aktien-Optionsrechten zu berücksichtigen, sondern weist darüber hinaus den Weg, dies theoretisch fundiert durchzuführen.[4]

Welcker ermittelt den in der Black-Scholes-Formel vorgegebenen Erwartungswert des Kurses eines *dividendenlosen Underlying*, indem er den Kurs S_0 vom Bewertungszeitpunkt bis zum Ende der Optionslaufzeit mit dem Satz für risikolose Anlagen aufzinst.

$S_T = S_0\,(1+ r)$

Der Erwartungswert des Kurses der **nicht dividendenlosen**, aber sonst identischen Aktie bleibt um die ausgeschütteten und vom Kurs abgeschlagenen Dividenden hinter dem Kurserwartungswert des dividendenlosen Papiers zurück. Das Verhältnis dieser beiden Erwartungswerte ist die - gegenüber der Aktienrendite einschließlich

---

[4] Vgl. **Welcker, Johannes, u. a. (1992),** S. 184 - 193.

Dividende - geringere Performance aus dem Underlying, auf das sich das Optionsrecht bezieht.

$$r_{DW} = \frac{S_0(1+r)}{S_0(1+r)-D} - 1$$

In die modifizierte Black-Scholes-Formel einzusetzen ist die *stetige Dividendenrendite*

$$r_{DsW} = \ln(1+ r_{DW}).$$

$C_{0\,DsW} = S_{0\,DsW} \cdot N(d_1) - \frac{B}{e^{r_s \cdot t}} \cdot N(d_2)$ $\qquad P_{0\,DsW} = -S_{0\,DsW} \cdot N(d_1) + \frac{B}{e^{r_s \cdot t}} \cdot N(d_2)$

wobei: $d_1 = \dfrac{\ln \frac{S_0}{B} + \left(r_s - r_{DsW} + \frac{\sigma^2}{2}\right) \cdot t}{\sigma\sqrt{t}}$ $\qquad d_1 = \dfrac{\ln \frac{B}{S_0} - \left(r_s - r_{DsW} + \frac{\sigma^2}{2}\right) \cdot t}{\sigma\sqrt{t}}$

$d_2 = d_1 - \sigma\sqrt{t}$ $\qquad\qquad\qquad\qquad\qquad d_2 = d_1 + \sigma\sqrt{t}$

$C_{0\,DsW}$ / $P_{0\,DsW}$ = Call-/Put-Optionswert unter theoretisch fundierter Einbeziehung der stetigen Dividendenrendite

$S_{0\,DsW} = \dfrac{S_0}{e^{r_{DsW}}}$ dabei ist $\quad r_{DsW} = \ln(1+ r_{DW})\quad$ und $\quad r_{DW} = \dfrac{S_0(1+r)}{S_0(1+r)-D} - 1$

Formel 7.4 Optionswerte bei theoretisch fundierter Einbeziehung der Dividendenrendite

Fallstudie 7.2 (c) Berechnung des Werts der Optionsscheine aus den Fallstudien 6.1 und 6.2, die regelmäßig Dividende von 6,00 DM bringen, unter theoretisch fundierter Einbeziehung der Dividendenrendite

Erwartungswert eines dividendenlosen Underlyingkurses:

$S_T \;= S_0 (1+ r) = 200 (1+ 0,044731) = 208,946268$

Erwartungswert eines dividendenbringenden Underlyingkurses:

$S_T - D = 208,942668 - 6 = 202,942668$

Geringere Kursperformance des dividendenbringenden gegenüber dem eines dividendenlosen Underlying:

$r_{DW} \;= \dfrac{S_0(1+r)}{S_0(1+r)-D} - 1 = \dfrac{208,946268}{202,946268} - 1 = 0,029564$

Verstetigung der Dividendenrendite:

$r_{DsW} \;= \ln(1+r) = \ln(1+ 0,029564) = 0,029136$

Dann gilt für die um die Dividendenrendite modifizierten *Call-Optionsscheinwerte*:

$S_{0\,DsW} = \dfrac{200}{e^{0,029136}} = 194{,}256897$

$\dfrac{B}{e^{r_s \cdot t}} = \dfrac{200}{e^{0,043760}} = 191{,}436777$

253

Berechnung des Call-Optionsscheinwerts:

$$d_1 = \frac{\ln \frac{200}{200} + (0,043760 - 0,029136 + 0,045) \cdot 1}{0,3\sqrt{1}} = 0,198746$$

$N(d_1) = 0,578769$

$d_2 = 0,198746 - 0,3 = -0,101254$

$N(d_2) = 1 - N(-d_2) = 1 - 0,540326 = 0,459674$

1. Term: $S_{0\,DsW} \cdot N(d_1) = 194,256897 \cdot 0,578769 = 112,429942$

2. Term: $\frac{B}{e^{r_s \cdot t}} = -191,436777 \cdot 0,459674 \qquad = \underline{-\ 87,998599}$

$C_{0\,DsW} \qquad\qquad\qquad\qquad\qquad\qquad\qquad\qquad = \underline{\ 24,431343}$

Berechnung des Put-Optionsscheinwerts:

$$d_1 = \frac{\ln \frac{200}{200} - \left(0,043760 - 0,029136 + \frac{0,3^2}{2}\right) \cdot 1}{0,3\sqrt{1}} = -0,198746$$

$N(d_1) = 1 - N(-d_1) = 1 - 0,578769 = 0,421231$

$d_2 = d_1 + \sigma\sqrt{t} = -0,198746 + 0,3 = 0,101254$

$N(d_2) = 0,540326$

1. Term: $-S_{0\,DsW} \cdot N(d_1) = -\frac{S_0}{e^{r_{DsW} \cdot t}} \cdot N(d_1) = -194,256897 \cdot 0,421231 = -81,826955$

2. Term: $\frac{B}{e^{r_s \cdot t}} \cdot N(d_2) = 191,436777 \cdot 0,540326 \qquad = \underline{103,438177}$

$P_{0\,DsW} \qquad\qquad\qquad\qquad\qquad\qquad\qquad\qquad = \underline{\ 21,611223}$

7.1.3 Kritische Würdigung

Abbildung 7.1 zeigt, wie sich die Optionsscheinwerte der Fallstudien 6.1 und 6.2 verändern, wenn statt der ursprünglichen Black-Scholes-Formel deren modifizierte Version unter Berücksichtigung einer in einem Jahr erwarteten Dividende von 6,00 DM verwendet wird.

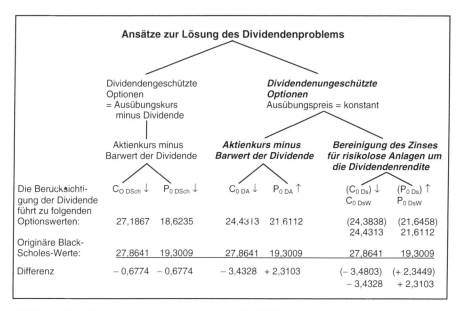

Abbildung 7.1 Ergebnisse der Ansätze zur Lösung des Dividendenproblems

Die Ergebnisse der verschiedenen Ansätze zur Lösung der Dividendenproblematik bei der Bewertung von Optionsrechten liegen nahe beieinander. Das folgt aus der Prämisse einer genau einjährigen Laufzeit des Optionsrechts, an deren Ende die Jahresdividende anfällt. Zwischen den Ergebnissen gibt es aber beachtliche Differenzen, wenn sich die Restlaufzeit des Optionsrechts nicht durch volle Jahre teilen läßt.

Fallstudie 7.2 (d)   Der Wert des Optionsrechts unter Berücksichtigung der Dividendenzahlungen bei Verkürzung der Laufzeit des Optionsrechts

Tabelle 7.1 beinhaltet Optionsrechte mit unterjähriger Restlaufzeit. Um dennoch die Auswirkungen von Dividendenzahlungen auf den Optionswert erfassen zu können, wird die jährliche Dividende in Höhe von 6,00 DM bereits 0,25 Jahre nach dem Bewertungszeitpunkt ausbezahlt. Die anderen Parameter entsprechen den Optionsrechten, die der Fallstudie 7.2 (a), (b) und (c) zugrundeliegen.

$D_h = 6{,}00$ DM   in $T_h = 0{,}25$ Jahre

Laufzeit in Jahren	Werte mit diskretem Dividendenabschlag		Werte mit stetiger Dividendenrendite	
	$C_{0\,DA}$	$P_{0\,DA}$	$C_{0\,DsW}$	$P_{0\,DsW}$
0,25	9,93	13,69	12,21	11,49
0,50	15,67	17,28	17,32	15,88
0,75	20,29	19,77	21,20	19,06
1,00	24,32	21,69	24,43	21,61

Tabelle 7.1 Black-Scholes-Werte unter Berücksichtigung einer nach 0,25 Jahren anfallenden Dividendenzahlung in Abhängigkeit von der Restlaufzeit des Optionsrechts

Zwischen den in Abbildung 7.1 und den in Tabelle 7.1 ausgewiesenen, jeweils mit **diskretem Dividendenabschlag** gerechneten Werten von Optionsrechten mit einjähriger Laufzeit besteht ein Unterschied von 0,11 DM beim Call- und 0,08 DM beim Put-Wert. Diese Differenz resultiert daraus, daß die Dividende in Abbildung 7.1 auf 1 Jahr, in Tabelle 7.1 aber nur auf 0,25 Jahre abzuzinsen ist.

Der mit **stetiger Dividendenrendite** gerechnete Optionswert weicht um so stärker vom Ergebnis mit diskretem Dividendenabschlag ab, je kürzer die Laufzeit des Optionsrechts ist, denn beim Modell mit stetiger Dividendenrendite wird die Dividende nur anteilig zur Restlaufzeit des Optionsrechts berücksichtigt.[5]

In Deutschland, wo Dividende pro Aktie und Jahr einmal bezahlt wird, kommt das Verfahren, in dem die Barwerte der künftigen Dividenden vom aktuellen Aktienkurs abgezogen werden, der Wirklichkeit näher als die Methode der stetigen Dividende. Gegen die Konzeption der stetigen Dividendenrendite spricht darüber hinaus die fehlende Verknüpfung des erwarteten Dividendensatzes mit dem jeweiligen Aktienkurs, denn keine Unternehmung paßt die Ausschüttung kontinuierlich als einen festen Prozentsatz an den Kurs ihrer Aktien an.

Obwohl die Höhe der künftigen Dividenden bei beiden Verfahren zur Berücksichtigung der Dividende im Wert des Optionsrechts gleichermaßen unsicher ist, tritt dieser Risikofaktor beim Dividendenabzugskonzept offener zutage als beim Dividendenrenditekonzept, wo die Versuchung näher liegt, die Gegenwartssituation unverändert in die Zukunft zu prognostizieren.

Nicht berücksichtigt werden in beiden Verfahren *steuerliche Aspekte*, die in Wirklichkeit eine große Bedeutung spielen. Die anrechenbare Körperschaftssteuer läßt sich einfach in die Rechnung einbeziehen, indem die Dividende mit dem Rückerstattungsanspruch multipliziert wird.

Bei dem derzeit geltenden Satz von $\frac{3}{7}$ auf die Dividende in Höhe von beispielsweise 6,00 DM müßte $6 \cdot (1+\frac{3}{7}) = 8{,}57$ DM als Dividende angesetzt werden.

---

[5] Vgl. **Schramm, Steffen (1995)**, S. 32.

Der Einfluß von Dividenden auf den Wert von Optionsrechten ist zu groß, um vernachlässigt werden zu können. Bei nur noch kurzlaufenden Optionsrechten auf Aktien, deren Dividende in deutlich weniger als einem Jahr anfällt, bringt nur das Dividendenabzugsverfahren brauchbare Ergebnisse. Optionsrechte mit mehrjähriger Restlaufzeit können auch aufgrund der Dividendenrenditeverfahren bewertet werden. Der Wert von Optionsrechten hängt in erheblichem Maße davon ab, wie die künftigen Dividenden prognostiziert werden.

7.2 Das Problem der vorzeitigen Ausübung

7.2.1 Die Relevanz des Problems

Black und Scholes gehen in ihrem Modell von europäischen Optionsrechten aus. Für unsere Untersuchung ist diese Prämisse wirklichkeitsfremd, weil die meisten Optionsscheine und DTB-Optionen auf Aktien jederzeit ausübbar sind. Deshalb ist zu analysieren, wie Optionsrechte amerikanischen Typs zu bewerten sind. Dabei ist zwischen Call- und Put-Optionsrechten zu unterscheiden.

7.2.1.1 Call-Optionsrechte amerikanischen Typs

Dividenden werden am Tag der Auszahlung vom Kurs der Aktie abgeschlagen. Dieser Kursrückgang führt zu einer Minderung des Wertes von Call-Optionsrechten, auf deren Basisobjekt *Dividenden* ausgeschüttet werden. Ein Aktien-Call-Optionsrecht amerikanischen Typs macht es möglich, eine derartige Wertminderung durch Ausübung des Optionsrechts vor Ausschüttung der Dividende zu vermeiden. Mit der Ausübung gehen allerdings Liquiditätsvorteil und Absicherungsfunktion des Optionsrechts verloren.

Die Ausübung eines Call-Optionsrechts vor dessen Fälligkeit ist vorteilhaft, wenn der aus der Dividendenausschüttung resultierende Verlust des Optionswerts größer ist als der mit der Ausübung verbundene Zeitwertverlust.

Den Vorteil, den die jederzeitige Ausübbarkeit eines Optionsrechts im Vergleich zum Optionsrecht europäischen Stils bietet, läßt sich der Stillhalter vom Käufer der Option bezahlen. Der Preis wird üblicherweise als Ausübungsprämie bezeichnet. Die Höhe der Ausübungsprämie hängt von der Attraktivität der vorzeitigen Ausübung und der Wahrscheinlichkeit ihres Eintritts ab. Die Wahrscheinlichkeit einer während der Laufzeit des Call-Optionsrechts lohnenden Ausübung ist um so größer
- je weiter das Optionsrecht im Geld steht,

- je kürzer die Restlaufzeit des Optionsrechts ist,
- je geringer die Volatilität des Basisobjekts und der Zinssatz für risikolose Kapitalanlagen sind,
- je höher die während der Restlaufzeit des Optionsrechts erwarteten Dividenden sind.

Deshalb wird beispielsweise für Optionen auf Aktien, die während der Restlaufzeit des Optionsrechts keine Dividende ausschütten, keine Ausübungsprämie bezahlt.

Mit der Entscheidung für vorzeitige Ausübung des Call-Optionsrechts liegt der *optimale Ausübungszeitpunkt* fest. Es ist die letzte Möglichkeit zur Ausübung vor der Dividendenzahlung, denn dadurch wird einerseits der Ausübungszweck erreicht, andererseits aber wird der aus der Ausübung resultierende Zeitwertverlust minimiert.

7.2.1.2 Put-Optionsrechte amerikanischen Typs

Die Ausübung von Put-Optionsrechten kann unabhängig von Dividendenzahlungen auch schon während der Laufzeit interessant sein. Anders als beim Call-Optionsrecht werden nämlich beim Put-Optionsrecht durch die Ausübung *liquide Mittel freigesetzt*, und zwar um so mehr, je weiter das Put-Optionsrecht im Geld steht. Diese Mittel können verzinslich angelegt werden, weshalb der Vorteil von Optionsscheinen „amerikanischer" Art mit zunehmender „Moneyness" steigt.

- Die Attraktivität vorzeitiger Ausübung von Put-Optionsrechten zeigt der Extremfall, in dem der Kurs des Basisobjekts auf Null gesunken ist. In dieser Konstellation ist das Optionsrecht amerikanischen Typs sofort auszuüben, denn jede andere Entscheidung verschlechtert die Position des Anlegers:
  - Steigt der Kurs des Underlying, verringert sich der Wert des Optionsrechts.
  - Bleibt der Kurs des Underlying aber bis zum Verfall des Optionsrechts bei Null stehen, erleidet der Optionsberechtigte gegenüber dem Ausübungsfall einen Zinsverlust.[6]

Das Optionsrecht erreicht seinen maximal möglichen Wert sogar schon bei einem Aktienkurs von über Null, da die Wertobergrenze des Put-Optionsrechts beim Barwert seines Ausübungspreises $P_{0\,max} = \frac{B}{(1+r)^t}$ liegt.

Entsprechend ist die Wertobergrenze des Put-Optionsscheins aus Fallstudie 6.2

$P_{0\,max} = \frac{200}{1+0{,}044731} = 191{,}44.$

- Durch die Ausübung des Optionsrechts geht dessen *Absicherungseffekt* verloren. Der Wert der Absicherung wird aber um so kleiner, je weiter das Optionsrecht ins Geld kommt.

---

[6] Vgl. **Steiner, Manfred / Bruns, Christoph (1995)**, S. 149.

Demzufolge wird, wenn ein Put-Optionsrecht ins Geld läuft, ein kritischer Basisobjektkurs erreicht, an dem die Ausübung dem Halten des Optionsrechts vorzuziehen ist. Dieser kritische Basisobjektkurs wird um so schneller erreicht, je geringer die Volatilität des Basisobjektkurses und je höher der Zinssatz für risikolose Kapitalanlagen ist.

Eine vorzeitige Ausübung bringt dem Optionsberechtigten jedoch nichts, wenn der laufende Ertrag aus dem Basisobjekt so hoch ist wie der Zinssatz für risikolose Kapitalanlagen oder gar noch höher.

Ertrag aus dem Basisobjekt ↑	⇒	Attraktivität der vorzeitigen Ausübung des „amerikanischen" Put auf Devisen und festverzinsliche Papiere ↓

Für Put-Optionsscheine auf Aktien muß aber auch diese Aussage modifiziert werden, weil Put-Optionsscheine auf Aktien durch den Dividendenabschlag auf den Underlying-Kurs wertvoller werden. Letztlich besteht allerdings auch zwischen der fortlaufenden Verzinsung von festverzinslichen Papieren und Devisen sowie deren jeweiliger Kurse eine gegenseitige Abhängigkeit. So wird auf Anlagen in abwertungsverdächtige Währungen ein höherer Zins bezahlt als auf Anlagen in Währungen im Aufwertungstrend.

7.2.2 Rechenverfahren

7.2.2.1 Binomialmodell

Der Vergleich von Optionsrechten amerikanischen Typs mit jenen der europäischen Version ergab Konstellationen, in denen die Ausübung des Optionsrechts vor der Endfälligkeit des Optionsscheins vorteilhaft ist. Zur Berechnung des dadurch gerechtfertigten höheren Preises für Optionsrechte amerikanischen Typs ist es notwendig, die Auswirkungen von Dividendenzahlungen auf die jederzeit mögliche Ausübung des Optionsrechts mit einzubeziehen. Außerdem sollte gegebenenfalls der höhere innere Wert des Put-Optionsscheins eingesetzt werden, anstelle des Put-Optionsscheinwerts, der sich an den Abzweigungen des Binomialprozesses aufgrund des Duplikationsportefeuilles ergibt. Zur Lösung dieser Aufgaben bietet sich das Binomialmodell an. Sein Vorteil besteht im einfachen Aufbau und „in der starken Flexibilität bei der Nachbildung des Kassakursprozesses".[7]

Für die Bewertung von Put-Optionsscheinen amerikanischen Typs läßt sich allerdings die im Rahmen des Binomialmodells für europäische Optionsscheine hergeleitete Formel 5.6 nicht verwenden, weil hier nach jeder Bestimmung eines Put-

---

[7] Vgl. **Hauck, Wilfried (1991)**, S. 192.

Optionsscheinpreises aus den Optionsscheinpreisen der nachfolgenden Periode ein Abgleich mit dem inneren Wert des Optionsscheins erforderlich ist. „Vorzeitige Ausübung ist dann als optimale Strategie zu wählen, wenn der berechnete Put-Optionsscheinpreis kleiner als der innere Wert ist. Für die weitere Rückwärtsrechnung ist dann der innere Wert als Optionspreis anzusetzen."[8]

Fallstudie 7.3   Bewertung von Put-Optionsrechten amerikanischen Typs aufgrund von Binomialschritten

Zur Bewertung von Optionsrechten amerikanischen Typs (P_a) wird zunächst Fallstudie 5.4 fortgeführt. Dazu sind die in Abbildung 5.9 zusammengestellten Werte für Put-Optionsrechte europäischen Typs mit deren jeweiligen inneren Werten zu vergleichen.

- Der nach zwei downsteps errechnete Wert für Put-Optionsrechte europäischen Typs P_{dd} = 23,19 DM ist mit dem inneren Wert des Optionsrechts $PIW_{dd} = B - S_{dd} = 200 - 162 = 38,00$ DM zu vergleichen.

Da $PIW_{dd} > P_{dd}$, ist als Wert des Put-Optionsrechts amerikanischen Typs an dieser Stelle dessen innerer Wert $PIW_{dd} = P_{add}$ einzusetzen, denn der Inhaber eines Optionsrechts amerikanischen Typs kann dessen inneren Wert jederzeit realisieren. Dabei ist P_a = Wert des Put-Optionsrechts amerikanischen Typs.

- Auf der Grundlage von P_{ad} = 38,00 DM errechnet sich dann aufgrund von Formel 5.5 ein

$$P_{d\,neu} = \frac{p \cdot P_{aud} + (1-p)P_{add}}{(1+r)^{\frac{1}{m}}} = \frac{0,9 \cdot 2,02 + 0,1 \cdot 38}{(1,08)^{\frac{1}{1}}} = 5,20 \text{ DM}.$$

Dieser Wert ist mit dem inneren Wert des Put-Optionsrechts zu vergleichen.

Da $PIW_d = B - S_d = 200 - 180 = 20 > P_{d\,neu} = 5,20$ DM, ist als P_{ad} der innere Wert des Put-Optionsrechts in Höhe von 20,00 DM einzusetzen.

- Auf der Grundlage von P_{ad} = 20,00 DM errechnet sich dann für ein neues

$$P_{0\,neu} = \frac{p \cdot P_{au} + (1-p) \cdot P_{ad}}{(1+r)^{\frac{1}{m}}} = \frac{0,9 \cdot 0,19 + 0,1 \cdot 20}{(1,08)^{\frac{1}{1}}} = 2,01 \text{ DM}.$$

Da der innere Wert des Put-Optionsrechts an dieser Stelle PIW = 0 ist, kann hier als Wert des Put-Optionsrechts amerikanischen Typs $P_{0\,neu} = P_{0a} = 2,01$ DM eingesetzt werden.

Das Put-Optionsrecht amerikanischen Typs ist in diesem im Hinblick auf die implizite Wahrscheinlichkeit extremen Beispiel fast viermal so teuer wie das entsprechende Optionsrecht europäischen Typs.

---

[8] Vgl. **Weßels, Thomas (1992)**, S. 79 - 80.

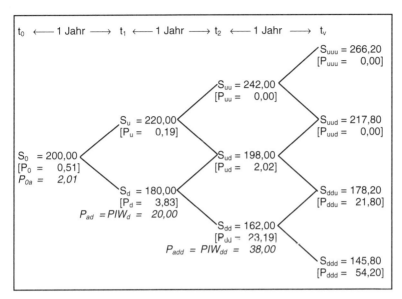

Abbildung 7.2 Berechnung des Wertes von dreijährigen Put-Optionsrechten amerikanischen Typs im Drei-Perioden-Binomialprozeß

Entsprechend sind die in Abbildung 5.20 ausgewiesenen Werte der Put-Optionsscheine europäischen Typs des Vier-Perioden-Modells der Fallstudie 5.8 zu korrigieren, wenn jederzeit ausübbare Put-Optionsrechte zu bewerten sind:

- P_{ddd} = 70,30 und PIW_{ddd} = 200 − 127,53 = 72,47, d. h. P_{ddd} < PIW_{ddd}, deshalb ist als P_{addd} dessen innerer Wert PIW_{ddd} einzusetzen.

- P_{udd} = 25,68 und PIW_{ddu} = 200 − 172,14 = 27,86, d. h. P_{ddu} < PIW_{ddu}, deshalb ist als P_{addu} dessen innerer Wert PIW_{ddu} einzusetzen.

- $P_{dd\,neu}$ = $\dfrac{0{,}4990 \cdot 27{,}86 + 0{,}5010 \cdot 72{,}47}{1{,}011}$ = 49,66, da $P_{dd\,neu}$ < PIW_{dd} = 51,84, ist als P_{add} dessen innerer Wert PIW_{dd} einzusetzen.

- $P_{ud\,neu}$ = $\dfrac{0{,}4990 \cdot 0{,}00 + 0{,}5010 \cdot 27{,}86}{1{,}011}$ = 13,81, da $P_{ud\,neu}$ > PIW_{ud}, ist als P_{aud} = 13,81 DM einzusetzen.

- $P_{d\,neu}$ = $\dfrac{0{,}4990 \cdot 13{,}81 + 0{,}5010 \cdot 51{,}84}{1{,}011}$ = 32,51, da $P_{d\,neu}$ > PIW_d, ist als P_{ad} = 32,51 DM einzusetzen.

- $P_{u\,neu}$ = $\dfrac{0{,}4990 \cdot 0{,}00 + 0{,}5010 \cdot 13{,}81}{1{,}011}$ = 6,84, da $P_{u\,neu}$ > PIW_d, ist als P_{au} = 6,84 DM einzusetzen.

- $P_{u\,neu}$ = $\dfrac{0{,}4990 \cdot 6{,}84 + 0{,}5010 \cdot 32{,}51}{1{,}011}$ = 19,49, da $P_{0\,neu}$ > PIW_0, ist als P_{0a} = 19,49 DM einzusetzen.

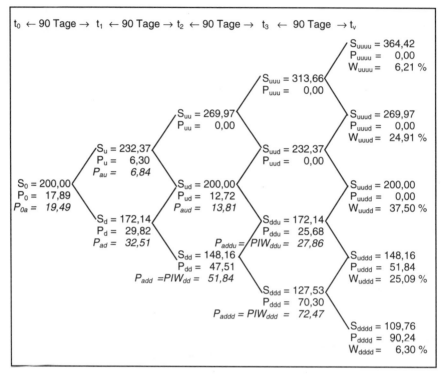

Abbildung 7.3 Berechnung des Wertes von einjährigen Put-Optionsrechten amerikanischen Typs im Vier-Perioden-Binomialprozeß

Nachteil dieses Verfahrens zur Bewertung jederzeit ausübbarer Optionsrechte ist der damit verbundene Rechenaufwand. An jedem Knoten des Binomial-Baumes ist iterativ, d. h. sich schrittweise durch mathematische Operationen der exakten Lösung nähernd, zu prüfen, ob an dieser Stelle eine vorzeitige Ausübung lohnend ist.[9]

7.2.2.2 Black-Scholes-Formel mit Zusatzterm

Praktikabler, weil weniger rechenaufwendig, ist das auf die Arbeiten von MacMillan, Stoll und Whaley zurückgehende Modell zur Bewertung von Optionsrechten amerikanischen Typs. Zunächst ergänzte MacMillan die Black-Scholes-Formel um einen Zusatzterm speziell zur Bewertung des Rechts der vorzeitigen Ausübung von Put-

---

[9] Vgl. **Welcker, Johannes / Nerge, Carsten (1989)**, S. 43, sowie: **Gais, Martina (1990)**, S. 56 - 59.

Optionsscheinen auf dividendenlose Aktien.[10] Der heute vielfach verwendete Zusatzterm zur Berechnung der fairen Ausübungsprämie von Call- und Put-Optionsscheinen amerikanischen Typs auf Aktien mit Dividendenzahlungen[11] stammt von Stoll und Whaley, die den Ansatz von MacMillan entsprechend erweiterten.[12]

In dem von Stoll und Whaley entwickelten Konzept, in das die Dividendenzahlungen als stetiger Dividendensatz eingehen, wird zunächst in einem iterativen Prozeß der Kurs ermittelt, den das Basisobjekt erreichen muß, damit sich die vorzeitige Ausübung des Optionsscheins lohnt. Aufgrund dieses „kritischen" Kurses wird der Zusatzterm, der das Privileg der amerikanischen gegenüber der europäischen Option quantifiziert, berechnet.

Das Ergebnis wird zum Black-Scholes-Wert der europäischen Option addiert, sofern der Kurs des Basisobjekts bei Calls noch unter bzw. bei Puts noch über dem kritischen Ausübungskurs notiert. Übersteigt der Kurs bei Calls bzw. unterschreitet er bei Puts den kritischen Ausübungskurs, so ist der Optionswert gleich seinem inneren Wert.[13]

7.2.2.3 Pseudo-amerikanische Bewertung

Auch dieser mit der Erweiterung des Black-Scholes-Modells verbundene zusätzliche Aufwand steht meist in keiner vernünftigen Relation zu den sich daraus ergebenden relativ geringen Wertunterschieden.

Deshalb behilft sich die Praxis bei *Call-Optionsscheinen auf Aktien* meist mit einer als „pseudo-amerikanische Optionsscheinbewertung" bezeichneten pragmatischen Lösung.[14] Mit diesem Verfahren werden vor jedem Dividendentermin für jedes Call-Optionsrecht zwei Werte ermittelt und miteinander verglichen. Der erste Wert ist der Betrag, den der Optionsscheininhaber erhält, wenn er sein Optionsrecht am letztmöglichen Zeitpunkt vor dem jeweiligen Dividendentermin ausübt, der zweite repräsentiert den Black-Scholes-Wert, der von der tatsächlichen Fälligkeit des Optionsscheins ausgeht und den aktuellen Aktienkurs um den Barwert aller während der Restlaufzeit des Optionsscheins anfallenden Dividenden bereinigt. Der höchste der beiden Werte wird als „pseudo-amerikanischer Call-Optionsscheinwert" bezeichnet. Seine Realisierung verspricht den größten Anlageerfolg.

---

[10] Vgl. **MacMillan, Lionel W. (1986)**, S. 119 - 124.

[11] Vgl. beispielsweise Derivate, Juni 1995, S. 55.

[12] Vgl. **Stoll, Hans R. / Whaley, Robert E. (1986)**, S. 25 - 62, sowie: **Whaley, Robert E. (1980)**, S. 207 - 211; **Whaley, Robert E. (1981)**, S. 29 - 58.

[13] Vgl. **Welcker, Johannes u. a. (1991)**, S. 5, sowie: **Mollenkopf, Holger (1993)**, S. 28.

[14] Vgl. **Uszczapowski, Igor (1993)**, S. 135.

Die Ausübung von *Put-Optionsscheinen* kann demgegenüber jederzeit vorteilhaft sein. Konsequenterweise müßten beim pseudo-amerikanischen Verfahren zu jedem Zeitpunkt der Laufzeit des Optionsscheins zwei Optionsscheinwerte, mithin also eine sehr große Anzahl von Put-Optionsscheinwerten berechnet und miteinander verglichen werden. Unter diesen Voraussetzungen können gleich die aufwendigen Modelle angewandt werden.[15]

7.2.3 Relativierung des Problems

Die Abbildungen 7.2 und 7.3 zeigen, daß die für die Put-Optionsrechte europäischen Typs einerseits und für die jederzeit ausübbaren Put-Optionsrechte andererseits errechneten Werte nur bei tief im Geld stehenden Put-Optionen stark voneinander abweichen. Aus diesem Grund verkörpert die jederzeitige Ausübbarkeit nur bei tief im Geld stehenden Put-Optionsscheinen einen zu beachtenden Wert. In den anderen Fällen beschränkt sich die Ausübungsprämie auf relativ geringfügige Geldbeträge, die sich wiederum nur unter ganz bestimmten Konstellationen realisieren lassen, dabei aber einen großen verwaltungstechnischen Aufwand erfordern. Um welche Beträge es sich konkret bei der Ausübungsprämie handelt, soll an den Optionsscheinen der Fallstudie 7.4 gezeigt werden.

Fallstudie 7.4   Der Wert jederzeit ausübbarer Optionsrechte im Vergleich zum Wert europäischer Optionsrechte

Experimentiert wird mit den Optionsscheinen, die bereits der Untersuchung der Dividendenproblematik in Fallstudie 7.2 (d) zugrundelagen. Das sind die Optionsscheine der Fallstudie 6.1 und 6.2, modifiziert um eine Dividendenzahlung in Höhe von 6,00 DM, die 0,25 Jahre nach dem Bewertungstermin ausbezahlt wird.

In den letzten vier Spalten der Tabelle 7.2 werden die (mit stetiger Dividendenrendite berechneten) MacMillan/Stoll/Whaley-Werte für Optionsrechte amerikanischen Typs mit den Black-Scholes-Werten für Optionsrechte europäischen Typs verglichen. Die Black-Scholes-Werte wurden aufgrund des theoretisch fundierten (Welcker-)Ansatzes zur Berücksichtigung der Dividendenrendite korrigiert. Die Unterschiede zwischen den Werten für europäische und amerikanische Optionen sind kaum erwähnenswert.

Die mit Hilfe des diskreten Dividendenabschlags ermittelten Black-Scholes-Werte europäischen Typs (Abschnitt 7.1.2.1) werden in den vorderen Spalten der Tabelle 7.2 mit den MacMillan/Stoll/Whaley-Werten verglichen, die insofern modifiziert werden, als bei der Berechnung des zunächst notwendigen Optionswerts die abgezinste Dividende vom Basisobjektkurs abgezogen wird. Dadurch wird die diskret anfallende Dividende immer in voller Höhe berücksichtigt. Erst bei der Berechnung der Ausübungsprämie mit Hilfe des Zusatzterms wird die Dividende in einen stetigen Dividendensatz umgerechnet. Diese Werte für Optionsrechte europäischen und amerikanischen Typs zeigen größere Unterschiede als die mit stetiger Dividendenrendite errechneten Werte, in keinem Fall gehen sie aber über 5 % des Optionsscheinwerts hinaus. Damit sind die für die Ausübungs-

---

[15] Vgl. **Weßels, Thomas (1992)**, S. 36 -37, S. 79 - 81.

prämie errechneten Beträge allein schon im Hinblick auf die aus dem Volatilitätsansatz resultierende Unschärfe des Black-Scholes-Wertes vernachlässigbar.

Der Vergleich der zwei letzten Zeilen von Tabelle 7.2 zeigt, daß der Dividendentermin keinen Einfluß auf die mit der stetigen Dividendenrendite errechneten Optionsscheinwerte hat. Anders ist das bei den Ergebnissen, die mit dem abgezinsten Dividendenabschlag als Parameter ermittelt wurden.

Laufzeit in Jahren	Black-Scholes-Wert mit diskretem Dividendenabschlag europäischer Typ		MacMillan / Stoll / Whaley-Wert modifiziert [1] amerikanischer Typ		Black-Scholes-Wert mit stetiger Dividendenrendite europäischer Typ		MacMillan / Stoll / Whaley-Wert [2] amerikanischer Typ	
	$C_{0\,DA}$	$P_{0\,DA}$	C_0	P_0	$C_{0\,DsW}$	$P_{0\,DsW}$	C_0	P_0
0,25	9,93	13,69	10,37	13,69	12,21	11,49	12,21	11,52
0,50	15,67	17,28	15,90	17,31	17,32	15,88	17,33	15,96
0,75	20,29	19,77	20,42	19,98	21,20	19,06	21,24	19,20
1,00	24,32	21,69	24,40	22,15	24,43	21,61	24,51	21,83
Zum Vergleich: Die Dividende fällt am Ende des Jahres an:								
1,00	24,43	21,61	24,50	22,07	24,43	21,61	24,51	21,83

Anmerkung: [1] Statt der stetigen Dividendenrendite wurde mit der abgezinsten Dividende gerechnet.

[2] Die Berechnung erfolgte entsprechend des MacMillan/Stoll/Whaley-Ansatzes mit stetiger Dividendenrendite.

Tabelle 7.2 Optionswerte aufgrund des Black-Scholes- und des MacMillan/Stoll/Whaley-Modells im Vergleich[16]

Unter diesen Voraussetzungen sollte sich zumindest der Privatanleger überlegen, ob er den Vorteil der amerikanischen Option nutzen kann und sich deshalb der Mehrpreis für ihn lohnt.[17] Dieser Rat erscheint allerdings hypothetisch, weil Optionsscheine europäischen Typs nur selten vorkommen. Im übrigen spricht für Optionsscheine amerikanischen Typs die Beobachtung, daß ihr Preis dem Underlyingpreis enger folgt als gleich ausgestattete Optionsscheine europäischen Typs.[18] Das kann auch nicht anders sein, weil der Preis jederzeit ausübbarer Optionsscheine nicht unter den inneren Wert des Optionsscheins fallen kann.

---

[16] Vgl. **Schramm, Steffen (1995)**, S. 32.
[17] Vgl. **Heidorn, Thomas (1994)**, S. 114.
[18] Vgl. **Commerzbank AG (1992)**, S. 1.

7.3 Devisenoptionsrechte

Anders als Aktien werden Devisen fortlaufend und proportional zum angelegten Betrag verzinst. Damit bietet es sich an, den Vorschlag, die Black-Scholes-Formel durch Berücksichtigung einer stetigen Dividendenrendite zu modifizieren, für die Bewertung von Devisenoptionsrechten zu nutzen, und die Verzinsung der ausländischen Währung als Dividendenrendite zu interpretieren.[19] Die laufende Verzinsung des Underlying muß beim Devisenoptionsrecht nicht wie beim Aktienoptionsrecht berechnet werden, sondern kann direkt am Marktzins für Anlagen in der dem Optionsschein zugrundeliegenden Währung abgelesen werden. Als Anlagedauer wird die Laufzeit des Optionsrechts gewählt.

Call: $C_{0a} = \dfrac{S_0}{e^{r_{as} \cdot t}} \cdot N(d_1) - \dfrac{B}{e^{r_s \cdot t}} \cdot N(d_2)$ Put: $P_{0a} = -\dfrac{S_0}{e^{r_{as} \cdot t}} \cdot N(d_1) + \dfrac{B}{e^{r_s \cdot t}} \cdot N(d_2)$

wobei: $d_1 = \dfrac{\ln \dfrac{S_0}{B} + (r_s - r_{as} + \dfrac{\sigma^2}{2}) \cdot t}{\sigma \sqrt{t}}$ $d_1 = \dfrac{\ln \dfrac{B}{S_0} - (r_s - r_{as} + \dfrac{\sigma^2}{2}) \cdot t}{\sigma \sqrt{t}}$

$d_2 = d_1 - \sigma \sqrt{t}$ $d_2 = d_1 + \sigma \sqrt{t}$

B = Bezugspreis des Optionsrechts

t = Restlaufzeit des Optionsscheins in Jahren

r_s = stetiger Zinssatz für risikolose Kapitalanlagen in inländischer Währung

r_{as} = stetiger Zinssatz für risikolose Kapitalanlagen in ausländischer Währung

σ = Volatilität des Devisenkurses

$S_{0\,a}$ = aktueller Devisenkurs (= inländische Geldeinheiten pro ausländischer Geldeinheit).

Formel 7.5   Bewertung von Devisenoptionsrechten

Fallstudie 7.5   Bewertung eines US-$/DM-Call-Währungsoptionsscheins

Emittent: Dresdner Bank - WKN 807 822 -[20]
Bewertungszeitpunkt: t_0 = 23.1.1995
Ausübungspreis: B = 1,500
Fälligkeit des Optionsscheins: t_v = 23.12.1996
Restlaufzeit des Optionsscheins: $t_v - t_0 = t$ = 690 Tage : 360 Tage = 1,9167 Jahre
Optionsverhältnis: OV = 100,00
Zinssatz für risikolose Kapitalanlagen: r = 5,75 % r_s = ln (1+ 0,0575) = 0,0559
Zinssatz für risikolose 1 ½ bis 2jährige
Kapitalanlagen in USA: r_a = 7,50 % r_{as} = ln (1+ 0,075) = 0,0723
(Historische) Volatilität: σ = 11,80 %
Kurs des Basisobjekts in t_0: $S_{0\,a}$ = 1,514

---

[19] Vgl. **Garman, M. B. / Kohlhagen, S. W** (1983), S. 233.

[20] Vgl. *Optionsschein-Magazin*, Februar 1995, S. 97.

$$S_{0a} = \frac{S_0}{e^{r_{as} \cdot t}} = \frac{1{,}514}{e^{0{,}0723 \cdot 1{,}9167}} = 1{,}318033$$

$$\frac{B}{e^{r_s \cdot t}} = \frac{1{,}5}{e^{0{,}0559 \cdot 1{,}9167}} = 1{,}347578$$

$$d_1 = \frac{\ln \frac{1{,}5140}{1{,}5} + \left(0{,}0559 - 0{,}0723 + \frac{0{,}118^2}{2}\right) \cdot 1{,}9167}{0{,}118 \cdot \sqrt{1{,}9167}} = -0{,}054017$$

$N(d_1) = 1 - N(-d_1) = 1 - 0{,}521539 = 0{,}478461$

$d_2 = d_1 - \sigma \sqrt{t} = -0{,}054017 - 0{,}118 \sqrt{1{,}9167} = -0{,}217381$

$N(d_2) = 1 - N(-d_2) = 1 - 0{,}586044 = 0{,}413956$

1. Term: $1{,}318033 \cdot 0{,}478461 \quad = \quad 0{,}630627$

2. Term: $-1{,}347578 \cdot 0{,}413956 \quad = \underline{-0{,}557838}$

$C_{0\,hom} \quad\quad\quad\quad\quad\quad\quad\quad = \underline{0{,}072789}$

Um den so errechneten theoretischen Wert für den Bezug eines Dollars mit dem Marktpreis eines Optionsscheins vergleichen zu können, muß der theoretische Wert mit dem Optionsverhältnis 100 : 1 = 100,00 gewichtet werden. Dann ergibt sich für den Optionsschein ein theoretischer Wert von 7,28 DM.

7.4 Indexoptionsrechte

Bei der Bewertung von Indexoptionsscheinen ist zu unterscheiden, ob das Basisinstrument ein Performance-Index ist, bei dem Dividendenzahlungen und Bezugsrechtserlöse zum Kurs hinzugerechnet werden oder ob es sich um einen Aktienindex ohne Dividendenkorrektur handelt.

Der FAZ-Aktienindex ist das bekannteste Beispiel für einen Index ohne Dividendenkorrektur. Ein Optionsschein auf diesen Index, sofern es ihn geben würde, ist zu bewerten wie ein nicht dividendengeschützter Optionsschein auf eine Aktie mit Dividendenzahlungen.

Die meisten Indexoptionsscheine beziehen sich auf den Performance-Index DAX®. Durch die Hinzurechnung der Dividenden bezieht sich der DAX®-Optionsschein auf einen Underlyingpreis, der sämtliche Dividenden beinhaltet. Deshalb kann die Bewertung von DAX®-Optionsscheinen über die ursprünglichen Black-Scholes-Formeln 6.1 und 6.2 erfolgen.

Fallstudie 7.6 Bewertung eines DAX®-Put-Optionsscheins

Emittent:	Bankers Trust - WKN 801 241 -[21]
Bewertungszeitpunkt:	t_0 = 10.2.1995
Ausübungspreis:	B = 2100,00
Fälligkeit:	t_v = 14.3.1996
Restlaufzeit:	t = 394 Tage : 360 Tage = 1,0944 Jahre
Zinssatz für risikolose Kapitalanlagen:	r = 5,6 %
	r_s = ln (1 + 0,056) = 0,0545
(Historische) Volatilität:	σ = 16,3 %
Optionsverhältnis:	OV = 0,10
Kurs des Basisobjekts in t_0:	S_0 = DAX®-Stand : 2130,2

$$P_0 = - S_0 N(d_1) + \frac{B}{e^{r_s \cdot t}} N(d_2)$$

wobei: $d_1 = \dfrac{\ln \frac{B}{S_0} - \left(r_s + \frac{\sigma^2}{2}\right) \cdot t}{\sigma \sqrt{t}} = \dfrac{\ln \frac{2100}{2130,2} - (0,0545+0,0133) \cdot 1,0944}{0,1705} = -0,518708$

$N(d_1) = 1 - N(-d_1) = 1 - 0,698018 = 0,301982$

$d_2 = d_1 + \sigma \sqrt{t} = -0,518708 + 0,1705 = -0,348185$

$N(d_2) = 1 - N(-d_2) = 1 - 0,636149 = 0,363851$

1. Term: $- S_0 \cdot N(d_1) = 2130,200000 \cdot 0,301982 = -643,282358$

2. Term: $\dfrac{B}{e^{r_s \cdot t}} \cdot N(d_2) = 1978,428916 \cdot 0,363851 = \underline{719,853088}$

$P_{0\,hom}$ = <u>76,570730</u>

Der so errechnete theoretische Wert für den Betrag, um den der DAX® am Ausübungstag den Basispreis unterschreitet, muß mit dem Optionsverhältnis 0,10 gewichtet werden. Dann ergibt sich für den Optionsschein ein theoretischer Wert von 7,66 DM.

7.5 Zinsoptionsrechte

7.5.1 Optionsrechte auf Straight-Bonds

Auch Gläubigerpapiere mit regelmäßigen, gleichbleibenden Zinszahlungen in bestimmten Zeitabständen werden kontinuierlich verzinst, weil beim Eigentümerwechsel Stückzinsen verrechnet werden.[22] So liegt es nahe, wie schon zur Bewertung von Devisenoptionsscheinen auch, bei der Zinsoptionsscheinbewertung die Garman-Kohlhagen-Formel anzuwenden.

---

[21] Vgl. *Optionsschein Report*, März 1995, S. 54.

[22] Nur bei flat notierten Gläubigerpapieren erfolgt am Tag der Zinszahlung wie bei Aktien ein Kursabschlag.

In der Terminologie von Black-Scholes lautet sie:

$$C_{OA} = \frac{S_0}{e^{r_{As} \cdot t}} \cdot N(d_1) - \frac{B}{e^{r_s \cdot t}} \cdot N(d_2) \qquad \text{Put:} \quad P_{OA} = -\frac{S_0}{e^{r_{As} \cdot t}} \cdot N(d_1) + \frac{B}{e^{r_s \cdot t}} \cdot N(d_2)$$

wobei:
$$d_1 = \frac{\ln\frac{S_0}{B} + (r_s - r_{As} + \frac{\sigma^2}{2}) \cdot t}{\sigma\sqrt{t}} \qquad\qquad d_1 = \frac{\ln\frac{B}{S_0} - (r_s - r_{As} + \frac{\sigma^2}{2}) \cdot t}{\sigma\sqrt{t}}$$

$$d_2 = \frac{\ln\frac{S_0}{B} + (r_s - r_{As} - \frac{\sigma^2}{2}) \cdot t}{\sigma\sqrt{t}}$$

oder $\quad d_2 = d_1 - \sigma\sqrt{t} \qquad\qquad\qquad d_2 = d_1 + \sigma\sqrt{t}$

wobei: r_{As} = annualisierte Stückzinsen bezogen auf den Kapitaleinsatz bei Optionsscheinfälligkeit

Die weiteren Symbole sind in Formel 7.4 nachzuschlagen.

Formel 7.6   Bewertung von Optionsrechten auf Straight-Bonds

Statt des Zinssatzes für Anlagen in ausländischer Währung sind bei der Bewertung von Zinsoptionsscheinen die (modifizierten) Stückzinsen in die Black-Scholes-Formel einzusetzen, weil sie nur dem Direktanleger zufließen, während der Inhaber eines Optionsscheins auf dasselbe Gläubigerpapier von den ausbezahlten Stückzinsen in keiner Weise profitiert.

Die Zinsen für ausländische Anlagen beziehen sich stets auf einen jährlichen Kapitaleinsatz von 100 Währungseinheiten. Demgegenüber werden die Stückzinsen in Höhe der jährlichen Nominalverzinsung auf einen jährlichen Kapitaleinsatz erzielt, der je nach Kurs des Basisobjekts mehr, weniger oder gleich 100,00 DM sein kann. Aus diesem Grund müssen die aus der Nominalverzinsung ablesbaren Stückzinsen auf den jeweiligen Kapitaleinsatz bezogen werden.

Fallstudie 7.7   Bewertung eines Zinsoptionsscheins

Call-Optionsschein der Citibank   - WKN 807 000 -[23]
Bewertungszeitpunkt: t_0 = 8.2.1995
Ausübungspreis: B = 100,00 %
Fälligkeit: t_v = 17.8.1995
Restlaufzeit: t = 189 Tage : 360 Tage = 0,525 Jahre
Optionsverhältnis: OV = 1,00
Zinssatz für risikolose Kapitalanlagen: r = 0,0522 p.a.
   r_s = ln(1+ 0,0522) = 0,050883 p.a.

Basisobjekt: 8 % Bundesanleihe von 1992, fällig 1.10.2002 zu 100 %
Restlaufzeit (8.2.1995 bis 1.10.2002): t_A = 2753 Tage : 360 Tage = 7,6472 Jahre
(Historische) Volatilität: σ = 0,058 p.a.
Basisobjektkurs in t_0: S_0 = 103,30 %

---

[23] Vgl. *Optionsschein Report*, März 1995, S. 66.

269

Effektivverzinsung in t_0 bis Laufzeitende, berechnet nach der AIBD-Methode anhand eines Bond-Rechners: $r_{eff} = 0{,}0740792$ p.a.

Berechnung von r_{As}

Die Berechnung der dem Direktanleger, aber nicht dem Optionsscheininhaber zufließenden Verzinsung erfolgt auf der Grundlage des Basisobjektpreises S_v, der sich bei Endfälligkeit des Optionsscheins ergibt, wenn sich bis dahin die Effektivverzinsung des Straight-Bonds nicht ändern würde.

Dazu müssen folgende Parameter in die Formel 4.1 zur Berechnung des Barwertes eines festverzinslichen Wertpapiers eingegeben werden:

- Nominalzins der Anleihe: $\quad$ Kup $= 0{,}08$ p.a.
- Restlaufzeit der Anleihe (17.8.1995 bis 1.10.2002): $t_F = 2564$ Tage : 360 Tage $= 7{,}1222$ Jahre
- Effektivverzinsung der Anleihe bei Fälligkeit des Optionsscheins: $\quad r_{eff} = 0{,}074079$ p.a.
- Rückzahlungsbetrag der Anleihe: $\quad$ RZ $= 100\,\%$

$$S_T = Kup \cdot 100 \frac{(1+r)^t - 1}{(1+r)^t \cdot r} + \frac{RZ}{(1+r)^t} = 0{,}08 \cdot 100 \cdot \frac{1{,}0741^{7{,}1222} - 1}{1{,}0741^{7{,}1222} \cdot 0{,}0741} + \frac{100}{(1{,}0741)^{7{,}1222}} = 103{,}188155$$

Die jährlich dem Basisobjektinhaber zufließenden Zinsen von $r_{nom} \cdot 100$ sind auf den Kapitaleinsatz S_T bei Fälligkeit des Optionsscheins zu beziehen:

$$r_A = \frac{8}{103{,}188} = 0{,}077528$$

$$r_{As} = \ln(1 + 0{,}077528) = 0{,}074670$$

Berechnung des Black-Scholes-Wertes:

$$\frac{S_0}{e^{r_{As} \cdot t}} = \frac{103{,}30}{e^{0{,}0747 \cdot 0{,}5250}} = \frac{103{,}30}{1{,}0400} = 99{,}328818$$

$$\frac{B}{e^{r_s \cdot t}} = \frac{100}{e^{0{,}0509 \cdot 0{,}5250}} = 97{,}363997$$

$$d_1 = \frac{\ln\frac{103{,}30}{100} + \left(0{,}0509 - 0{,}0747 + \frac{0{,}058^2}{2}\right) \cdot 0{,}5250}{0{,}058\sqrt{0{,}5250}} = 0{,}496426$$

$N(d_1) \quad = 0{,}690203$

$d_2 = d_1 - \sigma\sqrt{t} = 0{,}496426 - 0{,}042025 = 0{,}454401$

$N(d_2) \quad = 0{,}675230$

1. Term: $\frac{S_0}{e^{r_{As} \cdot t}} \cdot N(d_1) = 99{,}328818 \cdot 0{,}690203 \quad = 68{,}557044$

2. Term: $-\frac{B}{e^{r_s \cdot t}} \cdot N(d_2) = -97{,}363997 \cdot 0{,}675230 = \underline{-65{,}743069}$

$C_{0A} \hspace{6cm} = \underline{2{,}813975}$

7.5.2 Optionsrechte auf Nullkupon-Anleihen

Beim Optionsschein auf Nullkupon-Anleihen fließen dem Direktanleger keine Erträge zu, die nicht auch kursbeeinflussend sind. Aus diesem Grund kann zur Bewertung derartiger Optionsscheine auf die ursprüngliche Black-Scholes-Formel 6.1 zurückgegriffen werden. Es ergibt sich kein Unterschied zur Bewertung von Optionsscheinen auf dividendenlose Aktien.

Fallstudie 7.8 Berechnung des Black-Scholes-Wertes eines Optionsscheins auf Zero-Bonds (Nullkuponanleihen)[24]

Zero-Bond:
Call-Optionsschein der Dresdner Bank - WKN 883 185 -
Bewertungszeitpunkt: t_0 = 23.1.1995
Ausübungspreis: B = 46,50 %
Fälligkeit: t_v = 30.1.1997
Restlaufzeit: t = 2,0194 Jahre
Optionsverhältnis: OV = 1,00
Zinssatz auf risikolose
zweijährige Kapitalanlagen: r = 5,25 % p.a. r_s = ln (1 + 0,0525) = 0,051168

Basisobjekt:
Zero-Bond der Dresdner Bank von 1992, fällig 30.1.2002 zu 100 %
Restlaufzeit: t = 7,0194 Jahre
Effektivverzinsung in t_0: r_{eff} = 7,728584 %
Volatilität: σ = 0,06 p.a.
Kurs am Bewertungstag: S_0 = 59,30 %

$$C_{OZ} = S_0 \cdot N(d_1) - \frac{B}{e^{r_s \cdot t}} \cdot N(d_2)$$

$$\frac{B}{e^{r_s \cdot t}} = \frac{46,50}{e^{0,0512 \cdot 2,0194}} = 41,935000$$

$$d_1 = \frac{\ln \frac{59,30}{46,50} + \left(0,0512 + \frac{0,06^2}{2}\right) \cdot 2,0194}{0,06\sqrt{2,0194}} = 4,106332$$

$N(d_1) = 0,999980$

$d_2 = d_1 - \sigma\sqrt{t} = 4,106332 - 0,06\sqrt{2,0194} = 4,021068$

$N(d_2) = 0,999971$

1. Term: $S_0 \cdot N(d_1)$ = 59,30 · 0,999980 = 59,298807

2. Term: $-\frac{B}{e^{r_s \cdot t}} \cdot N(d_2)$ = − 41,935000 · 0,999971 = − 41,933785

C_{OZ} = 17,365023

---

[24] Vgl. *Optionsschein-Magazin*, Februar 1995, S. 108.

7.5.3 Kritische Würdigung

So unproblematisch wie zur Bewertung von Aktienoptionsscheinen und vor allem von Devisenoptionsscheinen kann die von Garman-Kohlhagen modifizierte Black-Scholes-Formel bei Optionsscheinen auf den Kurs von Gläubigerpapieren nicht angewandt werden.

Dafür gibt es mehrere Gründe:

- Die **Zinsen** verhalten sich ***nicht proportional zum Kurs*** der Gläubigerpapiere. Dieser Einwand ist bereits von der Aktienoptionsscheinbewertung nach der Methode der stetigen Dividendenrendite her bekannt.

- Von den extrem selten vorkommenden „ewigen Renten" abgesehen, sind die Anleihen mit einem im voraus bekannten Rückzahlungsbetrag am im voraus bekannten Fälligkeitstermin ausgestattet. Aus diesem Grund erzwingt die ablaufende Zeit bis zum Rückzahlungstermin ***eine Bewegung des Anleihekurses zum Rückzahlungskurs hin***. Für unter pari notierende Papiere bewirkt dies einen tendenziellen Kurssteigerungseffekt, der umgekehrte Effekt stellt sich bei über pari notierenden Anleihen ein. Nur im Falle des Ausfallrisikos wird die Anleihe bei Fälligkeit unter dem Rückzahlungsbetrag notieren.

Der Kurs einer Anleihe ist demnach durch die Summe der Barwerte von Rückzahlungsbetrag plus aller Zinszahlungen begrenzt, er kann nicht gegen unendlich gehen, was bei den Basisobjektpreisen im Black-Scholes-Modell durch die logarithmisch normalverteilten Kursänderungsfaktoren unterstellt wird.[25]

---

[25] Vgl. **Welcker, Johannes u. a. (1992)**, S. 195 -196.

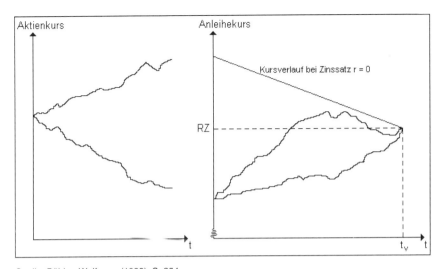

Quelle: Bühler, Wolfgang (1988), S. 854.

Anmerkung: RZ = Rückzahlungskurs
t_v = Fälligkeitstag

Abbildung 7.4 Verläufe von Aktienkursen im Vergleich zu Anleihekursen

- Mit abnehmender Restlaufzeit *nimmt die Volatilität des Basiswertes ab*, was einen Rückgang des Call- und Put-Optionsscheinwerts impliziert. Black-Scholes unterstellen in ihrem Modell demgegenüber eine während der Optionsscheinlaufzeit konstante Volatilität.[26]
- Mit abnehmender Restlaufzeit steigt bei festverzinslichen Papieren *die Abhängigkeit zukünftiger Kursveränderungen von vergangenen Kursen*. Die Unabhängigkeit künftiger Kursveränderungen von vorhergehenden ist aber eine wichtige Prämisse des Black-Scholes-Modells.
- Black-Scholes unterstellen *die Unabhängigkeit des Basisobjektkurses vom Zinssatz für risikolose Kapitalanlagen*. Diese Prämisse wird von Gläubigerpapieren nicht erfüllt, und zwar auch dann nicht, wenn der Basisobjektkurs den Zinssatz für langfristige Anlagen widerspiegelt, während als risikoloser Zinssatz im Hinblick auf die Laufzeit des Optionsscheins der Zinssatz für kurzfristige Anlagen in die Black-Scholes-Formel eingesetzt wird.[27]

---

[26] Vgl. **Bühler, Wolfgang (1988)**, S. 854.
[27] Vgl. **Bühler, Wolfgang (1991)**, S. 2 - 3.

Fallstudie 7.9   Berechnung der Forward-Rates

Die Zinssätze für Anlagen verschiedener Laufzeiten sind über die Forwards miteinander verbunden. So ist ein Zinssatz in Höhe von 7 % p.a. für Einjahresgeld mit einem Zinssatz von 3 % p.a. für zweijährige Anlagen nicht vereinbar. Bei einer derartigen Konstellation würden alle Akteure ihre freiwerdenden Gelder nur ein Jahr anlegen und sich danach mit dem Zinsertrag für ein Jahr besser stellen als mit dem einer zweijährigen Anlage. Die Konsequenz wären risikolose Arbitragegewinne, die den Zinssatz für einjährige Anlagen drückten und den Zinssatz für zweijährige Anlagen nach oben trieben.

Gleichgewicht herrscht dagegen bei der in Abbildung 7.5 dargestellten Zinsstruktur.

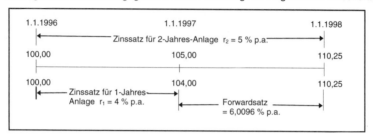

Anmerkung: Forwardsatz $= \frac{110{,}25}{104{,}00} = 6{,}0096$ % p.a.

Abbildung 7.5   Berechnung des Forward-Satzes

Die Verstöße der Zinsoptionsscheinbewertung gegen die Prämissen des Black-Scholes-Modells führen zu um so größeren Fehlbewertungen, je näher der Rückzahlungstermin des Gläubigerpapiers ist und je mehr sich die Restlaufzeit des Optionsscheins mit der Restlaufzeit des Gläubigerpapiers deckt. Das wird besonders deutlich bei einem Optionsschein europäischen Typs, dessen Ausübungstag mit dem Fälligkeitstermin des Gläubigerpapiers zusammenfällt und dessen Basispreis gleich dem Rückzahlungskurs ist: Er hat einen Wert von Null, während ein Aktienoptionsschein unter sonst gleichen Voraussetzungen stets einen positiven Wert hätte. Die Black-Scholes-Formel ist bereits mit großer Vorsicht zu verwenden, wenn die Laufzeit des Optionsscheins länger ist als 10 % der Restlaufzeit des zugrundeliegenden Gläubigerpapiers.[28]

---

[28] Vgl. **Bühler, Wolfgang (1988)**, insbes. S. 855, **Welcker, Johannes u. a. (1992)**, S. 195 - 196. Ein Überblick über die gegenwärtig existierenden Modelle zur Bewertung von Zinsoptionsscheinen ist zu finden bei **Reißner, Peter (1991)**, S. 61 - 63.

8 Auswertung der Ergebnisse

8.1 Fair Value Deviation

8.11 Maßstab für die Preiswürdigkeit einzelner Optionsscheine?

Das Ergebnis der originären Black-Scholes-Bewertung ist eine einzige Ziffer, in der sich sowohl die Liquiditätsfunktion des Optionsrechts als auch dessen Absicherungseffekt niederschlagen. Das ist ein großer Vorzug gegenüber der traditionellen Optionsscheinbewertung, die mehrere eindimensionale Kennziffern[1] liefert, die zu verarbeiten und gegeneinander abzuwägen sind, um daraus Anlageentscheidungen ableiten zu können. Da in das Black-Scholes-Modell auch die Moneyness des Optionsrechts eingeht, können über den Fair Value insbesondere out-of-the-money-Optionen zielsicherer bewertet werden als über Hebel- und Aufgeldkennziffern.

Mit ihrem Ansatz ist es Black-Scholes gelungen, den Wert eines Optionsrechts zu errechnen, ohne auf die Erwartungen der Anleger hinsichtlich eines steigenden oder fallenden Trends des Basisobjektkurses zurückgreifen zu müssen. Infolgedessen müßte ein Optionsrecht als unterbewertet und damit als kaufenswert eingestuft werden, wenn es unter seinem Fairen Wert notiert. Ein Optionsrecht müßte dagegen als überbewertet gelten und deshalb zum Verkauf gestellt werden, wenn es am Markt mehr bringt als nur seinen Fairen Wert.

Durch die daraus resultierenden Transaktionen müßte sich der Preis des Optionsrechts immer in Richtung Fairer Wert bewegen, wenngleich in der Wirklichkeit auf Verkaufsempfehlungen nur Inhaber der übertreuerten Optionsrechte reagieren können. Damit wird deutlich, daß der Fair Value primär jenen Marktteilnehmern als Wegweiser bei der Selektion von Optionsrechten dient, die kein Investitionsobjekt suchen, sondern *Arbitragegewinne* erzielen wollen.

Die Abweichung des Optionspreises von seinem Fairen Wert wird üblicherweise als Prozentsatz angegeben:

Bewertungsniveau = *Fair Value Deviation* = $\left[\frac{\text{Marktpreis}}{\text{Fair Value}} - 1\right] \cdot 100$

---

[1] Vgl. **Veit, Heiko (1996)**, S. 59.

Eine positive Abweichung gibt an, um wieviel Prozent das Optionsrecht gemessen am Fair Value zu teuer ist. Eine negative Abweichung drückt dagegen die Unterbewertung und damit die Attraktivität des Optionsrechts aus.[2] Die Fair Value Deviation wird vielfach zur **Beurteilung der Preiswürdigkeit** von Optionsscheinen verwendet. Entsprechend erscheint die Fair Value Deviation in Fachzeitschriften,[3] oder sie kann aufgrund des dort ausgewiesenen Fair Value[4] leicht selbst errechnet werden. Nicht zuletzt läßt sich die Fair Value Deviation aufgrund von PC-Optionsscheinprogrammen ermitteln.

Fallstudie 8.1   Berechnung und Auswertung der Fair Value Deviation

Für die in Tabelle 2.1 enthaltenen Optionsscheine werden die folgenden Parameter in die Black-Scholes-Formel eingegeben:

Ausübungspreis: B = 200,00
Zinssatz für risikolose Kapitalanlagen: r = 5,5 % p.a.
Volatilität: σ = 30 % p.a.

In Abhängigkeit vom jeweiligen Basisobjektkurs ergeben sich für die einzelnen Optionsscheine die in Spalte 2 ausgewiesenen Black-Scholes-Werte C_0 bzw. P_0; sie werden zum jeweiligen Optionsscheinkurs C_M bzw. P_M in Beziehung gesetzt. Das Ergebnis ist die Fair Value Deviation (FVD):

	Aktienkurs S_0 (1)	Laufzeit in Jahren (2)	C_0 / P_0 (gerundet) (3)	C_M / P_M (4)	FVD[1] in % (exakt) (5)	FVD in % (gerundet) (6)
Call am Geld	200,00	1,0500	29,62	26,20	− 11,56	− 11,55
Call im Geld	240,00	1,0500	59,09	56,00	− 5,23	− 5,23
Call aus dem Geld	160,00	1,0500	9,82	12,00	22,17	22,20
Put am Geld	200,00	1,8278	22,19	23,00	3,63	3,65

Anmerkung: [1] Die „FVD(-exakt)-Werte" resultieren aus exakten C_0- bzw. P_0-Werten. Die „FVD (-gerundet)-Werte" ergeben sich aus den gerundeten C_0- bzw. P_0-Werten der Spalte (3).

Tabelle 8.1   Berechnung der Fair Value Deviation für die in Tabelle 2.1 enthaltenen Optionsscheine

---

[2] Vgl. Derivate, September 1995, S. 63.

[3] Vgl. Derivate, Januar 1996, S. 12 - 67. Derivate beinhaltet die Kennzahlen von Optionsscheinen auf deutsche Aktien und auf den DAX®.

[4] In den Kennzahlenlisten der Zeitschriften stehen Optionsscheinkurs und Fairer (= theoretischer) Wert meist direkt nebeneinander, so daß die Preiswürdigkeit eines jeden Optionsscheins sofort abgeschätzt werden kann. Vgl. beispielsweise: *Optionsschein-Magazin*, Januar 1996, S. 71 - 130, *Optionsschein weekly*, Woche 52/1995 vom 22.12.1995, S. 18 - 65, *Finanzen Optionsscheine*, Nr. 51/1995, S. 14 - 20 (nur für Call-Optionsscheine auf deutsche Aktien).

Der Vergleich von Marktpreis und Fair Value der Optionsscheine zeigt die Preiswürdigkeit des am Geld stehenden Call-Optionsscheins, aber auch die Überteuerung des out-of-the-money-Optionsscheins. Entsprechend müßten am Markt Arbitrageprozesse einsetzen: Der preisgünstigste Optionsschein wird gekauft, der überteuerte Optionsschein verkauft.

Voraussetzung für künftige Arbitragegewinne ist, daß sich der Optionsscheinpreis auf den vom Arbitrageur berechneten Fairen Wert zubewegt, was nur der Fall ist, wenn die den Optionsscheinpreis dominierenden Marktteilnehmer den Optionsschein nicht anders bewerten. Das Eintreten des Arbitrageerfolgs ist deshalb mit großer Unsicherheit behaftet, weil einige der dem Fair Value zugrundeliegenden Parameter nicht eindeutig zu fixieren sind. Genannt sei an erster Stelle die Volatilität, aber auch der Zinssatz für risikolose Kapitalanlagen, zumal der zuletzt genannte Faktor in der erweiterten Black-Scholes-Formel um die noch weniger abschätzbaren Dividenden aus dem Basisobjekt zu korrigieren ist.

Es gibt keinen objektiv fairen Optionswert, der als Maßstab für die Preiswürdigkeit eines Optionsrechts dienen kann.

Dennoch ist es für den Arbitrageur interessant, zu wissen, wie andere Marktteilnehmer einen Optionsschein bewerten, um die von ihnen verwendeten Parameter mit den eigenen Einschätzungen abgleichen zu können. Dabei reicht es aber nicht, allein den fairen Wert zu kennen. Brauchbar ist dieser Wert vielmehr nur, wenn zusätzlich bekannt ist, aufgrund welcher Parameter dieser Fair Value errechnet wurde.

Wer faire Optionswerte veröffentlicht, sollte die zur Berechnung eingegebenen Größen transparent machen. Nur wenn diese Zahlen bekannt sind, ist der potentielle Arbitrageur in der Lage, den jeweiligen Wert fundiert würdigen und für die eigene Anlageentscheidung modifizieren zu können.

Fallstudie 8.2 Fixierung der Black-Scholes-Parameter

Die Probleme, die bei der Fixierung der in die Black-Scholes-Formel einzugebenden Parameter auftauchen können, sowie die daraus resultierenden Folgen, sollen konkret am Beispiel der Berechnung des Fairen Wertes (C_0/P_0) für die Optionsscheine aus Tabelle 2.1 demonstriert werden.

Laufzeit, Ausübungspreis sowie aktueller *Basisobjektkurs* sind eindeutig zu fixieren. Anders ist das beim *Zinssatz* für risikolose Kapitalanlagen, denn im Handelsblatt vom 21.2.1995 sind zum 20.2.1995 folgende Daten zu finden:

% p.a.

Termingeld unter Banken: 1 Monat / 6 Monate   4,90 - 5,00 / 5,15 - 5,25
Inhaberschuldverschreibungen: 1 Jahr / 2 Jahre   5,65 - 5,68 / 6,37 - 6,40
Erstklassig besicherte Zerobonds fällig 10.4.1996   5,885

277

Je nach Anlagehorizont können demnach für
- die **Call**-Optionsscheine *Zinssätze zwischen 5,0 und 5,7 % p.a.*
- den **Put**-Optionsschein *Zinssätze zwischen 5,0 und 6,0 % p.a.*
gewählt werden.

Für die Bewertung der Optionsscheine auf Lufthansa-Stammaktien wurde die Black-Scholes-Formel für dividendenlose Aktien verwendet. Das ist insoweit richtig, als Lufthansa in den Jahren vor dem Zeitpunkt der Bewertung des Optionsscheins keine Dividende bezahlte, insoweit aber problematisch, als die Unternehmung während der Laufzeit der Optionsscheine die Dividendenzahlung wieder aufnehmen könnte. In diesem Fall müßte die **Dividende** in die Optionsscheinbewertung einbezogen werden.

Unterstellt, die Unternehmung würde ab Sommer 1995 Dividende in Höhe von 4,00 DM p.a. und pro Aktie ausschütten, so müßte der Zinssatz für risikolose Anlagen um etwa 2 % p.a. vermindert werden, wenn der Einfachheit halber die für deutsche Verhältnisse weniger geeignete Dividendenrendite als Korrekturfaktor verwendet würde.[5] Je nach Kalkül des Anlegers könnte in die Black-Scholes-Formel nach Abzug der Dividendenrendite ein Zinssatz zwischen 3 und 5,7 % p.a. bzw. zwischen 3 und 6 % p.a. eingegeben werden. In den folgenden Ausführungen bleiben die laufenden Erträge aus dem Basisobjekt jedoch der Einfachheit halber unberücksichtigt.

Besonders problematisch ist es, die **Volatilität** festzulegen. Das liegt einerseits an der Zukunftsbezogenheit der Größe, andererseits aber daran, daß die einer fundierten Schätzung der künftigen Volatilität zugrundeliegenden Daten eine große Bandbreite aufweisen; darüber hinaus scheinen sie auch nicht in jedem Fall sorgfältig recherchiert zu sein.

- So wird im Optionsschein Report die 250-Tage-Volatilität zwischen dem 23.9.1994 bis zum 12.5.1995[6] immer mit 31,6 % p.a. angegeben.
- Im Optionsschein-Magazin und in Optionsschein weekly wird eine nicht näher bezeichnete Volatilität zwischen dem 29.8.1994 und dem 18.9.1995 konstant mit 30,2 % p.a. ausgewiesen.[7]
- Die gleitende historische Volatilität, „ermittelt als die logarithmierte Standardabweichung der Preisänderungen des zugrundeliegenden Titels über die vergangenen 200 Börsentage" liegt laut Derivate am 10.2.1995 bei 25,98 % p.a., am 15.3.1995 bei 25,15 % p.a.[8]
- Nach eigener Berechnung ist die Volatilität der letzten 30 Börsentage zum 20.2.1995 18,71 % p.a.[9]

---

[5] Vgl. Abschnitt 7.1.2.2.

[6] Vgl. *Optionsschein Report*, März 1995, S. 42, S. 45, sowie: *Optionsschein Report*, Oktober 1994 bis Juni 1995.

[7] Vgl. *Optionsschein-Magazin*, September 1994 bis Mai 1995 und *Optionsschein-Magazin*, Juni 1995, S. 77, sowie: z. B. *Optionsschein weekly*, Woche 25/1995 vom 19.6.1995, S. 19; *Optionsschein weekly*, Woche 45/1994 vom 7.11.1994, S. 18.

[8] Vgl. Derivate, März 1995, S. 51, S. 22, sowie: Derivate, April 1995.

[9] Vgl. Abschnitt 6.4.2.1.

- Die implizite Volatilität der Lufthansa-Optionsscheine wird angegeben im Optionsschein Report zum 10.2.1995 zwischen 3 und 33 % p.a.,[10] in Derivate zum 15.2.1995 zwischen 15,73 und 25,98 % p.a. bei Calls, zwischen 26,19 und 28,48 % p.a. bei Puts.[11]

Wenn die Extremwerte eliminiert werden, läßt es sich rechtfertigen, in das Black-Scholes-Modell für die **Volatilität** Werte **zwischen 20 und 31** einzugeben. Dann können Volatilität und risikoloser Zinssatz so kombiniert werden, daß sich für jeden Optionsschein zwei **extreme Fair Values** ergeben, die sich sachlich ebenso begründen lassen wie alle dazwischen liegenden Werte.

	Volatilität	Zinssatz
Minimaler Call-Optionsscheinwert: $C_{0\,min}$	20	5,0
Maximaler Call-Optionsscheinwert: $C_{0\,max}$	31	5,7
Minimaler Put-Optionsscheinwert: $P_{0\,min}$	20	6,0
Maximaler Put-Optionsscheinwert: $P_{0\,max}$	31	5,0

Tabelle 8.2 Extreme Volatilitäts- und Zinsparameter.

	C_M / P_M (1)	$C_{0\,min} / P_{0\,min}$ (gerundet) (2)	FVD_{min}[2] in % (exakt) (3)	FVD_{min} in % (gerundet) (4)
Call am Geld	26,20	21,40 [1]	22,42 %	22,43 %
Call im Geld	56,00	52,75	6,15 %	6,16 %
Call aus dem Geld	12,00	4,00	200,27 %	200,00 %
Put am Geld	23,00	11,87	93,73 %	93,77 %

Anmerkung: [1] Der Minimalwert des am Geld stehenden Lufthansa-Call-Optionsscheins wurde errechnet aufgrund der folgenden Parameter:

Zinssatz für risikolose Kapitalanlagen   r = 5 % p.a.
Volatilität   σ = 20 % p.a.

[2] Die „FVD_{min} (-exakt)-Werte" resultieren aus exakten $C_{0\,min}$- bzw. $P_{0\,min}$-Werten. Die „FVD_{min} (-gerundet)-Werte" ergeben sich aus den gerundeten $C_{0\,min}$- bzw. $P_{0\,min}$-Werten der Spalte 2.

$$\text{„}FVD_{min}\text{ (gerundet)"} = \left[\frac{26{,}20}{21{,}40} - 1\right] \cdot 100 = 22{,}43$$

Tabelle 8.3 Analyse aufgrund des minimalen Optionsscheinwerts

	C_M / P_M (1)	$C_{0\,max} / P_{0\,max}$ (gerundet) (2)	FVD_{max} in % (exakt) (3)	FVD_{max} in % (gerundet) (4)
Call am Geld	26,20	30,59	− 14,34	−14,35
Call im Geld	56,00	60,00	− 6,67	− 6,67
Call aus dem Geld	12,00	10,52	14,02	14,07
Put am Geld	23,00	23,95	− 3,98	− 3,97

Tabelle 8.4 Analyse aufgrund des maximalen Optionsscheinwerts

---

[10] Vgl. *Optionsschein Report*, März 1995, S. 45.
[11] Vgl. Derivate, März 1995, S. 22 - 23, S. 32 - 33.

Die Unterschiede zwischen Minimal- und Maximalwerten demonstrieren die Abhängigkeit der Höhe des Fair Value vom subjektiven Element, insbesondere beim aus dem Geld stehenden Optionsschein.

Im Gegensatz zur Modellannahme werden Optionsscheine von *Privatanlegern* nicht primär zur Erzielung von Arbitragegewinnen erworben; sie wollen vielmehr an einer erwarteten Entwicklung des Basisobjektkurses überproportional und zugleich mit Sicherheitsnetz verdienen. Die dieser Zielsetzung zugrundeliegende Anlageentscheidung basiert auf der Korrelation von Optionsscheinpreis und Basisobjektpreis. Auch diese Investoren sollten jedoch die Fair Value Deviation beachten, denn sie gibt nützliche Hinweise auf Optionsscheine, die - weil unterbewertet - versprechen, sich im Preis günstiger zu entwickeln als es der Verlauf des Basisobjektkurses erwarten läßt.

> Optionsscheine sollten im Hinblick auf die erwartete Entwicklung des Basisobjektkurses erworben werden. Nur wenn sich mehrere Optionsscheine als gleichwertige Investitionsmöglichkeiten anbieten, fällt die Entscheidung aufgrund der Fair Value Deviation für den preisgünstigsten Optionsschein.

8.1.2 Analyse des Marktes für Optionsscheine auf Aktien

Trotz aller Vorbehalte gegen die Aussagefähigkeit der Fair Value Deviation läßt sich auf der Grundlage dieser Kennzahl eine Preiswürdigkeitsstruktur des Optionsscheinmarktes ermitteln, indem die einzelnen am Markt gehandelten Optionsscheine nach dem Ausmaß ihrer Abweichung vom fairen Wert zusammengestellt werden. Um möglichst gleichartige Produkte miteinander vergleichen zu können, wird der Optionsscheinmarkt nach dem Kriterium der Vermögenswerte, die den Optionsscheinen zugrunde liegen, in Marktsegmente eingeteilt.

In den folgenden Ausführungen wird der *Markt für Aktien-Optionsscheine* untersucht, der sich seinerseits in den Markt für klassische Aktien-Optionsscheine und covered warrants unterteilen läßt.

So waren beispielsweise am 15.11.1995 die Aktienoptionsscheine beider Marktsegmente im Durchschnitt *überteuert*,[12] denn die Fair Value Deviation betrug bei

traditionellen Aktienoptionsscheinen (equity warrants)	5,33 %
covered Call-/Put-warrants	10,26 % / 4,17 %
Index Call-/Put-warrants	10,72 % / 14,03 %.

---

[12] Vgl. Derivate, Dezember 1995, S. 9.

Das war keine einmalige Erscheinung. Abbildung 8.1 zeigt vielmehr die schon seit Jahren andauernde Überbewertung der Optionsscheine, insbesondere der covered call-warrants. Nur im Sommer 1993 und im Frühjahr 1996 notierten die klassischen Aktienoptionsscheine nahe ihres Fairen Wertes.

Mit einer im Vergleich zu klassischen Optionsscheinen (equity warrants) etwa doppelt so hohen Fair Value Deviation waren covered call-warrants im Durchschnitt besonders teuer. Auch das zeigt Abbildung 8.1.

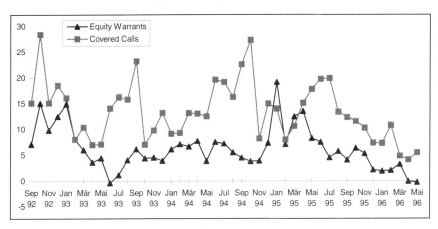

Quelle: Derivate, Oktober 1992 bis Juni 1996.

Abbildung 8.1   Durchschnittliche Fair Value Deviation von equity warrants und covered warrants in %

Aufschlußreicher als die Durchschnittsergebnisse ist die Zahl der nach dem Grad ihrer Preiswürdigkeit aufgeschlüsselten Optionsscheine. Abbildung 8.2 zeigt, wie sich die Marktpreise der traditionellen Aktienoptionsscheine einerseits und jene der covered warrants andererseits um deren Fairen Wert verteilen.

Wie die Verteilung auf überteuerte und preisgünstige Optionsscheine in der monatlich erscheinenden Statistik auch jeweils gewesen sein mag, alle Verteilungen der Vergangenheit zeigen, daß es in den letzten Jahren stets Optionsscheine gab, die um 60 % und mehr überteuert waren, aber auch solche, die 30 % unterbewertet waren.

Die breite Streuung der Fair Value Deviation unterstreicht den Nutzen einer theoretisch fundierten Optionsscheinauswahl.

281

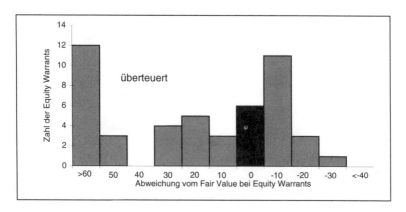

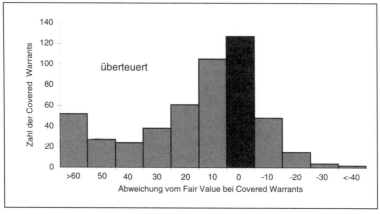

Quelle: Derivate, Dezember 1995, S. 6.

Anmerkung: ▨ Abweichung vom Fair Value in %
■ fair bewertete covered warants

Abbildung 8.2   Verteilung der Fair Value Deviation am 15.11.1995

Jeder Optionsschein ist ein Einzelobjekt. Das läßt sich bereits aus der Verteilung der Fair Value Deviation ableiten. Wie wenig jedoch von der Durchschnittsgröße auf die Preiswürdigkeit des einzelnen Optionsscheins bzw. wie wenig von der Preiswürdigkeit eines Optionsscheins in der Gegenwart auf die Preiswürdigkeit in der Zukunft geschlossen werden kann, soll am Verlauf der Fair Value Deviation von zwei Paaren exemplarisch ausgewählter Optionsscheine demonstriert werden. Dabei wird jeweils ein klassischer Aktien-Optionsschein einem gedeckten Optionsschein mit ähnlichen Ausstattungsmerkmalen gegenübergestellt.[13]

	WKN	Basisobjekt	Emittent	Fälligkeit	OV	Basispreis
Abb. 8.3	766 407	VW Stämme	VW	30.11.1995	1,0	365,00
	807 021	VW Stämme	Citibank	28.11.1995	1,0	350,00
Abb. 8.4	803 335	Coba Aktien	Coba	10.12.1996	1,0	260,00
	807 078	Coba Aktien	Citibank	25.01.1996	1,0	270,00

Quelle: Derivate, Dezember 1995.

Tabelle 8.5   Daten von Optionsscheinen zum Vergleich der Fair Value Deviation

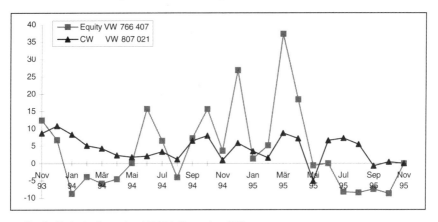

Quelle: Derivate, Dezember 1993 bis Dezember 1995.

Abbildung 8.3   Fair Value Deviations von Call-Optionsscheinen auf VW-Stammaktien in %

---

[13] Vgl. **Dorant, Thomas (1994)**, S. 21 - 22.

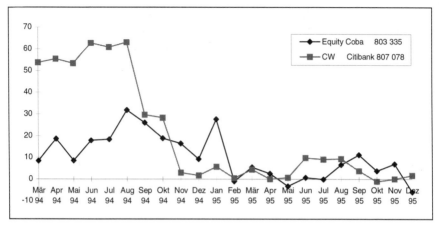

Quelle: Derivate, April 1994 bis Januar 1996.

Abbildung 8.4 Fair Value Deviations von Call-Optionsscheinen auf Commerzbank-Aktien in %

Die covered warrants sind über Monate hinweg teurer als die equity warrants. Diese Erkenntnis stimmt mit dem Ergebnis des Vergleichs der Fair Value Deviation von equity und covered warrants in Abbildung 8.1 überein. Es gibt aber genügend Bewertungszeitpunkte, in denen die Durchschnittsbetrachtung widerlegt wird.

Zugleich wird aufgrund der Abbildungen deutlich, daß Fehlbewertungen durchaus über eine längere Zeit bestehen können. Infolgedessen ist eine negative Fair Value Deviation kein Garant für eine schnelle Kurskorrektur in Richtung fairem Wert, wie umgekehrt ein Optionsschein im Einzelfall trotz Überbewertung ein lohnendes Investment sein kann, vor allem, wenn es nur kurzfristig gehalten wird.[14] Bereits mittelfristig dürften sich hohe Fehlbewertungen allerdings abbauen. Je nach Verlauf des Basisobjektkurses kann das mit Optionsscheinkursgewinnen oder mit -verlusten einhergehen.

Die Fair Value Deviation ist ein Wegweiser bei der Auswahl des optimalen Optionsscheins, aber kein Garant für den Anlageerfolg.

Obwohl sich jeder Optionsschein anders verhält als jeder andere, läßt sich dennoch - mit allen Vorbehalten für den Einzelfall - zusammentragen, was häufig zu beobachten ist:

- Die Fair Value Deviation von klassischen Aktien-Optionsscheinen schwankt stärker als jene von covered warrants, deren Markt vom Emissionshaus gepflegt wird.

---

[14] Vgl. **Veit, Heiko (1994)**, S. 41 - 53.

Diese Feststellung wird durch die Querschnittsbetrachtung der Fair Value Deviations von equity warrants einerseits und covered warrants andererseits in Abbildung 8.2, aber auch durch den Vergleich des Kursverlaufs eines equity warrants mit jenem eines covered warrants mit ähnlichen Ausstattungsmerkmalen und auf dasselbe Basisobjekt (Abbildung 8.3) unterstrichen.

Die Wirklichkeit ist zu vielfältig, um nicht auch Gegenbeispiele für die getroffene Feststellung zu finden. So schwankt die Fair Value Deviation des covered warrant der Citibank auf Aktien der Commerzbank im Jahre 1994 stärker als jene des ähnlich ausgestatteten equity warrant auf dieselbe Aktie. Das vergleichsweise moderate Kursverhalten des equity warrant könnte damit erklärt werden, daß die Commerzbank den Kurs des von ihr aufgrund einer bedingten Kapitalerhöhung begebenen Optionsscheins pflegt.

Wie unberechenbar sich Optionsscheine verhalten können, zeigt der Verlauf der Fair Value Deviations von zwei equity warrants. Sie wurden zur gleichen Zeit von Emissionskonsortien mit derselben Konsortialführerin begeben, haben exakt die gleiche Endfälligkeit und beziehen sich auf Aktien von Unternehmen derselben Branche.

- Optionsscheine mit einem niedrigen Bezugsverhältnis (0,02 = 1 : 50; zum Bezug einer Aktie sind 50 Optionsscheine erforderlich) sind tendenziell weniger preiswürdig als solche mit einem hohen Bezugsverhältnis (z. B. 1,0 = 1 : 1).[15]

Dieses nur psychologisch erklärbare Phänomen scheinen manche Emissionshäuser bewußt auszunutzen, indem sie ihre Optionsscheine durch ein niedriges Bezugsverhältnis optisch verbilligen.

WKN	Basisobjekt	Fälligkeit	OV	Moneyness	
				14.7.1995	14.12.1995
559 109	Vorzugsaktien der Dyckerhoff Zement	13.6.2000	0,17	0,8155	0,6017
604 705	Stammaktien der Heidelberger Zement	13.6.2000	0,11	1,0041	0,7985

Quelle: Derivate, Juli 1995, Januar 1996.

Tabelle 8.6 Daten ähnlich ausgestatteter equity warrants zum Vergleich der Fair Value Deviations

---

[15] Vgl. **Quast, Steffen (1994)**, S. 41.

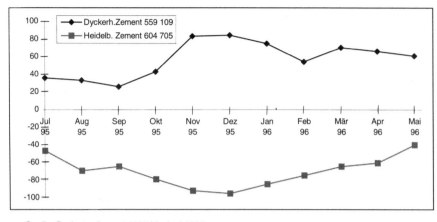

Quelle: Derivate, August 1995 bis Juni 1996.

Abbildung 8.5 Fair Value Deviations von equity warrants auf Dyckerhoff Zement-Vorzugsaktien einerseits und Heidelberger Zement-Stammaktien andererseits in %

8.2 Die implizite Volatilität

8.2.1 Maßstab für die Preiswürdigkeit einzelner Optionsscheine?

Die zur gleichen Zeit für denselben Optionsschein errechneten Fair Values können enorm voneinander abweichen. Die ins Gewicht fallenden Differenzen resultieren meist aus unterschiedlich eingegebenen Volatilitäts-Kennziffern. Das ist verständlich, denn

- die künftige Volatilität des Underlying ist schwerer zu schätzen als andere Parameter, weil die als Basis für die Schätzung verfügbaren aktuellen (= impliziten) und historischen Volatilitäten für einzelne Basisobjekte komplizierter zu erfassen und weniger transparent sind als die Zinssätze für risikolose Kapitalanlagen;

- die Volatilität unterliegt innerhalb kurzer Zeit starken Schwankungen;

- die Volatilität ist neben dem Basisobjektkurs der dominante Faktor des Fairen Wertes; so kann die Veränderung der Volatilität durchaus einen doppelt so hohen oder noch höheren Fairen Wert ergeben als die ursprünglich verwendete Volatilität.

Um den daraus resultierenden Unsicherheiten für die Berechnung des Optionsscheinwertes aus dem Wege zu gehen, wird der Rechenweg umgekehrt: Statt den Fair Value als Ergebnis zu erhalten, wird der aktuelle Marktpreis des Optionsscheins in das Optionsbewertungsmodell eingegeben und die Formel mit Hilfe von Iterationsverfahren nach der Volatilität aufgelöst.[16]

---

[16] Vgl. **Pilz, Olaf (1994)**, S. 14, sowie: Abschnitt 4.3.2.2.

```
┌─────────────────────────────────────────────────────────────────────┐
│           Berechnung des fairen Optionsscheinwerts                  │
│  Einzugeben ist:                              Ergebnis:             │
│  Kassakurs                                                          │
│  Basispreis                                                         │
│  Restlaufzeit           ⟶ Optionspreismodell ⟶   Fair Value         │
│  risikoloser Zinssatz                                               │
│  historische bzw. erwar-                                            │
│  tete Volatilität                                                   │
│                                                                     │
│             Berechnung der impliziten Volatilität                   │
│  Einzugeben ist:                              Ergebnis:             │
│  Kassakurs                                                          │
│  Basispreis                                                         │
│  Restlaufzeit           ⟶ Optionspreismodell ⟶  implizite Volatilität│
│  risikoloser Zinssatz                         = Marktvolatilität am Stichtag│
│  Marktpreis der Option                        = Optionspreis-Niveau (OPN)│
└─────────────────────────────────────────────────────────────────────┘
```

Abbildung 8.6   Berechnung von Fair Value und impliziter Volatilität[17]

Das Ergebnis ist die im Optionsscheinpreis „implizit" enthaltene Volatilität oder „*Marktvolatilität*", die sich - anders als ihr historisches Pendant - nur *aus einem*, und zwar *dem aktuellen Preis*, der zum Fairen Wert erklärt wird, errechnet. Der Preis eines Optionsrechts repräsentiert das Gleichgewicht zwischen Angebot und Nachfrage, er läßt sich aber zugleich als Konsens der Marktteilnehmer im Hinblick auf die künftige bis zum Ende der Optionsscheinlaufzeit annualisierte Volatilität des dem Optionsrecht zugrundeliegenden Basiswertes interpretieren.

> Aufgrund der impliziten Volatilität können Optionsscheine auf dasselbe Underlying nach ihrer Preiswürdigkeit sortiert werden. Optionspreistheoretisch ist der Optionsschein mit der geringsten impliziten Volatilität am günstigsten bewertet.

Die implizite Volatilität ist abhängig von der Höhe des in die Black-Scholes-Formel eingegebenen Zinssatzes für risikolose Kapitalanlagen.

---

[17] Vgl. **Hauck, Wilfried (1991)**, S. 282.

Fallstudie 8.3   Implizite Volatilität für die Optionsscheine aus Fallstudie 8.1

	C_M	Vola$_{impl}$ bei r = 5,0 % p.a.	Vola$_{impl}$ bei r = 5,7 % p.a.	Vola$_{impl}$ bei r = 6,0 % p.a.
Call am Geld	26,20	26,21	25,30	
Call im Geld	56,00	26,14	24,31	
Call aus dem Geld	12,00	33,93	33,39	
Put am Geld	23,00	30,03		31,61

Tabelle 8.7   Bewertung der Optionsscheine aus Fallstudie 8.1 nach ihrer impliziten Volatilität bei verschiedenen Zinssätzen für risikolose Kapitalanlagen

Auch aufgrund dieser Auswertung erweist sich der aus dem Geld liegende Optionsschein als am teuersten. Tabelle 8.5 zeigt den geringen Einfluß des Zinsparameters auf die implizite Volatilität.

Als Wertmaßstab hat auch die implizite Volatilität ihre Tücken, denn mit Hilfe dieser Kennzahl kann nur das günstigste Investment aus einem Angebot an Optionsrechten *auf dasselbe Underlying* herausgefiltert werden. Unbeantwortet bleibt bei dem vergleichenden Vorgehen dagegen die Frage, ob in die Untersuchung vielleicht nur überbewertete oder nur unterbewertete Optionsrechte einbezogen sind. Deshalb wird häufig vorgeschlagen, die *impliziten Volatilitäten* der zu untersuchenden Optionsrechte mit der *historischen Volatilität* des Underlying *zu vergleichen*.

Ist die implizite Volatilität höher als die historische, so dürfte der Optionsschein überbewertet sein, während ein unter der historischen Volatilität liegendes Optionspreisniveau auf Unterbewertung hindeutet.

Damit wird dem Anleger ein alternativer Maßstab zur Fair Value Deviation geboten. Beim Vergleich der impliziten mit der historischen Volatilität ist jedoch zu berücksichtigen, daß unter sonst gleichen Voraussetzungen eine gleich große Abweichung in der Volatilität je nach Moneyness des Optionsscheins zu verschieden hohen Fair Value Deviations führt.[18]

Fallstudie 8.4   Implizite zu historischer Volatilität im Vergleich zur Fair Value Deviation

Call-Optionsschein
Ausübungspreis: B = 200,00
Restlaufzeit: t = ¼ Jahr = 90 Tage
Risikoloser Zinssatz: r =   4,473 % p.a.
C_0 = Fair Value bei einer Volatilität des Optionsrechts von   σ = 30 % p.a.
C_M = Preis der Optionsscheine mit einer impliziten Volatilität von   31 % p.a.

---

[18] Vgl. **Koch, Jürgen / Cerny, Stefan (1992)**, S. 53.

	Aktienkurs	Optionsscheinpreis C_M bei σ_{impl} = 31 % p.a.	Fair Value σ = 30 % p.a.	FVD	FVD (gerundet)
Szenario A	160,00	1,08	0,95	14,21 %	13,68 %
Szenario B	200,00	13,41	13,01	3,03 %	3,07 %
Szenario C	240,00	43,89	43,70	0,44 %	0,43 %

Tabelle 8.8 Implizite Volatilität und Fair Value als Bewertungsmaßstab bei Call-Optionsscheinen aus Fallstudie 8.1

Einer Fehlbewertung von einem Volatilitäts-Prozentpunkt entspricht demnach im out-of-the-money-Bereich eine mit 14 % recht hohe Fair Value Deviation, während die Fair Value Deviation des im Geld stehenden Optionsscheins mit 0,44 % vernachlässigbar klein ist.

Der Vorschlag, die implizite Volatilität mit der historischen zu vergleichen, um daraus auf Über- oder Unterbewertungen zu schließen, setzt voraus, daß die historische Volatilität der richtige Wertmaßstab ist. Tatsächlich wird jedoch die künftige Entwicklung eines Basisobjektpreises von der historischen Volatilität regelmäßig abweichen. Inwieweit das der Fall ist, kann nur wissen, wer in die Zukunft sehen kann.

Infolgedessen können auch nur Hellseher einen Optionsschein unstrittig als über- bzw. unterbewertet einstufen.[19] Alle anderen Marktteilnehmer sind darauf angewiesen, die künftige Volatilität des Underlying nach ihren subjektiven Erwartungen vorauszuschätzen. In diese Schätzung werden nicht nur die historischen Volatilitäten des Underlying, sondern auch die Marktvolatilitäten anderer Optionsscheine und Finanzinstrumente auf dasselbe Underlying eingehen.

Bei der subjektiven Fixierung des Eingabeparameters „künftige Volatilität" dürfte die Bedeutung der impliziten Volatilität zugenommen haben, seit empirische Untersuchungen zeigten, daß die impliziten Volatilitäten von Aktien deren künftige Schwankungsbreite besser prognostizieren als dies durch bloße Extrapolation der historischen Volatilitäten zu erreichen ist[20].

Wenn das Bewertungsniveau von Optionsscheinen auf dasselbe Basisobjekt fixiert oder Optionsscheine auf verschiedene Basisobjekte miteinander verglichen werden müssen, ist eine wie auch immer zustandegekommene „richtige" künftige Volatilität festzulegen. Diese Fixierung kann nur nach subjektiven Kriterien erfolgen.

---

[19] Vgl. **Pilz, Olaf (1994)**, S. 14.

[20] Vgl. **Wittrock, Carsten / Beer, Volker (1994)**, S. 519.

Die in den Emissionshäusern tätigen *Market Maker nutzen die impliziten Volatilitäten als Handlungsparameter* und umgehen so das Problem, mit Fair Values arbeiten zu müssen, die erst transparent werden, wenn der Volatilitätsparameter bekannt ist. Sie stellen die An- und Verkaufspreise der von ihnen zu pflegenden Optionsscheine aufgrund des Fairen Wertes, der sich in Abhängigkeit von der jeweiligen im Bewertungszeitpunkt subjektiv erwarteten Volatilität ergibt. So ist es zu erklären, daß Optionsscheine auf dasselbe Underlying bei für ihre gute Kurspflege bekannten Instituten eine implizite Volatilität in ungefähr gleicher Höhe aufweisen.

Brauchbare Optionsscheinprogramme liefern nach Wahl den Fair Value oder die implizite Volatilität. Wer mit Fachzeitschriften arbeitet, findet in Derivate, im *Optionsschein-Magazin*, im *Optionsschein weekly* und in *Börse Online* die historische Volatilität des Basisobjekts, in *Derivate*, im *Optionsschein-Magazin* und in *Optionsschein weekly* zusätzlich die implizite Volatilität des Optionsscheins[21].

8.2.2 Das Problem des Volatilitäten-Smile

Black und Scholes unterstellen, daß die implizite Volatilität weder von der Laufzeit noch von der Moneyness eines Optionsscheins abhängt. Demgegenüber ist häufig zu beobachten, daß
- weit im und weit aus dem Geld stehende Optionsscheine höhere implizite Volatilitäten aufweisen als am Geld stehende Optionsscheine;
- im und aus dem Geld stehende Optionsscheine, die nur noch kurz laufen, mit höheren impliziten Volatilitäten gehandelt werden als Optionsscheine mit langer Restlaufzeit.

Diese Zusammenhänge lassen sich vor allem an Optionsbörsen, die dank ihrer standardisierten Produkte Vergleiche provozieren, leicht nachweisen, sie sind aber auch am Markt für Optionsscheine zu beobachten.[22]

Die graphische Umsetzung dieser Beobachtung führt zu Kurven, die - je nach Laufzeit des zugrundeliegenden Optionsscheins - einem mehr oder weniger lächelnden Mund ähneln und deshalb als *Volatilitäten-Smile* bezeichnet werden.[23]

---

[21] Vgl. Derivate, Januar 1996, S. 12 - 67, *Optionsschein-Magazin*, Januar 1996, S. 71 - 130, *Optionsschein weekly*, Woche 52/1995, S. 18 - 65; sowie: *Börse Online*, Nr. 28/1995, S. 62 - 72.

[22] Vgl. **Pilz, Olaf (1994)**, S. 14.

[23] Vgl. **Murphy, Gareth (1994)**, S. 66.

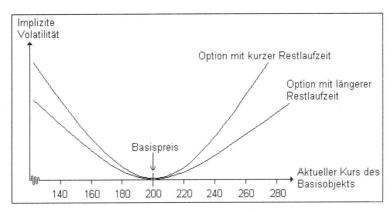

Abbildung 8.7 Volatilitätsstrukturkurven in Abhängigkeit von Moneyness und Restlaufzeit des Optionsscheins[24]

Erklärt wird der Smile-Effekt mit bestimmten Präferenzen der Marktteilnehmer:

Stillhalter präferierten den Verkauf von at-the-money-Kontrakten, weil sie so einerseits den höchsten Zeitwert erzielten,[25] andererseits dank der hohen Liquidität im at-the-money-Bereich optimale Voraussetzungen zum Absichern der eingegangenen Marktrisiken vorfänden.[26]

Bei *Investoren* seien dagegen weit aus dem Geld stehende Optionsrechte besonders beliebt:

- Wie beim „Lottery ticket play" stehe einem nur geringen Einsatz die Chance, einen großen Geldbetrag zu gewinnen, gegenüber.[27]

- Aus dem Geld liegende Verkaufsoptionsrechte eigneten sich speziell in Crash-Phasen dank ihrer hohen Hebelwirkung zum Absichern von Wertpapierbeständen. Zu diesem Zweck würden sie deshalb permanent nachgefragt, seit die Aktienmärkte immer wieder nicht prognostizierbar kollabierten.[28]

- Im Geld stehende Optionsrechte seien wegen ihres bescheidenen Zeitwertes für Stillhalter kaum interessant und würden deshalb nur wenig angeboten. Über Arbi-

---

[24] Vgl. **Baird, Allen Jan (1993)**, S. 172.

[25] Vgl. **Baird, Allen Jan (1993)**, S. 49.

[26] Vgl. **Murphy, Gareth (1994)**, S. 70.

[27] Vgl. **Baird, Allen Jan (1993)**, S. 49.

[28] Vgl. **Pilz, Olaf (1994)**, S. 13 - 15.

tragetransaktionen (Conversion[29] und Reversal[30]) schlage aber das vergleichsweise hohe Preisniveau von out-of-the-money-Optionen auf die im Geld stehenden Optionen durch, denn aufgrund der Call-Put-Parität können die impliziten Volatilitäten von Kauf- und Verkaufsoptionsrechten mit gleichem Basiswert und gleicher Laufzeit nicht wesentlich voneinander abweichen.[31]

Der Smile-Effekt kann mit spezifischen Präferenzen der Marktteilnehmer erklärt werden, es kann aber auch behauptet werden, in den präferenzfreien Gleichgewichtsmodellen sei die Prämisse lognormalverteilter Aktienkursänderungen in bestimmten Bereichen wirklichkeitsfremd.[32]

Das Anlageverhalten des rational handelnden Optionsscheininvestors hängt entscheidend davon ab, wie er sich den Smile-Effekt erklärt: Wer die höhere Volatilität bzw. die Fair Value Deviation weit aus dem Geld stehender Optionsscheine mit den spezifischen Präferenzen der Marktteilnehmer erklärt, wird diese nach seiner Einschätzung überteuerten Scheine meiden. Dazu hat jener Investor keine Veranlassung, der die Fehlbewertung der out-of-the-money-Optionsscheine auf die wirklichkeitsfremde Lognormalverteilungsprämisse des Optionsscheinbewertungsmodells zurückführt.

8.2.3 Kriterium für eine Marktanalyse

Die impliziten Volatilitäten geben dem Anleger wichtige Hilfen beim Aufspüren der für die Optionsscheinbewertung notwendigen „richtigen Volatilität". Seit Dezember 1994 steht dem Investor der *DAX®-Volatilitätsindex (VDAX)* zur Verfügung, der ihm zur Untermauerung der eigenen Volatilitätsschätzung die von professionellen Optionshändlern dominierte Marktvolatilität für den DAX® liefert. Zur Berechnung des VDAX werden die Preise für jeweils acht DTB-Call- und DTB-Put-Optionen in einer einzigen Größe gebündelt. Dazu ausgewählt werden die nahe am Geld liegenden, marktrepräsentativen Optionen zweier Verfalltermine. Aus dem Preis für den so gebildeten Korb von Optionen auf den DAX® wird deren implizite Volatilität berechnet und in Prozent pro Jahr veröffentlicht.

---

[29] **Straush, Carsten (1990)**, S. 34: „Risikolose Arbitragestrategie, bei der das Basisgut erworben, mit einem Put gegen einen Kursverfall abgesichert und gegen diese so gesicherte Position ein Call verkauft wird. Die Conversion ist gewinnbringend, wenn die Put-Call-Parität nicht erfüllt ist, Calls im Verhältnis zu Puts überteuert sind."

[30] **Straush, Carsten (1990)**, S. 126: „Arbitragestrategie, bei der das Basisgut leerverkauft, die Position im Basisgut durch einen Call gesichert und gegen diesen synthetischen Put ein Put am Markt verkauft wird. Die Reversal ist gewinnbringend, wenn die Put-Call-Parität nicht erfüllt ist, Puts im Vergleich zu Calls zu teuer sind."

[31] Vgl. Abschnitt 5.3.

[32] Vgl. **Quast, Steffen (1994)**, S. 17.

Aus dem VDAX kann die von den Teilnehmern der DTB als Konsens erwartete Schwankungsbreite des DAX® für die nächsten 90 Tage ermittelt werden.

Fallstudie 8.5 Erläuterung des VDAX

15.12.1995: VDAX = 15,75 % p.a.[33]

Implizite 90-Tage-Volatilität des DAX®[34] = VDAX % p.a. $\cdot \sqrt{\frac{90 \text{ Tage}}{365 \text{ Tage}}} \cdot$ DAX®

$= 0,1575 \cdot \sqrt{\frac{90}{365}} \cdot 2.186,17 = 170,98.$

Die DTB-Marktteilnehmer erwarten in den kommenden 90 Tagen eine Bewegung des DAX® im Bereich von 2186,17 + 170,98 = 2357,15 bis 2015,19 Punkten. Diese Prognose trifft allerdings nur mit einer Wahrscheinlichkeit von 68,26 % ein.[35]

Der VDAX erfaßt nur die impliziten Volatilitäten kurzlaufender DTB-Optionen.[36] Deshalb bietet es sich an, die implizite Volatilität eines Optionsscheins mit den durchschnittlichen impliziten Volatilitäten des betreffenden Optionsscheinmarktsegments und diese ihrerseits mit der DAX®-Volatilität der vergangenen 200 oder 250 Börsentage zu vergleichen.

So errechnete sich am 15.11.1995 eine implizite Volatilität[37] bei
- traditionellen Aktien-Optionsscheinen von   8,67 %
- Covered Calls/Puts   16,57 / 15,66 %
- Index Calls/Puts   14,06 / 14,76 %.

Wichtiger als die aktuelle implizite Volatilität ist deren Veränderung im Zeitablauf, weil das jeweilige Niveau erst durch den Vergleich des aktuellen Volatilitätsstandes mit vergangenen Werten sinnvoll eingeordnet werden kann.

---

[33] Vgl. *Handelsblatt* vom 16.11.1995, S. 37.

[34] Vgl. **Redelberger, Thomas (1994)**, S. 1 - 9, **Pilz, Olaf (1995)**, S. 22 - 24, sowie: **Deutsche Börse AG (1994 c)**.

[35] Vgl. Abschnitt 6.4.2.1.

[36] Liegt innerhalb der nächsten 45 Tage nur ein Verfalltermin, wird der VDAX aus dem Preis dieser kürzesten und der zweitkürzesten, die etwa einen Monat länger läuft, berechnet. Liegen innerhalb der nächsten 45 Tage zwei Verfalltermine, gehen die Optionspreise zum 2. und 3. Termin in die Berechnung ein. Vgl. **Deutsche Börse AG (1994 c)**, S. 3.

[37] Vgl. Derivate, Dezember 1995, S. 9.

8.3 Totalausfallwahrscheinlichkeit

8.3.1 Aussagefähigkeit

Die Faszination von Optionsscheinen basiert auf der Chance, mit bescheidenem Kapitaleinsatz, der verloren gehen kann, unbegrenzten Gewinn erzielen zu können. Über die Wahrscheinlichkeiten, mit der die großen Gewinne eintreten, macht sich der Optionsscheininvestor häufig genauso wenig Gedanken wie der Lotto- oder Roulette-Spieler. Das kann zu Enttäuschungen führen. Die Gründe für dieses die Eintrittswahrscheinlichkeiten von Gewinn und Verlust nicht beachtende Verhalten vieler Akteure sind nachvollziehbar.

- Wahrscheinlichkeiten sind nicht greifbar, sondern bestenfalls über eine große Zahl von Zufallsexperimenten vorstellbar.

- Eintrittswahrscheinlichkeiten fehlen in Informations- und Werbeschriften für Güter, die nur aufgrund von Wahrscheinlichkeitsverteilungen beurteilt werden können. Das mag, muß aber nicht nur damit zusammenhängen, daß Zufallswahrscheinlichkeiten schwer verständlich zu machen sind.

So wird die Lotteriewerbung dominiert durch die Höhe des Hauptgewinns, der Preis pro Los ist als Hinweis abgedruckt, die Wahrscheinlichkeit, mit der der Hauptgewinn eintritt, fehlt. Informationsschriften über Optionsscheine enthalten das Gewinn- und Verlustprofil von Optionsscheininvestitionen, die Eintrittswahrscheinlichkeiten der meist in Schaubildern abgebildeten Gewinn- und Verlustszenarien fehlen.

Typisch ist die Gestaltung einer Anzeige im Handelsblatt vom 23.5.1995, S. 45. Dort wird unter der Überschrift „(Optionsscheine)[2] = POWER WARRANTS" in acht Sätzen ausführlich beschrieben, „daß schon eine moderate Bewegung des unterliegenden Wertes bis zur Endfälligkeit zu einer hohen Auszahlung führt. Im Vergleich zu traditionellen Optionsscheinen sind Power Warrants durch eine überdurchschnittliche Hebelwirkung bei zugleich deutlich niedrigerem Aufgeld charakterisiert". Erst im letzten Satz heißt es kurz und bündig: „Liegt am Verfalltag eines Power Warrants (Call) der Marktpreis des unterliegenden Wertes unter dem Basiskurs, ist der Power Warrant wertlos."

Einen wesentlichen Fortschritt auf dem Weg zur rationalen Anlageentscheidung bringt der Black-Scholes-Wert, denn er repräsentiert alle mit ihren Eintrittswahrscheinlichkeiten gewichteten Ausübungsszenarien. Transparent werden dem Anleger die Wahrscheinlichkeiten, mit denen am Ende der Optionsscheinlaufzeit die jeweils möglichen Basisobjektkurse eintreten, nicht. Infolgedessen fehlt dem Investor ein wichtiges Kriterium zur Beurteilung des Optionsscheins.

Da der Optionsschein als Wette interpretiert werden kann, bietet es sich an, anhand des Vergleichs eines Münzwurfs mit dem Ausspielen eines Würfels zu zeigen, was der faire Wert aussagt und was er verschweigt.[38]

Bei einem Würfelspiel ist der faire Wert eines jeden Wurfs eine Mark, wenn beim Wurf einer bestimmten Augenzahl sechs Mark ausbezahlt werden. Wird dagegen eine Münze geworfen, ist der faire Preis für jeden Wurf drei Mark, wenn beispielsweise Kopf sechs Mark einbringt. Zwar ist der Einsatz pro Wurf in Höhe von einer Mark beim Würfelspiel und jener in Höhe von drei Mark beim Münzwurf fair, transparent werden die Wetten aber erst, wenn die Gewinn- bzw. Verlustwahrscheinlichkeiten der Wetten bekannt sind. Erst dann zeigt sich nämlich, daß das Würfelspiel mit einer Verlustwahrscheinlichkeit von 5 : 6 (= 83 %) viel riskanter ist als der Münzwurf mit einer Verlustwahrscheinlichkeit von nur 50 %.

Während sowohl beim Würfelspiel als auch beim Münzwurf jedes mögliche Ergebnis mit der jeweils gleichen Wahrscheinlichkeit geworfen wird, ist die Wahrscheinlichkeit, mit der die Basisobjektkurse am Ende der Optionsscheinlaufzeit eintreten, für jeden Kurs anders. Infolgedessen läßt sich mit einer einzigen Wahrscheinlichkeitsziffer nicht die gesamte Wahrscheinlichkeitsverteilung erfassen, die Wahrscheinlichkeitsverteilung läßt sich aber in zwei Bereiche aufteilen:

- Die Totalausfallwahrscheinlichkeit ist die Summe der Wahrscheinlichkeiten, mit der am Ende der Optionsscheinlaufzeit die Basisobjektkurse eintreten, die dem Anleger einen Totalverlust bereiten.
- Die Differenz zwischen Totalausfallwahrscheinlichkeit und 100 % umfaßt die Wahrscheinlichkeiten, mit der die Basisobjektkurse eintreten, die dem Anleger einen Teilverlust seines eingesetzten Kapitals oder einen Gewinn bringen.

> Durch die Kennziffer Totalausfallwahrscheinlichkeit wird das mit einem Optionsschein verbundene Risiko transparent. Diese Zahl, die als Kuppelprodukt bei der Berechnung des Fairen Wertes anfällt, quantifiziert die Gefahr eines Optionsscheins, am Ende seiner Laufzeit wertlos zu verfallen.

Zu Recht wird deshalb diese Kennziffer in jüngster Zeit immer öfter in Listen der Kennzahlen zur Bewertung von Optionsscheinen veröffentlicht.[39]

---

[38] Vgl. **Glade, Joachim (1995 a)**, S. 72 - 73
[39] So im *Optionsschein-Magazin* und im *Optionsschein weekly*, seit April 1995.

	Ausübungspreis B	Aktienkurs S_0	Restlaufzeit t in Jahren	Volatilität σ	Zinssatz r	TAW in %
Call am Geld	200,00	200,00	1,0500	30	5,5	48,84
Call im Geld	200,00	240,00	1,0500	30	5,5	26,69
Call aus dem Geld	200,00	160,00	1,0500	30	5,5	75,70
Put am Geld	200,00	200,00	1,8278	30	5,5	51,54

Tabelle 8.9 Totalausfallwahrscheinlichkeiten (TAW) der Optionsscheine aus Fallstudie 8.1 errechnet aufgrund von Formel 6.3

Dank der Totalausfallwahrscheinlichkeit kann der Investor den Optionsschein auswählen, der seinem persönlichen Risiken- und Chancenprofil entspricht. Die Kennziffer hilft aber auch bei der Beurteilung des Verlustrisikos bei einem bereits erworbenen Optionsschein. Meist wird geraten, bei einer Totalausfallwahrscheinlichkeit von mehr als 70 % über den Verkauf dieses hochspekulativ gewordenen Optionsscheins nachzudenken.[40] Allerdings - und das ist wiederum die Kehrseite der Medaille - wenn der Underlyingkurs während der Optionsscheinlaufzeit in die „richtige" Richtung laufen sollte, haben gerade diese Optionsscheine mit hoher Totalausfallwahrscheinlichkeit dank ihres geringen Kapitaleinsatzes die höchste Performance.

8.3.2 Marktanalyse

Die durchschnittliche Totalausfallwahrscheinlichkeit von Optionsscheinen zu berechnen scheint zunächst wenig sinnvoll, weil aus dem Geld liegende Optionsschcine eben ex definitione eine höhere Totalausfallwahrscheinlichkeit aufweisen als solche, die weit im Geld stehen. Dennoch sind die durchschnittlichen Totalausfallwahrscheinlichkeiten der Optionsscheinmarktsegmente interessant, denn sie zeigen mehr als alle anderen Kennziffern den Charakter der gehandelten Optionsscheine und damit die Zielgruppe der jeweils angesprochenen Investoren.

So war die durchschnittliche Totalausfallwahrscheinlichkeit am 15.11.1995[41] bei
- equity warrants   16,41 %
- covered Calls/Puts   39,92 / 39,25 %
- Index Calls/Puts   27,53 / 44,54 %.

Besonders aufschlußreich ist die im Vergleich zu den anderen Optionsscheinen niedrige Totalausfallwahrscheinlichkeit bei equity warrants. Sie deutet wohl darauf hin, daß die Emittenten dieser Papiere an der Ausübung der Optionsscheine interessiert sind und die Optionsscheine im Hinblick auf Laufzeit und Basispreis so ausgestattet haben, daß eine Ausübung wahrscheinlich ist.

---

[40] Vgl. **o. V. (1995 c)**, S. 1.

[41] Vgl. Derivate, Dezember 1995, S. 9.

9 Sensitivitätsanalyse

9.1 Aufgabe

Mit Fair Value und impliziter Volatilität lassen sich die Optionsrechte herausfiltern, mit denen Arbitragegewinne erzielt werden, sofern sich der Markt am Fairen Wert orientiert. So sehr diese Zielsetzung den Bedürfnissen des professionellen Handels mit Optionsrechten entgegenkommt, die meisten *privaten Optionsscheinerwerber setzen auf eine bestimmte Entwicklung des Basisobjektpreises im Zeitablauf* und wollen deshalb wissen, inwieweit der Kurs des Optionsrechts dem Kurs des Basisobjekts folgt oder ihm entgegenläuft. Fundierte Hilfe bei der Beantwortung dieser Frage leistet die Sensitivitätsanalyse. Sie zeigt den Weg, wie mit Optionsrechten Geld verdient, aber auch Geld verloren werden kann.

Die Sensitivitäten geben dem potentiellen Erwerber oder Verkäufer eines Optionsrechts Auskunft darüber, wie empfindlich der theoretische Wert des Optionsrechts reagiert, wenn sich wertbestimmende Faktoren - der subjektiven Erwartung des Entscheidungsträgers entsprechend - verändern.

Die Sensitivitätsanalyse liefert dem Investor allerdings nur insoweit brauchbare Ergebnisse, als sich der *Preis des Optionsrechts an seinem Fairen Wert orientiert*. Kurzfristig ist diese Prämisse wirklichkeitsfremd, auf mittlere und längere Sicht dürfte die Sensitivitätsanalyse aber wertvolle Hinweise auf das künftige Verhalten des Optionspreises geben, sofern das individuell erwartete Szenario eintritt.

Jede der Sensitivitätskennziffern erfaßt die Veränderung des Fairen Werts des zu analysierenden Optionsrechts, die eintritt, wenn der ihr zugrundeliegende, in das Optionspreismodell einzugebende Parameter um eine unendlich kleine Einheit verändert wird. Anschaulich zu interpretieren sind die Kennzahlen, wenn sie ausdrücken, um wieviel Einheiten sich der Faire Wert des Optionsrechts ändert, wenn der zu untersuchende Parameter um eine nachvollziehbare Einheit variiert wird.

Während die einfache Sensitivitätsanalyse die Auswirkungen der Veränderung *eines einzigen Einflußfaktors* auf den Fairen Wert eines Optionsrechts untersucht und dabei alle übrigen Faktoren konstant hält, wird auf einer höhren Stufe analysiert, wie sich die *simultane Veränderung mehrerer oder aller Einflußfaktoren* auf den Fairen Wert des zu untersuchenden Optionsrechts auswirkt.

Fallstudie 9.1 Parameter der Optionsscheine, die den Fallstudien in Kapitel 9 zugrundeliegen

Herleitung und Aussagekraft der Sensitivitätskennziffern werden an den Optionsrechten der *Fallstudie 6.1 und 6.2* demonstriert. Diese Optionsscheine haben die folgenden Parameter:

Preis des Basisobjekts im Bewertungszeitpunkt: S_0 = 200,00
Ausübungspreis des Optionsscheins: B = 200,00
Volatilität: σ = 30 %
stetiger Zinssatz für risikolose Kapitalanlagen: r_s = 4,3760 % p.a.
Restlaufzeit des Optionsscheins: t = 1 Jahr

9.2 Die Abhängigkeit des Fairen Werts von einem Einflußfaktor

9.2.1 Basisobjektkurs

Das aus der Entwicklung des Basisobjektkurses resultierende Verhalten des Fairen Wert eines Optionsrechts steht im Zentrum des Interesses privater Investoren.

9.2.1.1 Innerer Wert

Ohne Berücksichtigung des Zeitwerts wäre die Sensitivität des Optionswerts in Abhängigkeit vom Basisobjektkurs einfach zu bestimmen:
- Im gesamten *out-of-the-money-Bereich* wäre das Optionsrecht wertlos, unabhängig davon, wie sich der Basisobjektkurs ändert.
- Sobald das Optionsrecht *ins Geld* käme, würde die Größe des Fairen Wertes in absoluten Beträgen exakt dem Preis des Underlying folgen.

Der Faire Wert des Optionsrechts würde seinem inneren Wert entsprechen (Abbildungen 1.5 und 1.6).

9.2.1.2 Zeitwert

Zusätzlich zum inneren Wert hat das Optionsrecht jedoch einen Zeitwert für die Vorteile, die der Optionsinhaber im Vergleich zum Eigentümer des Basisobjekts genießt.

Der *Absicherungseffekt* ist bei den am Geld stehenden Call- und Put-Optionsrechten am größten. Bereits eine kleine Bewegung des Underlying-Preises in die erwartete Richtung genügt, damit das at-the-money-Optionsrecht auch in der „Substanz" (= innerer Wert) werthaltig wird. Bei out-of-the-money-Optionsrechten ist dagegen eine größere Änderung des Basisobjektkurses nötig, damit das Optionsrecht überhaupt ausübungswürdig wird. Bewegt sich der Basiswertkurs in die „falsche" Richtung, dann greift das Sicherheitsnetz beim am Geld stehenden Optionsrecht ohne Verzögerung, während das im Geld liegende Optionsrecht der unerwünschten Basiswertkursbewegung bis zum at-the-money-Bereich weitgehend ungeschützt ausgesetzt ist.

Das Call-Optionsrecht verschafft dem Investor den maximal möglichen **Liquiditätsvorteil**, wenn das Optionsrecht am oder im Geld steht. Im out-of-the-money-Bereich kann Liquidität in Höhe des Barwerts des Ausübungspreises, maximal jedoch in Höhe des Underlyingpreises eingespart werden. Im at- und in-the-money-Bereich bleibt der in absoluten Zahlen gemessene Liquiditätsvorteil in Höhe des Barwerts des Ausübungspreises konstant, weil mit steigendem Basisobjektkurs der innere Wert des Optionsrechts bezahlt und finanziert werden muß.

Der Verlauf der Zeitwertkurven von Call- und Put-Optionsrecht in Abbildung 9.1 bestätigt die Überlegungen. Der **Zeitwert** erreicht dort sein **Maximum**, wo der Aktienkurs den Ausübungspreis des Optionsrechts schneidet, weil hier der Absicherungseffekt am größten ist und das aus dem Geld kommende Call-Optionsrecht seinen höchsten Liquiditätsvorteil erreicht.

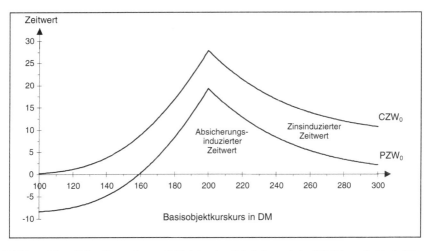

Abbildung 9.1 Zeitwertkurve des am Geld stehenden Call-Optionsscheins (CZW_0) aus Fallstudie 6.1 und des am Geld stehenden Put-Optionsscheins (PZW_0) aus Fallstudie 6.2 in Abhängigkeit vom Basisobjektkurs

Das *Call-Optionsrecht* hat einen im Vergleich zum *Put-Optionsrecht* höheren Zeitwert: Der *Wertunterschied* resultiert aus dem *Liquiditätsvorteil*, den der Inhaber des Call-Optionsrechts, nicht aber der Inhaber des Put-Optionsrechts gegenüber dem Direktinvestor genießt. Der Zeitwert des Put-Optionsrechts wird dort *negativ*, wo der mit der Ausübung verbundene Liquiditätsvorteil mehr bringt als der Wert der Absicherung gegen unerwünschte Kurssteigerungen über den Ausübungspreis hinaus. Für Optionsrechte amerikanischen Typs wird dann die vorzeitige Ausübung interessant.

Die Ausführungen unterstellen in Übereinstimmung mit dem Black-Scholes-Modell, daß dem Eigentümer des Basisobjekts während der Laufzeit des Optionsrechts *keine Erträge* zufließen. Wenn diese Prämisse abgebaut wird, steigt der Zeitwert des Put-Optionsrechts mit steigenden Einnahmen aus dem Underlying, während der Zeitwert des Call-Optionsrechts im gleichen Ausmaß fällt.

Die in Tabelle 9.1 und 9.2 ausgewiesenen inneren Werte, Zeitwerte und Optionswerte resultieren aus der Black-Scholes-Formel, wenn alle Parameter außer dem Basisobjektkurs konstant gehalten werden. In den Abbildungen 9.1, 9.2 und 9.4 ist der jeweilige Verlauf dieser Werte visualisiert.

9.2.1.3 Delta

Die Addition von innerem Wert und Zeitwert bei jedem Basisobjektkurs ergibt den *Optionswert* in Abhängigkeit vom Basisobjektkurs.

Das Verhalten von Delta

Fairer Wert des Optionsrechts und Basisobjektkurs ändern sich nicht in gleichen absoluten Beträgen (Delta in Tabellen 9.1 und 9.2). Diese Erkenntnis erschwert die Anlageentscheidung, denn sie hängt davon ab, wie empfindlich der Wert des zur Anlage vorgesehenen Optionsrechts in der konkreten Situation auf Änderungen des Basisobjektkurses reagiert.

Die Sensitivitätskennziffer Delta erfaßt die absolute Änderung des Fairen Wertes eines Optionsrechts, die sich aufgrund einer Änderung des Basisobjektkurses um eine Geldeinheit, z. B. um 1,00 DM, ergibt.

Infolge des sich verändernden Zeitwerts muß das Call- bzw. das Put-Options-Delta mathematisch von der Kurve *„abgeleitet"* werden, die zustande kommt, wenn die verschiedenen Call- bzw. Put-Optionswerte, die sich infolge variierender Basisobjektkurse aus der Black-Scholes-Formel ergeben, in ein Schaubild eingetragen werden. Die „erste Ableitung" ist mathematisch exakt der Betrag, um den sich der Wert des Optionsrechts ändert (ΔC_0), wenn der Basisobjektpreis um eine unendlich kleine Einheit variiert (ΔS_0). Zeichnerisch läßt sie sich als Steigung oder als Neigungswinkel der jeweils an einer bestimmten Stelle an die Optionswertkurve angelegten Tangente darstellen.

Delta des Call-Optionsrecht: $\quad$ Delta $C_0 = \dfrac{\Delta C_0}{\Delta S_0}$

Delta des Put-Optionsrechts: $\quad$ Delta $P_0 = \dfrac{\Delta P_0}{\Delta S_0}$

Fallstudie 9.1 (a) $\quad$ Ableitung der Delta-Werte

Tabelle 9.1 beinhaltet die Delta-Werte des Call-Optionsrechts, Tabelle 9.2 die Delta-Werte des Put-Optionsrechts. Den dort ausgewiesenen Delta-Werten liegen Basisobjektkursänderungen um 1,00 DM zugrunde. Das wird deutlich bei Änderungen des Basisobjektkurses von 199,50 DM aus 200,50 DM.

Delta-Wert von Call-Optionsrecht und Put-Optionsrecht ergänzen sich beim gleichen Basisobjektkurs in absoluten Zahlen zu 1,00

Aktienkurs	Innerer Wert	Zeitwert	Black-Scholes-Wert	Delta	Gamma
100,00	0,00	0,22	0,22	0,0220	0,0013
120,00	0,00	1,16	1,16	0,0797	0,0041
130,00	0,00	2,18	2,18	0,1271	0,0053
140,00	0,00	3,74	3,74	0,1859	0,0064
160,00	0,00	8,83	8,83	0,3271	0,0075
180,00	0,00	16,89	16,89	0,4779	0,0074
190,00	0,00	22,03	22,03	0,5497	0,0069
199,00	0,00	27,25	27,25	0,6099	0,0064
199,50	0,00	27,5567	***27,5567***	0,6131	0,0064
200,00	***0,00***	27,8641	27,8641	***0,6163***	***0,0064***
200,50	0,50	27,6730	***28,1730***	0,6195	0,0064
201,00	1,00	27,48	28,48	0,6227	0,0064
210,00	10,00	24,33	34,33	0,6767	0,0057
220,00	20,00	21,38	41,38	0,7302	0,0050
240,00	40,00	16,89	56,89	0,8169	0,0037
260,00	60,00	13,89	73,89	0,8791	0,0026
280,00	80,00	11,92	91,92	0,9218	0,0017
290,00	90,00	11,22	101,22	0,9375	0,0014
300,00	100,00	10,67	110,67	0,9503	0,0011

Tabelle 9.1 $\quad$ Delta- und Gamma-Werte des Call-Optionsrechts aus Fallstudie 6.1

Fallstudie 9.1 (b) $\quad$ Ableitung der Delta-Kurven

Die Ableitung der Delta-Kurve aus der Kurve des Call-Optionswerts wird in Abbildung 9.2 an drei Stellen im Großformat demonstriert. Dort ändert sich der Wert des Basisobjekts nicht um eine unendlich kleine Einheit, sondern jeweils um 20,00 DM. Die daraus resultierenden Veränderungen des Optionswerts, geteilt durch 20, werden in Abbildung 9.3 eingetragen sowie in den Fallstudien 9.1 (c) und 9.1 (d) verbal erläutert. Entsprechen wurde die in Abbildung 9.5 eingezeichnete Delta-Kurve von der Kurve des Put-Optionswerts der Abbildung 9.4 abgeleitet.

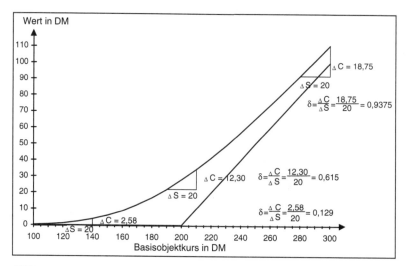

Abbildung 9.2 Black-Scholes-Wert und innerer Wert des Call-Optionsrechts aus Fallstudie 6.1 in Abhängigkeit vom Basisobjektkurs

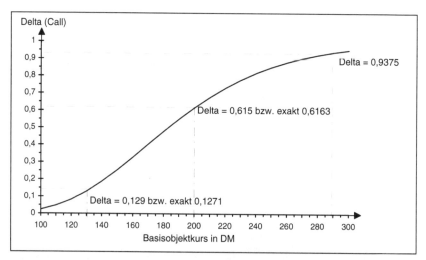

Abbildung 9.3 Delta des Call-Optionsrechts aus Fallstudie 6.1 in Abhängigkeit vom Basisobjektkurs

Die Delta-Kurve des Put-Optionsrechts und die Delta-Kurve des Call-Optionsrechts zeigen den gleichen Verlauf, die Delta-Kurve des Put-Optionsrechts setzt sich allerdings aus negativen Werten zusammen.

Aktienkurs	Innerer Wert	Zeitwert	Black-Scholes-Wert	Delta	Gamma
100,00	100,00	− 8,34	91,66	− 0,9780	0,0013
120,00	80,00	− 7,40	72,60	− 0,9203	0,0041
130,00	70,00	− 6,38	63,62	− 0,8729	0,0053
140,00	60,00	− 4,82	55,18	− 0,8141	0,0064
160,00	40,00	0,27	40,27	− 0,6729	0,0075
180,00	20,00	8,32	28,32	− 0,5221	0,0074
190,00	10,00	13,47	23,47	− 0,4503	0,0069
199,00	1,00	18,69	19,69	− 0,3901	0,0064
199,50	0,50	18,9935	*19,4935*	− 0,3869	0,0064
200,00	0,00	19,3009	19,3009	**− 0,3837**	**0,0064**
200,50	0,00	19,1098	*19,1098*	− 0,3805	0,0064
201,00	0,00	18,92	18,92	− 0,3773	0,0064
210,00	0,00	15,77	15,77	− 0,3233	0,0057
220,00	0,00	12,81	12,81	− 0,2698	0,0050
240,00	0,00	8,33	8,33	− 0,1831	0,0037
260,00	0,00	5,32	5,32	− 0,1209	0,0026
280,00	0,00	3,36	3,36	− 0,0782	0,0017
290,00	0,00	2,66	2,66	− 0,0625	0,0014
300,00	0,00	2,10	2,10	− 0,0497	0,0011

Tabelle 9.2   Black-Scholes-, Delta- und Gamma-Werte des Put-Optionsrechts aus Fallstudie 6.2

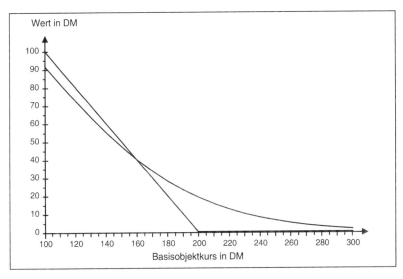

Abbildung 9.4   Black-Scholes-Wert und innerer Wert des Put-Optionsrechts aus Fallstudie 6.2 in Abhängigkeit vom Basisobjektkurs

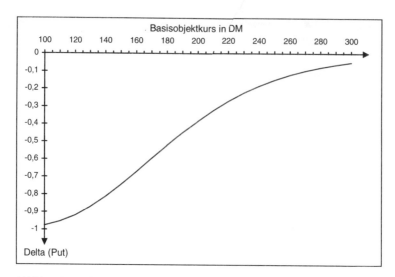

Abbildung 9.5   Delta des Put-Optionsrechts aus Fallstudie 6.2 in Abhängigkeit vom Basisobjektkurs

Die Abbildungen 9.3 und 9.5 zeigen, daß die Delta-Kurve des Put-Optionsrechts nicht anders verläuft als jene des identisch ausgestatteten Call-Optionsrechts, mit dem Unterschied, daß sich die Delta-Kurve des Put-Optionsrechts aus negativen Werten zusammensetzt.

Deutlich wird bei beiden Delta-Kurven die maßgebliche Abhängigkeit von der Moneyness des Optionsrechts:

- Im *out-of-the-money-Bereich* besteht der Optionswert nur aus Zeitwert. Er resultiert allein aus der Hoffnung auf noch während der Optionslaufzeit eintretende Kurssteigerungen des Basisobjekts über den Ausübungspreis hinaus. Aktienkursveränderungen werden nur sehr „gedämpft" an den Optionswert weitergegeben.[1]

  Die Wahrscheinlichkeit des wertlosen Verfalls des Optionsrechts wird um so größer, je weiter sich der Aktienkurs vom Ausübungspreis entfernt. Deshalb geht Delta um so mehr gegen Null, je weiter das Optionsrecht aus dem Geld kommt. Delta weicht nur insoweit von Null ab, als Zeitwert auf- oder abgebaut wird.

---

[1] Vgl. **Mella, Frank (1989)**, S. 746.

Fallstudie 9.1 (c)   Ableitung von Delta im out-of-the-money-Bereich des Call-Optionsrechts der Fallstudie 6.1

Wenn in Abbildung 9.2 der Aktienkurs von   120,00 auf   140,00 = **16,67 %** steigt,
steigt der Wert des Call-Optionsscheins von   1,16 auf   3,74 = **222,40 %**.

Delta (C) = $\frac{3,74-1,16}{140-120}$ = 0,129   [exakt **0,1271** bei S_0 = 130,00 laut Tabelle 9.1]

Der Optionsscheinwert verändert sich also - anschaulich ausgedrückt - um 0,127 DM, wenn der Aktienkurs von 129,50 DM auf 130,50 DM steigt. Trotz der niedrigen absoluten Steigerung bringt der Optionsscheinwert dank seines niedrigen Kapitaleinsatzes eine hohe Performance.

- *Am Geld stehende Optionsrechte* haben ein Delta in der Nähe von 0,5, d. h., ihr Wert bewegt sich etwa halb so stark wie der Kurs ihres Underlying. Dieses Verhalten ist plausibel, stehen doch die Chancen dieser Optionsrechte, am Verfalltag ausgeübt zu werden, auf Messers Schneide.

Fallstudie 9.1 (d)   Ableitung von Delta im at-the-money-Bereich des Call-Optionsrechts der Fallstudie 6.1

Wenn in Abbildung 9.2 der Aktienkurs von   190,00   auf 210,00 = **10,5 %** steigt,
steigt der Optionsscheinwert von   22,03   auf   34,33 = **55,8 %**.

Delta = $\frac{34,33-22,03}{210-190}$ = 0,615   [exakt **0,6163** bei S_0 = 200,00 laut Tabelle 9.1]

Dem exakten Delta kommt man näher, wenn
der Basisobjektkurs nur um 1,00 DM   von 199,50   auf 200,50 steigt,
dann steigt der Wert des Optionsscheins   von 27,5567 auf   28,1730, also um 0,6163.

- Der Wert *im Geld stehender Optionsrechte* wird durch das Verhalten ihres inneren Wertes dominiert. Dennoch bewegt sich der Faire Wert des Optionsrechts in absoluten Zahlen nicht ganz so stark wie der Basisobjektkurs, weil auch in diesem Bereich infolge der sich mit steigender Moneyness verflüchtigenden Vorteile des Optionsrechts Aufgeld abgebaut wird.

Bei der Interpretation der Black-Scholes-Formel sind wir mit dem Ausdruck $N(d_1)$ bereits auf Delta gestoßen, denn dieser Teil des ersten Terms zur Berechnung des Call-Optionswerts entspricht der Anzahl der Aktien, die leer verkauft werden, um im Portefeuille zusammen mit dem Optionsrecht eine risikolose Position zu schaffen.[2]

---

[2]   Vgl. **Cox, John C. / Rubinstein, Mark (1985)**, S. 205, sowie: Abschnitt 6.3.1.1.

Die genaue Analyse von $N(d_1)$ zeigt eine interessante **Korrelation zwischen Delta und der Wahrscheinlichkeit der Ausübung** des Optionsrechts:

- Ein weit aus dem Geld stehendes Call-Optionsrecht hat ein Delta nahe Null. Die Ausübungswahrscheinlichkeit dieses Optionsrechts ist gering, das Risiko des Stillhalters, vom Inhaber des Optionsrechts in Anspruch genommen zu werden, ist niedrig.[3]

  Mit steigendem Basisobjektkurs wird die Ausübung wahrscheinlicher. Entsprechend steigt das Risiko des Stillhalters eines Call-Optionsrechts, die Basisobjekte liefern zu müssen. Um sich vor dieser Gefahr abzusichern, wird der Stillhalter seinen Aktienbestand entsprechend der steigenden Aktienkurse aufstocken. Bei weit im Geld stehenden Call-Optionsrechten hält er schließlich so viele Basisobjekte im Bestand, daß er die Ansprüche des Optionsinhabers aus seinem Bestand erfüllen kann. Dann ist Delta bei eins angekommen.

  Delta Call = $\frac{\Delta C_0}{\Delta S_0}$ = $N(d_1)$

- Entsprechend ist die Konstellation beim Put-Optionsrecht. Dieses Finanzinstrument kommt allerdings mit steigenden Basisobjektkursen vom in-the-money-Bereich mit einem Delta nahe minus eins in den out-of-the-money-Bereich mit einem Delta nahe Null.

  Deshalb gilt:
  Delta Put = $\frac{\Delta P_0}{\Delta S_0}$ = $N(d_1) - 1$

Fallstudie 9.1 (e)   Ableitung von Delta beim exakt at-the-money stehenden Call-Optionsrecht

Wenn die Aktie bei S_0 = 200 um 1,00 steigt
- ***steigt*** der Call-Optionsschein   um $N(d_1)$ =   0,6163
- ***fällt*** der entsprechende Put-Optionsschein   um $N(d_1) - 1$ = $-$ 0,3837.

Das Delta eines Standard-Optionsrechts bewegt sich stets innerhalb bestimmter Bandbreiten, nämlich
- zwischen Null und plus eins bei Call-Optionsrechten;
- zwischen Null und minus eins bei Put-Optionsrechten.

Eine andere Wertänderung des Optionsrechts führt im Modell sofort zu Arbitragetransaktionen. Die im Modell angenommene Effizienz des Kapitalmarktes ist in Wirklichkeit nicht gegeben. Aus diesem Grund kann es durchaus vorkommen, daß Call-Optionsscheine kurzfristig fallen, wenn ihr Underlying steigt oder daß sich Put-Optionsscheine ein paar Tage in die gleiche Richtung bewegen wie das Basisobjekt.

---

[3] Vgl. o. V. (**1995 b**), S. 50.

Auf solche Ineffizienzen wurde in der Einleitung zur Sensitivitätsanalyse bereits hingewiesen.[4]

Die Anwendbarkeit von Delta

Mit Optionsscheinen läßt sich bei gleichem Kapitaleinsatz sehr viel mehr verdienen als mit dem Underlying. Diese Leistung des Optionsscheins fasziniert; sie in der Entscheidungssituation zu messen, ist aber schwierig. Die von der traditionellen Optionsscheinbewertung angebotenen *Hebelkennzahlen* versagen insbesondere im out-of-the-money-Bereich, weil sie das „Atmen" des Zeitwerts nicht oder nur höchst unzulänglich berücksichtigen, vielmehr eine jeweils gleich starke Bewegung von Optionsscheinpreis und Underlyingpreis unterstellen. Das ist wirklichkeitsfremd, denn der Optionsschein verändert sich eben nicht um eine Mark, sondern nur um Delta, wenn das Basisobjekt um eine Mark steigt oder fällt.[5]

Nach dieser Überlegung ist es nur ein kleiner Schritt zu der Kennzahl, die als *Leverage*[6] oder als Omega[7] bezeichnet wird und die Zwirner als *einzig sinnvolle Ziffer zur Messung der Hebelleistung von Optionsrechten* charakterisiert.[8]

Leverage = Hebel$_{akt}$ · Delta

Formel 9.1   Leverage

Der Leverage gibt an, um wieviel Prozent sich der Wert des Optionsrechts bewegt, wenn der Preis des Underlying um ein Prozent steigt oder fällt.

Fallstudie 9.2   Berechnung des Leverage beim Call-Optionsschein aus Fallstudie 6.1 beim Basisobjektkurs von 200,00

Hebel$_{akt}$ aufgrund Formel 3.10 $= \frac{200}{27,86} = 7{,}18$

Leverage $= 7{,}18 \cdot 0{,}6163 = 4{,}42$

Danach müßte der Preis des Call-Optionsscheins um 4,42 % steigen, wenn der Aktienkurs bei 200,00 DM um 1 % steigt. Demgegenüber ist die vom Hebel$_{akt}$ prognostizierte sieben mal höhere Performance des Optionsscheins im Vergleich zur Direktinvestition viel zu hoch.[9]

---

[4] Vgl. auch Abschnitt 3.4.3.
[5] Vgl. **Bosse, Holger (1996)**, S. 1-2.
[6] Vgl. **Zwirner, Thomas (1994)**, S. 93 - 94.
[7] Vgl. **Doll, Georg Friedrich / Neuroth, Hans Peter (1991)**, S. 177.
[8] Vgl. **Zwirner, Thomas (1994)**, S. 94.
[9] Vgl. Abschnitt 3.3.1.

Wer im Zeitablauf seinen Aktienbestand stets perfekt abgesichert haben möchte, muß sein *Hedge-Portefeuille* ständig dem veränderten Delta anpassen. Die jeweilige Veränderung des Delta ist deshalb für alle wichtig, die ihre Optionsrechte als Absicherungsinstrumente einsetzen.[10]

9.2.1.4 Gamma

Delta verändert sich seinerseits mit dem Basisobjektkurs, indem es entsprechend der Moneyness des Optionsrechts von Null nach +1 bzw. −1 läuft.

> Die Sensitivitätskennzahl Gamma erfaßt die absolute Änderung von Delta, die sich aufgrund einer Änderung des Basisobjektkurses um eine Geldeinheit, z. B. 1,00 DM, ergibt.

So wie Delta von der Optionswertkurve „abgeleitet" wurde, wird Gamma von der Delta-Kurve „abgeleitet". Entsprechend ist Gamma graphisch als Steigung der jeweils an die Delta-Kurve angelegten Tangente zu interpretieren. Da Delta-Call- und Delta-Put-Optionskurve parallel verlaufen und bei jedem Basisobjektkurs die gleiche Steigerung haben, ist die Gamma-Kurve von Call-Optionsschein und - vom Optionsrecht abgesehen - identischem Put-Optionsschein gleich.

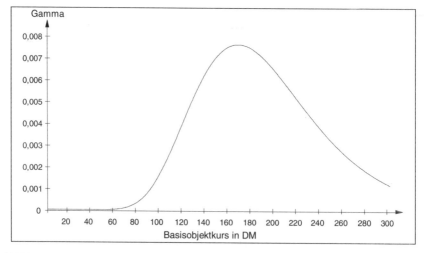

Abbildung 9.6 Gamma des Call- und -Put-Optionsrechts aus Fallstudie 6.1 und 6.2 in Abhängigkeit vom Basisobjektkurs

---

[10] Vgl. **Doll, Georg Friedrich / Neuroth, Hans Peter (1991)**, S. 87.

Gamma ist bei Optionsrechten, die weit aus dem Geld sind, sehr klein. Dort bewegt sich Delta nur wenig über Null und verläuft sehr flach. Es wird jedoch um so steiler, je mehr sich der Kassakurs dem Ausübungspreis nähert. Dort wird also Gamma größer. Das Maximum von Gamma wird erreicht, bevor ein Optionsrecht ins Geld kommt. Von dort aus fällt Gamma wieder, weil Delta mit der Annäherung an 1 bzw. −1 wieder flacher wird, sich dort also nur wenig verändert.

Je empfindlicher Delta reagiert, um so entscheidender wird der weitere Kursverlauf des Basisobjekts für den Erfolg der Optionsscheininvestition. Um so instabiler ist auch ein Delta-Hedge mit Optionsscheinen. Genau diese Instabilität mißt Gamma, das dem Hedger angibt, inwieweit eine Veränderung des Basisobjektkurses das Hedgeportefeuille aus dem Gleichgewicht bringt und damit die Risikoneutralität verletzt. Je größer Gamma ist, um so wichtiger ist es für Stillhalter, ihre delta-gehedgten Positionen anzupassen.[11]

9.2.2 Zinssatz für risikolose Kapitalanlagen

Der Zinssatz für risikolose Kapitalanlagen hat bei der Berechnung des Fairen Werts eine elementare Bedeutung.

- Wer ein *Call-Optionsrecht* erwirbt, sichert sich während der Laufzeit der Option einen Liquiditätsvorteil gegenüber dem Erwerber des Underlying in Höhe des Basisobjektpreises, maximal allerdings in Höhe des Ausübungspreises.
- Der Käufer eines *Put-Optionsrechts* könnte alternativ das Basisobjekt verkaufen und den Verkaufserlös zinsbringend bis zu dem Zeitpunkt anlegen, in dem das Optionsrecht auszuüben wäre.
- Mit steigendem Zinssatz erhöht sich in den auf dem Duplikationsportefeuille basierenden Gleichgewichtsmodellen der *Erwartungswert des Basisobjektkurses* am Ende der Laufzeit des Optionsrechts. Entsprechend wirkt eine Erhöhung des risikolosen Zinssatzes auf den
  - Call-Optionsschein werterhöhend,
  - Put-Optionsschein wertsenkend.
- Die durch die Zinssatzänderung induzierte Bewegung des Optionswerts wird durch die Auswirkung auf den Erwartungswert des Basisobjektkurses um so stärker ausfallen, je weiter das Optionsrecht ins Geld kommt. So ist es zu erklären, weshalb Rho mit der Moneyness des Optionsrechts steigt.
- Bei einem Zinssatz für risikolose Kapitalanlagen von Null hat der Zeitwert von Call-Optionsrecht und sonst identischem Put-Optionsrecht die gleiche Höhe, da der Zeitwert dann nur noch die absicherungsinduzierte Komponente enthält und der

---

[11] Vgl. **Loistl, Otto (1992)**, S. 391.

Erwartungswert des Basisobjektkurses bei Verfall des Optionsrechts gleich dem Basisobjektkurs im Bewertungszeitpunkt ist.

> Die Sensitivitätskennziffer Rho erfaßt die absolute Änderung des Optionswerts, die sich aufgrund der Änderungen des risikolosen Zinssatzes um eine Einheit, z. B. um einen Prozentpunkt, ergibt.

$$\text{Rho}(C_0) = \frac{\Delta C_0}{\Delta r} \qquad \text{Rho}(P_0) = \frac{\Delta P_0}{\Delta r}$$

r in %	$S_0 = 160$		$S_0 = 200$		$S_0 = 240$		$S_0 = 200$	
	C_0	Rho	C_0	Rho	C_0	Rho	P_0	Rho
0,000	7,07	0,372	**23,85**	0,881	50,88	1,353	**23,85**	−1,072
4,473	8,83	0,416	**27,86**	**0,913**	56,89	1,332	19,30	−0,919
5,473	9,25	0,426	28,78	0,919	58,22	1,326	18,40	−0,879
10,000	11,28	0,467	32,98	0,936	64,15	1,291	14,80	−0,716

Tabelle 9.3 Black-Scholes-Werte der Optionsrechte aus Fallstudie 6.1 und 6.2 in verschiedenen Basisobjektkurs-Szenarien in Abhängigkeit von Änderungen des Zinssatzes für risikolose Kapitalanlagen

9.2.3 Volatilität

Großen Einfluß auf den Wert des Optionsrechts hat die Volatilitätsziffer.

> Die Sensitivitätskennziffer Vega, gelegentlich auch als Kappa oder Epsilon bezeichnet, erfaßt die absolute Änderung des Optionsscheinwerts, die sich aufgrund der Änderungen der Volatilität um eine Einheit, z. B. einen Prozentpunkt, ergibt.

$$\text{Vega}(C) = \frac{\Delta C_0}{\Delta \sigma} \qquad \text{Vega}(P) = \frac{\Delta P_0}{\Delta \sigma}$$

Steigende Volatilitätsziffern führen bei Call- und Put-Optionsrechten zu höheren Werten, und zwar unabhängig von der Moneyness des Optionsscheins (Tabelle 9.4 und Abbildung 9.7). Das ist zunächst insoweit verwunderlich als die Volatilität nichts über den Trend des Basisobjektkurses aussagt, sondern nur über die Verteilung der relativen Kursveränderungen um deren Mittelwert. Eine höhere Volatilität des Basisobjektkurses erhöht deshalb nicht nur die Wahrscheinlichkeit einer stark positiven Entwicklung, sondern zugleich die Wahrscheinlichkeit eines stark negativen Verlaufs. Die Volatilität liefert demnach keine Informationen darüber, ob die Wette gewonnen oder verloren wird, sondern über die Beträge, um die gespielt wird.[12]

---

[12] Vgl. **Pilz, Olaf (1994)**, S. 14.

Genau diese Konstellation verdeutlicht die Attraktivität des Optionsrechts. Während beim *Futures-Kontrakt* mit der Volatilität zugleich Chancen und Risiken steigen, verbessern sich beim *Optionsrecht* allein die Chancen, die höheren Risiken werden durch Verzicht auf Ausübung eliminiert. Infolgedessen schlägt sich im aus steigender Volatilität resultierenden höheren Optionswert sowohl die Chance auf höhere Gewinne als auch die Absicherung gegen das Risiko höherer Verluste nieder.

In Crash-Situationen profitieren Optionsscheine von diesem Effekt: Dank der mit einem Kurssturz der Aktien einhergehenden Volatilitätssteigerung baut der Optionsschein absicherungsinduzierten Zeitwert auf und kompensiert so zumindest einen Teil des aus der Entwicklung des Underlyingkurses resultierenden Kursverlustes.

Volatilität	$S_0 = 160$		$S_0 = 200$		$S_0 = 240$		$S_0 = 200$	
	C_0	Vega	C_0	Vega	C_0	Vega	P_0	Vega
0	0,00	0,000	8,56	0,000	48,56	0,000	0,00	0,000
5	0,00	0,001	9,59	0,531	48,56	0,000	1,03	0,531
10	0,25	0,140	12,82	0,708	48,65	0,067	4,26	0,708
20	3,52	0,465	20,24	0,758	51,32	0,449	11,68	0,758
29	8,26	0,571	27,10	0,764	56,26	0,624	18,54	0,764
30	**8,83**	**0,577**	**27,86**	**0,764**	**56,89**	**0,636**	**19,30**	**0,764**
31	9,41	0,583	28,63	0,764	57,53	0,648	20,06	0,764
40	14,85	0,619	35,49	0,761	63,70	0,714	26,93	0,761
50	21,13	0,635	43,06	0,754	71,04	0,748	34,50	0,754

Tabelle 9.4 Black-Scholes-Werte der Optionsrechte aus Fallstudie 6.1 und 6.2 in verschiedenen Basisobjektkurs-Szenarien in Abhängigkeit von Änderungen der Volatilität des Basisobjektkurses

Nach diesen Überlegungen werden die sich aus niedrigen Volatilitätsziffern der Abbildung 9.7 ergebenden Optionsscheinwerte plausibel:

- Bei einer *Volatilität nahe Null* haben *Call-Optionsrechte* einen *Zeitwert* in Höhe ihres Zinsvorteils, denn die Absicherung eines Vermögenswertes, dessen Preis nicht schwankt, ist wertlos.

  - Wer statt des Basisobjekts ein exakt *am Geld* stehendes Call-Optionsrecht erwirbt, hat einen Liquiditätsvorteil in Höhe von $B - \frac{B}{(1+r)^t}$.

  - *Im Geld* stehende Call-Optionsrechte haben einen Black-Scholes-Wert in Höhe ihres inneren Wertes zuzüglich ihres Zinsvorteils gegenüber der Direktanlage im Basisobjekt.

  - *Aus dem Geld* stehende Call-Optionsrechte verbriefen einen Fairen Wert in Höhe ihres Zinsvorteils im Vergleich zur Direktanlage abzüglich der Differenz zwischen Ausübungspreis des Optionsrechts und aktuellem Basisobjektpreis. Wenn diese Differenz größer ist als der Zinsvorteil, stellt sich der Anleger - noch immer die Volatilität Null unterstellt - besser, wenn er direkt in das Basisobjekt investiert.

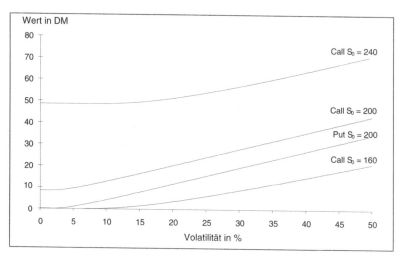

Abbildung 9.7 Black-Scholes-Wert der Optionsrechte aus Fallstudie 5.1 und 6.2 in verschiedenen Basisobjektkurs-Szenarien in Abhängigkeit von Änderungen der Volatilität des Basisobjektkurses

- **Put-Optionsrechte** haben bei einer **Volatilität von Null** einen Fairen Wert in Höhe ihres inneren Wertes abzüglich ihres Zinsnachteils gegenüber der Direktanlage.

Basisobjektkurs S_0	Call-Optionsscheinwert C_0	Put-Optionsscheinwert P_0
240,0000	48,5632	0,0000
200,0000	8,5632	0,0000
199,0000	7,5632	0,0000
193,0000	1,5632	0,0000
192,0000	0,5632	0,0000
191,5000	0,0632	0,0000
191,4368	0,0000	0,0000
191,4000	0,0000	0,0368
191,0000	0,0000	0,4368
190,0000	0,0000	1,4368

Tabelle 9.5 Black-Scholes-Werte der Optionsrechte aus Fallstudie 6.1 und 6.2 in Abhängigkeit vom Basisobjektkurs bei einer Volatilität von (nahe) Null

9.2.4 Restlaufzeit des Optionsrechts

Der Optionsschein verbrieft ein Recht, das wegen seiner zeitlichen Begrenzung permanent an Wert verliert. Verursacht wird der Wertverlust durch die mit der Restlaufzeit abnehmenden Chancen auf eine für den Optionsscheininvestor günstige Entwicklung sowie beim Call-Optionsschein durch den mit der Restlaufzeit kleiner werdenden Liquiditätsvorteil. Mit Verfall des Optionsrechts muß der Zeitwert auf Null abgebaut sein. Dieser automatisch eintretende Zeitwertverfall wird durch Theta beschrieben.

Das Optionstheta ist als negative Ableitung des Optionswerts nach der Restlaufzeit definiert.

Theta gibt den Betrag an, um den der Faire Wert des Optionsrechts sinkt, wenn die Restlaufzeit des Optionsrechts um eine Einheit, z. B. einen Tag (= Tagestheta) oder eine Woche (= Wochentheta), zurückgeht.

Restlaufzeit in Tagen	C_0 bei $S_0 = 160$	Theta pro Tag	C_0 bei $S_0 = 200$	Theta pro Tag	C_0 bei $S_0 = 240$	Theta pro Tag	P_0 [1] $S_0 = 200$	Theta pro Tag
720	18,75	– 0,025	41,24	– 0,032	70,73	– 0,034	24,48	– 0,010
361	8,86	– 0,029	27,91	– 0,043	56,93	– 0,043	19,32	– 0,020
360	8,83	– 0,029	27,86	– 0,043	56,89	– 0,043	19,30	– 0,020
359	8,80	– 0,029	27,82	– 0,043	56,84	– 0,043	19,28	– 0,020
180	3,43	– 0,029	18,96	– 0,057	48,42	– 0,051	14,64	– 0,034
150	2,55	– 0,028	17,16	– 0,061	46,87	– 0,051	13,55	– 0,039
90	0,95	– 0,023	13,01	– 0,076	43,70	– 0,053	10,84	– 0,054
30	0,03	– 0,004	7,27	– 0,125	40,84	– 0,036	6,54	– 0,104
10	0,00	– 0,000	4,11	– 0,211	40,24	– 0,025	3,87	– 0,192
5	0,00	– 0,000	2,88	– 0,301	40,12	– 0,024	2,76	– 0,286
0	0,00	– 0,000	0,00	– 0,000	40,00	– 0,005	0,00	0,000

Anmerkung: [1] Black-Scholes-Wert (europäisch)

Tabelle 9.6   Black-Scholes-Werte und Zeitwertverfall der Optionsrechte aus Fallstudie 6.1 und 6.2 in verschiedenen Basisobjektkurs-Szenarien in Abhängigkeit von der Laufzeit des Optionsrechts

Aus Tabelle 9.6 - ergänzt um weitere S_0-Werte - lassen sich die in Abbildung 9.8 enthaltenen Kurven des Wertes des Call-Optionsrechts aus Fallstudie 6.1 bei einer Restlaufzeit von 720, 360 und 90 Tagen ableiten.

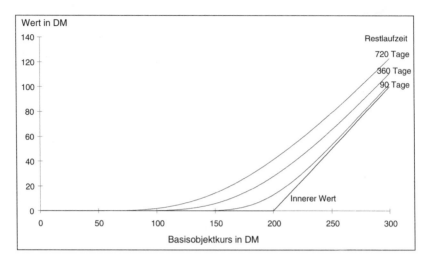

Abbildung 9.8 Black-Scholes-Wert des Call-Optionsrechts aus Fallstudie 6.1 in Abhängigkeit vom Basisobjektkurs bei einer Restlaufzeit von 720 Tagen, 360 Tagen und 90 Tagen

Noch deutlicher wird der mit abnehmender Restlaufzeit der Optionsrechte sinkende Zeitwertverlust, wenn der Zeitwertverlust direkt in Abhängigkeit von der Restlaufzeit dargestellt wird (Abbildung 9.9).

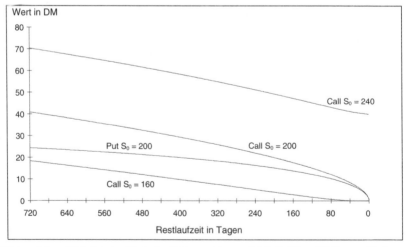

Abbildung 9.9 Black-Scholes-Werte der Optionsrechte aus Fallstudie 6.1 und 6.2 in verschiedenen Basisobjektkurs-Szenarien in Abhängigkeit von der Restlaufzeit der Optionsscheine

Der Zeitwert und damit der gesamte Wert des Optionsrechts nimmt keineswegs linear mit der Restlaufzeit ab (Abbildung 9.9). Die Intensität des Zeitwertverfalls hängt vielmehr primär von der Moneyness des Optionsrechts ab:

- Bei *im* und *aus dem Geld liegenden Call-Optionsscheinen* gehen die Zeitwertkurven während des gesamten Laufzeitenbereichs kontinuierlich zurück und laufen langsam aus.

- Der Zeitwert des *am Geld stehenden Call-Optionsscheins* bildet sich im Bereich langer Restlaufzeiten etwa im gleichen Ausmaß zurück wie die im und die aus dem Geld stehenden Call-Optionsscheine. Bei einer Restlaufzeit von etwa 180 Tagen ist der Zeitwert des am Geld stehenden Call-Optionsscheins im Vergleich zu den beiden anderen Call-Optionsscheinen noch recht hoch, weil die Chancen, mit diesem Optionsschein ins Geld zu kommen, sehr groß sind. Dennoch ist der Zeitwert auch dieses Optionsscheins gleich Null, wenn sich bis zum Ende der Laufzeit des Optionsscheins keine steigenden Kurse des Underlying ergeben haben. Deshalb geht der Wert des am Geld liegenden Call-Optionsscheins insbesondere in den letzten beiden Monaten dramatisch zurück.[13]

- Die Zeitwertkurven von *Call- und Put-Optionsschein* unterscheiden sich um den Ertrag aus dem Liquiditätsvorteil, den der Call-, nicht aber der Put-Optionsschein enthält. Aus diesem Grund verläuft die Call-Optionsscheinkurve um den Abbau des Ertrags aus dem Liquiditätsvorteil steiler als die Put-Optionsscheinkurve.

Fallstudie 9.3   Der aus dem Liquiditätsvorteil resultierende höhere Wert des Call-Optionsrechts im Vergleich zum Put-Optionsrecht

In Tabelle 9.6 beginnt der Wert des am Geld stehenden Call-Optionsscheins bei einer Restlaufzeit von 720 Tagen mit einem Betrag von 41,24 DM, der um den Barwert des Zinsertrages aus dem Liquiditätsvorteil höher ist als der Put-Optionsschein in Höhe von 24,48 DM.

Liquiditätsvorteil des am Geld stehenden Call-Optionsscheins

$$LV = B - \frac{B}{(1+r)^t} = 200 - \frac{200}{(1{,}04473)^2} = 16{,}76 \text{ DM}$$

dabei gilt:

Ausübungspreis von Call- und Put-Optionsschein:	B =	200,00
Restlaufzeit von Call- und Put-Optionsschein:	t =	2 Jahre
Zinssatz für risikolose Kapitalanlagen:	r =	0,04473 p.a.

---

[13] Vgl. **Doll, Georg Friedrich / Neuroth, Hans Peter (1991)**, S. 228.

9.3 Die Abhängigkeit des Fairen Werts von zwei Einflußfaktoren

9.3.1 Basisobjektkurs und Volatilität

Eine *Änderung der Volatilität* verändert nicht nur den Wert von Call- und Put-Optionsrecht, sondern beeinflußt auch Delta.

- So wird sich das Delta eines *in-the-money*-Call-Optionsrechts mit steigender Volatilität verringern, weil das Risiko, aus dem schon sicher geglaubten Ausübungsbereich herauszufallen, dadurch steigt.

- Das Delta von *out-of-the-money*-Optionsrechten steigt mit der Volatilität, weil die Chancen des Investors, mit seinem gedanklich schon abgeschriebenen Optionsrecht doch noch ins Geld zu kommen, steigen.

- Das Delta von *am Geld* stehenden Optionsrechten bleibt von einer Volatilitätsänderung weitgehend unberührt. Da dieses Optionsrecht auf der Kippe steht zwischen in- und out-of-the-money-Bereich, ist es für dessen Wert weniger von Bedeutung, wie hoch das Schwankungspotential des Underlying eingeschätzt wird. Ihm genügt bereits eine kleine Kursbewegung, um ins Geld zu kommen.

So wird verständlich, weshalb in Abbildung 9.10 die Delta-Kurve eines Optionsrechts mit hoher Volatilität (45 %) flacher verläuft als die Delta-Kurve eines Optionsrechts mit einem weniger volatilen Underlying. Je niedriger die Volatilität eines Optionsrechts ist, in um so weiteren Bereichen des Underlyingkurses hält sich sein Delta bei 0 bzw. bei ± 1.

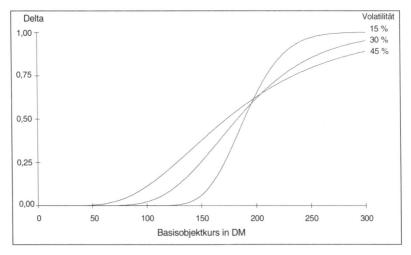

Abbildung 9.10 Delta des Call-Optionsrechts aus Fallstudie 6.1 bei einer Volatilität von 15 %, von 30 % und von 45 %

Im Hinblick auf steigende Volatilitäten sollten tendenziell out-of-the-money-Optionsrechte gewählt werden. Mit im Geld stehenden Optionsrechten läßt sich das Risiko sinkender Volatilitäten minimieren.

9.3.2 Basisobjektkurs und Restlaufzeit

Ähnlich wie sinkende Volatilität wirkt die abnehmende Restlaufzeit auf Delta.

- Für ein *aus dem Geld* liegendes Optionsrecht schwindet mit dessen Restlaufzeit die Hoffnung, doch noch ins Geld zu kommen. Demzufolge wird Delta mit abnehmender Restlaufzeit in einem immer größeren Bereich bei Null verharren.

- Bei *in-the-money*-Optionsrechten wird das Risiko, im out-of-the-money-Bereich zu enden, immer geringer bewertet, je näher der Verfalltag rückt. Gegen Ende der Laufzeit wird sich Delta von + 1 bzw. − 1 kaum entfernen, selbst wenn sich das Optionsrecht dem at-the-money-Bereich nähert.

- Lediglich bei Optionsrechten, die *am Geld* stehen, bleibt es bis zuletzt spannend, ob das Optionsrecht wertlos ausläuft oder mit Gewinn ausgeübt werden kann. Deshalb bleibt Delta „*bis zur logischen Sekunde des Verfalltermins selbst recht konstant,*"[14] nämlich in der Nähe von 0,5.

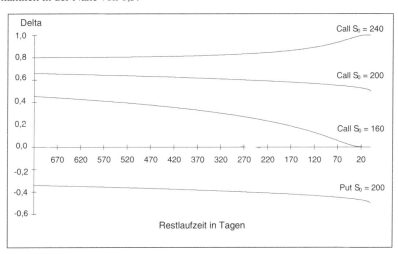

Abbildung 9.11 Delta des Call- und des Put-Optionsrechts aus Fallstudie 6.1 und 6.2 in verschiedenen Basisobjektkurs-Szenarien in Abhängigkeit von der Restlaufzeit des Optionsrechts

---

[14] **Konjetzky, Helmut (1993)**, S. 152.

Aus diesem Grund wird die Delta-Kurve in Abbildung 9.12 mit kürzer werdenden Laufzeiten im at-the-money-Bereich immer steiler, die Gamma-Kurve dort immer enger und spitzgipfliger.

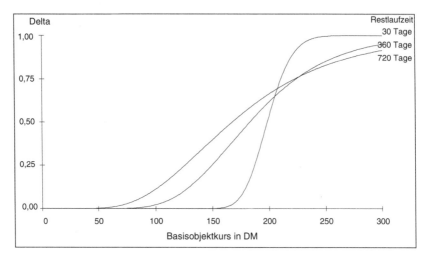

Abbildung 9.12   Delta des Call-Optionsrechts aus Fallstudie 6.1 bei einer Restlaufzeit von 720 Tagen, von 360 Tagen und von 30 Tagen

Bei am Geld stehenden Optionsrechten mit kurzen Restlaufzeiten unterliegt Delta sehr starken Schwankungen.

9.4   Simultane Änderung aller Einflußfaktoren

Exemplarisch wurde erläutert, wie der Optionswert reagiert, wenn sich zwei Parameter gleichzeitig ändern. Das nachzuvollziehen war nicht einfach. Einen dritten sich gleichzeitig ändernden Faktor einzubeziehen, bedeutet, daß die Untersuchung für eine sinnvolle Auswertung zu komplex wird. In der Wirklichkeit ändern sich jedoch in kürzester Zeit nicht nur drei, sondern eine große Zahl von Faktoren, die alle den Preis eines Optionsrechts beeinflussen.

Unter diesen Voraussetzungen bleibt dem Investor, der die künftige Entwicklung des Optionspreises prognostizieren will, nicht anderes übrig, als seine Erwartungen in ein persönliches Szenario einzubringen. Zwei weitere Szenarien könnten mehr oder weniger große Befürchtungen des Investors widerspiegeln.

Wer die Wirklichkeit zuverlässig prognostizieren will, muß alle Faktoren, die den Preis des Optionsrechts zu beeinflussen vermögen, in seine Zukunftsszenarien aufnehmen. Dazu gehören nicht nur die Parameter des Black-Scholes-Modells, sondern auch die in modifizierten Konzeptionen aufgenommenen Faktoren, wie die laufenden Erträge des Basisobjekts oder die Ausübungsprämie.

Für Investoren ist das Zukunftsszenario nur ein Zwischenziel auf dem Weg zur Prognose der Performance aus der zur Entscheidung anstehenden Investition. Die Performance einer Kapitalanlage hängt aber von weiteren Faktoren, insbesondere beispielsweise den Transaktionskosten ab.

Fallstudie 9.4 „Persönliche Worst-Case-Szenarien"

Um einen Eindruck zu vermitteln, wie ein Zukunftsszenario aussehen und aufbereitet werden könnte, werden die Ausführungen über die Sensitivitätsanalyse mit dem Beispiel „Persönliche Worst-Case-Szenarien"[15] für den Call-Optionsschein aus Fallstudie 6.1 in drei Ausgangskonstellationen abgeschlossen.

Optionsschein	Basisobjekt-kurs S_0	Restlaufzeit in Tagen	Zinssatz für risikolose Anlagen	Volatilität	Optionsschein-preis C_M
Call am Geld	200,00	360	4,473	30	27,86
Call im Geld	240,00	360	4,476	30	56,89
Call aus dem Geld	160,00	360	4,473	30	8,83

Tabelle 9.7 Ausgangskonstellation der „Persönlichen Worst-Case-Szenarien"

Mit seinem „Persönlichen Worst-Case-Szenario" will sich der Anleger Vorstellungen darüber verschaffen, wie sich der Wert des Optionsscheins verändert, wenn sich sowohl Basisobjektkurs und Zinssatz für risikolose Kapitalanlagen als auch Volatilität und Restlaufzeit des Optionsscheins jeweils um eine von ihm subjektiv definierte Einheit *in die „falsche" Richtung verändern*.

Die *„Einheit"*, mit der die optionswertbestimmenden Faktoren geändert werden, ist willkürlich definiert. Bei S_0 hält der Anleger subjektiv eine Kurssenkung um 1 DM für gleich wahrscheinlich wie eine Volatilitätssenkung um 1 %-Punkt und eine Zinssenkung um 0,1 %-Punkte. Gleichfalls willkürlich gewählt für das „Persönliche Worst-Case-Szenario" ist die Minderung der Restlaufzeit des Optionsscheins um 1 Tag.

Berechnet wird der Wert des Optionsscheins im „Persönlichen Worst-Case-Szenario", wenn unabhängig voneinander
- der Basisobjektkurs um 1 DM von 200/240/160 auf 199/239/159 DM sinkt = **Delta** (Spalte 2)
- die Volatilität um 1 %-Punkt von 30 auf 29 % fällt = **Vega** (Spalte 3)
- der Zinssatz um 0,1 %-Punkt von 4,473 auf 4,373 % sinkt = **Rho** (Spalte 4)
- die Restlaufzeit um 1 Tag von 360 auf 359 Tage zurückgeht = **Theta** (Spalte 5)

---

[15] Vgl. **Jögel, Joachim / Möck, Carmen (1995)**, S. 47 - 48, S. 85 - 90.

Call	1 C_M	2 Delta	3 Vega	4 Rho	5 Theta	6 2+3+4+5	7 $1-6=C_1$	8 Prüf-C_1
am Geld	27,86	0,6163	0,764	0,0913	0,043	1,5143	26,3498	26,35
im Geld	56,89	0,8169	0,631	0,1332	0,043	1,6246	55,2665	55,26
aus dem Geld	8,83	0,3271	0,574	0,0416	0,029	0,9699	7,8622	7,86

Anmerkung: C_1 = Summe aller isoliert voneinander eintretenden Änderungen
Prüf-C_1 = Wert des Optionsscheins mit den Parametern nach Eintritt des „Persönlichen Worst-Case-Szenarios".

Tabelle 9.8 Von den Ausgangskonstellationen zu C_M, den „Persönlichen Worst-Case-Szenarien" (Prüf-C_1)

Die aus der negativen Entwicklung jeweils eines einzigen Parameters resultierende Minderung des Optionsscheinwerts (Spalte 2 bis 5 der Tabelle 9.8) wird in Abbildung 9.13 in Beziehung gesetzt zur Summe der Wertänderung (Spalte 6 der Tabelle 9.8). Das Ergebnis ist in der konkreten Situation der relative Einfluß eines jeden Parameters auf den Optionsscheinwert. Der auf diesem Weg ermittelte und in Spalte 7 der Tabelle 9.8 ausgewiesene Worst-Case-Optionsscheinwert C_1 weicht vom in Spalte 8 enthaltenen Optionsscheinwert „Prüf-C_1" ab. Zu erklären ist diese Abweichung mit den verschiedenen Berechnungsmethoden, denn beim nach Eintritt des „Persönlichen Worst-Case-Szenarios" errechneten Prüf-C_1 wird nicht die isolierte Veränderung eines jeden Parameters, sondern die simultane Veränderung aller Parameter unterstellt.

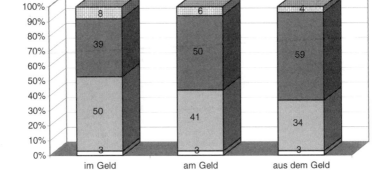

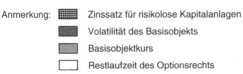

Anmerkung: Zinssatz für risikolose Kapitalanlagen
Volatilität des Basisobjekts
Basisobjektkurs
Restlaufzeit des Optionsrechts

Abbildung 9.13 Einflußanteile der Black-Scholes-Parameter auf den Wert von Optionsscheinen mit verschiedener Moneyness im „Persönlichen Worst-Case-Szenario"

Für den Investor gehört die Sensitivitätsanalyse, dank der Möglichkeit, sie zukunftsorientiert einzusetzen, zu den wichtigsten Hilfsmitteln bei der Auswahl des im Hinblick auf seine Erwartungen und Befürchtungen günstigsten Optionsrechts. Die Aussagekraft der Sensitivitätsanalyse ist allerdings insoweit eingeschränkt, als es kaum möglich ist, zu erfassen, was sich ergibt, wenn sich mehr als zwei Einflußfaktoren gleichzeitig kontinuierlich ändern. Der Ausweg, die Sensitivitätsanalyse auf einige zeitpunktbezogene Zukunftsszenarien zu beschränken, kann kaum voll befriedigen, weil es großer Zufall wäre, wenn auch nur eine einzige künftige Konstellation in einem solchen Szenario exakt vorweggenommen werden könnte.

10 Der Weg zur geeigneten Optionsscheininvestition

Im letzten Kapitel zur Bewertung von Optionsrechten werden die Aktivitäten eines Optionsscheininvestors von der Idee zum Erwerb eines Optionsscheins bis zur Veräußerung des Papiers zusammenfassend beschrieben.

Anmerkung zu den Fallstudien in Kapitel 10:
Abweichend von den bisher ausgeführten Fallstudien werden die Fallstudien in Kapital 10 mit 1 Jahr = 365 Tagen bzw. 366 Tage geteilt durch 365 Tage gerechnet.

10.1 Der Anleger und sein Investitionsziel

Der Weg zur geeigneten Optionsscheininvestition beginnt mit der Frage nach dem *Investitionsziel*, denn was für alle Kapitalanlagen gilt, gilt auch für den Optionsschein: Nicht jede Kapitalanlage paßt zu jedem Kapitalanleger.

Mit einem Optionsschein erwirbt der Anleger die Chance auf Gewinne, die ein Vielfaches des Kapitaleinsatzes betragen. Für Optionsscheine mit für den Käufer attraktivem Gewinn-Verlust-Profil sind nur Stillhalter zu finden, wenn stochastische Erkenntnisse darauf hinzudeuten scheinen, daß der hohe Gewinn mit einer entsprechend niedrigen Wahrscheinlichkeit eintritt.

Das ist nicht anders am Roulette-Tisch: Wer auf Zahl setzt, erhält das 35-fache des eingesetzten Betrages ausbezahlt, wenn seine Zahl kommt. Auf ein Spiel mit einem derart einseitigen Gewinn-Verlust-Profil zugunsten des Spielers läßt sich die Spielbank nur ein, weil sie auf eine entsprechend einseitige Wahrscheinlichkeitsverteilung bei der Ausspielung - zu ihren Gunsten - vertraut. So ist die Wahrscheinlichkeit, daß eine bestimmte Zahl gespielt wird, 1 : 37. Der Vergleich von Roulette und Optionsschein ist allerdings insoweit zu relativieren, als strittig ist, inwieweit die wissenschaftlich fundierten Erkenntnisse der Stochastik auch auf die Bewertung von Optionsscheinen übertragbar sind.

Für Privatanleger ist dieser Streit zweitrangig, sie sollten vielmehr pragmatisch die Erfahrungen von Optionsscheininvestoren nutzen. Diese Erfahrungen scheinen die Übertragbarkeit stochastischer Erkenntnisse auf das Optionsscheingeschäft zu bestätigen, denn die meisten Käufer von Standard-Optionsscheinen geben zu, mit ihren Erwartungen hinsichtlich der Kursentwicklung des Optionsscheins häufiger falsch als richtig gelegen zu haben.

Diese Feststellung sagt nichts über den Anlageerfolg des Optionsscheininvestors aus und ist schon gar nicht mit der oft gehörten Meinung gleichzusetzen, Optionsscheinkäufer stünden stets auf der Verliererseite. Sie scheint aber zu bestätigen, daß das aus Sicht des Käufers einseitig attraktive Gewinn-Verlust-Profil durch die Wahrscheinlichkeit, öfter zu verlieren als zu gewinnen, ausgeglichen wird. Dabei hängen Gewinn- und Verlust-Profil einerseits und Wahrscheinlichkeitsprofil andererseits von Ausstattung und Umfeld des Optionsrechts ab. So haben out-of-the-money-Optionsscheine ein aus Sicht des Anlegers attraktiveres Gewinn-Verlust-Profil, aber auch ein ungünstigeres Wahrscheinlichkeitsprofil als im Geld stehende Optionsscheine.

> Die Attraktivität von Optionsscheininvestitionen kann nur beurteilen, wer die Wahrscheinlichkeit, Gewinne zu erzielen bzw. Verluste zu erleiden, in das Kalkül mit einbezieht.

Aufgrund der begrenzten Laufzeit von Optionsscheinen können Schieflagen von Optionsscheininvestitionen nicht ausgesessen werden, sie werden vielmehr innerhalb der für den Investor subjektiv meist viel zu schnell vergehenden Zeit unerbittlich aufgedeckt. Diese für Anleger und erst recht für deren Berater unangenehme Eigenschaft von Optionsrechten braucht kein Nachteil zu sein, denn sie verbessert die Transparenz eines Portefeuilles.

> Optionsscheine zwingen den Investor zur effizienten Nutzung seines Kapitals.

Wer Optionsscheine erwirbt, muß mit dem Verlust des Optionsscheinpreises rechnen. Für einen Spekulanten mag das bedeuten, sein gesamtes Kapital aufs Spiel zu setzen. Der risikoaverse Anleger wird eine Optionsscheininvestition als Element einer Sicherheitsstrategie verstehen.

> Der Preis des Optionsscheins sollte bei dessen Erwerb in Gedanken entweder als Spielgeld oder als Prämie einer Versicherung, die im Vergleich zur Direktinvestition mögliche Verluste begrenzt, ausgebucht werden.

Optionsscheine bringen jenen Investoren kräftige Gewinne, die kurzfristige heftige Kursschwankungen von Vermögenswerten zu prognostizieren vermögen. Voraussetzung dafür ist, über die aktuelle Situation von Unternehmen, von Volkswirtschaften, Währungen und Rohstoffen informiert zu sein und darüber hinaus die Entwicklung an den Märkten in up-to-date-Medien zu verfolgen. Zusätzlich braucht der Optionsscheininvestor eine ausgeprägte Meinung, die er in seiner Anlagestrategie konsequent umsetzen muß.[1] Der Vollständigkeit halber sei erwähnt, daß auch

---

[1] Vgl. **Lieven, Andreas T. (1991)**, S. B 8.

informierte und entscheidungsfreudige Investoren Verluste einfahren können, denn die Zukunft kann niemand voraussagen.

> Nur der informierte und entscheidungsfreudige Anleger eignet sich als Optionsscheininvestor.

Optionsscheine bieten sich dem Individualisten als Investitionsobjekte an, da sie es ihm ermöglichen, das Chance- und Risiko-Profil eines Wertpapierportefeuilles genau dosiert auf die Bedürfnisse des Anlegers abzustimmen. Optionsscheininvestitionen sind in diesem Fall Teil einer bestimmten Anlagestrategie, die für den Investor auch dann aufgeht, wenn die isoliert betrachtete Optionsscheininvestition mit Verlust abschließt, denn mit der alternativ möglichen Direktinvestition hätte der Investor oft viel höhere Verluste eingefahren.

> Optionsscheine bieten sich dem Kenner zur Feinabstimmung seines Portefeuilles an.

Darüber hinaus kann sich jeder Anleger über Optionsscheine einfach, kostengünstig und mit Sicherheitsnetz in jeder Region der Welt engagieren.

> Optionsscheine liefern den Schlüssel für schwer zugängliche Finanzprodukte.

10.2 Das Umfeld muß stimmen

Typischerweise nehmen die Kursschwankungen mit anhaltend steigenden Kursen ab. Niedrige Volatilitäten und ein nach oben gerichteter Kurstrend sind ein idealer Nährboden für Optionsscheingewinne.

Geht ein derartiges Kurs- und Volatilitätsszenario einher mit einer extrem positiven Marktstimmung, dann wird der antizyklisch agierende Anleger nach *Put-Optionsscheinen* Ausschau halten, um für einen in der Luft liegenden Kursrückschlag gewappnet zu sein. Tritt die Erwartung ein, dann verdient der Put-Optionsscheininvestor sowohl an fallenden Basisobjektkursen als auch an steigenden Volatilitäten.

Call-Optionsscheine bieten sich dagegen an, wenn trotz kontinuierlich gestiegener Kurse die Marktstimmung von Unsicherheit geprägt ist.

Fallstudie 10.1 Ausgangsszenario bei der Auswahl des geeigneten Optionsscheins

Die Aktivitäten des Optionsscheininvestors auf dem Weg zum „richtigen" Optionsschein werden in einer der Wirklichkeit nachgebildeten Fallstudie durchgespielt.

Angenommen wird, ein Anleger sei am Sonntag, dem 28.5.1995, auf die Idee gekommen, Optionsscheine zu erwerben. Dazu veranlaßt habe ihn der Mitte Mai 1995 geschriebene Kommentar in einem ihm am Vortag zugegangenen Optionsscheinheft. Dort wurde nämlich zur aktuellen Situation (Stichtag 15.5.1995) ausgeführt:

Der DAX® hat sich seit seinem Tiefpunkt im April 1995 um mehr als 100 Punkte erholt. „Mit dem Überwinden der 200-Tage-Linie .... scheint erst einmal die Trendwende vollzogen zu sein .... Die Voraussetzungen für eine weiterhin freundliche Tendenz am deutschen Aktienmarkt (sind) derzeit durchaus gut."[2] (Abbildung 10.1) „Die 30-Tage-Volatilität des DAX® sank von 15,0 % auf 11,6 % und erreichte damit das niedrigste Niveau seit 1993."[3]

Dennoch herrscht am Aktienmarkt Unsicherheit. So ist die Put-Call-Ratio, das ist das Verhältnis von Put- zu Call-Optionen an der Deutschen Terminbörse, trotz des vorhergehenden Indexanstiegs „nur unwesentlich gesunken, was ein Indiz für das weiterhin skeptische Stimmungsbild ist."[4] Der DAX® beendete den Parketthandel vom 26.5.1995 um 1,3 % niedriger als am 24.5.1995,[5] der Aufwärtstrend wurde dadurch aber nicht unterbrochen. Aus diesem Grund kann prinzipiell mit weiter steigenden Kursen gerechnet werden.

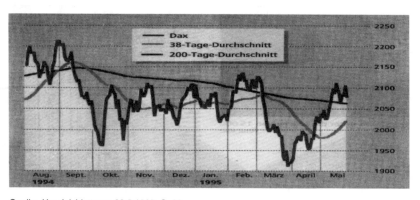

Quelle: *Handelsblatt* vom 29.5.1995, S. 29.

Abbildung 10.1 DAX®-Chart

---

[2] Derivate, Juni 1995, S. 2.

[3] Derivate, Juni 1995, S. 2 und 8. Zum 15.5.1995 weist das *Handelsblatt* eine historische 30-Tage-DAX®-Volatilität von 11,82 % p.a. aus. Vgl. *Handelsblatt* vom 16.5.1995, S. 41.

[4] Derivate, Juni 1995, S. 8.

[5] Vgl. *Frankfurter Allgemeine Zeitung* vom 27.5.1995, S. 18. Der 25.5.1995 war ein Feiertag.

Im Vergleich zur Direktinvestition dürfte sich der Erwerb eines Call-Optionsscheins im Rahmen einer Sicherheitsstrategie nachträglich auch dann als vorteilhaft erweisen, wenn der Basisobjektkurs - statt zu steigen - wider Erwarten abstürzt. Dieser Vorteil resultiert nicht nur aus dem geringeren Kapitaleinsatz, sondern auch aus den während einer Crash-Phase extrem steigenden Volatilitäten.

Fallstudie 10.2 Volatilitäten in Crash-Szenarien

So ist die historische 30-Tages-DAX®-Volatilität im Oktober-Crash des Jahres 1987 von unter 15 % p.a. auf nahezu 70 % hochgeschnellt. Noch im Jahre 1987 bildete sie sich dann auf unter 30 % p.a., bis zum Frühjahr 1988 auf 15 % p.a. zurück. Die Aktionäre sahen die Kurse von Oktober 1987 erst wieder im Sommer 1989.

Ähnlich, wenngleich weniger dramatisch, verlief der Kurseinbruch im Oktober 1989, als die historische 30-Tage-DAX®-Volatilität von weniger als 13 % auf mehr als 45 % ausschlug, um noch in demselben Jahr wieder die 15 %-Marke zu erreichen. Zur gleichen Zeit hatten die Aktienkurse wieder ihren alten Stand erreicht.

Auch im Sommer 1990 erreichte die historische 30-Tage-DAX®-Volatilität, von 13 % ausgehend, mehr als 40 %, fiel aber in wenigen Monaten wieder auf etwas über 20 % zurück, während die Aktienkurse mehr als drei Jahre brauchten, um den alten Indexstand zu erreichen.[6]

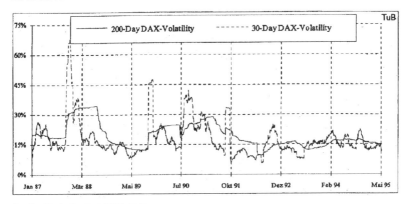

Quelle: Derivate, Juni 1995, S. 7.

Abbildung 10.2 Historische DAX®-Volatilitäten

---

[6] Vgl. Derivate, Juni 1995, S. 7.

Extreme Ausschläge der auf Basis eines kurzen Beobachtungszeitraums ermittelten Volatilität bilden sich häufig schneller wieder zurück als der Underlyingkurs.[7] Das bedeutet, daß der Call- und Put-Optionsscheininvestor auf extreme Volatilitätsschwankungen mit Verkaufsorders schnell reagieren und hoffen muß, einen Marktpartner zu finden, der ihm die Optionsscheine auch in derart unruhigen Märkten zu einem am Fairen Wert orientierten Preis abnimmt. Für den Privatanleger heißt das, in Zeiten hoher Volatilität keine Optionsscheine zu erwerben, für den Market Maker bedeutet es, die zurückgenommenen Optionsscheinpositionen sofort glattzustellen.

Optionsscheininvestoren haben nicht nur die Basisobjektpreise, sondern auch deren Volatilitäten zu beachten. So führen Optionsrechte, die bei hohem Volatilitätsniveau erworben wurden, häufig zu Frustrationen, wenn sich der Underlyingkurs wie erwartet bewegt, die Kursveränderung aber nicht auf den Optionsscheinkurs durchschlägt,[8] weil sich die Volatilität abbaut.

10.3 Das „richtige" Basisobjekt

Die Idee zum Optionsscheinkauf erwächst meist aus dem Wunsch, an einer bestimmten Preisentwicklung teilzunehmen. Die Direktanlage ist häufig weniger attraktiv, manchmal bindet sie zuviel Kapital, manchmal ist sie gar nicht möglich. Beispielsweise können die meisten Privatanleger an fallenden Kursen nur über den Erwerb von Put-Optionsrechten verdienen.

Der Optionsscheininvestor muß von einer bestimmten Entwicklung des Basisobjektkurses überzeugt sein.

Fallstudie 10.1 (a) Die fundamentale Situation der Lufthansa AG

So kann ein Anleger Ende Mai 1995 für Lufthansa-Aktien besonders positiv gestimmt sein, nachdem dieses Unternehmen „endlich ... wieder in die Gewinnzone zurückgeflogen (ist)."[9] Zu dieser fundamental günstigen Einschätzung konnte er durch den Geschäftsbericht der Lufthansa AG 1994[10] sowie durch Presseartikel, in denen der Jahresabschluß und die künftigen Aussichten des Unternehmens besprochen wurden,[11] kommen.

---

[7] Vgl. Derivate , Juni 1995, S. 7, sowie: Hoppenstedt-Charts.

[8] Vgl. **März, Christoph (1994)**, S. 2.

[9] **Lufthansa AG (1995)**, S. 3.

[10] Vgl. **Lufthansa AG (1995)**

[11] Vgl. **o. V. (1995 i)**, S. 18. Das zum 22.5.1995 erschienene *Optionsschein weekly* hat mit „Lufthansa ist über dem Berg" getitelt; vgl. *Optionsschein weekly*, Woche 21/1995 vom 22.5.1995. „Die DG-Bank empfiehlt Lufthansa zum Kauf" ist in einer anderen, zum gleichen Termin veröffentlichten Zeitschrift zu lesen. Vgl. *Finanzen Optionsscheine*, Nr. 20/1995 vom 22.5.1995, S. 6.

Fallstudie 10.1 (b) Die technische Situation der Aktien der Lufthansa AG

Auch technische Indikatoren sprechen für den Erwerb von Stamm- oder Vorzugsaktien der Lufthansa, da deren Kurse ebenso wie der DAX® im Aufwärtstrend liegen. Bereits im März 1995 hatte dieser bis zum Entscheidungszeitpunkt ungebrochene Aufwärtstrend begonnen. „Nicht nur wirtschaftlich, sondern auch kursmäßig befindet sich der Kranich auf Steilflug", resümierte der Kommentator in der am 26.05.1995 erschienenen Ausgabe einer Zeitschrift für Optionsscheine.[12] An den noch zu erwartenden Kurssteigerungen möchte der Anleger verdienen.

Lufthansa St.

„Nicht nur wirtschaftlich, sondern auch kursmäßig befindet sich der Kranich auf Steigflug. Selbst die sich bei der Mehrzahl aller Werte zu Redaktionsschluß bereits abzeichnenden Korrekturansätze sind in der Kursfindung der Lufthansa noch nicht auszumachen. Nach dem Erfüllen der Mindestziele (50%-Reaktion) samt der um 190 Pkt. verlaufenden Gleitenden Durchschnitte stellen sich der Aktie namhafte Widerstände in den Weg. Ein Scheitern droht noch einmal Notierungen um 175 Pkt. wahr werden zu lassen."

Strategie: „Um 205 Pkt. Verkauf Call 220
Support: 160 Pkt.   100-Tage-Durchschnitt: 188–
Resistance: 210 Pkt.   200-Tage-Durchschnitt: 192–RSI"

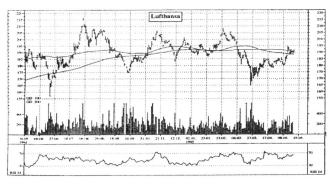

Quelle: *Optionsschein-Magazin*, Juni 1995, S. 49.

Abbildung 10.3   Chart und RSI 14 der Lufthansa-Stammaktie mit Kommentierung

---

[12] Vgl. **Frey, Matthias J. (1995)**, Lufthansa Stämme, S. 49. Die diese Ausführungen enthaltene Ausgabe des *Optionsschein-Magazin* erschien am 27.5.1995.

10.4 Übersicht der angebotenen Optionsscheine

Wer über Optionsrechte von einer bestimmten Preisentwicklung profitieren will, muß sich einen Überblick über das Angebot an Optionsscheinen verschaffen. Dazu eignen sich die in Spezialzeitschriften für derivative Produkte veröffentlichten Listen mit meist nach Basisobjekten sortierten Optionsscheinen.

Fallstudie 10.1 (c) Übersicht über Ausstattungsmerkmale, Kurse und Kennzahlen von Call-Optionsscheinen auf Lufthansa-Aktien per 15.5.1995

Zur Auswahl der für ihn optimalen Kapitalanlage greift der Anleger noch am 28.5.1995 auf die neueste Ausgabe von „Derivate" (Juni 1995) zurück. Sie enthält per 15.5.1995 die Daten von 16 Call-Optionsscheinen auf Lufthansa-Stammaktien.
- Kurs der Lufthansa-Stammaktie : 192,20 DM
- Historische gleitende 200-Tage-Volatilität der Lufthansa-Stammaktie:[13] 21,20 % p.a.

Emittent	WKN	fällig	t	OV	B	C_M	Market Cap	buy/sell	$PPR_{p.a.}$	$PEG_{p.a.}$
Citi	814 340	28.11.95	0,54	1,00	173,00	26,50	13,25	buy	7,16	8,32
Citi	814 341	28.11.95	0,54	1,00	193,00	15,40	7,70	hold	16,19	17,65
Citi	814 601	14.02.96	0,75	1,00	213,00	10,70	53,50	hold	22,33	23,68
Citi	814 602	14.02.96	0,75	1,00	233,00	4,90	24,50	hold	32,75	33,64
Citi	814 734	18.12.96	1,60	0,10	200,00	2,55	12,75	hold	10,53	12,09
Citi	814 736	18.12.96	1,60	0,10	220,00	2,00	10,00	hold	14,93	16,59
CSFB	548 142	13.10.95	0,41	0,50	183,00	9,00	4,50	hold	11,44	12,66
DG	809 840	09.02.96	0,74	0,02	190,00	0,27	1,35	buy	8,03	8,65
DG	809 841	09.02.96	0,74	0,02	210,00	0,14	0,70	buy	17,84	18,53
SBV	768 482	18.09.95	0,34	0,20	213,50	0,55	0,55	hold	40,74	41,40
SGE	726 563	18.04.96	0,93	0,50	200,00	12,00	12,00	sell	17,94	20,51
SGE	726 564	21.03.97	1,85	0,50	210,00	16,50	16,50	hold	13,51	16,14
TUB	813 126	08.03.96	0,82	0,25	200,00	4,70	9,40	hold	17,22	19,12
TUB	813 127	08.03.96	0,82	0,25	220,00	3,20	6,40	sell	26,48	28,41
WestLB	813 742	01.08.96	1,22	0,20	210,00	3,55	3,55	hold	14,98	16,48
WestLB	813 743	01.08.96	1,22	0,20	225,00	2,60	2,60	hold	19,22	20,59

Quelle: Derivate, Juni 1995, S. 22 - 23, sowie: S. 54 - 56.

Anmerkung: Market Cap = Marktkapitalisierung in Mio. DM = Zahl der zur Emission vorgesehenen Optionsscheine · Aktueller Optionsscheinpreis (C_M)
$PPR_{p.a.}$ = Jährliche Performance-Prämie (In der Terminologie von Derivate heißt diese Kennzahl „Annualized Premium").
$PEG_{p.a.}$ = Jährliche Performance-Ertragsgleichheit

Tabelle 10.1 (a) Ausstattungsmerkmale, Kurse und klassische Kennzahlen von Call-Optionsscheinen auf Lufthansa-Stammaktien per 15.5.1995

---

[13] Diese Ziffer ist nicht nachvollziehbar, da im *Handelsblatt* zum gleichen Stichtag die historische 250-Tage-Volatilität mit 27,32 % p.a. die historische 30-Tage-Volatilität mit 22,10 % p.a. ausgewiesen ist. Vgl. *Handelsblatt* vom 16.5.1995, S. 41.

Emittent	WKN	fällig	Lev.	Vol.$_{impl}$	Vega	FVD	AV	%-Mth	TAW
Citi	814 340	28.11.95	5,86	18,94	1,50	- 4,00	88,79	4,46	25,17
Citi	814 341	28.11.95	7,41	21,48	3,57	1,25	26,16	9,30	48,56
Citi	814 601	14.02.96	7,54	21,61	6,06	3,15	0,00	10,79	66,70
Citi	814 602	14.02.96	10,22	20,48	10,98	- 9,81	0,00	15,84	80,80
Citi	814 734	18.12.96	4,69	20,21	3,63	- 4,42	32,26	3,64	50,09
Citi	814 736	18.12.96	4,78	22,34	4,84	6,87	0,00	4,94	62,63
CSFB	548 142	13.10.95	7,61	19,90	2,38	- 3,75	70,62	8,13	35,30
DG	809 840	09.02.96	9,09	12,36	4,62	- 47,34	64,42	6,24	44,93
DG	809 841	09.02.96	12,20	15,78	9,28	- 59,65	0,00	10,33	64,31
SBV	768 482	18.09.95	20,60	17,60	13,91	- 57,68	0,00	26,69	76,24
SGE	726 563	18.04.96	4,49	27,94	3,04	26,18	3,16	6,37	53,83
SGE	726 564	21.03.97	3,38	27,20	3,10	23,63	4,82	3,61	55,35
TUB	813 126	08.03.96	5,61	24,25	3,66	14,01	0,00	7,32	54,49
TUB	813 127	08.03.96	5,60	25,62	5,10	29,02	0,00	11,25	71,25
WestLB	813 742	01.08.96	5,64	21,16	4,75	- 0,20	0,00	5,81	58,95
WestLB	813 743	01.08.96	6,15	21,46	6,34	2,13	0,00	7,44	68,85

Quelle: Derivate, Juni 1995, S. 22 - 23, sowie: S. 54 - 56.

Anmerkung: Lev. = Leverage
AV = „Arbitrage Value bezeichnet jenen Prozentsatz, zu dem der Marktpreis eines Warrant durch die Summe von innerem Wert und Finanzierungskostenvorteil, den der Warrant im Vergleich zu einem Investment in den zugrunde liegenden Titel bietet, abgedeckt ist."
%-Mth = Prozentuales Monatstheta

Tabelle 10.1 (b) Ausstattungsmerkmale, Kurse und modernen Kennzahlen von Call-Optionsscheinen auf Lufthansa-Stammaktien per 15.5.1995

10.5 Auswahl der für eine Investition in Frage kommenden Optionsscheine

Aufgrund der in Optionsscheinlisten zu findenden Ausstattungsmerkmale, Kurse und Kennzahlen können jene Investments aus einer meist großen Zahl an Optionsscheinen gefiltert werden, die im Hinblick auf das Ziel des Anlegers für eine Investition in Frage kommen. Erst durch die Konzentration auf wenige Optionsscheine läßt sich jedoch die Bewertung effizient durchführen. Diese Vorauswahl soll aufgrund von Ausübungspreis und Restlaufzeit getroffen werden.

10.5.1 Der „richtige" Ausübungspreis

Wer sich des Anlageerfolgs sicher ist, wird tendenziell weit *aus dem Geld stehende Optionsscheine* präferieren, denn diese Investitionen bringen dank ihres niedrigen Kapitaleinsatzes hohe Performance, wenn die Erwartungen aufgehen. Demgegenüber kann die Wahrscheinlichkeit, das eingesetzte Kapital zu verlieren, mit tief *im Geld stehenden Optionsscheinen* minimiert werden. Tief im Geld stehende Optionsscheine bieten die Chance, an der Bewegung des Underlying teilzunehmen, ohne im Hinblick auf den Zeitwertverfall unter allzu großem Zeitdruck zu stehen.

Dazwischen sind *am Geld liegende Optionsscheine* anzusiedeln, die sich dadurch auszeichnen, daß sie einen höheren Zeitwert haben und leichter handelbar sind als die im Hinblick auf ihre Moneyness extremeren Optionsscheine. Insbesondere aber bringen aus dem Geld liegende Optionsscheine, die während der Investitionsdauer ans Geld laufen, deshalb im Vergleich zu anderen Optionsscheinen den größten Gewinn, weil der Anleger nicht nur an der Bewegung des Basisobjektkurses, sondern zusätzlich an der Bewegung von Delta verdient, das in diesem Moneynessbereich stark ansteigt, was in Gamma zum Ausdruck kommt.

> Im Hinblick auf Gamma, Liquidität und Zeitwert sollten grundsätzlich Optionsscheine erworben werden, die an das Geld kommen, wenn die Anlagestrategie aufgeht.

Fallstudie 10.1 (d) Auswahl der Optionsscheine nach der Moneyness

Die Optionsscheine werden auf der Basis des Kurses der Lufthansa-Stammaktie vom Freitag, dem 26. 5. 1995, in Höhe von 190,00 DM analysiert. Wer auf fortdauernden Steilflug der Lufthansa-Aktie setzt, mag sich für einen weit aus dem Geld liegenden Optionsschein auf diese Aktie interessieren. Das Chart der Lufthansa-Stammaktie zeigt jedoch eine Widerstandslinie bei 210,00 DM. Im Hinblick darauf konzentriert sich der eher vorsichtig agierende Anleger auf Optionsscheine, die mit einer Moneyness zwischen 0,95 und 0,85 nicht allzuweit aus dem Geld stehen. Konkret werden alle in Tabelle 10.1 enthaltenen Optionsscheine mit einem *zwischen 200 und 223 liegenden Ausübungspreis* in die engere Wahl genommen.

Bei der Fixierung dieser Bandbreite läßt sich der Anleger zusätzlich von der Überlegung leiten, daß die Optionsscheininvestition aufgrund des Basisobjektkursverlaufs eine hervorragende Performance bringt, wenn der charttechnische Widerstand gebrochen wird. Viel bescheidener ist dagegen der Anlageerfolg, wenn der Basisobjektkurs bei 210,00 DM hängenbleibt. In diesem Fall kann der sich an die Bandbreite haltende Investor wenigstens einen Optionsschein nahe seines Zeitwertmaximums veräußern und so den Anlageerfolg etwas verbessern.

Im Gegensatz zur Empfehlung, Optionsscheine während der Investitionszeit an das Geld laufen zu lassen, gibt es Konstellationen, in denen es effizienter, weil kostengünstiger ist, weit im Geld stehende Optionsscheine zu erwerben.

Fallstudie 10.3 Absicherung mit einem weit im Geld stehenden Put-Optionsschein

Ein spekulativ eingestellter Anleger hat am 7.11.1995 Bremer Vulkan-Aktien zum Kurs von 34,00 DM pro Stück erworben. Am 23.11.1995 notiert die Aktie bei 42,00 DM.

Am Morgen des 24.11.1995 liest der Anleger in seiner Wirtschaftszeitung[14] von einer bei der Bremer Vulkan neuerlich aufgetretenen Liquiditätslücke. Um einen sich daraus möglicherweise ergebenden Kursverlust zu neutralisieren, erwirbt der Aktionär Put-Optionsscheine amerikanischen Typs der Citibank[15] auf Bremer Vulkan-Aktien - WKN 815 392 -.

Ausübungspreis: B = 80,00
Fälligkeit: t_v = 13.3.1996
Optionsverhältnis: OV = 1,00
Optionsscheinpreis: P_M = 39,20 (Brief)[16]

Der weit im Geld stehende Put-Optionsschein hat ein Delta von fast −1. Infolgedessen wird sich der Put-Optionsscheinkurs nahezu gleich stark bewegen wie das Underlying. Damit ist der Anleger durch den Fixed Hedge gegen Kursstürze bis zum Ende der Laufzeit des Optionsscheins nahezu voll abgesichert, er partizipiert aber auch kaum an Kurssteigerungen. Erst wenn sich der Basisobjektkurs deutlich in Richtung Ausübungspreis bewegt hat, steigt Delta. Dann fällt der Optionsscheinkurs in absoluten Zahlen weniger stark als der Kurs des Underlying steigt. Der Anleger verdient dann an steigenden Kursen der Bremer Vulkan-Aktie.

Da der nahe an seinem inneren Wert von 38,00 DM notierende Put-Optionsschein jederzeit ausgeübt werden kann, wird er nicht unter seinen inneren Wert fallen. Demzufolge läßt sich für die Absicherungskosten ein Maximalbetrag fixieren:

Kurs des Put-Optionsscheins	39,20
− innerer Wert des Optionsscheins	38,00
Zeitwert	1,20
+ Spread	0,50
+ Transaktionskosten ca.	0,80
+ Kosten zur Finanzierung der Optionsscheininvestition abhängig von der Laufzeit der Absicherung	0,20 bis 0,60
	2,70 bis 3,10

Für einen Betrag in Höhe von etwa 3,00 DM kann der Anleger seinen Kursgewinn in Höhe von 8,00 DM bis zum 13.3.1996 absichern.

---

[14] Vgl. o. V. (**1995 g**), S. 1, sowie: o. V. (**1995 h**), S. 17.

[15] Vgl. Derivate, Dezember 1995, S. 36 - 37.

[16] Vgl. *Handelsblatt* vom 24./25.11.1995, S. 43, sowie: telefonische Anfrage beim Makler der Stuttgarter Börse gegen Uhr 8.30.

10.5.2 Die „richtige" Restlaufzeit

Bei der Auswahl der Optionsscheine mit optimaler Restlaufzeit wird der in der Investitionsentscheidung liegende Zielkonflikt erneut deutlich. Eine lange Restlaufzeit des Optionsscheins verschafft dem Investor einerseits Sicherheit für den Fall, daß seine Erwartungen nicht fristgerecht eintreffen. Er gerät nicht so schnell in die „Zeitwertfalle". Andererseits steigt der Preis des Optionsscheins mit dessen Restlaufzeit. Höherer Kapitaleinsatz beim Erwerb des Optionsscheins ist mit niedrigerer Performance der Investition gleichzusetzen.

> Die Fixierung der Restlaufzeit des Optionsscheins ist durch den Zielkonflikt Sicherheit contra Performance geprägt.

Fallstudie 10.1(e) Auswahl von Optionsscheinen mit optimaler Laufzeit

Einige technische Indikatoren deuten darauf hin, daß es bis zur nächsten kräftigen Aufwärtsbewegung noch etwas dauern könnte. Beispielsweise bewegt sich der RSI 14[17] nahe der Überhitzungszone. Diese Unsicherheit veranlaßt den Anleger, Optionsscheine mit kurzer Restlaufzeit zu meiden. Konkret nimmt der Anleger Optionsscheine mit **Restlaufzeiten zwischen einem halben Jahr und eineinhalb Jahren** in die engere Wahl.

10.5.3 Auffallende Kennziffern der Vergangenheit

Die in Printmedien veröffentlichten Kurse und Kennzahlen können die aktuelle Situation nicht widerspiegeln. Dennoch leisten sie dem Analysten wertvolle Hilfe, weil Kennzahlen, die außerhalb der üblichen Bandbreite liegen, günstige Angebote signalisieren können. Voraussetzung dafür ist allerdings, daß die Kennziffern aufgrund von Daten ermittelt wurden, die sich bis zum Analysedatum nicht stark verändert haben.

Fallstudie 10 (f) Auffallende Kennziffern

Ein flüchtiger Blick auf die Kennzahlen der aussortierten Optionsscheine auf Lufthansa-Stammaktien weckt die Aufmerksamkeit für einen in der Liste mit einer Fair Value Deviation von minus 47,34 %[18] außerordentlich preiswürdigen Optionsschein der DG-Bank. Er ist mit einem Ausübungspreis von 190 der Schwesterschein zu einem die Auswahlkriterien erfüllenden Optionsschein mit einem Ausübungspreis von 210. Auch dieser Optionsschein ist in der Liste mit einer Fair Value Deviation von minus 59,65 % ungewöhnlich günstig ausgewiesen. Die Attraktivität der beiden Optionsscheine wird in der Übersicht Tabelle 10.1 durch die Einstufung „buy" unterstrichen.

---

[17] Vgl. Abbildung 10.3 Der Relative-Stärke-Index nach Welles Wilder zeigt „überkaufte" und „unterkaufte" Situationen an. Ein über 70 hinausgehender RSI 14-Wert signalisiert Überhitzung, der eine Abschwächung folgen wird. Vgl. **Harter, Winfried u. a. (1993)**, S. 402.

[18] Vgl. Derivate, Juni 1995, S. 22 - 23.

Derart aus dem Rahmen fallende Ergebnisse lassen eine Warnlampe aufleuchten. Deshalb werden zur Kontrolle andere Kurslisten herangezogen[19]. Sie bestätigen zum 18.5.1995[20] und zum 22.5.1995[21] die enorme Unterbewertung der beiden DG-Bank-Optionsscheine auf Lufthansa-Stammaktien. Im Hinblick auf seine außerordentlich günstige Bewertung wird der DG-Bank-Optionsschein - WKN 809 840 - mit Ausübungspreis 190 - obwohl außerhalb der fixierten Grenze stehend - in den Kreis der zu analysierenden Optionsscheine aufgenommen. Die Optionsscheininvestition ist demnach aus 8 Call-Optionsscheinen auf Lufthansa-Stammaktien auszuwählen.

10.5.4 Zusammenstellung der ausgewählten Optionsscheine

Die Kennzahlen der Optionsscheinlisten sind weder aktuell noch transparent. Transparenz setzt voraus, daß die Parameter bekannt sind, die den Kennzahlen zugrunde liegen. Der Verfasser kennt keine Veröffentlichung mit in diesem Sinne transparenten Kennzahlen. So bleibt beispielsweise stets unklar, welche Volatilität, welcher Zinssatz und welche Dividende dem Fair Value und damit der Fair Value Deviation zugrundeliegen. Deshalb ist der Investor gezwungen, die für seine Anlageentscheidung relevanten Bewertungsziffern aufgrund der aktuellen, von ihm nach subjektiven Kriterien festzulegenden Parameter zu errechnen.

> Veröffentlichte Kennzahlen leisten nur dann einen Beitrag für die Investitionsentscheidung, wenn sie aktuell und transparent sind.

Fallstudie 10.1 (g)   Übersicht der in der Endauswahl stehenden Optionsscheine

In Fallstudie 10.1 bewertet der Investor am Abend des 29.5.1995 die am Vortag ausgewählten Optionsscheine aufgrund der Kurse der Börsensitzung vom 29.5.1995.[22] Für die Optionsscheinbewertung ist zusätzlich die in den Printmedien vom 17.5.1995 angekündigte Aufnahme der Dividendenzahlung durch Lufthansa in Höhe von 4,00 DM pro Stammaktie wichtig.[23]

---

[19] Im *Optionsschein Report*, Juni 1995, S. 45, sowie in: *Finanzen Optionsscheine*, Nr. 20/1995 vom 22.5.1995 und in *Börse Online*, Nr. 22 vom 26.5.1995, S. 73 sind die beiden DG-Bank-Optionsscheine nicht enthalten.

[20] WKN 809 840   B = 190:   Theoretischer Wert = 0,46 DM; Optionsscheinkurs = 0,26 DM G
   WKN 809 841   B = 210:   Theoretischer Wert = 0,29 DM; Optionsscheinkurs = 0,13 DM G
   Vgl. *Optionsschein weekly*, Woche 21/1995 vom 22.5.1995, S. 17.

[21] WKN 809 840   B = 190:   Theoretischer Wert = 0,44 DM; Optionsscheinkurs = 0,26 DM G
   WKN 809 841   B = 210:   Theoretischer Wert = 0,28 DM; Optionsscheinkurs = 0,13 DM G
   Vgl. *Optionsschein-Magazin*, Juni 1995, S. 76 - 77.

[22] Kurse aufgrund der telefonischen Anfrage beim Makler der Stuttgarter Börse.

[23] Vgl. o. V. (1995 i), S. 18.

Bewertungszeitpunkt: t_0 29.5.1995
Aktueller Kurs der Lufthansa-Stammaktie: S_0 = 190,00

OS	Emittent	WKN	fällig	t	OV	B	MN	C_{MG}	C_{MB}
A	DG	809 840	09.02.96	0,7014	0,02	190	1,00	0,24	0,27
B	TUB	813 126	08.03.96	0,7781	0,25	200	0,95	3,80	4,10
C	SGE	726 563	18.04.96	0,8904	0,50	200	0,95	9,70	10,30
D	Citi	814 734	18.12.96	1,5589	0,10	200	0,95	2,25	2,35
E	DG	809 841	09.02.96	0,7014	0,02	210	0,90	0,12	0,15
F	WestLB	813 742	01.08.96	1,1781	0,20	210	0,90	2,90	3,20
G	Citi	814 601	14.02.96	0,7151	1,00	213	0,89	8,30	8,80
H	TUB	813 127	08.03.96	0,7781	0,25	220	0,86	2,20	2,50

Anmerkung: t = Restlaufzeit des Optionsscheins in Jahren; die Laufzeit des Optionsscheins wird mit tatsächlichen Tagen, das Jahr mit 365 Tagen angesetzt
OV = Optionsverhältnis
B = Ausübungspreis des Optionsscheins
MN = Moneyness
C_{MG} = Geldkurs des Optionsscheins
C_{MB} = Briefkurs des Optionsscheins

Tabelle 10.2 Übersicht der zur Analyse ausgewählten Optionsscheine

10.6 Kriterien zur Bewertung der ausgewählten Optionsscheine

10.6.1 Die Preiswürdigkeit

Von der Preiswürdigkeit eines Optionsscheins kann die künftige Entwicklung seines Kurses nicht abgelesen werden. Dennoch ist die *Fair Value Deviation* nicht nur für den auf Arbitragegewinne abstellenden Optionsscheinhändler wichtig, sondern auch für Anleger, die den Optionsschein erst in der Zukunft zu verkaufen oder auszuüben beabsichtigen, denn auch sie profitieren von einem günstigen Einkaufspreis. Als Kontrollziffern zur Fair Value Deviation dienen implizite und historische Volatilität.

Auch bei der Optionsscheininvestition liegt ein Erfolgsfaktor im günstigen Einkauf.

Die Problematik der Fair Value Deviation liegt vor allem darin, daß diese Kennziffer nur aufgrund des in die Black-Scholes-Formel einzugebenden Parameters „künftige Volatilität" ermittelt werden kann. Die sich aus der Schätzung der künftigen Volatilität ergebende Ungenauigkeit der Fair Value Deviation kann der Investor umgehen, wenn er auf die *implizite Volatilität* als Auswahlkriterium zurückgreift. Auch dieses Vorgehen erspart dem Investor aber nicht das subjektive Element, denn die implizite Volatilität muß zu einer wie auch immer fixierten Volatilität in Beziehung gesetzt werden.

Die implizite Volatilität ist die im Vergleich zur Fair Value Deviation direktere Kennziffer zur Ermittlung der Preiswürdigkeit eines Optionsscheins.

Der Erwerber eines Optionsscheins muß grundsätzlich den **Briefkurs** bezahlen, der Veräußerer erhält den **Geldkurs**.[24] Deshalb hängt es vom Ziel der Bewertung ab, welcher Kurs als Parameter in die Formeln zur Berechnung der Kennziffern einzusetzen ist.[25]

> Dient die Bewertung dem Ziel, das für den Investor optimale Optionsrecht herauszufinden, dann ist der Berechnung der Optionsscheinkennzahlen der Briefkurs zugrunde zu legen. Demgegenüber ist der Geldkurs zu verwenden, wenn der Investor vor der Entscheidung steht, einen bereits erworbenen Optionsschein zu veräußern oder weiter im Bestand zu halten.

Fallstudie 10.1 (h) Fair Value Deviation als Auswahlkriterium

Zur Berechnung der **Fair Value Deviation** muß der Anleger die von ihm erwartete Volatilität und seinen Zinssatz für risikolose Kapitalanlagen in die Black-Scholes-Formel eingeben.

Die aktuellsten Ziffern der historischen Volatilitäten findet der Anleger im *Handelsblatt* vom 29. 5. 1995:
250-Tage-Volatilität: 27,11 % p.a.
30-Tage-Volatilität: 22,10 % p.a.

Wenn der Investor einen Zinssatz für risikolose Kapitalanlagen in Höhe von 4,6 % p.a. und die anderen Marktdaten der zur Wahl stehenden Optionsscheine in die Black-Scholes-Formel eingibt, errechnet er implizite Volatilitäten der ausgewählten Optionsscheine auf Lufthansa-Stammaktien zwischen 20,27 % p.a. und 33,21 % p.a. Diese Bandbreite ist zu groß, um dem Analysten beim Aufspüren der „richtigen" Volatilität behilflich zu sein. Deshalb hält er sich bei der Berechnung der Fair Value Deviation grundsätzlich an die historische 250-Tage-Volatilität. Im Hinblick auf die viel niedrigere 30-Tage-Volatilität gibt er als vorsichtiger Investor die Volatilität mit 25 % p.a. in die Black-Scholes-Formel ein.

Der Barwert der während der Optionsscheinlaufzeit erwarteten Dividenden wird vom Basisobjektkurs abgezogen.

Volatilität der Lufthansa-Stammaktie: σ = 25,00 % p.a.
Zinssatz für risikolose Kapitalanlagen:[26] r = 4,60 % p.a.
Dividendenzahlung am 5.7.1995:[27] D = 4,00 DM

---

[24] Wenn der Börsenmakler einen anderen Kontrahenten als den Optionsscheinemittenten findet, wird der günstigere Bezahlt-Kurs abgerechnet.

[25] In den Optionsscheinlisten werden - wenn überhaupt Kurszusätze enthalten sind - fast immer nur Geldkurse ausgewiesen. Mangels Transparenz ist nicht auszuschließen, daß den dort ausgewiesenen Kennziffern Geldkurse zugrundeliegen.

[26] Vgl. *Handelsblatt* vom 29.5.1995, S. 34 - 35 z. B. 6-Monats-Fibor: 4,55667 % p.a.; 12-Monats-Fibor: 4,68542 % p.a.

Die Fair Value Deviation-Ziffern in Tabelle 10.3 zeigen, daß die beiden DG-Bank-Optionsscheine A und E bei den vom Investor eingegebenen Parametern im Vergleich zu den Kennziffern der Tabelle 10.1 an Attraktivität eingebüßt haben. Dennoch sind sie mit einer Fair Value Deviation von minus 17,72 bzw. minus 16,37 im Vergleich zu allen anderen Optionsscheinen auf Lufthansa-Stammaktien deutlich unterbewertet. Unterstrichen wird diese Beurteilung durch die im Vergleich zu den historischen Volatilitäten niedrigen impliziten Volatilitäten. Aufgrund der Fair Value Deviation und der impliziten Volatilität sind die Optionsscheine C und H am stärksten überbewertet.

Der *Arbitrage Value* ist der Teil des Optionsscheinpreises, der durch inneren Wert und Finanzierungskostenvorteil des Optionsscheins im Vergleich zur Direktinvestition abgedeckt ist. Berechnet werden kann er als Prozentsatz des Optionsscheinpreises, indem die Volatilität des Basisobjekts mit Null[28] in die Black-Scholes-Formel eingegeben und das Ergebnis zum Optionsscheinpreis in Beziehung gesetzt wird.[29]

Der Rest des Optionsscheinpreises entspricht der volatilitätsinduzierten Komponente des Optionsscheinpreises. Dieser als Residualgröße bestimmte Teil des Optionsscheinpreises wird für die Chancen bezahlt, die sich aus den Schwankungen des Basisobjektkurses für den Optionsscheininvestor ergeben. Man könnte aber auch sagen, der volatilitätsinduzierte Teil des Optionsscheinpreises wird für die Absicherung bezahlt, die der Optionsschein im Vergleich zum festen Termingeschäft bietet.

Die Kennziffer Arbitrage Value suggeriert, daß der Optionsscheinpreis in Höhe des inneren Wertes und des bewerteten Liquiditätsvorteils fundiert und somit gerechtfertigt sei. Im Hinblick auf diese Prämisse steigt die Attraktivität eines Optionsscheins mit dem Arbitrage Value. Diese Sichtweise stimmt aber mit der Wirklichkeit nicht überein, denn auch die vom Optionsschein gebotene Sicherheit stellt einen quantifizierbaren Wert dar. Wenn aber die Absicherung einen ebenso fundierten Wert darstellt wie der Liquiditätsvorteil, bringt der Arbitrage Value keine zusätzliche Erkenntnis bei der Bewertung von Optionsscheinen.

Einen Beitrag zur effizienten Bewertung von Optionsscheinen leistet dagegen die *Absicherungs-Prämien-Deviation* (APD). Ausgangsgröße dieser Kennzahl ist die bereits bekannte Differenz zwischen Optionsscheinpreis einerseits und innerem Wert sowie bewertetem Liquiditätsvorteil andererseits. Diese vom Marktpreis abgeleitete Residualgröße wird in Beziehung gesetzt zum optionspreistheoretischen Wert der Absicherungsprämie, die sich ergibt, wenn innerer Wert und bewerteter Liquiditäts-

---

[27] Vgl. *Börsen-Zeitung* vom 25./26.5.1995, S. 24. Unterstellt wird, daß Lufthansa auf ihre Stammaktien auch in den folgenden Jahren jeweils 4,00 DM bezahlt. Steuergutschriften bleiben ebenso unberücksichtigt wie die Besteuerung der Dividende beim Anleger.

[28] Rechentechnisch darf als Parameter kein Wert mit Null eingegeben werden. Deshalb bleibt nichts anderes übrig als einen Wert nahe Null z. B. 0,0001 zu wählen.

[29] Vgl. Derivate, Juni 1995, S. 54, sowie: **Zwirner, Thomas (1994)**, S. 99 - 100.

vorteil vom Fairen Wert abgezogen werden. Die Fehlbewertung des Optionsscheins wird damit allein auf die volatilitätsinduzierte Komponente bezogen, was insoweit sinnvoll ist, als diese aus der Volatilitätsziffer resultierende Wertkomponente mit der größten Bewertungsunsicherheit behaftet ist.

$$APD = \left[\frac{AP_M}{AP_0} - 1\right] \cdot 100$$

wobei: AP_M = Marktpreis der Absicherungsprämie = $C_M - (CIW + LV)$
bzw. = $P_M - (PIW + LV)$
AP_0 = theoretischer Wert der Absicherungsprämie = $C_0 - (CIW + LV)$
bzw. = $P_0 - (PIW + LV)$
LV = Fairer Wert des Liquiditätsvorteils des Optionsscheins
= Fair Value bei Volatilität von Null minus innerer Wert des Optionsscheins

Formel 10.1 Absicherungs-Prämien-Deviation

Analog zur Fair Value Deviation sind Optionsscheine mit einer positiven Absicherungs-Prämien-Deviation am Markt zu teuer. Bei Optionsscheinen, die weder inneren Wert noch Liquiditätsvorteil haben, entspricht die Absicherungs-Prämien-Deviation der Fair Value Deviation.

Fallstudie 10.1 (i) Absicherungs-Prämien-Deviation als Auswahlkriterium

Auf den Call-Optionsschein A unserer Fallstudie 10.1 angewandt, heißt das:

CIW = $\max(S_0 - B; 0) \cdot OV = \max(190 - 190; 0) \cdot 0,02 = 0,00$ DM

LV = $(C_0 \text{ (bei } \sigma = 0)) \cdot OV - CIW = 0,0384 - 0,00 = 0,0384$ DM

AP_0 = $C_0 \cdot OV - (CIW + LV) = 0,3282 - (0,00 + 0,0384) = 0,2898$ DM

AV = $\frac{(CIW+LV)}{C_{MB}} = \frac{(0,00 + 0,0384) \cdot 100}{0,27} = 0,1422 = 14,22\ \%$ [exakt: 14,2061]

AP_{MB} = $C_{MB} - (CIW + LV) = 0,27 - (0,00 + 0,0384) = 0,2316$ DM

APD = $\left[\frac{AP_{MB}}{AP_0} - 1\right] \cdot 100 = \left[\frac{0,2316}{0,2898} - 1\right] \cdot 100 = -20,08\ \%$ [exakt: −20,0627]

In Tabelle 10.3 schneiden auch im Hinblick auf die Absicherungs-Prämien-Deviation die Optionsscheine A und E am günstigsten, die Optionsscheine H und C am schlechtesten ab.

10.6.2 Das Totalausfallrisiko

In der Totalausfallwahrscheinlichkeit schlägt sich das Risiko nieder, das mit Laufzeit und Ausübungspreis eingekauft wird. Der Investor sucht einerseits Optionsscheine mit niedriger Totalausfallwahrscheinlichkeit und andererseits Optionsscheine mit einem niedrigen Preis. Diesen Zielkonflikt muß der Investor im Hinblick auf seine persönliche Chance-Risikoneigung lösen.

Die Totalausfallwahrscheinlichkeitsziffer des Optionsscheins verdeutlicht dem potentiellen Anleger das Risiko, das er mit dem Optionsschein eingeht und schärft sein Risikobewußtsein. Er bringt den allzu optimistischen Anleger auf den Boden der „Tatsachen" zurück.

Fallstudie 10.1 (j)   Auswahlkriterium Totalausfallwahrscheinlichkeit

Wie anzunehmen war, hat der am weitesten aus dem Geld stehende Optionsschein H mit einer Moneyness von 0,86 die höchste Totalausfallwahrscheinlichkeit (Tabelle 10.3). Gegen den Erwerb dieses Optionsscheins ist in diesem Stadium der Analyse nichts einzuwenden, wenn sich der Anleger des damit verbundenen Risikos bewußt ist und dieses in Kauf nimmt.

OS	Emittent	Vola$_{impl}$	FV	FVD	LV	AP$_0$	AV	AP$_{MB}$	APD	TAW
A	DG	**20,27**	16,41	**− 17,72**	1,92	14,49	14,21	11,58	**− 20,06**	**52,20**
B	TUB	29,69	13,33	23,03	0,00	13,33	0,00	16,40	23,03	61,03
C	SGE	*33,21*	14,86	*38,67*	0,00	14,86	0,00	20,60	*38,67*	60,08
D	Citi	27,99	20,80	12,98	0,00	20,80	0,00	23,50	12,98	59,09
E	DG	22,49	8,97	− 16,37	0,00	8,97	0,00	7,50	− 16,37	70,31
F	WestLB	28,61	13,19	21,29	0,00	13,19	0,00	16,00	21,29	67,85
G	Citi	25,83	8,31	5,85	0,00	8,31	0,00	8,80	5,85	72,38
H	TUB	29,46	7,34	36,16	0,00	7,34	0,00	10,00	36,16	76,19

Anmerkung: Vola$_{impl}$ = implizite Volatilität des Optionsscheins in % p.a.
  FV = Black-Scholes-Wert
  FVD = Fair Value Deviation in %
  LV = Fairer Wert des Liquiditätsvorteils des Optionsscheins
  AP$_0$ = theoretischer Wert der Absicherungsprämie
  AP$_{MB}$ = Absicherungsprämie abgeleitet aus dem Briefkurs des Optionsscheins
  AV = Arbitrage-Value
  APD = Absicherungs-Prämien-Deviation
  TAW = Totalausfallwahrscheinlichkeit in %

Tabelle 10.3   Kennzahlen zur Preiswürdigkeit und zum Risiko der in Tabelle 10.2 enthaltenen homogenisierten Optionsscheine

10.6.3 Kosten und traditioneller Hebel

Die *traditionellen Kennzahlen* können zur Bewertung von im Geld stehenden Optionsscheinen und zum Vergleich von Optionsscheinen ganz ähnlicher Ausstattung verwendet werden.

Fallstudie 10.1 (k) Die traditionellen Kennzahlen als Auswahlkriterien

Die für einen sinnvollen Einsatz der traditionellen Kennzahlen erforderlichen Kriterien sind nicht erfüllt. Da die ausgewählten Optionsscheine aus dem Geld stehen, kann bestenfalls im Hinblick darauf, daß die in der Endauswahl stehenden Optionsscheine in der Ausstattung nicht extrem voneinander abweichen, versucht werden, die Optionsscheine *der Tendenz nach* mit Hilfe der traditionellen Kennzahlen zu bewerten.

OS	Emittent	WKN	B	$PPR_{p.a.}$	$PEG_{p.a.}$	$Hebel_{eff}$	$PPR_{p.a.}:Hebel_{eff}$	$PEG_{p.a.}:Hebel_{eff}$
A	DG	809 840	190	10,28	11,26	12,27	0,84	0,92
B	TUB	813 126	200	18,20	20,19	8,93	2,04	2,26
C	SGE	726 563	200	18,26	20,81	6,84	*2,67*	*3,04*
D	Citi	814 734	200	10,98	12,82	*5,84*	1,88	2,19
E	DG	809 841	210	21,26	22,26	19,33	1,10	1,15
F	WestLB	813 742	210	15,87	17,54	8,39	1,89	2,09
G	Citi	814 601	213	24,16	25,50	15,84	1,53	1,61
H	TUB	813 127	220	*27,83*	*29,57*	12,97	2,15	2,28

Anmerkung: $PPR_{p.a.}$ = Jährliche Performance-Prämie in %
$PEG_{p.a.}$ = Jährliche Performance-Ertragsgleichheit in %

Tabelle 10.4 Übersicht der traditionellen Kennzahlen zur Bewertung der in Tabelle 10.2 enthaltenen Optionsscheine

Optionsschein A verursacht gemessen an der Jährlichen Performance-Prämie die niedrigsten Kosten und hat zugleich die günstigste Jährliche Performance-Ertragsgleichheit. An der Attraktivität dieses Optionsscheins ändert sich nichts, wenn Jährliche Performance-Prämie und Jährliche Performance-Ertragsgleichheit auf die Hebelkennziffern der jeweiligen Optionsscheine bezogen werden.

Nur wenig schwächer schneidet Optionsschein E ab. Selbst wenn berücksichtigt wird, daß der effektive Hebel die Leistung des aus dem Geld liegenden Optionsscheins E weit überzeichnet, ist kein Optionsschein zu erkennen, der diesem Optionsschein den zweiten Rang nach Optionsschein A streitig machen könnte.

Hohe Kosten bei schwacher Leistung verursacht Optionsschein C. Das wird deutlich sowohl bei der Kennziffer „Jährliche Performance-Prämie bezogen auf $Hebel_{eff}$" als auch bei der Kennziffer „Jährliche Performance-Ertragsgleichheit bezogen auf $Hebel_{eff}$".

Jährliche Performance-Prämie und Jährliche Performance-Ertragsgleichheit senden die gleichen Bewertungssignale. Deshalb kann auf die Prämienkennziffern verzichtet werden.

10.6.4 Kosten und Leverage

Zur Bewertung der Leistung von am Geld und erst recht von aus dem Geld stehenden Optionsscheinen sollten die zu Fehldeutungen führenden Hebelkennziffern durch den *Leverage* ersetzt werden.

Fallstudie 10.1 (l) Leverage als Auswahlkriterium

Auch beim Leverage sind die DG-Bank-Optionsscheine E und A im Vergleich zu den anderen zur Wahl stehenden Optionsscheinen in Front. Den schlechtesten Leverage haben die Optionsscheine C und D (Tabelle 10.5).

Der Leverage kann die Leistung eines Optionsscheins nur dann einigermaßen exakt vorhersagen, wenn sich während der Investitionsdauer die Fair Value Deviation nicht nennenswert ändert.

- So könnte die Preisentwicklung von überbewerteten Optionsscheinen weniger vom Preis des Underlying und von Delta, insgesamt also vom Leverage, bestimmt werden, als vielmehr vom Abbau der Fair Value Deviation. Entsprechend enttäuschend wäre das Anlageergebnis.

- Demgegenüber kann der Erwerber eines unter seinem fairen Wert notierenden Optionsscheins einen günstigeren Anlageerfolg erzielen als das vom Leverage signalisiert wurde, wenn der Optionsscheinpreis während der Anlagedauer zu seinem fairen Wert zurückfindet.

> Der Leverage prognostiziert das Verhalten des Optionsscheinkurses in Abhängigkeit vom Basisobjektkurs für die unmittelbar auf die Bewertung folgenden Tage hinlänglich genau, sofern sich in dieser Zeit weder Delta noch die Fair Value Deviation nennenswert ändern.

Fallstudie 10.1 (m) Leverage in Abhängigkeit von Delta

Die Kurse der DG-Bank-Optionsscheine werden tendenziell eher noch stärker steigen als es die ohnehin schon hohe Leverage-Ziffer anzeigt, weil Delta mit dem Basisobjektkurs steigt. Darüber hinaus werden die Optionsscheinkurse auch dann stärker steigen, wenn sich die Unterbewertung der Optionsscheine abbaut.

Bei *sehr weit aus dem Geld stehenden Optionsscheinen* mit kurzer Restlaufzeit läuft der Leverage trotz eines sehr hohen Hebels durch das bei Null liegende Delta gegen Null. Das ist kein paradoxes Ergebnis, denn diese Optionsscheine sind - selbst wenn der Geldkurs der Bewertung zugrundegelegt wird, wie das bei der Entscheidung, einen Optionsschein zu veräußern oder weiter zu halten, der Fall ist - oft hoffnungslos überteuert.[30]

---

[30] Vgl. **Zwirner, Thomas (1994)**, S. 95.

Fallstudie 10.4   Leverage bei weit aus dem Geld stehenden Optionsrechten

So galten am 15.5.1995 für den vom Schweizerischen Bankverein emittierten Call-Optionsschein auf Metallgesellschaft-Aktien - WKN 768 539 - die folgenden Daten.[31]

Bewertungstag:	t_0	= 15.5.1995
Ausübungspreis:	B	= 66,00
Verfalltag:	t_v	= 2.6.1995
Optionsverhältnis:	OV	= 1,00
historische Volatilität:	σ	= 48,51 (= gleitende 200-Tage-Volatilität)
Kurs des Underlying:	S_0	= 27,90
Optionsscheinpreis:	C_{MG}	= 0,01
Optionsscheinwert:	C_0	= 0,00
Delta:	δ	= 0,00

Hebel$_{akt}$: $\quad \frac{S_0}{C_M} = \frac{27,90}{0,01} = 2\,790$

Leverage: $\quad$ Hebel$_{akt}$ · Delta = 2 790 · 0 = 0

Die Leistung des Optionsscheins kann nur in Verbindung mit den Kosten, die der Optionsschein verursacht bzw. mit dessen Ertragsgleichheitskennziffer gewürdigt werden. Deshalb ist die Jährliche Performance-Prämie bzw. die Jährliche Performance-Ertragsgleichheit auf die Leverageziffer zu beziehen.

Fallstudie 10.1 (n)   Kennzahlen um den Leverage

Auch wenn die Jährliche Performance-Prämie bzw. die Jährliche Performance-Ertragsgleichheit auf den Leverage bezogen wird, zeigt sich die Attraktivität der beiden DG-Bank-Optionsscheine A und E (Tabelle 10.5).

OS	Emittent	WKN	$C_{M\,hom\,B}$	Hebel$_{akt}$	Delta	Leverage	PPR$_{p.a.}$: Lev.	PEG$_{p.a.}$: Lev.
A	DG	809 840	13,50	14,07	0,5613	7,90	**1,30**	**1,43**
B	TUB	813 126	16,40	11,59	0,4762	5,52	3,30	3,66
C	SGE	726 563	20,60	9,22	0,4922	*4,54*	4,02	*4,58*
D	Citi	814 734	23,50	8,09	0,5328	*4,31*	2,55	2,98
E	DG	809 841	7,50	25,33	0,3730	**9,45**	2,25	2,36
F	WestLB	813 742	16,00	11,88	0,4238	5,03	3,15	3,48
G	Citi	814 601	8,80	21,59	0,3509	7,58	3,19	3,37
H	TUB	813 127	10,00	19,00	0,3114	5,92	*4,70*	5,00

Anmerkung: $C_{M\,hom\,B}$ = homogenisierter Briefkurs des Optionsscheins

Bei der Berechnung des Delta wird von dem um den Barwert der Dividende bereinigten Basisobjektkurs ausgegangen, bei der Berechnung des Hebel$_{akt}$ dagegen vom Kurs des Basisobjekts im Bewertungszeitpunkt.

Tabelle 10.5   Leverage-Kennzahlen der in Tabelle 10.2 enthaltenen Optionsscheine der Fallstudie 10.1

---

[31] Vgl. Derivate, Juni 1995, S. 24 - 25.

Die **Kennziffern** der **Ertragsgleichheit** und des **Hebels** gewinnen an Aussagequalität, wenn Jährliche Performance-Ertragsgleichheit und Leverage der zur Auswahl stehenden Optionsscheine in ein Schaubild eingetragen werden. Hintergrund dieser Darstellung ist der Gedanke, daß eine höhere Jährliche Performance-Ertragsgleichheit nur zusammen mit einem höheren Leverage vertretbar ist.[32]

Fallstudie 10.1 (o) Performance-Ertragsgleichheit und Leverage visualisiert

Abbildung 10.4 demonstriert die Attraktivität der Optionsscheine A und E, denn die Performance-Ertragsgleichheit muß nieder, der Leverage aber hoch sein.

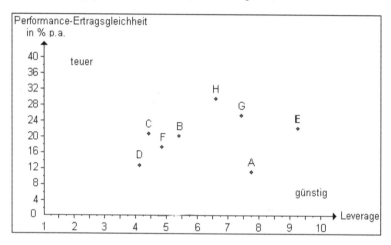

Abbildung 10.4   Performance-Ertragsgleichheit und Leverage der in Tabelle 10.2 enthaltenen Optionsscheine der Fallstudie 10.1

10.6.5 Break-Even-Kennzahlen mit Transaktionskosten- und Zeitwertmove

Der **Break-Even-Punkt** (BE) ist der Basisobjektkurs, der erreicht werden muß, damit der Investor bei Ausübung des Optionsrechts keinen Verlust erleidet. Insbesondere bei aus dem Geld stehenden Optionsscheinen wird diese Ziffer durch den Ausübungspreis dominiert.

---

[32] Vgl. Derivate, Juni 1995, S. 5.

Fallstudie 10.1 (p) Break-Even-Punkt (BE)

Demzufolge verwundert es nicht, daß der einzige im Geld stehende Call-Optionsschein der Tabelle 10.6 den günstigsten Break-Even-Punkt, der am weitesten aus dem Geld liegende Optionsschein H aber den ungünstigsten Wert aufweist.

Nicht berücksichtigt wurden bei den bisher dargestellten Kennziffern die beim Kauf und gegebenenfalls bei der Veräußerung des Optionsscheins entstehenden Kosten einschließlich der Spanne zwischen An- und Verkaufskurs des Optionsscheins. In Wirklichkeit müssen auch diese Kosten in das Entscheidungskalkül einbezogen werden.

Gelegentlich werden Transaktionskosten und Spread in Relation zum Optionsscheinkurs gesetzt. Das Ergebnis kann als *„prozentuale Transaktionskosten"* und als *„prozentualer Spread"* bezeichnet werden.

Da jedoch der private Optionsscheininvestor an einer erwarteten Basisobjektkursveränderung verdienen will, bietet es sich an, jene Veränderung des Basisobjektkurses zu berechnen, die notwendig ist, um die beim Kauf und bei der Liquidation des Optionsscheins anfallenden Kosten zu kompensieren.

Der *Transaktionskostenmove* ist die Veränderung des Basisobjektkurses in die erwartete Richtung, die erforderlich ist, damit die beim Kauf und beim Verkauf des homogenisierten Optionsscheins anfallenden Kosten, wie Bankprovision, Clearinggebühren und sonstige Spesen sowie Courtage, abgedeckt sind.

Transaktionskostenmove: $\quad TM = \dfrac{\frac{\text{Transaktionskosten pro Optionsschein}}{\text{Optionsverhaeltnis}}}{\text{Delta}}$

Der *Spreadmove* ist die Veränderung des Basisobjektkurses in die erwartete Richtung, die erforderlich ist, damit die Spanne zwischen dem höheren Briefkurs und dem Geldkurs des (homogenisierten) Optionsscheins abgedeckt ist.

Spreadmove: $\quad SM = \dfrac{\frac{\text{Brief}-\text{Geld}-\text{Spanne}}{\text{Optionsverhaeltnis}}}{\text{Delta}}$

Fallstudie 10.1 (q) Spread- und Transaktionskostenmove

Aufgrund der vom Emissionshaus gestellten Brief-Geld-Spanne bei den zur Auswahl stehenden Optionsscheinen und aufgrund der für Privatanleger üblichen Erwerbs- und Veräußerungskosten ergeben sich die in Tabelle 10.6 enthaltenen Spreadmoves (SM) und Transaktionskostenmoves (TM). Die Brief-Geld-Spanne (B-G-S) der DG-Bank-Optionsscheine wurden beim Emittenten angefragt, die Brief-Geld-Spanne der TUB- und Citibank-Optionsscheine wurden SAT 1-Videotext vom 29.5.1995 entnommen.

OS	Emittent	WKN	BE	C_{MB}	B-G-S	Spread	Delta	SM	TM	SM+TM
A	DG	809 840	**203,50**	0,27	0,03	1,50	0,5613	2,67	0,53	3,20
B	TUB	813 126	216,40	4,10	0,30	1,20	0,4762	2,52	0,76	3,28
C	SGE	726 563	220,60	10,30	0,60[33]	1,20	0,4922	2,44	0,92	**3,36**
D	Citi	814 734	223,50	2,35	0,10	1,00	0,5328	1,88	*0,97*	2,85
E	DG	809 841	217,50	*0,15*	0,03	1,50	0,3730	*4,02*	**0,44**	*4,46*
F	WestLB	813 742	226,00	3,20	0,30[34]	1,50	0,4238	3,54	0,83	4,37
G	Citi	814 601	221,80	8,80	0,50	**0,50**	0,3509	**1,42**	0,55	1,97
H	TUB	813 127	*230,00*	2,50	0,30	1,20	0,3114	3,85	0,71	4,56

Tabelle 10.6 Spreadmoves und Transaktionskostenmoves der in Tabelle 10.2 enthaltenen Optionsscheine

Für Optionsschein A gilt:

B-G-S = Brief-Geld-Spanne = Briefkurs − Geldkurs = 0,03 DM

Spread = B-G-S pro homogenisierten Optionsschein = $\frac{B-G-S}{OV} = \frac{0,03}{0,02} = 1,50$ DM

SM = Spreadmove = $\frac{\frac{B-G-S}{OV}}{Delta} = \frac{\frac{0,03}{0,02}}{0,5613} = 2,67$ DM

Unterstellt werden Transaktionskosten in Höhe von je 1,1 % des Optionsscheinkurses beim Ankauf und beim Verkauf. Da der Verkaufskurs des Optionsscheins bei der Investitionsentscheidung nicht bekannt ist, wird der Verkaufskurs (vor Transaktionskosten) mit dem Kaufkurs (vor Transaktionskosten) gleichgesetzt. Unter diesen Voraussetzungen ergeben sich Transaktionskosten pro homogenisierten Optionsschein in Höhe von $\frac{C_{MB}}{OV} \cdot 0,011$ sowohl beim Kauf als auch beim Verkauf des Optionsscheins.

TM = Transaktionskostenmove = $\frac{\frac{C_{MB}}{OV} \cdot 0,011 \cdot 2}{Delta} = \frac{\frac{0,27}{0,02} \cdot 0,022}{0,5613} = 0,53$ DM

Demnach muß der Kurs der Lufthansa-Stammaktie um 2,67 + 0,53 = 3,20 DM steigen, damit die Kosten ausgeglichen sind, die dem Optionsscheininvestor allein durch den An- und den Verkauf des Optionsscheins entstehen.

Die Zahlen der Tabelle 10.6 zeigen, daß Spread und Spreadmove tendenziell um so größer sind, je niedriger der Kurs des Optionsscheins ist. Entsprechend ungünstig schneidet der mit nur 0,15 DM notierende Optionsschein E ab.

---

[33] **Société Générale (1995 b)**, S. 6.
[34] Vgl. **WestLB (1995)**, S. 5.

Fallstudie 10.5   Extremer Spreadmove bei niedrigem Optionsscheinkurs

Call-Optionsschein der WestLB auf Thyssen-Aktien - WKN 813 711 -[35]

Bewertungstag: t_0 = 18.1.1996
Optionsverhältnis: OV = 0,20
Basisobjektkurs: S_0 = 218,30 DM
Optionsscheinkurs Geld: C_{MG} = 0,01 DM
Optionsscheinkurs Brief: C_{MB} = 0,30 DM
Delta: δ = 0,07

Spreadmove: $SM = \dfrac{\frac{B-G-S}{OV}}{Delta} = \dfrac{\frac{0,29}{0,20}}{0,07} = 20,71$ DM

Die Thyssen-Aktie müßte also von 281,30 DM auf 302,73 DM steigen, um allein den dem Optionsscheininvestor aus der Brief-Geld-Spanne resultierenden Verlust auszugleichen.

> Der Spread drückt insbesondere bei Optionsscheinen mit niedrigem Kurs auf die Performance.

Für den Optionsscheinerwerber ist es ärgerlich, aber nachzuvollziehen, wenn das Investitionsziel nicht erreicht wird, weil sich der Basisobjektkurs anders als erwartet verhält. Frustrierend, weil häufig nicht verständlich, ist es aber, wenn sich der Basisobjektkurs in die erwartete Richtung bewegt, ohne daß der Optionsscheinkurs diesem Verlauf folgt. Ursache derartigen Verhaltens ist meist der *Zeitwertverlust* des Optionsscheins, der durch Theta[36] angezeigt wird.

> Der tägliche Zeitwertverlust (= Tagestheta) bewegt sich im Bereich von Pfennigbeträgen oder Bruchteilen davon. Dadurch wird die Bedeutung des Zeitwertverlustes für den Anlageerfolg der Investition häufig unterschätzt. Um das zu vermeiden, wird der Zeitwertverlust für eine Woche[37] oder einen Monat[38] angegeben.

Noch anschaulicher wird der Zeitwertverfall, wenn das Wochen- oder Monatstheta in Relation zum Optionsscheinkurs gesetzt wird. Das Ergebnis ist das *„prozentuale Wochen- bzw. Monatstheta"*, das angibt, wieviel Prozent seines Preises der homogenisierte Optionsschein Woche für Woche bzw. Monat für Monat allein durch die kürzer werdende Restlaufzeit optionspreistheoretisch an Wert verliert.

Prozentuales Wochentheta: $Wth \text{ in } \% = \left[\dfrac{Wochentheta}{Optionsscheinpreis}\right] \cdot 100$

---

[35] Vgl. **WestLB (1996)**, S. 5.

[36] In den folgenden Ausführungen wird Theta mit dem Zeitwertverlust des homogenisierten Optionsscheins gleichgesetzt.

[37] Vgl. Optionsscheinlisten in *Optionsschein-Magazin* und in *Optionsschein weekly*.

[38] Vgl. Derivate, April 1996, S. 64.

Vom Tages-, Wochen- oder Monatstheta ausgehend kann jeder Anleger ausrechnen, um welchen Betrag sich der Underlyingkurs in die „richtige" Richtung bewegen muß, um den jeweiligen theoretischen Zeitwertverlust auszugleichen. Das Ergebnis der auf eine Woche bezogenen Rechnung wird als **„Wöchentlicher Zeitwertmove"** bezeichnet.

Wöchentlicher Zeitwertmove in DM: ZWM pro Woche $= \frac{\text{Wochentheta}}{\text{Delta}}$

Es ist nur konsequent, den so festgelegten Zeitwertmove zum **„Hold-Break-Even"**[39] weiterzuentwickeln. Das ist
- der für die geplante Anlagedauer theoretisch berechnete Zeitwertmove
- plus Transaktionskostenmove und Spreadmove.

Die Kennzahl gibt den Betrag an, um den sich - wenn alle anderen Einflußgrößen konstant bleiben - der Basisobjektkurs während der vorgesehenen Investitionszeit bewegen muß, damit der Anleger keinen Verlust einfährt.

Fallstudie 10.1 (r)   Der Hold-Break-Even als Auswahlkriterium

Den günstigsten Hold-Break-Even hat Optionsschein G.

OS	Emittent	WKN	Laufzeit in Jahren	Tth	Wth	%-Wth	ZWM pro Woche	HBE pro Woche
A	DG	809 840	0,7014	0,0409	0,2860	2,12	0,51	3,71
B	TUB	813 126	0,7781	0,0381	0,2664	1,62	0,56	3,84
C	SGE	726 563	0,8904	0,0364	0,2548	1,24	0,52	3,88
D	Citi	814 734	1,5589	**0,0293**	**0,2049**	0,87	**0,38**	3,23
E	DG	809 841	0,7014	0,0363	0,2538	3,38	0,68	5,14
F	WestLB	813 742	1,1781	0,0304	0,2129	1,33	0,50	4,87
G	Citi	814 601	0,7151	0,0350	0,2447	2,78	0,70	**2,67**
H	TUB	813 127	0,7781	0,0318	0,2224	2,22	0,71	5,27

Anmerkung:
- Tth = Tagestheta = Zeitwertverfall des homogenisierten Optionsscheins pro Tag
- Wth = auf eine Woche „hochgerechnetes" Tagestheta = Tth · 7
- %-Wth = Prozentuales Wochentheta
  = Wth : Briefkurs des homogenisierten Optionsscheins
- ZWM = Zeitwertmove pro Woche
- HBE = Hold Break-Even pro Woche = ZWM + SM + TM

Tabelle 10.7   Kennzahlen zum Zeitwertverfall der Optionsscheine aus Tabelle 10.2

---

[39] Der Hold-Break-Even darf nicht mit dem Break-Even-Punkt aus der traditionellen Optionsscheinanalyse verwechselt werden. Vgl. **Deutsche Bank AG (1995 c)**, S. 42.

10.6.6 Zukunftsszenarien

Bewußt wurde in den bisherigen Ausführungen die Frage, wie das Wochen- und Monatstheta theoretisch fundiert zu berechnen ist, ausgeklammert.

Gelegentlich wird empfohlen, das *Tagestheta* auf eine Woche, auf einen Monat oder auf die vorgesehene Investitionsdauer „*hochzurechnen*".[40]

„Hochgerechnetes" Wochentheta = Tagestheta · 7

Ein derartiges Vorgehen ist insoweit problematisch, als der Zeitwertverlust von am Geld liegenden Optionsscheinen um so höher wird, je näher die Endfälligkeit des Optionsscheins rückt. Aus diesem Grund läßt es sich vielleicht gerade noch rechtfertigen, das Wochentheta aus dem Tagestheta zu errechnen, ein auf einen Monat oder auf die vorgesehene Anlagedauer hochgerechnetes Tagestheta ist aber insoweit gefährlich, als es den Zeitwertverlust im Vergleich zur tatsächlich eintretenden Einbuße zu klein ausweist.[41]

> *Fallstudie 10.1 (s)* „Hochgerechneter" und tatsächlicher Zeitwertverlust
>
> Bei Optionsschein A unserer Fallstudie 10.1 wird durch das „Hochrechnen" des im Bewertungszeitpunkt 29.5.1995 geltenden Theta der Zeitwertverfall während der gesamten Restlaufzeit auf 0,0409 DM · 256 Tage = 10,47 DM veranschlagt, während tatsächlich in dieser Zeit der gesamte Zeitwert in Höhe von 13,50 DM aufgebraucht wird.

Entsprechende Fehlschätzungen ergeben sich bei allen Kennzahlen, die aufgrund von Sensitivitätsziffern errechnet werden. Genannt seien der Leverage oder die Move-Kennzahlen, die sich in Abhängigkeit vom Basisobjektkurs mit der Veränderung von Delta ändern.

Das Risiko, den Zeitwertverlust zu unterschätzen, läßt sich auf pragmatische Weise ausschließen, indem der Zeitwertverlust linearisiert wird.

$$\text{Linearisiertes Tagestheta} = \frac{\text{Optionsscheinpreis} - \text{innerer Wert}}{\text{restliche Laufzeit des Optionsscheins}}$$

Linearisiertes Monatstheta = Linearisiertes Tagestheta · 30 bzw. 31 Tage

Nach dieser Formel wird der kurzfristige Zeitwertverlust bei am Geld stehenden Optionsscheinen meist höher ausgewiesen als er tatsächlich eintritt.

Kennzahlen, die auf Sensitivitäten basieren, dürfen nur innerhalb kleiner Intervalle fortgeschrieben werden, andernfalls ergeben sich aufgrund der sich ändernden Sensitivitäten nicht akzeptable Fehlschätzungen.

---

[40] Vgl. **Glade, Joachim (1995 b)**, S. 74. So wurde das Wochentheta auch in Tabelle 10.7 berechnet.

[41] Vgl. **Deutsche Bank AG (1995 c)**, S. 35 - 36, sowie: Abschnitt 9.2.4.

Um das Verhalten des Kurses eines Optionsscheins auch dann prognostizieren zu können, wenn die Bewertungskennzahlen wegen einer zu großen Veränderung der zugrundeliegenden Parameter keine brauchbaren Aussagen mehr liefern, werden die zu beurteilenden Optionsscheine *in vom Investor nach seinen Erwartungen gestalteten Zukunftsszenarien* bewertet.

> Für die Bewertung von Optionsscheinen über Zukunftsszenarien spricht vor allem, daß sich während der Anlagedauer nicht nur die Restlaufzeit der Optionsscheine, sondern alle Optionswertparameter ändern.

Wie sich Basisobjektkurs, Volatilität, Zinssatz für risikolose Kapitalanlagen und Dividenden auf das Basisobjekt während der Restlaufzeit des Optionsrechts verhalten, vermag niemand vorherzusagen. Aus diesem Grund bleibt dem Investor nur die Möglichkeit, den fairen Wert der zur Auswahl stehenden Optionsscheine für bestimmte, von ihm *subjektiv erwartete Zukunftsszenarien* zu errechnen und darauf basierend die Performance zu ermitteln, die die einzelnen Optionsscheine bei Eintreten des einen oder des anderen Szenarios bringen.

Auf der Grundlage dieser Ergebnisse kann der Investor für jeden Optionsschein einen Erwartungswert bestimmen. Dazu muß er allerdings jedem seiner subjektiv fixierten Zukunftsszenarien eine ebenfalls subjektiv festgelegte Wahrscheinlichkeit zuordnen, mit der er die jeweils errechnete Szenario-Performance gewichtet. Der Optionsschein mit der höchsten Performance-Erwartung ist der nach seiner subjektiven Einschätzung günstigste Optionsschein. Er wird ihn erwerben, wenn ihn die auf seinen subjektiven Erwartungen basierende Performance im Vergleich zu Alternativinvestitionen zufriedenstellt.

Fallstudie 10.1 (t) Zukunftsszenarien

Im Hinblick auf die zur Auswahl stehenden Optionsscheine auf Lufthansa-Stammaktien bietet es sich an, die Optionsscheinwerte für drei subjektiv gestaltete Szenarien zu ermitteln.

Hausse-Szenario:

Zeitpunkt:	t_{HS}	=	15.8.95
Volatilität:	σ	=	23,0 % p.a.
Zinssatz:	r	=	4,3 % p.a.
Aktienkurs:	S_{HS}	=	225,00 DM

Der Steigflug der Aktie hält an, die Widerstandslinie wird noch im Sommer 1995 durchbrochen. Der Kurs erreicht nach Ausschüttung der Dividende Mitte August 1995 das vom Anleger gesetzte Ziel von 225. Da die Volatilität bei ansteigenden Kursen erfahrungsgemäß zurückgeht, wird der vorsichtige Investor die Volatilität von 25 % p.a. auf 23 % p.a. zurücknehmen. Der Zinssatz wird mit 4,3 % p.a. angesetzt.

Optionsschein:	A	B	C	D	E	F	G	H
Fair Value $C_{HS\,hom}$:	40,78	33,90	35,59	41,48	25,50	30,32	23,79	20,76
Fair Value C_{HS} (= C_{MB}):	0,82	8,47	17,80	4,15	0,51	6,06	23,79	5,19

Enttäuschendes Szenario:
Zeitpunkt: t_{ES} = 15.9.95
Volatilität: σ = 24,0 % p.a.
Zinssatz: r = 4,3 % p.a
Aktienkurs: S_{ES} = 207,00 DM

Die Widerstandslinie hält bis zum 15. 09. 1995. Der Zinssatz wird mit 4,3 % p.a., die Volatilität mit 24 % p.a. eingegeben.

Optionsschein:	A	B	C	D	E	F	G	H
Fair Value $C_{ES\,hom}$:	24,66	19,55	21,50	28,46	12,82	18,55	11,73	10,11
Fair Value C_{ES} (= C_{MB}):	0,49	4,89	10,75	2,85	0,26	3,71	11,73	2,53

Verlust-Szenario:
Zeitpunkt: t_{VS} = 15.9.95
Volatilität: σ = 25,0 % p.a.
Zinssatz: r = 4,3 % p.a.
Aktienkurs: S_{VS} = 175,00 DM

Der Kurs bricht, nachdem die Widerstände nicht überwunden werden konnten, ein.

Optionsschein:	A	B	C	D	E	F	G	H
Fair Value $C_{VS\,hom}$:	6,49	4,93	6,33	12,19	2,31	6,05	2,08	1,86
Fair Value C_{VS} (= C_{MB}):	0,13	1,23	3,16	1,22	0,05	1,21	2,08	0,47

Prämissen bei der Berechnung der Performance:

- Die Performance wird aufgrund der exakten Fair Values der homogenisierten Optionsscheine errechnet, obwohl der Preis des Optionsscheins nur auf maximal 2 Nachkommastellen angegeben wird.

- Die Fair Values der Zukunftsszenarien werden als Briefkurse definiert. Der Optionsschein kann aber vermutlich nur zum niedrigeren Geldkurs liquidiert werden. Deshalb wird zur Ermittlung des Veräußerungspreises vom für das Zukunftsszenario berechneten Fairen Wert der Spread abgeschlagen.

- Auf den Kaufpreis im Ausgangsszenario werden pauschal 1,1 % Transaktionskosten aufgeschlagen. Vom Geldkurs im Zukunftsszenario werden pauschal 1,1 % Transaktionskosten abgeschlagen.

- Am 5.7. eines jeden Jahres wird Dividende in Höhe von 4,00 DM ausgeschüttet.

OS	Emittent	WKN	Hausse 50 %	Enttäuschung 30 %	Verlust 20 %	Performance-Erwartung
A	DG	809 840	184,60 %	67,81 %	− 63,86 %	99,87 %
B	TUB	813 126	95,03 %	9,48 %	− 77,74 %	34,81 %
C	SGE	726 563	63,31 %	− 3,59 %	− 75,64 %	*15,45* %
D	Citi	814 734	68,50 %	14,29 %	− **53,41 %**	27,85 %
E	DG	809 841	**213,04** %	47,61 %	− 89,41 %	**102,92** %
F	WestLB	813 742	76,19 %	4,26 %	− 72,16 %	24,94 %
G	Citi	814 601	158,90 %	24,85 %	− 82,49 %	70,41 %
H	TUB	813 127	91,35 %	− 12,86 %	− *93,53* %	23,11 %
Lufthansa	Stamm-A.	823 210	17,67 %[1)	8,40 %	− 8,07 %	9,74 %

Anmerkung:

[1)] Kaufkurs des Basisobjekts   190,00   Verkaufskurs des Basisobjekts   225,0000
+ 1,1 % Transaktionskosten   <u>2,09</u>   − Spread des Basisobjektkurses   <u>0,5000</u>
Kapitaleinsatz   192,09   224,5000
                                                − 1,1 % Transaktionskosten   <u>2,4695</u>
                                                Verkaufserlös   222,0305
                                                + Dividende (ohne Steuern)   <u>4,0000</u>
                                                                              <u>226,0305</u>

Performance der Direktinvestition = $\left[\frac{226{,}0305}{192{,}0900} - 1\right] \cdot 100 = \underline{17{,}67}$

Tabelle 10.8 Performance der Optionsscheine bei Eintreten der Zukunftsszenarien

Berechnung der Performance des Optionsscheins A bei Eintreffen des Hausse-Szenarios:

Ausgangsszenario

Preis des homogenisierten Optionsscheins A: $C_{M\,B\,hom} = \frac{C_{MB}}{OV} =$ 13,5000

plus 1,1 % Transaktionskosten[42] (Bankprovision, Courtage, Spesen)   <u>0,1485</u>
Kapitaleinsatz   <u>13,6485</u>

Hausse-Szenario

Black-Scholes-Wert = Kauf-(Brief)kurs des homogenisierten Optionsscheins: 40,7800
minus Brief-Geld-Spanne (Spread)   <u>1,5000</u>
Verkaufs-(Geldkurs) des Optionsscheins: 39,2800
minus 1,1 % Transaktionskosten   <u>0,4321</u>
Veräußerungserlös   <u>38,8479</u>

Hausse-Szenario-Performance = $\frac{\text{Veraeußerungserlös}}{\text{Kapitaleinsatz}} - 1 \cdot 100 = \left[\frac{38{,}8479}{13{,}6485} - 1\right] \cdot 100 = 184{,}63\ \%$

[exakt 184,60]

---

[42] Die Transaktionskosten werden hier nach der 4. Stelle hinter dem Komma gerundet.

Bei einer Investitionsdauer vom 15.05.1995 bis zum 15.08.1995 = 92 Tage ergibt sich eine annualisierte Hausse-Szenario-Performance von

$$\frac{\text{Hausse–Szenario–Performance} \cdot 365}{\text{Investitionsdauer in Tagen}} = \frac{184{,}63 \cdot 365}{92} = 732{,}50 \text{ \% p.a.}$$

Sowohl im Hausse- als auch im Enttäuschungs-Szenario sind die beiden DG-Bank-Optionsscheine (A und E) den anderen Optionsscheinen in der Performance weit überlegen. Im Verlust-Szenario schneiden alle Optionsscheine schlecht ab. Auch bei der Performance-Erwartung liegen die Optionsscheine A und E weit vorne, wenn der Investor das

- Hausse-Szenario   mit einer Wahrscheinlichkeit von 50 %,
- Enttäuschungs-Szenario mit einer Wahrscheinlichkeit von 30 %,
- Verlust-Szenario   mit einer Wahrscheinlichkeit von 20 %   gewichtet.

Nach Optionsschein A und E bringt Optionsschein G einen überzeugenden Erwartungswert der Performance. Den letzten Platz nimmt Optionsschein C ein. Dieses Ergebnis überrascht nicht, darauf haben bereits zuvor ermittelte Kennziffern hingedeutet.

10.6.7 Handelbarkeit

Von seiner Entscheidungsfreudigkeit und Reaktionsschnelligkeit profitiert der Investor in Optionsscheinen nur, wenn seine Aufträge sofort und zu fairen Konditionen ausgeführt werden.

Um vor Überraschungen sicher zu sein, empfiehlt der mit seinen Optionsscheinen die Umsatzstatistiken der deutschen Börsen anführende Emittent, „Mini-Emissionen von Banken, die lediglich am Rande des Optionsscheinmarktes mitmischen und ein oder zwei Emissionen als Versuchsballon gestartet haben,"[43] zu meiden. Nur in Optionsscheinen mit hohen Börsenumsätzen existiere genügend Liquidität, um Aufträge ausführen zu können, ohne daß dadurch der Preis des gehandelten Wertpapiers beeinflußt wird.

Der Rat, Mini-Emissionen zu meiden, bringt dem Privatanleger wenig, denn die veröffentlichten Emissionsvolumina beziehen sich lediglich auf die zur Emission vorgesehenen Papiere. Tatsächlich abgesetzt wird aber oft nur ein Bruchteil des zunächst geplanten Emissionsvolumens.

Vertreter anderer Emissionshäuser verweisen darauf, daß die Umsatztätigkeit von Optionsscheinen keinen Aufschluß über die Liquidität eines Optionsscheins gäbe. Während bei anderen börsengehandelten Vermögenswerten der Kursausgleich über die Bündelung von Angebot und Nachfrage durch den jeweiligen Kursmakler an der Börse herbeigeführt werde, sei die Liquidität von Optionsscheinen mehr von der

---

[43] **Lieven, Andreas T. (1991),** S. B 8.

Bereitschaft der Emissionshäuser abhängig, kontinuierlich faire Geld- und Briefkurse in den von ihnen emittierten Optionsscheinen zu stellen.[44]

Alle Emissionshäuser betonen stets, für die von ihnen emittierten Optionsscheine während der gesamten Laufzeit einen liquiden Sekundärmarkt zu unterhalten. Die Erfahrungen zeigen demgegenüber, daß viel zu oft selbst kleine Aufträge zum Verkauf von Optionsscheinen zu spürbaren Veränderungen des Optionsscheinkurses zu Lasten des Privatanlegers führen. „Deshalb ist der Anleger gezwungen, über alle zur Verfügung stehenden Quellen zu eruieren, welcher Emittent nicht nur den Optionsschein mit der passenden Ausstattung, sondern auch tatsächlich eine adäquate Marktpflege anbietet."[45]

Kennzeichen hoher Marktpflegequalität sind
- gegen Null strebende Fair Value Deviations der emittierten Optionsscheine
- nahe beieinander liegende implizite Volatilitäten der Optionsscheine des Emittenten auf dasselbe Underlying bei nicht stark voneinander abweichender Restlaufzeit
- niedrige Spreads (Brief-Geld- Spannen)
- verläßliche zeitnahe Optionsscheinpreise in Abhängigkeit vom Underlyingkurs
- handelbare Kurse auch in stark volatilen Marktphasen

Fallstudie 10.1 (u) Die Liquidität der Optionsscheine aus Tabelle 10.2

Die beiden günstigsten Optionsscheine sind Emissionen der DG Bank Deutsche Genossenschaftsbank. Mit einem Anteil von etwa 1 % am gesamten Börsenumsatz in Optionsscheinen[46] zählt dieses Institut zu den mittelgroßen Optionsscheinemittenten und -händlern, die sich vor allem auf innovative Produkte spezialisiert haben.

Die Marktkapitalisierung des Warrants, die den gesamten Absatz des geplanten Emissionsvolumens unterstellt, beträgt bei Optionsschein A 1,35 Mill. DM, bei Optionsschein E sogar nur 0,7 Mill. DM.[47] Damit zählen diese Papiere zu den Optionsscheinen mit kleinen Emissionsvolumina.

Die hohe negative Fair Value Deviation der Call-Optionsscheine A und E spricht gegen eine hohe Marktpflegequalität des Emittenten, sofern der Fair Value „richtig" berechnet wurde. Wer sich Optionsscheine der DG-Bank[48] anschaut, stellt fest, daß die impliziten Volatilitäten

---

[44] Vgl. **Bosse, Holger (1995)**, S. 1 -2.

[45] **Deutsche Bank AG (1995 c)**, S. 47.

[46] Vgl. **Citibank AG (1995 c)**, S. 12 - 13.

[47] Vgl. Derivate, Juni 1995, S. 22.

[48] Vgl. Derivate, Juni 1995, S. 30 - 31 und S. 20 - 21.

- der vier von ihr emittierten Call-Optionsscheine auf VW-Stammaktien in einem engen Bereich zwischen 22,37 und 19,97 % p.a. liegen,
- der vier von ihr emittierten Call-Optionsscheine auf Deutsche Bank-Aktien zwischen 17,80 und 17,08 % p.a. liegen.

Demzufolge scheint es sich bei der abweichenden Bewertung der Call-Optionsscheine auf Lufthansa-Stammaktien um eine Ausnahmeerscheinung zu handeln.

10.6.8 Optionsbedingungen: Der Teufel steckt im Detail

Die Zusammenstellung der nach Meinung des Autors aussagekräftigsten Kennzahlen erleichtert die Auswahl des optimalen Optionsscheins. In Wirklichkeit werden sich die günstigsten Kennzahlen nur selten auf einen Optionsschein konzentrieren, vielmehr werden einige Kennzahlen für den Erwerb des einen, manche für den Erwerb eines anderen und eine Kennzahl vielleicht sogar für einen dritten Optionsschein sprechen. In einer derartigen Konstellation ist erneut die subjektive Einschätzung und Gewichtung der Kennzahlen durch den Investor im Hinblick auf sein Anlageziel entscheidend.

Fallstudie 10.1 (v) Zusammenstellung der Bewertungskennzahlen der Optionsscheine aus Tabelle 10.2

OS	Emittent	B	t	Vola$_{impl}$	FVD	TAW	PEG$_{p.a.}$: Lev.	SM	HBE wöch.	PEW
A	DG	190	0,7014	20,27	-17,72	52,20	1,43	2,67	3,71	99,87
B	TUB	200	0,7781	29,69	23,03	61,03	3,66	2,52	3,84	34,81
C	SGE	200	0,8904	33,21	38,67	60,08	4,58	2,44	3,88	15,45
D	Citi	200	1,5589	27,99	12,98	59,09	2,98	1,88	3,23	27,87
E	DG	210	0,7014	22,49	-16,37	70,31	2,36	4,02	5,14	102,92
F	WestLB	210	1,1781	28,61	21,29	67,85	3,48	3,54	4,87	24,94
G	Citi	213	0,7151	25,83	5,85	72,38	3,37	1,42	2,67	70,41
H	TUB	220	0,7781	29,46	36,16	76,19	5,00	3,85	5,27	23,11

Anmerkung: PEW = Performance-Erwartung

Tabelle 10.9 Zusammenstellung der wichtigsten Kennzahlen zur Optionsscheinbewertung

Bei fast allen Bewertungskennzahlen liegen die Optionsscheine A und E vor allen anderen Optionsscheinen weit in Front. Nur beim Spread-Move und daraus resultierend auch beim wöchentlichen Hold-Break-Even liegt Optionsschein E abgeschlagen auf dem letzten Platz. Das ist eine Folge des niedrigen Optionsscheinpreises.

Aufgrund seines relativ niedrigen Spread hat Optionsschein G den bei weitem günstigsten Spread-Move und Hold-Break-Even. Das reicht allerdings nicht aus, um die vor allem bei der Performance-Erwartung führenden Optionsscheine in der Gesamteinschätzung zu überflügeln.

Welchem der beiden DG-Bank Optionsscheine letztlich der Vorzug gegeben wird, hängt von der Präferenzstruktur des Investors ab. Wenn er sich seines Hausse-Szenarios sicher ist, wird er sich vielleicht für den Optionsschein E entscheiden, der mehr zur Vorsicht neigende Anleger wird eher Optionsschein A erwerben.

Wie bei allen Geschäften sollte auch vor dem Erwerb von Optionsscheinen auf das „*Kleingedruckte*" geachtet werden. Das gilt immer, im besonderen Maße aber bei besonders günstig erscheinenden Angeboten, denn häufig beruhen besonders günstig erscheinende Optionsscheinkennziffern in Optionsscheinzeitschriften und auf dem PC auf fehlerhafter Eingabe der kaum mehr zu bewältigenden Zahlenkolonnen. Die dazu notwendigen Optionsbedingungen lassen sich durch Anruf, Telefax oder Schreiben einfach und schnell beschaffen.

Fallstudie 10.1 (w) Durchforsten der Optionsscheinbedingungen

Das intensive Durchforsten der Optionsbedingungen war im Falle der DG-Bank-Optionsscheine nicht nötig, da bereits ein Blick auf die Überschrift des Verkaufsprospekts[49] die Ursache für deren anscheinend außergewöhnlich günstige Bewertung klärte: Die Optionsscheine lauten auf **Lufthansa-Vorzugsaktien** und nicht, wie in den Kurslisten der Optionsschein-Zeitschriften ausgewiesen, auf Lufthansa-Stammaktien.[50]

Dieser Fehler hätte deshalb für den Erfolg der Optionsscheininvestition folgenschwer sein können, weil Lufthansa ausgerechnet während des geplanten Optionsscheinengagements die Dividendenzahlungen wieder aufnahm. Das aber bedeutet für die Vorzugsaktie die Nachzahlung des Vorzugsgewinnanteils für die dividendenlosen Jahre, verbunden mit entsprechendem Dividendenabschlag des Basisobjektkurses und zugleich den Entzug des Stimmrechts.[51] Demzufolge haben Aufsichtsrat und Vorstand der am 6.7.1995 stattfindenden Hauptversammlung die Zahlung einer Dividende von 11,50 DM je Vorzugsaktie im Nennbetrag von 50,00 DM sowie von 4,00 DM je Stammaktie im Nennbetrag von 50,00 DM vorgeschlagen.[52] Mit der Dividendennachzahlung büßen die Vorzugsaktien gegenüber der Stammaktie an Attraktivität ein, mit dem Stimmrechtsentzug kommt ihr Nachteil zum Tragen. Das dürfte sich im Kurs der Vorzugsaktie niederschlagen, der mit sich verbessernder Ertragslage von Lufthansa immer weiter hinter dem Kurs der Stammaktie zurückbleiben dürfte.

Der Investor wird in der für ihn neuen Konstellation auf den attraktivsten der übriggebliebenen Optionsscheine auf Lufthansa-Stammaktien zurückgreifen. Die Wahl kann im Hinblick auf implizite Volatilität, Fair Value Deviation, Spread-Move sowie Hold-Break-Even nur auf Optionsschein G fallen. Dominiert wird die Investitionsentscheidung aber vom Performance-Erwartungswert, und auch hier ist Optionsschein G allen anderen noch verbliebenen Optionsscheinen weit voraus.

---

[49] Vgl. **DG Bank (1995)**, S. 1.

[50] Nachdem der Herausgeber von Derivate auf das Basisobjekt der DG-Bank-Optionsscheine hingewiesen wurde, ist der Fehler seit der August-Ausgabe bereinigt.

[51] Vgl. **Lufthansa AG (1994)**, S. 12 - 13, § 23 in Verbindung mit § 140 Abs. 2 AktG.

[52] Vgl. **Lufthansa AG (1995)**, S. 53.

10.7 Auftragserteilung

Wenn es darum geht, bei der Erteilung des Auftrags zum Erwerb des ausgewählten Optionsscheins Limite zu stellen, sollte der Investor sowohl seine persönlichen Zukunftsszenarien als auch den Spreadmove als Grundlage nutzen.

Fallstudie 10.1 (x) Erteilung limitierter Aufträge

Wenn die Prüfung der Marktpflegequalität des Emittenten von Optionsschein G ein positives Ergebnis gebracht hat, wird der Investor den Auftrag zum Erwerb des Optionsscheins erteilen. Da einige große Emittenten ihre Optionsscheine neben der zentral gelegenen Börse auch an den Regionalbörsen Düsseldorf und Stuttgart eingeführt haben, spricht einiges dafür, daß das Optionsscheingeschäft dort von besonders servicebewußten Maklern abgewickelt wird.

Die Kurslimite stellt der Auftraggeber aufgrund der aktuellen Börsenkurse vom 29.5.1995:

- Schlußkurs der Lufthansa-Stammaktie: 190,00 bez.
- Schlußkurs der Lufthansa-Vorzugsaktie: 191,00 bez.
- Kurs von Optionsschein G: 8,30 G   8,80 B

Der Spreadmove des Optionsscheins G beträgt 1,42 DM. Infolgedessen wird ein um 0,50 DM über dem Briefkurs des Optionsscheins liegendes Limit theoretisch einen Anstieg des Basisobjektkurses von 190,00 DM auf 191,42 DM abfangen. Im Hinblick auf das Kursziel der Lufthansa-Stammaktie wäre unter diesen Voraussetzungen ein Limit in Höhe von 9,30 DM zu rechtfertigen. Bei einem höheren Limit wäre ein zu großer Teil der erwarteten Basisobjektkurssteigerung vorweggenommen.

10.8 Überwachung und Liquidation des Engagements

Nach dem Erwerb des Optionsscheins ist die Entwicklung des Basisobjektkurses und in Abhängigkeit davon das Verhalten des Optionsscheinkurses genau zu verfolgen.

Um nicht maßlos zu werden, sollte der Investor den Optionsschein grundsätzlich veräußern, wenn das Basisobjekt das im günstigsten Szenario erwartete Kursziel erreicht hat. Wenn sich die Kurserwartungen des Anlegers nicht erfüllen, sollte er nicht zurückschrecken, Verluste zu realisieren.

Zur Begrenzung des Verlustes bietet sich die Stop-loss-(= Verkaufs-)order an. Die Art der Auftragserteilung ist aber bei Optionsscheinen insofern problematisch, als nur ein Bezahltkurs eine Bestensorder auslöst. Bei vielen Optionsscheinen kommen aber Bezahltkurse relativ selten vor. Deshalb ist Optionsscheininvestoren zu raten, auf einen Stop-loss-Auftrag zu verzichten und statt dessen den Optionsscheinkurs genau zu verfolgen und bei Eintreten einer faktischen Stop-loss-Situation den Verkaufsauftrag zu erteilen.

Fallstudie 10.1 (y) Überwachung des Optionsscheinengagements

Der für die Börsensitzung vom 30.5.1995 erteilte Auftrag wird zum Briefkurs von 8,80 DM ausgeführt. Die Lufthansa-Stammaktie notierte zu Börsenschluß 190,00 DM bezahlt.

Für den Fall, daß die Lufthansa-Stammaktie den im März 1995 begonnenen Aufwärtstrend durchbrechen sollte, müßte ein Auftrag zum Verkauf des Optionsscheins erteilt werden, wenn der Basisobjektkurs unter 188 fallen sollte. Diese den Verkaufsauftrag auslösende Kursmarke müßte bei weiter steigenden Kursen der Lufthansa-Aktien der Unterstützungslinie entsprechend angepaßt werden.

Kurze Zeit nach dem Erwerb des Optionsscheins setzte die Lufthansa-Stammaktie ihren Aufwärtstrend fort und nahm souverän die bei 210,00 DM liegende Widerstandslinie. Bereits am 3.8.1995, aber auch am 10. und 11.8.1995 wurde das im Hausse-Szenario fixierte Kursziel erreicht, so daß sich der disziplinierte Anleger vom Optionsschein in dieser Zeit verabschieden hätte müssen. Tatsächlich veräußert hat er die Optionsscheine während der Börsensitzung vom 15.8.1995.

Mitte September durchbrach der Lufthansa-Stammaktienkurs die ein halbes Jahr gehaltene aufwärtsgerichtete Unterstützungslinie. Zur gleichen Zeit wurde die Linie des 38-Tage gleitenden Kursdurchschnitts vom Tageskurs der Aktie von oben nach unten geschnitten, so daß die Lufthansa-Stammaktie und damit auch der Call-Optionsschein auf diese Aktie charttechnisch ein klarer Verkauf waren. Zu diesem Zeitpunkt notierte die Lufthansa-Stammaktie bei 220,00 DM.

Quelle: *Optionsschein-Magazin*, Dezember 1995, S. 21.

Abbildung 10.5 Chart der Lufthansa-Stammaktie

10.9 Soll-Ist-Vergleich

Bei Optionsscheininvestitionen ist ein Soll-Ist-Vergleich interessant, wobei die Daten des der Wirklichkeit am nächsten kommenden Erwartungsszenarios als Sollwerte definiert werden.

Fallstudie 10.1 (z) Soll-Ist-Vergleich der Optionsschein-Performance

Als Liquidations-Soll-Zahlen drängen sich die nahezu idealtypisch eingetretenen Daten des Hausse-Szenarios auf. Als Liquidations-Ist-Werte werden die Geldkurse vom 15.8.1995 gewählt.[53] Diese Kurse werden zur Berechnung der tatsächlich eingetretenen Performance der Einfachheit halber[54] den Briefkursen des Analysetages 29.5.1995 gegenübergestellt.

15.8.1995: Verkauf der Optionsscheine
- Kurs der Lufthansa-Aktien: Stämme: 225,50 DM   Vorzüge: 205,50 DM

OS	Emittent	WKN	Kaufkurs am 29.5.95	Hausse-Szenario		Tatsächliche Daten am 15.8.95	
			C_{MB}	$C_{HS\,G}$	Performance in %	C_{MG}	Performance in %
A	DG	809 840	0,27	0,79	184,60	0,52	88,40[1)]
B	TUB	813 126	4,10	8,17	95,03	8,20	95,65
C	SGE	726 563	10,30	17,20	63,31	19,75	87,58
D	Citi	814 734	2,35	4,05	68,50	4,30	79,00
E	DG	809 841	0,15	0,48	213,04	0,30	95,65
F	WestLB	813 742	3,20	5,76	76,19	6,50	98,70
G	Citi	814 601	8,80	23,29	158,90	24,30	170,13
H	TUB	813 127	2,50	4,89	91,35	5,40	111,30

Quelle: *Handelsblatt* vom 30.6.1995, S. 35 und vom 16.5.1995, S. 35, sowie: Auskunft der Stuttgarter Börse.

Anmerkung: [1)] Preis des homogenisierten Optionsscheins A   13,5000
            plus Transaktionskosten 1,1 %   0,1485
            Kapitaleinsatz   13,6485

Geldkurs des homogenisierten Optionsscheins = $\frac{C_{MG}}{OV} = \frac{0,52}{0,02} =$ 26,0000

minus Transaktionskosten 1,1%   0,2860
Verkaufserlös am 15.08.1995   25,7140

Performance = $\left[\frac{25,7140}{13,6485} - 1\right] \cdot 100 = 88,40\,\%$

Tabelle 10.10 Soll-Ist-Vergleich der Optionsschein-Performance vom 29.5.1995 bis 15.8.1995 unter Berücksichtigung von Transaktionskosten

Der Soll-Ist-Vergleich zeigt, daß der Investor mit Optionsschein G tatsächlich die beste Performance aller Optionsscheine auf Lufthansa-Stammaktien erreichen konnte. Dieses Ergebnis bestätigt die Eignung der Szenario-Analyse für die Auswahl des günstigsten Optionsscheins.

---

[53] Kurse nach telefonischer Anfrage beim Makler der Stuttgarter Börse.

[54] Die Optionsscheinkurse vom 30.5.1995 weichen kaum von denen des 29.5.1995 ab. Deshalb ist es gerechtfertigt, die in Tabelle 10.1 enthaltenen Kurse vom 29.5.1995 als Ist-Erwerbswerte zu verwenden.

Anhang

Diskette zum Buch

Dem Buch liegt eine 3,5 Zoll Diskette bei, auf der sich insgesamt 3 Dateien befinden. Um die Programme nutzen zu können, genügt ein Windows-Rechner (Version 3.1 oder Windows 95), auf dem Microsoft EXCEL Version 5.0 und Microsoft Word 6.0 installiert sind. Microsoft Word 6.0 wird nur zum Lesen und Ausdrucken der Bedienungsanleitung zu den einzelnen Programmen benötigt. Die auf der Diskette befindlichen Dateien sind kompatibel zu den Windows 95-Versionen der Microsoft-Office-Programme (EXCEL 7.0 und Word 7.0). Eine Verwendung der EXCEL-Tabellen unter EXCEL 4.0 ist jedoch nicht möglich.

Installation der Dateien

Die Installation gestaltet sich sehr einfach. Die beiden EXCEL-Dateien (Endung: .xls) werden mit Hilfe des Datei-Managers oder des Windows 95-Explorers in das jeweilige Unterverzeichnis des zugehörigen Programms (EXCEL 5.0 oder Word 6.0) kopiert. Nach dem Starten von EXCEL oder Word wird die gewünschte Datei mit der Funktion „Öffnen" aus dem Menü „Datei" gestartet.

Alternativ können alle Dateien auch direkt von der Diskette aus gestartet werden. Unter „Laufwerke" muß dann nur noch das lokale Laufwerk ausgewählt werden, in dem sich die Diskette befindet. Unter „Dateityp" muß allerdings das richtige Dateiformat ausgewählt werden. Die gewünschte Datei ist doppelt anzuklicken.

Inhalt der Dateien

Die auf der Diskette enthaltenen EXCEL-Dateien sollen den Leser dabei unterstützen, die in diesem Buch dargelegte Optionsscheinbeurteilung zu verstehen. Zusätzlich sollen sie eigene Optionsscheinanalysen ermöglichen.

- Mit Hilfe der beigefügten EXCEL-Arbeitsmappen kann die Berechnung der Kennzahlen für die in dem Buch analysierten Optionsscheine in mathematischen Zwischenschritten bis ins Detail nachvollzogen werden.

- Das Programm eröffnet dem in Tabellenkalkulation unerfahrenen Anleger nach kurzer Einarbeitungszeit Zugang zu aussagekräftigen Kennziffern, die herkömmliche Optionsschein-Programme nicht bieten. So ist die Einbeziehung der Transaktionskosten insbesondere für den Privatanleger ein großer Schritt in Richtung realitätsnaher Optionsscheinanalyse.

INFO.DOC (Word 6.0 Dokument) bringt eine ausführliche Beschreibung der Programme und deren Funktionen. Sie sollte ausgedruckt und aufmerksam durchgelesen werden, um die Programme effektiv anwenden zu können.

BEISPIEL.XLS (EXCEL 5.0 Arbeitsmappe) enthält die Fallstudien zur traditionellen (Kapitel 3) und modernen (Kapitel 6 und 7) Bewertung von Optionsrechten.

In *OSKAP10.XLS* (EXCEL 5.0 Arbeitsmappe) sind die acht Lufthansa-Call-Optionsscheine der Fallstudien in Kapitel 10 ausgewertet. Zwei Leerspalten ermöglichen die Analyse anderer Optionsscheine.

Hinweise, Anregungen und Haftungsausschluss

Trotz äußerst sorgfältiger Prüfung kann für Formeln und Programme keine Haftung übernommen werden. Gleiches gilt für soft- und hardwareseitige Fehler, für Veränderungen und fehlerhafte Bedienung.

Für weitere Auskünfte zum Programm, für Hinweise, Anregungen und Ideen wenden Sie sich bitte an eine der folgenden Adressen:

Joachim Heinz	oder	Berufsakademie Stuttgart
Am Pflaster 7		Fachrichtung Bank
73650 Winterbach		Prof. Dr. Peter Steinbrenner
E-Mail: Joachim.Heinz @ t-online.de		z. Hd. Joachim Heinz
Fax 07181/700623		Postfach 100 563
		70004 Stuttgart

Literaturverzeichis

Allianz Finance B.V. (1989) Amsterdam, Niederlande
Prospekt für die Zulassung zum Börsenhandel der 7 % Inhaber-Teilschuldverschreibungen der Optionsanleihe von 1989/1996 der Allianz Finance B.V. sowie der Inhaber-Optionsscheine zum Bezug von Aktien der Allianz Aktiengesellschaft Holding (Hrsg.), München 1989
Arendts, Martin (1993)
Beratungs- und Aufklärungspflichten über das einem Wertpapier erteilte Rating, in: Wertpapier Mitteilungen (WM), Nr. 6 vom 13.2.1993, S. 229 - 237
Assmann, Heinz-Dieter / Schneider, Uwe H. (1995)
Wertpapierhandelsgesetz - Kommentar, Köln 1995
Baird, Allen Jan (1993)
Option Market Making - Trading and Risk Analysis for the Financial and Commodity Option Markets, New York 1993
Baker, H. A. / Drooge, A. van / Molenaar, Piet / Vries, R. J. de (1993)
Langfristige Optionen - ein Produkt mit Zukunft, in: SOFFEX extra, H. 2, 1993, SOFFEX-Swiss (Hrsg.) Options and Financial Futures Exchange AG
Bank für Internationalen Zahlungsausgleich (1996)
66. Jahresbericht der Bank für Internationalen Zahlungsausgleich (Hrsg.), Basel 10. Juni 1996
Beer, Artur / Goj, Wolfram (1995)
Strategischer Einsatz von Optionen und Futures, Stuttgart 1995
Bessey, Jochen (1995)
Die Auswirkungen der neueren Gesetzgebung auf Optionsscheingeschäfte, unveröffentlichte Diplomarbeit an der Fachrichtung Bank der Berufsakademie, Stuttgart 1995
BGH, Urteil vom 22.10.1984 (II ZR 262/83)
in: Betriebs-Berater (BB), H. 3 vom 30.1.1985, S. 149 - 151
BGH, Urteil vom 16.4.1991 (XI ZR 88/90)
in: Betriebs-Berater (BB), H. 18 vom 30.6.1991, S. 1216 - 1218
BGH, Urteil vom 22.6.1993 (XI ZR 215/92)
in: Wertpapier Mitteilung (WM), Nr. 32 vom 14.8.1993, S. 1457 - 1458
BGH, Urteil vom 6.7.1993 (XI ZR 12/93, Bond-Urteil)
in: Betriebs-Berater (BB), H. 27, vom 30.9.1993, S. 1903 - 1905
BGH, Urteil vom 29.3.1994 (XI ZR 31/93)
in: Wertpapier Mitteilung (WM), Nr. 19 vom 14.5.1994, S. 834 - 838
BGH, Urteil vom 25.10.1994 (XI ZR 43/94)
in: Betriebs-Berater (BB), H. 2 vom 12.1.1995, S. 64 - 66
BGH, Urteil vom 14.2.1995 (XI ZR 218/93)
in: Wertpapier Mitteilung (WM), Nr. 15 vom 15.4.1995, S. 658 - 659
BGH, Urteil vom 14.5.1996 (XI ZR 188/95)
Das Urteil war bei Drucklegung noch nicht veröffentlicht.
BGH, Urteil vom 11.6.1996 (XI ZR 172/95)
Das Urteil war bei Drucklegung noch nicht veröffentlicht.
Birkelbach, Jörg (1995)
Financial Services im Internet, in: Optionsschein-Magazin, November 1995, S. 67 - 69
Black, Fischer / Scholes, Myron (1972)
The Valuation of Option Contracts and a Test of Market Efficiency, in: The Journal of Finance, 27. Jg., Nr. 2, May 1972, S. 399 - 417

Black, Fischer / Scholes, Myron (1973)
The Pricing of Options and Corporate Liabilities, in: Journal of Political Economy, 81. Jg., May/June 1973, S. 637 - 654
Bookstaber, Richard (1991)
Option Pricing and Investment Strategies, Maidenhead 1991
Bosse, Holger (1995)
Liquidität durch market making, in: SBV Aktuell, Schweizerischer Bankverein (Deutschland) AG (Hrsg.), Frankfurt a. M. vom 8.12.1995
Bosse, Holger (1996)
Das Delta - Eine Kennziffer, die man kennen muß, in: SBV Aktuell, Schweizerischer Bankverein (Deutschland) AG (Hrsg.), Frankfurt a. M. vom 10.7.1996
Breuers, Friedhelm (1995)
Professionelle Anlage mit Optionsscheinen, in: Optionsschein-Magazin, Dezember 1995, S. 61 - 62
Breuers, Friedhelm (1996)
„Verbesserte Transparenz dient dem Anleger", in: Optionsschein-Magazin, Mai 1996, S. 61
Bruker, Hans-Peter (1995)
Optionsscheine und die Börse der Zukunft, unveröffentlichtes Manuskript, Stuttgart Juni 1995
Bühler, Wolfgang (1988)
Rationale Bewertung von Optionsrechten auf Anleihen, in: Zeitschrift für betriebswirtschaftliche Forschung (zfbf), 40 Jg., 1988, S. 851 - 881
Bühler, Wolfgang (1991)
Die Bewertung der DTB-Option auf den Bund-Future: Ein schwieriges Problem?, in: DTB-Dialog, 2. Jg., H. 2, 1991, S. 2 - 4 und S. 22 - 23
Burgmaier, Stefanie (1996)
Position stärken - Erneut soll eine Bank wegen falscher Beratung für Verluste bei Investmentfonds haften, in: Wirtschaftswoche, Nr. 15 vom 4.4.1996, S. 142 - 144
Buthmann, Friedhelm (1993)
Herstellung der Termingeschäftsfähigkeit in Stellvertretung?, in: Bank Information (BI), H. 1, 1993, S. 58 - 59
Buthmann, Friedhelm (1995)
Optionsscheine und Börsentermingeschäftsfähigkeit in der Rechtsprechung, in: Bank Information (BI), H. 3, 1995, S. 67 - 70
Canaris, Claus-Wilhelm (1988)
Die Verbindlichkeit von Optionsscheingeschäften, in: Wertpapier Mitteilungen (WM), Sonderbeilage 10/1988 zu Nr. 48 vom 3.12.1988
Citibank AG (1994)
Options Schein Planer, hrsg. von Citibank AG, Frankfurt a. M. Mai 1994
Citibank AG (1995 a)
Citi CATS-OS, Citibank Automated Trading System-Optionsscheine der Citibank AG (Hrsg.), Frankfurt a. M. o. J. (1995)
Citibank AG (1995 b)
Equity Derivatives and Warrants Europe: Erfolgreiche Strategien mit derivativen Instrumenten im privaten Portfoliomanagement, Optionsscheinseminar Frühjahr 1995 der Citibank AG (Hrsg.), o.O. 1995
Citibank AG (1995 c)
Anzeige der Citibank: Let's talk about facts, in: Optionsschein-Magazin, Juni 1995, S. 12 - 13
Commerzbank AG (1992)
Renten-Instrumente: Zinsoptionsscheine, hrsg. von Commerzbank AG, Frankfurt a. M. Juli 1992
Commerzbank AG (1993)
Commerzbank-Devisenoptionen, Ausgabe 1993, hrsg. von Commerzbank AG, Frankfurt a. M. 1993

Commerzbank Overseas Finance N.V. (1993) Curaçao, Niederländische Antillen
Informationsmemorandum der 6 ¾ % Inhaber-Teilschuldverschreibungen der Optionsanleihe von 1993/ 1998 mit Optionsschein von 1993/1996 der Commerzbank Aktiengesellschaft zum Bezug von Aktien der Commerzbank Aktiengesellschaft, Commerzbank Overseas Finance N.V. (Hrsg.), Curaçao 1993
Conti-Gummi Finance B.V. (1993) Amsterdam, Niederlande
Angebotsmemorandum der 7 ½ % Deutsche Mark Optionsanleihe von 1993/2000 mit Optionsscheinen der Continental Aktiengesellschaft (Hrsg.), Hannover 1993
Cox, John C. / Ross, Stephen A. / Rubinstein, Mark (1979)
Option Pricing: A simplified approach, in: Journal of Financial Economics, Vol. 7, 1979, S. 229 - 263
Cox, John C. / Rubinstein, Mark (1985)
Options Markets, Eaglewood Cliffs 1985
Demuth, Michael (1990)
Profit mit Optionsscheinen: Analysemethoden und Strategien für den Börsenerfolg, Haar bei München 1990
Demuth, Michael (1994)
Der deutsche Optionsscheinmarkt, in: Demuth, Michael (Hrsg.): Geldanlage mit Optionsscheinen, 2. Auflage, Wiesbaden 1994, S. 15 - 47
Derivate, hrsg. von Trinkaus Capital Management GmbH, Düsseldorf Februar 1995 bis Juni 1996
Deutsche Bank AG (1995 a)
Telefonische Kursansage Optionsscheine, in: Faltblatt der Deutschen Bank AG (Hrsg.), Frankfurt a. M. September 1995
Deutsche Bank AG (1995 b)
Optionsscheine, Gesamtübersicht, H. 10, 1995, Deutsche Bank AG (Hrsg.), Frankfurt a. M. 1995
Deutsche Bank AG (1995 c)
Das Anlageinstrument Optionsscheine: Kennzahlen, Deutsche Bank AG (Hrsg.), Frankfurt a. M. Oktober 1995
Deutsche Börse AG (1993)
Besondere Bedingungen für Optionsgeschäfte an den Deutschen Wertpapierbörsen - Stand April 1987 -, in: Vorschriften für den Optionshandel, Deutsche Börse AG (Hrsg.), Frankfurt a. M. Januar 1993
Deutsche Börse AG (1994 a)
Deutsche Börsen, Jahresbericht 1993, Deutsche Börse AG (Hrsg.), Frankfurt a. M. Februar 1994
Deutsche Börse AG (1994 b)
Die Deutsche Terminbörse, Deutsche Börse AG (Hrsg.), 1. Auflage, Frankfurt a. M. August 1994
Deutsche Börse AG (1994 c)
Faltblatt „DAX®-Volatilitätsindex", Deutschen Börse AG (Hrsg.), Frankfurt a. M. 1994
Deutsche Börse AG (1996 a)
DTB Statistik Februar 1996, in: DTB Reporter, März 1996 der Deutsche Börse AG (Hrsg.), Frankfurt a. M. 1996, S. 5
Deutsche Börse AG (1996 b)
Domestic Products, in: Reporter, Mai 1996 der Deutsche Börse AG (Hrsg.), Frankfurt a. M. 1996, S. 3
Deutsche Bundesbank (1993)
Grundsätze über das Eigenkapital und die Liquidität der Kreditinstitute, in: Monatsbericht März 1993 der Deutschen Bundesbank (Hrsg.), Frankfurt a. M. März 1993, S. 49 - 63
Deutsche Bundesbank (1994 a)
Grundsätze über das Eigenkapital und die Liquidität der Kreditinstitute i.d.F. vom 29. 12. 1992, in: Gesetz über das Kreditwesen, Sonderveröffentlichung der Deutschen Bundesbank (Hrsg.), Frankfurt a. M. Juni 1994, S 121 - 139

Deutsche Bundesbank (1994 b)
Geldpolitische Implikationen der zunehmenden Verwendung derivativer Finanzinstrumente, in: Monatsbericht November 1994 der Deutschen Bundesbank (Hrsg.), Frankfurt a. M. November 1994, S. 41 - 57
Deutsche Bundesbank (1995)
Zum Informationsgehalt von Derivaten für die Geld- und Währungspolitik, in: Monatsbericht November 1995 der Deutschen Bundesbank (Hrsg.), Frankfurt a. M. November 1995, S. 17 - 32
Deutscher Kassenverein AG (1992)
Bedingungen für Wertpapier-Leihgeschäfte, Frankfurt a. M. 1992
DG Bank (1995)
Verkaufsprospekt Aktien-Optionsscheine auf Deutsche Aktien, vom 3.5.1995, DG Bank (Hrsg.), Frankfurt a. M. 1995
DG Bank (1996)
Bekanntmachung: Endfälligkeit von Optionsscheinen der DG Bank, in: Frankfurter Allgemeine Zeitung vom 2.1.1996, S. 11
Doerks, Wolfgang (1991)
Die Berücksichtigung von Zinsstrukturkurven bei der Bewertung von Kuponanleihen, in: Wirtschaftswissenschaftliches Studium (WiSt.), H. 6, 1991, S. 275 - 289
Doll, Georg Friedrich / Neuroth, Hans Peter (1991)
Internationale Optionsscheine: Kennzahlen, Formeln, Interpretationen, Köln 1991
Dorant, Thomas (1994)
Covered Warrants, klassische Optionsscheine und Optionen als Alternativen für den Kunden. Unveröffentlichte Diplomarbeit an der Fachrichtung Bank der Berufsakademie, Stuttgart 1994
Drathen, Frank (1995)
Institutionelles Geschäft gewinnt an Bedeutung, in: Börsen-Zeitung vom 23.9.1995, S.19 - 20
DTB Deutsche Terminbörse (1990)
Aktienoptionen, DTB Deutsche Terminbörse GmbH (Hrsg.), 1. Auflage, Frankfurt a. M. Januar 1990
DTB Deutsche Terminbörse (1995)
DTB-Regelwerk der DTB Deutsche Terminbörse (Hrsg.), Frankfurt a. M., Loseblattsammlung, 9. ergänzte Version, März 1995. Änderungen veröffentlicht in: Börsen-Zeitung vom 12.5.1995
Elberskirch, Dirk (1995)
Die Börse als Plattform des Optionsscheinhandels, in: Börsen-Zeitung vom 23.9.1995, S. 15
Engels, Wolfram (1969)
Rentabilität, Risiko und Reichtum, Tübingen 1969
Ensel, Peter / Kötzing, Gesine (1993)
Der Sekundärmarkt - Kurspflege geboten, in: Börsen-Zeitung vom 18.9.1993, S. 20
Frank, Bernd / Palm, Regine (1995)
Berlin stößt zum Dreierbund hinzu, in: Handelsblatt vom 8.11.1995 S. 37
French, Kenneth R. / Roll, Richard (1986)
Stock Return Variances, The Arrival of Information and the Reaction of Traders, in: Journal of Financial Economics, 13. Jg., H. 17, 1986 S. 5 - 26
Frey, Matthias J. (1995)
DTB-Strategie, in: Optionsschein-Magazin, Juni 1995, S. 47 - 51
Frohne, Arnd Christofer (1994)
Warrants und OTC-Produkte ergänzen sich, in: Börsen-Zeitung vom 24.9.1994, S. 21
Fünfgeld, Gregor / Hoever, Carsten / Zehnter, Andreas (1995)
Neue Anforderungen an die Anlageberatung, in: Sparkasse, H. 7, 1995, S. 328 - 332
Gais, Martina (1990)
Was ist ein Put wert? in: Optionsschein Report, Mai 1990, S. 56 - 59

Garman, M.B. / Kohlhagen, S.W. (1983)
Foreign Currency Option Values, in: Journal of International Money and Finance, 2. Jg., 1983, S. 231 - 237
Gastineau, Gary L. (1988)
The Options Manual, 3. Auflage, New York, St. Louis u.a. 1988
Gerhardt, Wolfgang (1994)
Die Prämie für den Stillhalter, in: SBV Aktuell, Schweizerischer Bankverein (Deutschland) AG (Hrsg.), Frankfurt a. M. vom 27.7.1994, S. 1 - 2
Gerlach, Rolf / Gondring, Hanspeter (1994)
Sparkassenpolitik - Umfeld und Perspektiven, Stuttgart 1994
Geyer, Alois L. J. / Schwaiger, Walter S. A. (1994)
Optionsbewertung mit GARCH Modellen, in: Die Bank, November 1994, S. 684 - 685
Glade, Joachim (1995 a)
Risiken und Chancen mit Optionsscheinen, in: Optionsschein-Magazin, April 1995, S. 72 - 73
Glade, Joachim (1995 b)
Zeitwert und Zeitwertverlust bei Warrants in: Optionsschein-Magazin, April 1995, S. 74
Glocker, Harald (1996)
Langfristige DAX®-Optionen: Neue Instrumente für Anleger, in: DTB Reporter März 1996 der Deutsche Börse AG (Hrsg.), Frankfurt a. M. 1996, S. 2 - 3
Grob, Patrick / Posch, Roger (1996)
Anlagemöglichkeiten im Umfeld tiefer Zinsen, in: Finanz und Wirtschaft vom 11.5.1996, S. 13
Grohmann, Herbert (1995)
Der Boom bei Optionsscheinen ist ungebrochen, in: Optionsschein Report, August 1995, S. 8
Güttler, Gerhard / Hielscher, Udo (1977)
Aktienoptionspreise und ihre Komponenten, in: Zeitschrift für betriebswirtschaftliche Forschung (zfbf), 29 Jg., 1977, S. 128 - 145
Harkonnen, Wladimir (1995)
Hedgingtechniken - Aktienhedge, in: Optionsschein Report, April 1995, S. 26 - 28
Harter, Winfried / Franke, Jörg / Hogrefe, Jürgen / Seger, Rolf (1993)
Wertpapiere in Theorie und Praxis, 4. Auflage, Stuttgart 1993
Hauck, Wilfried (1991)
Optionspreise: Märkte, Preisfaktoren, Kennzahlen, Wiesbaden 1991
Heeb, Gunter (1994)
Börsentermingeschäftsfähigkeit und Aufklärungspflichten, Stuttgart 1994
Hehn, Elisabeth (1994)
Zeitreihenanalyse von Optionsscheinpreisen zur Beurteilung von Kurschancen und -risiken, Frankfurt a. M. 1994
Heidelberger Zement Finance B.V. (1995) Amsterdam
Informationsmemorandum der 7 % Inhaber-Teilschuldverschreibungen von 1995/2002 mit Optionsscheinen auf den Bezug von Inhaber-Stammaktien der Heidelberger Zement Aktiengesellschaft, Heidelberger Zement Finance B.V. (Hrsg.), Amsterdam vom 23.6.1995
Heidorn, Thomas (1994)
Vom Zins zur Option: Finanzmathematik in der Bankpraxis, Wiesbaden 1994
Heinsius, Theodor (1994)
Pflichten und Haftung der Kreditinstitute bei der Anlageberatung, in: Zeitschrift für Bankrecht und Bankwirtschaft (ZBB), 6. Jg., H. 1, 28.2.1994, S. 47 - 57
Hielscher, Udo (1990)
Investmentanalyse, München 1990
Hink, Stephan / Pechtl, Andreas (1994)
Volatility Management, Manuskript zum Seminar in Wien vom 2. - 3.8.1994

Hoever, Carsten (1995)
Anlageberatung und Beratungshaftpflicht, in: Sparkasse, H. 9, 1995, S. 402 - 406
Hopt, Klaus J. (1975)
Der Kapitalanlageschutz im Recht der Banken, München 1975
Jankowsky, Fabian (1995)
Das Segment der Aktien-Warrants legt noch zu, in: Börsen-Zeitung vom 23.9.1995, S. 23 - 24
Jögel, Joachim / Möck, Carmen (1995)
Sensitivitätsanalyse bei Aktienoptionsscheinen - eine Untersuchung aus Anlegersicht. Unveröffentlichte Diplomarbeit an der Fachrichtung Bank der Berufsakademie, Stuttgart 1995
Jurgeit, Ludwig (1989)
Bewertung von Optionen und bonitätsrisikobehafteten Finanztiteln, Wiesbaden 1989
Kietzmann, Matthias (1995)
Geld zurück von der Optionsschein-Bank, in: Das Wertpapier, Nr. 4 vom 10.2.1995, S. 54 - 56
Klein, Hans-Dieter (1990)
Gedeckte Optionsscheine auf deutsche Aktien, in: Die Bank, H. 5, 1990, S. 283 - 286
Knöß, Robert (1994)
Covered Warrants aus Emittentensicht: Begebung und Risikomanagement, in: Demuth, Michael (Hrsg.): Geldanlage mit Optionsscheinen, 2. Auflage, Wiesbaden 1994, S. 49 - 69
Koch, Jürgen / Cerny, Stefan (1992)
OPN und Bewertungsniveau - Preiswürdigkeitsmaße für Optionen, in: Optionsschein Report, März 1992, S. 52 - 53
König, Günther (1991)
Erfolgreiches Investment mit Optionsscheinen, Stuttgart 1991
Köpf, Georg (1987)
Ansätze zur Bewertung von Aktien-Optionen: Eine kritische Analyse, München 1987
Kohler, Hans-Peter (1992)
Grundlagen der Bewertung von Optionen und Optionsscheinen, Wiesbaden 1992
Konjetzky, Helmut (1993)
Risikoanalyse kombinierter Optionspositionen, München 1993
Koppers, Josef (1994)
Geschäfte in Optionsscheinen - Kassa- oder Termingeschäfte?, in: Bank Information (BI), H. 8, 1994, S. 66 - 68
Kreissparkasse Waiblingen (1995)
Provisionen und Spesen im Wertpapiergeschäft, Stand November 1995
Kruschwitz, Lutz / Schöbel, Rainer (1984)
Eine Einführung in die Optionspreistheorie (I), (II) und (III), in: Das Wirtschaftsstudium (WISU), H. 2, 1984, S. 68 - 72, H. 3, 1984, S. 116 - 121 und H. 4, 1984, S. 171 - 176
Kubli, Heinz R. (1996)
Cash extraction bietet vielfältige Absicherung, in: Finanz und Wirtschaft vom 13.7.1996, S. 13
Kümpel, Siegfried / Ott, Claus (1995)
Kapitalmarktrecht - Ergänzbares Rechtshandbuch für die Praxis, Hrsg. Kümpel, Siegfried, 2. Lfg. 1995, Berlin 1995
Landesbank Hessen-Thüringen (1995)
Informationsmemorandum August 1995 der Helaba Frankfurt der US-$ Call Währungsoptionsscheine von 1995/1997 sowie der US-$ Put Währungsoptionsscheine von 1995/1997 der Landesbank Hessen-Thüringen Girozentrale (Hrsg.), Frankfurt a. M. August 1995
Landeszentralbank in Hessen (1994)
Zur Diskussion über Finanzderivate - Hohe Anforderungen an das Risikomanagement, in: Frankfurter Finanzmarkt-Bericht, Nr. 18, hrsg. von Landeszentralbank in Hessen, Frankfurt a. M. Juli 1994
Landgraf, Robert (1995)
An hoher Liquidität führt kein Weg vorbei, in: Handelsblatt vom 14.6.1995, S. 40

Lange, Gabriele / Quast, Wolfgang (1995)
Quantitative Entwicklung des Derivategeschäfts, in: Derivate Finanzinstrumente: Nutzen und Risiken, Stuttgart 1995, S. 17 - 31

Lehmann, Gerold (1995)
Mehr Transparenz mit der Computerbörse, in: Börsen-Zeitung vom 23.9.1995, S. 15 - 16

Lendle, Dieter (1994)
Der Kostenfaktor Spread, in: Börsen-Zeitung vom 24.9.1994, S. 15

LG München I, Urteil vom 23. 2. 1995 (12 O 6149/94)
in: Wertpapier Mitteilungen (WM), Nr. 30 vom 29.7.1995, S. 1308 - 1314

Lieven, Andreas T. (1991)
Anleger kann Gewinne mit Turbo-Effekt nur bei starken Schwankungen erwarten, in: Handelsblatt vom 30.10.1991, S. B 8 - B 9

Lieven, Andreas T. (1994)
Optionsschein Marketing: Aus einem No-Name Produkt wird ein Markenartikel, Manuskript zu einem Vortrag, gehalten am 19.5.1994 in Sulzbach/Ts.

Lieven, Andreas T. (1995)
„Vorsprung durch Technik!", in: Börsen-Zeitung vom 23.9.1995, S. 16

Lieven, Andreas T. (1996)
Vielfalt ist nicht immer ein Vorteil, in: Handelsblatt vom 26.2.1996, S. 27

Limbach, Rolf (1993)
Der Markt für Optionsscheine: Ansätze zur Systematisierung und Bewertung, in: Aktuelle Probleme des Wertpapiergeschäfts, mit Beiträgen von Gerold Brandt u. a., Stuttgart 1993, S. 57 - 74

Linkwitz, Christoph (1991)
Anlegerorientierte Bewertung von Devisenoptionsscheinen, in: Die Bank, H. 8, 1991, S. 453 - 456

Linkwitz, Christoph (1992)
Devisenoptionen zur Kurssicherung: Bewertung und Strategien, Wiesbaden 1992

Loistl, Otto (1992)
Computergestütztes Wertpapiermanagement, 4. Auflage, München 1992

Lufthansa AG (1994)
Satzung der Deutsche Lufthansa Aktiengesellschaft (Hrsg.), Köln Mai 1995

Lufthansa AG (1995)
Geschäftsbericht 1994 der Deutsche Lufthansa Aktiengesellschaft (Hrsg.), Köln 1995

Madansky, Albert (1988)
Some Comparisons of the Use of Empirical and Lognormal Distributions in Option Evaluation, in: Gastineau, Garry L. (Hrsg.): The Options Manual, 3. Auflage, New York u. a. 1988, S. 329 -335

Mägerlein, Christina (1995)
Von Warrants, Emissionen und anderen Hebeln, in: Börsen-Zeitung vom 23.9.1995, S. 21 - 22

März, Christoph (1994)
Volatilität als Index, in: DTB Reporter Mai 1994, DTB Deutsche Terminbörse (Hrsg.), Frankfurt a. M. 1994, S. 2 - 3

Mathes, Manfred (1995)
Investmentfonds und Banken - eine strategische Allianz: Bankenvertrieb auch aus Kundensicht wünschenswert, in: Handelsblatt vom 19.9.1995, S. B 7

May, Eugen (1986)
Anlagestrategien am Markt für Optionen. Unveröffentlichte Diplomarbeit an der Universität Ulm 1986

MacMillan, Lionel W. (1986)
Analytic Approximation für the American Put Option, in: Advances in Futures and Options Research, 1. Jg., Teil A, 1986, S. 119 - 139

Mella, Frank (1989)
Optionsscheine: Wie man die Formel zu Geld macht, in: Das Wertpapier, 1989, S. 745 - 746

Merton, Robert C. (1976)
Option pricing when underlying stock returns are discontinuous, in: Journal of Financial Economics, o. Jg., Heft 3, 1976, S. 125 - 144
Mollenkopf, Holger (1993)
Bewertung von Optionsscheinen mit variablen Basispreisen. Unveröffentlichte Diplomarbeit an der Fachrichtung Bank der Berufsakademie, Stuttgart 1993
Müller, Herbert / Guigas, Susanne (1994)
Total Quality Banking - Von der Idee zum dauerhaften Erfolg, Wiesbaden 1994
Mugele, Thomas (1995)
Die Traditionelle Bewertung von Optionsscheinen. Unveröffentlichte Hausarbeit an der Fachrichtung Bank der Berufsakademie, Stuttgart 1995
Murphy, Gareth (1994)
When options price theory meets the volatility smile, in: Euromoney, supplement, March 1994, S. 66 - 74
Narat, Ingo (1995 a)
Immer noch gute Noten für SAP, in: Handelsblatt vom 20./21.10.1995, S. 47
Narat, Ingo (1995 b)
Informieren und aufklären: Berater sind gefordert, in: Handelsblatt vom 27./28.10.1995, S. 47
OLG Frankfurt/M., Urteil vom 10.12.1992 (16 U 169/91)
in: Wertpapier Mitteilungen (WM), Nr. 16 vom 24.4.1993, S. 684 - 687
OLG-Frankfurt/M., Urteil vom 27.1.1994 (16 U 337/92)
in: Zeitschrift für Wirtschaftsrecht (ZIP), H. 5, 1994, S. 367 - 371
OLG Karlsruhe, Urteil vom 28.1.1992 (18a U 143/91)
in: Wertpapier Mitteilungen (WM), Nr. 14 vom 4.4.1992, S. 577
OLG Stuttgart, Urteil vom 15.2.1995 (9 U 185/94)
in: Wertpapier Mitteilungen (WM), Nr. 29 vom 22.7.1995, S. 1270 - 1272
OLG Zweibrücken, Urteil vom 15.5.1995 (7 U 81/94)
in: Wertpapier Mitteilungen (WM), Nr. 29 vom 22.7.1995, S. 1272 - 1276
o. V. (1994 a)
Milliardenverluste mit Bankschuldversprechen, in: Betrügereien mit Dokumenten erstklassiger Banken, Sonderbericht des ICC Comemercial Crime Bureau zu Prime Bank Instrument Frauds, hrsg. von Deutschen Sparkassen- und Giroverband am 10.1.1994, Anhang o. J., o. S.
o. V. (1994 b)
Die Dresdner Bank holt mächtig auf, in: Das Wertpapier, Nr. 14 vom 8.7.1994, S. 26 - 30
o. V. (1994 c)
Die süßen Folgen einer bitteren Pille, in: Das Wertpapier, Nr. 14 vom 8.7.1994, S. 30 - 32
o. V. (1994 d)
Müssen Banken jetzt auch für „klassische" Optionsscheine haften?, in: Effecten-Spiegel Nr. 38 vom 15.9.1994, S. 5, 20, 27
o. V. (1995 a)
Das Geschäft mit der Zukunft boomt, in: Frankfurter Allgemeine Zeitung vom 24.1.1995, S. 18
o. V. (1995 b)
Faire Geschäfte mit Delta und Omega, in: Das Wertpapier, Nr. 4 vom 10.2.1995, S. 50 - 52
o. V. (1995 c)
Mit dem Theta der Zeit ein Schnippchen schlagen, in: Optionsschein weekly vom 17.4.1995, S. 1
o. V. (1995 d)
Börse Stuttgart /„Best-Price-Prinzip", in: Handelsblatt vom 13.9.1995, S. 44
o. V. (1995 e)
Mit den Kursturbulenzen steigt das Interesse an Optionsscheinen, in: Frankfurter Allgemeine Zeitung vom 29.9.1995, S. 30

o. V. (1995 f)
Der Börsenhandel mit Optionsscheinen soll reformiert werden - Künftig elektronisch und ohne Makler, in: Frankfurter Allgemeine Zeitung vom 15.11.1995, S. 30

o. V. (1995 g)
Neue Gerüchte um Vulkan, in: Handelsblatt 24./25.11.1995, S. 1

o. V. (1995 h)
Banken verlangen für neuen Großkredit Länderengagement - Bremer Vulkan / Außerordentliche Hauptversammlung?, in: Handelsblatt vom 24./25.11.1995, S. 17

o. V. (1995 i)
Die Lufthansa legt das beste Ergebnis ihrer Geschichte vor, in: Frankfurter Allgemeine Zeitung vom 17.5.1995, S. 18

o. V. (1996 a)
Zweites Marktsegment an der DTB, in: DTB Reporter, März 1996 der Deutsche Börse AG (Hrsg.), Frankfurt a. M. 1996, S. 6

o. V. (1996 b)
Die Deutsche Börse steht vor einem glänzenden Geschäftsjahr, in: Frankfurter Allgemeine Zeitung vom 24.5.1996, S. 23

o. V. (1996 c)
Die Hitliste der Schein-Banken, in: Das Wertpapier, Nr. 13 vom 13.6.1996, S.50

o. V. (1996 d)
Bonn will Wertpapierkontrolle verbessern, in: Stuttgarter Zeitung vom 21.6.1996, S. 10

o. V. (1996 e)
Zugelassene Wertpapiere an der Frankfurter Börse, in: Frankfurter Allgemeine Zeitung vom 1.8.1996, S. 17

o. V. (1996 f)
Britische Banken und Börsen wünschen sich den Euro, in: Frankfurter Allgemeine Zeitung vom 3.8.1996, S. 14

o. V. (1996 g)
„Aktien haben langfristig die Geldanlage in Renten nicht geschlagen", in: Frankfurter Allgemeine Zeitung vom 14.8.1996, S. 15

o. V. (1996 h)
Neunzehn neue Aktienoptionen an der Deutschen Terminbörse, in: Frankfurter Allgemeine Zeitung vom 14.8.1996, S. 16

Pechtl, Andreas (o. J.)
Optionen mit speziellen Eigenschaften (Exotic Options), Bankseminar Prof. Preßmar, Block 1, Hamburg o. J.

Pechtl, Andreas / Wicht, Dagmar (1995)
Genossenschaftlicher Optionsscheinführer - Basisinformation und Anlagemöglichkeiten, in: Finanz & Markt, Wiesbaden, München November 1995

Pilz, Olaf (1994)
Volatilität, in: Optionsschein Report, Oktober 1994, S. 13 - 15

Pilz, Olaf (1995)
Volatilitätsindex auf den deutschen Aktienindex, in: Optionsschein Report, Januar 1995, S. 22 - 24

Puhani, Josef (1993)
Statistik: Einführung mit praktischen Beispielen, 6. Auflage, Bamberg 1993

Quast, Steffen (1994)
Anlageorientierte Bewertung von DAX®-Optionsscheinen. Unveröffentlichte Diplomarbeit an der Fachrichtung Bank der Berufsakademie, Stuttgart 1994

Redelberger, Thomas (1994)
Grundlagen und Konstruktion des VDAX-Volatilitätsindex der Deutsche Börse AG, herausgegeben von der Deutsche Börse AG, Frankfurt a. M. November 1994, S. 1 - 9

Reißner, Peter (1991)
Zur analytischen Bewertung von Zinsoptionen, Frankfurt a. M. 1991
Rettberg, Udo (1995)
Devisenoptionen in der Pipeline, in: Handelsblatt vom 22.6.1995, S. 33
Rettberg, Udo (1996)
Devisen-Derivate im Rampenlicht, in: Handelsblatt vom 11.4.1996, S. 40
Rettberg, Udo / Zwätz, Dietrich (1992)
Das kleine Terminhandels-Lexikon, Düsseldorf 1992, abgedruckt in: Für ungeübte Anleger sind Derivate ein Spiel mit dem Feuer, in: Handelsblatt vom 27.11.1995, S. 24
Rieder, Uwe (1994)
Spielermentalität kommt Anlagebetrügern zugute, in: Handelsblatt vom 10.11.1994, S. 5
Riedl, Anton (1994)
Großer Gewinn mit Kleingeld, in: Das Wertpapier vom 18.2.1994, S. 14 - 15
Riedl, Anton (1996 a)
Titelthema Optionsscheine: Die richtigen Optionen - Gute Scheine / Schlechte Scheine, in: Das Wertpapier, H. 5, 1996 vom 22.2.1996, S. 44 - 51
Riedl, Anton (1996 b)
Titelthema Optionsscheine: „Wenn wir sparen, kommt das dem Anleger zugute", Interviev mit Gerold Lehmann, in: Das Wertpapier, H. 5, 1996 vom 22.2.1996, S. 54 - 55
Rodewald, Bernd (1995)
Geschäftspolitische Bedeutung des Wertpapiergeschäftes, in: Bank Information (BI), H. 12, 1995, S. 7
Röber, Uwe (1994)
Asset Allocation mit Devisen-Optionsscheinen und risikolosen Anleihen. Unveröffentlichte Diplomarbeit an der Fachrichtung Bank der Berufsakademie, Stuttgart 1994
Ropeter, Adolf Michael (1994)
Covered Warrants - Alternative zur DTB, in: Optionsschein-Magazin, Dezember 1994, S. 10 - 12
Salomon Brothers AG (1994)
Optionsbedingungen, Call-Optionsscheine - WKN 716 771 - zum Erwerb von Inhaber-Stammaktien der Deutsche Bank AG, hrsg. von Salomon Brothers AG, Frankfurt a. M. 1994
Schäfer, August (1996)
„Ungutes Gefühl", Interview in: Wirtschaftswoche Nr. 10 vom 29.2.1996, S. 222
Scheuenstuhl, Gerhard (1992)
Hedging-Strategien zum Management von Preisänderungsrisiken, Bern, Stuttgart, Wien 1992, S. 64
Schmidt, Hartmut / Elsner, Dirk (1994)
Der deutsche Markt für „gedeckte Optionsscheine", in: Gerke, Wolfgang (Hrsg.): Planwirtschaft am Ende - Marktwirtschaft in der Krise?, Stuttgart 1994, S. 255 - 297
Schramm, Steffen (1995)
Differenzen der fairen Werte zu realen Preisen bei DTB-Optionen und Optionsscheinen. Unveröffentlichte Diplomarbeit an der Fachrichtung Bank der Berufsakademie, Stuttgart 1995
Schulz, Thomas (1993)
Börsengehandelte Finanzinstrumente mit Ausübungsrechten, in: Die Bank, H. 8, 1993, S. 476 - 484
Schweizerischer Bankverein AG (1995 a)
Optionsbedingungen Call-Optionsscheine, in: Wertpapier-Verkaufsprospekt vom 2.2.1995, Schweizerischer Bankverein (Deutschland) AG (Hrsg.), Frankfurt a. M.
Schweizerischer Bankverein AG (1995 b)
Von Anfang an. Die Schlüssel zum Optionsschein, in: SBV-Optionsschein aktuell, Schweizerischer Bankverein (Deutschland) AG (Hrsg.), Frankfurt a. M. August 1995
Schwert, William (1989)
Why does Stock Market Volatility Change Over Time?, in: The Journal of Finance, 44. Jg., H. 5, December 1989, S. 1115 - 1153

Société Générale (1995 a)
Editorial - Welchen Service bietet Ihnen die Société Générale? - Service ist Trumpf -, in: Warrants - Der Optionsschein-Brief der Société Générale (Hrsg.) Equities & Derivatives, Frankfurt a. M. Mai 1995, S. 1
Société Générale (1995 b)
Aktuelle Kurse der Société Générale Equitiers & Derivatives, in: Warrants - Der Optionsschein-Brief der Société Générale (Hrsg.) Equities & Derivatives, Frankfurt a. M. August 1995, S. 6
Société Générale (1995 c)
Warrants-ABC, Market Maker - Der feine Unterschied, in: Warrants - Der Optionsschein-Brief der Société Générale (Hrsg.) Equities & Derivatives, Frankfurt a. M. September 1995, S. 3 - 4
Steiner, Manfred / Bruns, Christoph (1995)
Wertpapiermanagement, 4. Auflage, Stuttgart 1995
Stoll, Hans R. (1969)
The Relationship Between Put and Call Option Prices, in: The Journal of Finance, 24. Jg. H. 5, December 1969, S. 801 - 824
Stoll, Hans R. / Whaley, Robert E. (1986)
New Option Instruments: Arbitrageable Linkages and Valuation, in: Advances in Futures and Options Research, 1. Jg., Teil A, 1986, S. 25 - 62
Straush, Carsten (1990)
Handbuch Terminhandel, Darmstadt 1990
Taiber, Werner / Strickmann, Norbert (1995)
Delta, Gamma, Theta, Vega und Rho, in: Börsen-Zeitung vom 23.9.1995, S. 25
Trinkaus & Burkhardt (1994)
Geschäftsbericht 1993 der Trinkaus & Burkhardt KGaA (Hrsg.), Düsseldorf März 1994
Trinkaus & Burkhardt (1995)
Nachtrag Nr. 7 vom 6.2.1995 zum Verkaufsprospekt vom 23.1.1995 für Inhaber-Optionsscheine (Call) zum Bezug von Inhaber-Stammaktien der Deutschen Lufthansa Aktiengesellschaft - WKN 813 127 -, Düsseldorf Februar 1995
Uhlir, Helmut / Steiner, Peter (1991)
Wertpapieranalyse, 2. Auflage, Heidelberg 1991
Uszczapowski, Igor (1993)
Optionen und Futures vestehen: Grundlagen und neuere Entwicklungen, 2., erweiterte Auflage, München 1993
Veit, Heiko (1994)
Ineffizienzen in der Bewertung von Covered Warrants auf deutsche Aktien. Unveröffentlichte Diplomarbeit an der Fachrichtung Bank der Berufsakademie, Stuttgart 1994
Veit, Heiko (1995)
Die Volatilität als Hilfsmittel zur fairen Preisbestinmung, in: Optionsschein-Magazin, November 1995, S. 60 - 61
Veit, Heiko (1996)
Optionsschein-Selektion mit Hilfe der Fair Value Deviation, in: Optionsschein-Magazin, Januar 1996, S. 59 - 60
Voigt, Hans-Werner / Jankowsky, Fabian (1994)
Der Optionsschein als Kapitalmarktinstrument, in: Börsen-Zeitung vom 24.9.1994, S. 16 - 17
Wächtershäuser, Manfred (1996)
Steuerung des Zinsänderungs- und Währungsrisikos im Firmenkundengeschäft, in: Bank Information (BI/GF) Juni 1996, S. 29 - 33
Welcker, Johannes / Nerge, Carsten (1989)
Die Erfolgsrezepte der Experten, in: Börsen-Journal vom 8.9.1989, S. 41 - 43
Welcker, Johannes / Schindler, Klaus / Nerge, Carsten / Mayer, A. (1991)
Preiswürdigkeitsvergleich von Optionsscheinen, in: Deutsche Bank Group (Hrsg): Quantitatives Research, 2. akt. Auflage, Frankfurt a. M. Juli 1991, S. 1 - 20

Welcker, Johannes / Kloy, Jörg W. / Schindler, Klaus (1992)
Professionelles Optionsgeschäft - alles über Optionen auf Aktien, Renten, Devisen, Waren, Terminkontrakte -, 3. Auflage, Zürich 1992
WestLB (1994)
Informationsmemorandum der Westdeutsche Landesbank (Hrsg.): Optionsbedingungen auf DM/Lit Währungsoptionsscheine, Dezember 1994
WestLB (1995)
Optionsscheine der WestLB - 2/1995, in: Informationsservice Optionsscheine der Westdeutsche Landesbank Girozentrale (Hrsg.), Düsseldorf vom 26.9.1995
WestLB (1996)
Optionsscheine der WestLB - 1-2/1996, in: Informationsservice Optionsscheine der Westdeutsche Landesbank Girozentrale (Hrsg.), Düsseldorf vom 18.1.1996
Weßels, Thomas (1992)
Numerische Verfahren zur Berechnung von Aktienoptionen, Wiesbaden 1992
Whaley, Robert E. (1980)
On the Valuation of American Call Options on Stocks with known Dividends, in: Journal of Financial Economics, H. 9, 1981, S. 207 - 211
Whaley, Robert E. (1981)
Valuation of American Call Options on Dividend-Paying Stocks - Empirical Tests, in: Journal of Financial Economics, H. 10, 1982, S. 29 - 58
Wittig, Jan (1995)
Rechtsfragen des Optionsgeschäfts. Unveröffentlichtes Gutachten, Stuttgart 1995
Wittrock, Carsten / Beer, Volker (1994)
Optionsindices und ihre Anwendungsmöglichkeiten, in: Die Bank, H. 9, 1994, S. 518 - 523
Zhu, Yu / Karee, Robert C. (1988)
Performance of Portfolioinsurancestrategie, in: The Journal of Portfolio-Management, Vol. 14, H. 3, 1988, S. 48 - 54
Zieher, Wolfgang (1995)
Interpretation der Black-Scholes-Formel. Unveröffentlichtes Manuskript, Affalterbach 1995
Zwirner, Thomas (1991)
Der „Hebel" allein identifiziert noch kein gutes Spekulationsobjekt, in: Handelsblatt vom 14.3.1991, S. 34
Zwirner, Thomas (1993)
Aktienoptionsschein als Finanzierungsinstrument, in: Börsen-Zeitung vom 18.9.1993, S. 26 - 27
Zwirner, Thomas (1994)
Optimale Selektion von Optionsscheinen, in: Demuth, Michael (Hrsg.) Geldanlage mit Optionsscheinen, 2. Aufl., Wiesbaden 1994, S. 89 - 103
Zwirner, Thomas (1995 a)
Aktien mit Sicherheitsnetz kaufen, bringt Gewinn, in: Handelsblatt vom 12./13.5.1995, S. 43
Zwirner, Thomas (1995 b)
Derivate eröffnen neue Möglichkeiten im modernen Portfolio Management, in: Handelsblatt vom 21.9.1995, S. B 2 und B 11

Die Kurse für die Szenarien wurden folgenden Zeitungen und Zeitschriften entnommen:
Finanzen Optionsscheine
Optionsschein-Magazin
Optionsschein Report
Optionsschein weekly
Börsen-Zeitung
Frankfurter Allgemeine Zeitung
Handelsblatt

Stichwortverzeichnis

Abgetrennte Optionsscheine 58, 91
Ablauf des Optionsfrist 26, siehe auch „Verfall"
Abrechnung eines Kaufs von Optionsrechten 75
Absicherungs
– effekt 298-299
– kosten 115
– strategien 111-116, 333
absicherungsinduzierter Zeitwert 299
Absicherungs-Prämien-Deviation 338-339
absolutes Aufgeld 126-127
Aktienoptionsscheine
– traditionelle 55-56, 58, 61, 280-286, 293
aktueller Hebel 137-140, 143-148, 307
Altaktien-Optionsscheine 58
am Geld 35-36
Amtlicher Markt 61-64
Analyse des Optionswerts 198
Andienungs
– recht 113
– verhältnis 24
anlegergerechte Beratung 84-85
Anleihe mit Stillhalter-Position 118
Annualisierung der Volatilität 231, 233
Anzahl der börsennotierten Optionsscheine 12, 56-57
Arbitrage
– gewinne 275
– prozeß 158, 159
– Value 338
– verfahren 154-169
at-the-money, siehe „am Geld"
Aufgeld 126-127

Auftrags
– ausführung 69-75
– erteilung 67-69, 357
aus dem Geld 34-35
außerbörslicher Handel 63-64
Ausführung von Optionsscheinaufträgen 72-73
Ausstattungsmerkmale 26-33
Ausübung 80-83
– automatische 82-83
– vorzeitige 257-265
Ausübungs
– erklärung 81-83
– frist 24
– prämie 257
– preis 79, 160, 332
– szenarien 171-174, 185-196
– tag 24
– wahrscheinlichkeit 306
Auswahl des optimalen Optionsscheins 331-355
Auswertung
– klassischer Kennziffern 143-151
– preistheoretischer Kennziffern 275-296

Barausgleich 33, 81-83
Barwert 154-158
– verfahren 153
Basisinformation über Vermögensanlagen 87
Basisinstrument 24
Basisobjekt 24, **26**-27, 53, 328
– kurs 298, 317-318
– preis 129, 160
Basispreis 24

Basketoptionsscheine 53, 61
bedingte Kapitalerhöhung 58
bedingtes Termingeschäft 38-44, 50
Beratungspflicht 83-93
Besicherung von Optionsscheinen 59
Best-Price-Prinzip 71
Bestimmungsfaktoren des Optionspreises 160-165
Bewertung von Optionsrechten
– auf Aktien 217, 220
– auf Devisen 266
– auf Indices 267-268
– auf Nullkuponanleihen 271
– auf Straight-Bonds 269
– im Arbitrageverfahren 165-170
– im Binomialmodell 171-199, 204-210
– klassische 125-151
– nach Black und Scholes 211-244
– präferenzfreie 166
– pseudo-amerikanische 263-264
– traditionelle 125-151
Bewertungskriterien 336-356
Bezugs
– objekt 24
– preis 24
– verhältnis 24
binäre Schwankung 204, 205, 235, 237
Binomial
– Callwert 190
– formel 190, 194
– modell 166, 171-210
– Putwert 190
– Random Walk 199
– schritt 171-176
– wert 167
Black, Fischer / Scholes, Myron 166, 211
Black-Scholes-Formel 217-220
– für Call-Optionsrechte 217
– für Put-Optionsrechte 220

Black-Scholes-Modell 211-243
– Abgrenzung zum Binomialmodell 235-239
– Modifikation 245-274
Black-Scholes
– Parameter 226-235, 277-280
– Wert 167
Börse 61-64
Börsen
– ausführung 69-73
– termingeschäftsfähigkeit 14, 89-93
– gesetz 72, 73, 89-93
Börse Online 66, 290
Bond-Urteil 84
Bonität des Emittenten 163
BOSS-CUBE 62, 81
Break-Even 29-30, 128-129, 344-345
Brief-Geld-Spanne 68, 74, 345-347, 354
Briefkurs 68, 337

Call-Option 24, **28**, 96
– als Anlageobjekt 29
– als Verkaufsobjekt 31-32
– Ausübung 29-30
– synthetische 40, 43
Call-Optionsrechte
– amerikanischen Typs **28**, 257-258
– europäischen Typs 28
Call-Optionsschein 98-109
– am Geld 99, 102-105
– aus dem Geld 101, 104-105
– im Geld 101, 103-105
– mit Cap 122-124
Cap 120-124
capped warrant 96, 120
Cash-Extraction 106-108
cash settlement 33, 80-83
Chance-Risiko-Profil 75-79
Courtage 73-75
covered warrant 59, 61, 280-285, 293
Cox, John C. 166, 199, 211
Crash-Szenarien 104-107, 327

Dateien der Diskette 361-362
DAX®-Volatilitätsindex siehe „VDAX"
Deckungsbestand 59
Delta 218, 300-308,
- Ableitung 300-306
- Anwendbarkeit 307-308, 316-321
Demonstrationsdiskette 20
Derivate 11
Derivate (TUB) 66, 290
Derivativmärkte 11
Deutsche Terminbörse (DTB) 46-48, 50, 54
- Produkte 54-55
Devisenoptionsrechte 266-267
Differenzausgleich, siehe „Barausgleich"
diskrete Verzinsung 200, 361-362
diskreter Dividendenabschlag 256-257
Dividende 245, 255-256, 278, 337
- als Bewertungsfaktor 245-257
Dividenden
- abzugsverfahren 248-250, 255
- problem 245-257
- rendite 134, 250-255
dividendengeschützte Optionsrechte 245-248
downstep 171
Druckfehler 150, 356
Duplikations
- portefeuille 174
- prinzip 165-166

effektive Lieferung 33
effektiver Hebel 141, 143-149
Effektivzins 153
Einflußfaktoren auf den Optionswert 297-321
Einteilung der Optionsscheine 58-61
Eintrittswahrscheinlichkeit 75
- implizite 175
- subjektiv bestimmte 171
elektronisches Handelssystem für Optionsscheine (OHS) 71

Emission von Optionsscheinen 116-117
Emittentenausführung 69, 73
Emittenten von Optionsscheinen 15
enttäuschendes Szenario 351-352
EPOS 111
equity warrants 58, 61, 280-286
Erstaufklärung 87-90
Erträge aus dem Basisobjekt 27, 161-162
Ertragsgleichheit 133-135, 143-144
Erwartungswert 175, 309
Extrapolation 234

Fairer Wert 157-159, 168-169, 297-298
Fairness des Emittenten 163
Fair Value, siehe „Fairer Wert"
Fair Value Deviation 275-285, 336-339
Faktoren des Optionspreises 160-165
festes Termingeschäft, siehe „Termingeschäft"
Finanzen Optionsscheine 66
Fixed Hedge 111-116
Flexibilität von Optionsscheinen 51-54
Forward Rates 274
Forwards 50
Freiverkehr 62
Futures 50

ganzheitliche Anlagestrategie 16
Galton-Brett 212-213
Gamma 308-309
Gauß-Kurve 214
Gearing-Factor 140
gedeckter Optionsschein 59
Geldkurs 337
geregelter Markt 61-64
Gewinn- und Verlustprofil 38, 75-76
Gleichgewichtsmodell 166-169
grafische Darstellung
- der Put-Call-Parität 198
- des Wertes eines Call-Optionsrechts 198
Grundsätze einer modernen Anlageberatung 84

Handelbarkeit 353
Handel in Optionsscheinen 61-64
Hausse-Szenario 350, 352
Hebel 137-149, 307, 341
– aktuell 137-139
– effektiv 141
– realisierter 142
Hedging 111-116
Hedge-
– Portefeuille 177-180, 308
– Ratio 177-180
– Strategie 111, 177
High-Flyer-Szenario 102-104
historische Volatilität 204, 222-225, **227-233**, 288-289, 337
Hold-Break-Even 348
Homogenisierung 27

IBIS 50, 63-64
im Geld 34-35
implizite
– Volatilität 169, 286-290, 336, 340, 355
– Wahrscheinlichkeit 187-190
impliziter Zinssatz 158-159, 168
Index
– optionsrechte 267-268
– optionsscheine 53, 61, 267-268
Informationsbeschaffung 64-66, siehe „Band II"
innerer Wert 33-36, 298
Interpretation des Fairen Werts 177, 185, 195-196, 198
in-the-money, siehe „im Geld"
Intransparenz 57
Investitionsziel 323
issue linked warrants 58, 61

Jährliche
– Ertragsgleichheit **135**, 143-144
– Performance-Ertragsgleichheit **136**, 143-149, 341-344

– Performance-Prämie 132-**133**, 341-343
– Prämie **131**-132

Kassamarkt 37
Kauf einer
– Call-Option **29**, 40-41, 95, 99-109, 330-359
– Option **24**, 28, 32, 95
– Put-Option **30**, 43, 95, 109-111, 115-116, 333
Kaufoption, siehe „Call-Option"
Kennzahlenübersicht 144, 330-331, 341, 343, 346, 348, 352, 355
klassische Bewertung
– verzinslicher Anlagen 153
– von Optionsrechten 125-151, 153
kompetente Beratung 87-89
Komponenten des Optionspreises 243
konformer Zinssatz 201
Kosten des Optionsscheins 125-133, 341-348
künftige Volatilität 228, 234-235
Kuponzahlung 156
Kurslimite 357
Kursnotiz von Optionsanleihen 65

Langfristoptionen 47
Langfriststrategien 112-116
Laufzeit, siehe „Restlaufzeit"
Laufzeitende des Optionsrechts, siehe „Verfall"
Leerverkäufe 169, 241
Leistung des Optionsrechts 136-143
Leverage **307**, 342-344
limitierte Aufträge 68-69, 357
Limitüberwachung 72
Liquidierung des Optionsscheins 79-83, 357-358
Liquidität 27, 163, 354
Liquiditätsvorteil 196-199, 299-300
logarithmierte Verteilung 215-216

Lognormalverteilung 211, 216, 239-242
Long-
– Call, siehe „Kauf einer Call-Option"
– Position, siehe „Kauf einer Option"
– Put, siehe „Kauf einer Put-Option"

MacMillan/Stoll/Whaley-Modell 262-265
Markt
– analyse 280-286
– ineffizienz 148
– pflegequalität 354
– volatilität, siehe „implizite Volatilität"
Monatstheta 347-348
– linearisiertes 349
moderne Optionspreistheorie 153
Money-Back-Strategie 108-109
Moneyness **34**, 128, 222, 332
multiplikativer Binomialprozess 175-177

nackter Optionsschein 59
naked warrants 59
Nebenrechte des Underlying 27
90/10-Strategie 108
Nichtausübungsszenarien 171-174
nicht dividendengeschützte Optionsrechte 248-257
Normalverteilung 211-212
Nullkuponanleihe 198, 271
Nutzen von Optionsscheinen 133-142

objektgerechte Beratung 85-87
OHS 71
Omega 307
optimaler Ausübungszeitpunkt 258
Option / Optionsrecht
– Definition 23-24
– juristische Einordnung 25
– Stillhalter 24
– Substanzwert 34
– Wesen 43-44

Optionen, siehe „Optionsrechte"
Optionsanleihe 58, 64-65
– Kursnotiz cum und ex 643-65
Options
– berechtigter 24
– gegenstand 24
– inhaber 24
– käufer 24
– kauf 95-116
– laufzeit 27
Optionspreis 25
– Bestimmungsfaktor 160-165
Optionspreis-Niveau, siehe „implizite Volatilität"
Optionspreistheorie 153-274
Optionsrechte
– amerikanischen Typs **28**, 162-163, 257-259
– auf Aktien 26
– auf festverzinsliche Wertpapiere 26
– auf Indices 26
– auf Nullkuponanleihen 271-272
– auf Straight-Bonds 268-270
– Ausstattungsmerkmale 24, 26-33
– dividendengeschützt 245-247
– europäischen Typs **28**, 162-163
– Handelbarkeit 44-50
– Übertragung von 44-50
– unverbriefte 45-48, 50
– verbriefte 48-50
– Verkehrsfähigkeit 44-50
– Werthaltigkeit 33-36
Optionsschein
– am Geld 35-36
– angebot 12, 56-57
– aus dem Geld 34-35
– bedingungen 356
  beratung 15-17, 83-93
– definition 23
– im Geld 34-35

Optionsschein
- markt 12
- Positionen 95-96
- preis 25
- Strategien 97-124
- verhältnis 24, **27**
- verlust 49
Optionsscheine
- abgetrennte 91-92
- auf bereits umlaufende Basisobjekte 58, 61, 65, 69
- auf Indices 53
- auf Körbe, siehe „Basketoptionsscheine"
- auf neu zu begebende Basisobjekte 58
- auf synthetische Basisobjekte 58
- originäre 58, 61
- selbständige 92
- Stillhalter 24, 96, 116-124
- Termin- oder Kassageschäft 91-92
Optionsscheinemittenten 14, 116-117
- Bonität, Standing, Fairneß 163-164
Optionsscheingeschäft 12-17
- Vorbehalte gegen das 12-13
Optionsschein-Magazin 66, 290
Optionsschein weekly 66, 290
Options
- schreiber 24
- verkäufer 24
- verpflichteter 24
- verhältnis 24, **27**
- vertrag 25-26
Optionswert
- Interpretation 177, 185, 196-197
- Schema der Berechnung 195-196
Originär-Optionsscheine 58, 61
OTC-Markt 45, 48, 50, 56
OTC-Devisenoptionen 48
out-of-the-money, siehe „aus dem Geld"

380

Parameter des Optionswerts 160-170, 243, 297-321
Parität 126
Performance-Maximierungsstrategien 98-107, 109-110, 114
Periodenzinssatz 201, 205
Persönliche Worst-Case-Szenarien 319-321
Pfade im Binomialprozeß 191-193
Pflicht zur schriftlichen Aufklärung 89
Pflichten der Kreditinstitute bei der Optionsscheinberatung 83-93
physical delivery / physical settlement 33, 81-83
Power Warrants 294
präferenzfreie Bewertung 173
präferenzfreies Gleichgewichtsmodell 166
Prämie 129-131, 144, 150
Prämissen
- präferenzfreier Gleichgewichtsmodelle 169-170
- des Binomialmodells 169-176
- des Black-Scholes-Modells 169-170, 211-216
Präsenzbörse 50
Preis und Wert 157
Preiswürdigkeit 257, 286, 336-339
Pricing by Duplication, siehe „Duplikationsprinzip"
Provision 73-75
pseudo-amerikanische Bewertung 263-264
Put-Call-Parität 197-199
Put-Optionsrechte 24, **30**, 96, 198, 335
- als Anlageobjekt 30-31
- als Verkaufsobjekt 32
- amerikanischen Typs 258-265
- Ausübung 30-31
- synthetische 43
Put-Optionsschein 109-116
- mit Cap 120-121, 124

Random Walk 77, 212
realisierter Hebel 142
Rechtsprechung bei
 Optionsscheingeschäften 84-93
Restlaufzeit 78, 131, 135, **164**, 226,
 312-315, 317-318, 334
Reverse-Optionsscheine siehe „Short-
 Optionsscheine"
Rho 310, 319-320
Risikoabschlag 156-158
Ross, Stephen A. 166, 211
Rubinstein, Mark 166, 199, 211

Schema des Optionswerts 195-198
Schreiber von Optionsrechten 24
schriftliche
 – Aufklärung 89
 – Aufzeichnung der Auftragserteilung
  69
Schwankungsbreite des
 Basisobjektkurses 162
selbständige Optionsscheine 59, 92
Sensitivitätsanalyse 297-324
Short-
 – Call, siehe „Verkauf einer Call-
  Option"
 – Optionsscheine 96, 118-124
 – Position, siehe „Verkauf einer
  Option"
 – Put, siehe „Verkauf einer Put-Option"
Sicherheit 196-199
Sicherheits
 – netz des Optionsrechts 36, 113
 – strategien 106-109, 114
simultane Änderungen der
 Optionsparameter 318-321
Solo-Optionsscheine 59
Spekulation 12-13, 115
Spread 68, 74, 354
 – move 345-346
 – prozentualer 354
Standardisierung von Optionen 45-46

Standardnormalverteilung 214
Standard-Optionsschein 20, 96
stetige
 – Dividendenrendite 249-252, 256-257
 – Lognormalverteilung 213-214
 – Verzinsung 200, 203
Stetigkeit 213
Steuern 170, 241, siehe „Band II"
Stillhalter 24, 92, 96, 116-124
 – Gewinn- und Verlust-Profil 31-32,
  117
 – Position in Optionsscheinen 118-124,
  169
Stochastik 77, 323
Stop-loss-Auftrag 79
Straight-Bonds 268-270
Strike-Preis 24
synthetische
 – Call-Option 40, 115
 – Put-Option 43

Tagestheta 313, 347
 – hochgerechnet 349
 – linearisiert 349
Telefon
 – handel 45, 50
 – verkehr 63-64
Termineinwand 92
Termingeschäft
 – bedingtes 38-44, 50
 – festes 36, 44, 50
 – Liquiditätsaspekt 37, 44
 – mit Sicherheitsnetz 36, 44
 – unbedingtes, siehe „festes Termingeschäft"
Termin
 – kauf 36-37
 – kurs, siehe „Terminpreis"
 – märkte 50
 – preis 36, **37**
 – verkauf 36-37

Theta 313-315, 319-320
Totalausfallrisiko, siehe „Totalausfallwahrscheinlichkeit"
Totalausfallwahrscheinlichkeit 77-79, 85-86, **221**-226, 243, 294-296, 340
traditionelle
– Bewertung von Optionsrechten 125-151
– Kennzahlen 341-344
Transaktionskosten 73-75, 143-144, 170, 241
– move 345-346
– prozentuale 345
Treffsicherheit des Hebels 146-148

Überprüfung / Überwachung des Engagements 79-83, 357-358
Umfeld 325
unbedingtes Termingeschäft siehe „festes Termingeschäft"
Underlying 24
upstep 171

Varianz 229
VDAX 292-293
Vega 310-312, 319-320
Verbriefung von Optionen 48
Verfall des Optionsrechts 79-83
Verhaltenspflichten der Kreditinstitute 83-93
Verkaufsoption, siehe „Put-Option"
Verkauf einer
– Call-Option **31**, 95, 116
– Option **24**, 31-32, 95
– Put-Option **32**, 117
Verkehrsfähigkeit von Optionen 23, 45-50
Verlustrisiken bei Börsentermingeschäften 89-93
Verlustszenario 351-352
Versicherungsprämie 113
Verstetigung der Parameter 200-210

Verteilungsfunktion der standardisierten Normalverteilung 214-215
Verwässerungsschutz 27
Volatilität 167-170, 204-205, 222-225, **227-235**, 278-279, 297, 310-312, 316-321, 327
– implizite 336
– Konzeption 227
– künftige 228, 234-235
– Berechnung 228
– historische 228
– börsentägliche 229-230
– jährliche 230-231
Volatilitäten in Crash-Szenarien 327
Volatilitäten-Smile 290-292
vollkommenes Gleichgewichtsmodell 166
vorzeitige Ausübung 257-259

Währungsoptionsscheine 53, 61
Wärmeleitgleichung 216
Wahrscheinlichkeit, siehe „Eintrittswahrscheinlichkeit"
Wahrscheinlichkeits
– dichte 214, **223**
– profil 76-77
Wahrscheinlichkeitsverteilung
– stetige 213-214
Warenoptionsscheine 53, 61
warrant, siehe „Optionsschein"
weekend volatility effect 233
Welcker-Ansatz 252-255
Wert und Preis 157
Werthaltigkeit von Optionen 33
Wertpapierhandelsgesetz 69, 83-89
Wochentheta 313, 347-348
– hochgerechnetes 349
– tatsächliches 349

Zeitaktualität 232-233
Zeitschriften für Optionsscheininvestoren 66

Zeitwert 34, 165, 298
- absicherungsinduziert 299
- maximum 299
- move 348
- verfall 313-315
- zinsinduziert 299

Zeitwertverlust
- hochgerechnet 349
- linearisiert 349
- tatsächlich 349

Zero 198, siehe auch „Nullkuponanleihe"

Zinsoptionsrechte 268-274

Zinsoptionsscheine 60-61, 268-272

Zinssatz
- für risikolose Kapitalanlagen **156**, 158, 160-161, 225-227, **277-278**, 309
- impliziter 158-159

Zukunftsbezogenheit 234

Zukunftsszenarien 349-353

Zusatzterm zur Black-Scholes-Formel 262-263

Das Loseblattwerk Steuerbegünstigte Anlagen stellt die wichtigen neu aufgelegten Geschlossenen Immobilienfonds vor. Anleger und Anlageberater können mit diesem Werk die Anlageentscheidung schnell und sicher überprüfen.
Sie erhalten komprimiert auf wenigen Seiten die wichtigsten Angaben z.B. über die Ertragskraft, den Substanzwert und die Nebenkosten von Geschlossenen Immobilienfonds, Leasingfonds und Schiffsbeteiligungen. Ständige Aktualität garantieren die Ergänzungslieferungen.

Steuerbegünstigte Kapitalanlagen

Stefan Loipfinger/Uli Richter
**Steuerbegünstigte Anlagen:
Immobilienfonds, Leasingfonds,
Beteiligungen**
1995, ca. 450 Seiten, Loseblattwerk
Preis: 148,– DM*   ISBN 3-09-301050-0

3-4 Ergänzungslieferungen jährlich mit jeweils ca. 100 Seiten Umfang à 0,58 DM

* Der angegebene Preis versteht sich als unverbindliche Preisempfehlung.

Mit diesem Werk sichern Sie sich das Know-how, das professionelle Anlageberater schon heute einsetzen.

Zu beziehen über:

DSV-Versandbuchhandlung
Weidangerstraße 5
83365 Nußdorf
Tel. 08669/8780-0
Fax 08669/8780-80

Für Institute und Mitarbeiter der Sparkassenorganisation gelten besondere Konditionen. Bitte entnehmen Sie diese den entsprechenden Verzeichnissen.

Deutscher Sparkassenverlag

Unternehmen
der ▪Finanzgruppe

Der Verlag: Partner für Finanzmanagement